U0721375

冯其庸文集

卷三 文心集

青岛出版社

图书在版编目（CIP）数据

冯其庸文集. 第 3 卷，文心集／冯其庸著. —青岛：青岛出版社，2012.12
ISBN 978 - 7 - 5436 - 8990 - 9

Ⅰ. ①冯…　Ⅱ. ①冯…　Ⅲ. ①冯其庸—文集　②中国文学—古典文学研究—文集
Ⅳ. ①C53　②I206.2 - 53

中国版本图书馆 CIP 数据核字（2012）第 290929 号

责任编辑　高继民
责任校对　孙熙春　赵　旭　齐海英

文心集

图版目录

1. 王蘧常先生写完《十八帖》

2. 作者与王蘧常先生

3. 王蘧常先生来信（一）

4. 王蘧常先生来信（二）

2

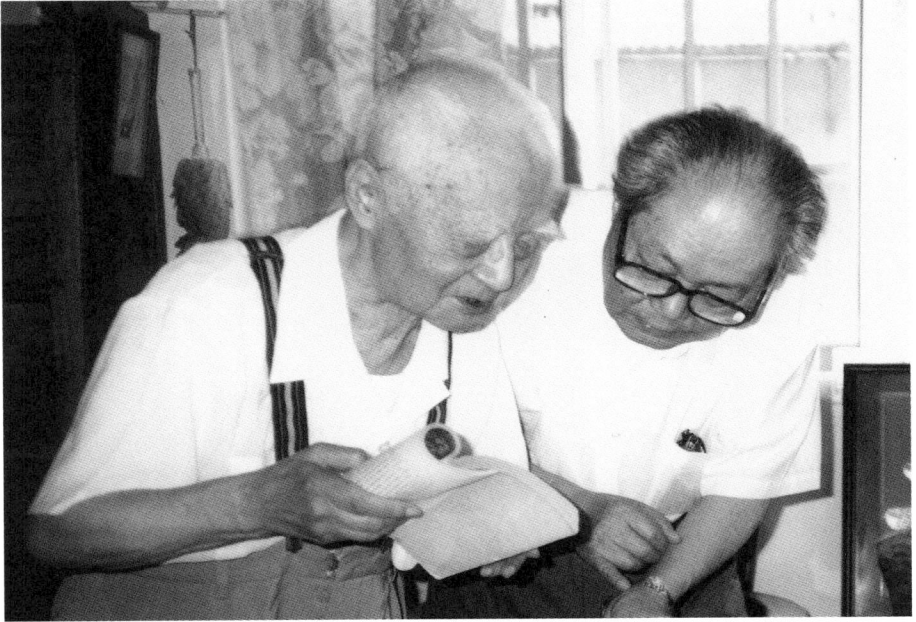

5.作者与钱仲联先生

6.钱仲联先生在写赠作者的长诗

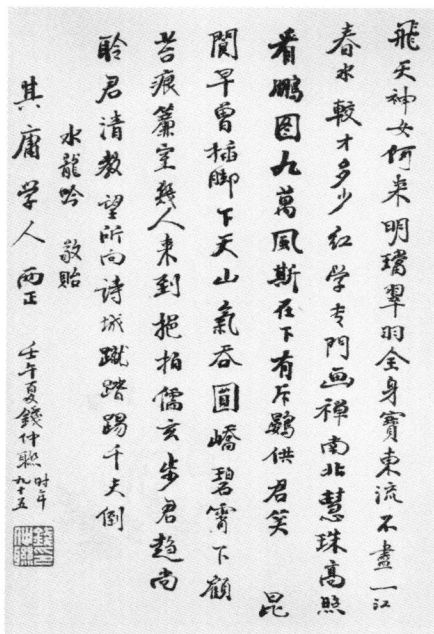

7.钱仲联先生赠词

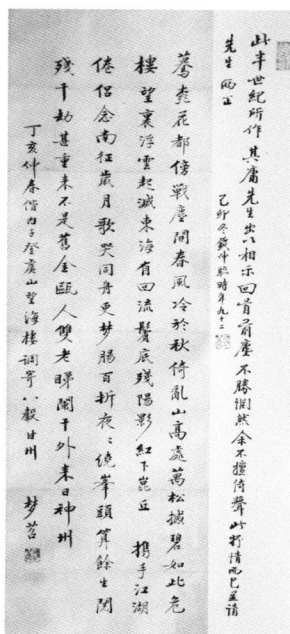

8.钱仲联先生1946年赠作者的词幅，1999年又加跋语

9.钱仲联先生（后排左三）与夏承焘先生（前排右一）年轻时合影（钱仲联先生所赠）

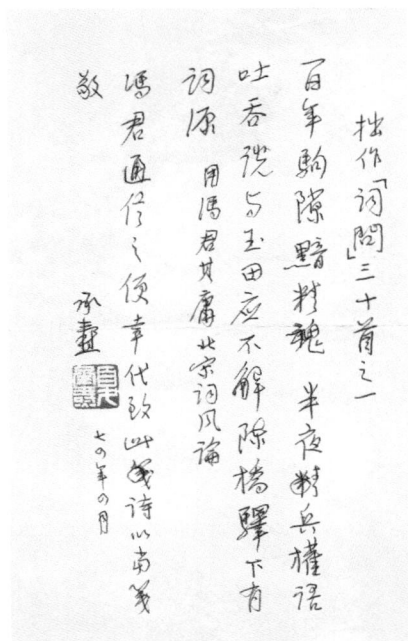

10.夏承焘先生所赠诗笺

11.作者与夏承焘先生等合影

5

12.夏承焘先生题赠

13.作者与陈复礼先生（中）、饶宗颐先生（右）

SHATIN · NT · HONG KONG · TEL.: 609 6000 / 609 7000

TELEGRAM 電報掛號: SINOVERSITY
TELEX 電傳: 50301 CUHK HX
FAX 圖文傳真: (952) 603 5544

中國文化研究所
INSTITUTE OF CHINESE STUDIES

電話 TEL. 2609 7394 室   傳真 TEL. 609 7394
圖文傳真 FAX 2603 5149   圖文傳真 FAX 603 5149

14. 饒宗頤先生來信

15. 饒宗頤先生題贈

16.作者与顾廷龙先生

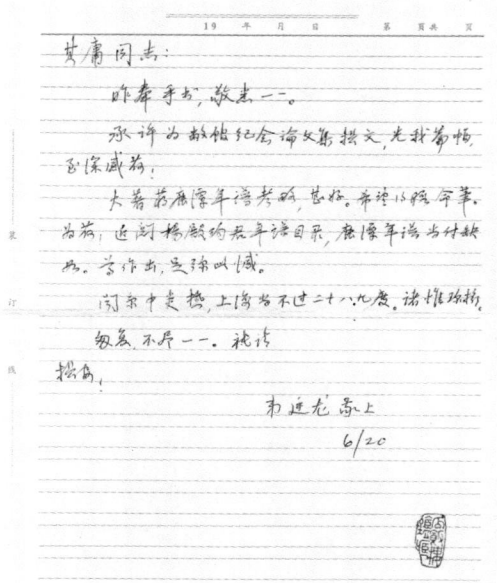

17.顾廷龙先生来信

白日依山盡黃河入海流
欲窮千里目更上一層樓

唐王之渙詩 一九七九年五月顧廷龍

18.顾廷龙先生篆书

9

19.作者与季羡林先生

20.作者与任继愈先生

21. 作者与赵朴初先生

22. 赵朴初先生来信

23.作者与启功先生

24.启功先生到作者家里

12

25.作者与杨绛先生

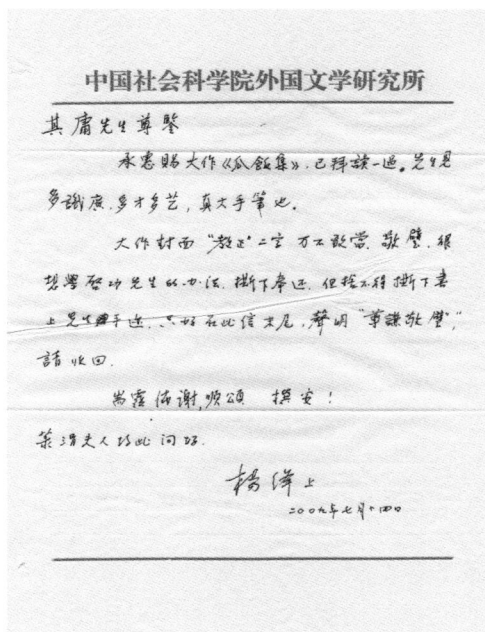

中国社会科学院外国文学研究所

其庸先生尊鉴

　　承春赐大作《瓜饭集》,已拜读一过。艺兄是多谢麽,多才多艺,真大手笔也。

　　大作封面"教之二字,力工致赏,敬佩,很想学启功先生的办法,撕下奉还,但粘接太紧,撕下者上是无用手迹,只好在此信末尾,声明"奉谢敬璧",请收回。

　　尚希俯谢,顺颂　撰安!

叶谦夫人为此问好。

　　　　　　　　　　　　杨绛上
　　　　　　　　　二〇〇九年七月十四日

26.杨绛先生来信

13

27.作者与虞逸夫先生

28.虞逸夫先生在作者家里

和寬堂兄見懷七律二首

滿園芳草一房書博綜多師懷不如
白玉堂中尊大老黄金臺畔卜新居
樓名某有吾何有道在虛无佛亦无
安得相攜歸朧敏細分五穀問田夫

病起初聞金玉音天風遮日一披襟
獨揚古韻逢人少樂得新知惠我深
為寫林泉明素志每思詩酒會高岑
扁舟橘綠清湘岸秋色心佳肯一臨

逸夫詩稿時年九五　戊子年七月初三日

29. 虞逸夫先生诗柬

15

30.作者与张颔先生

31.张颔先生在看作者所赠诗卷

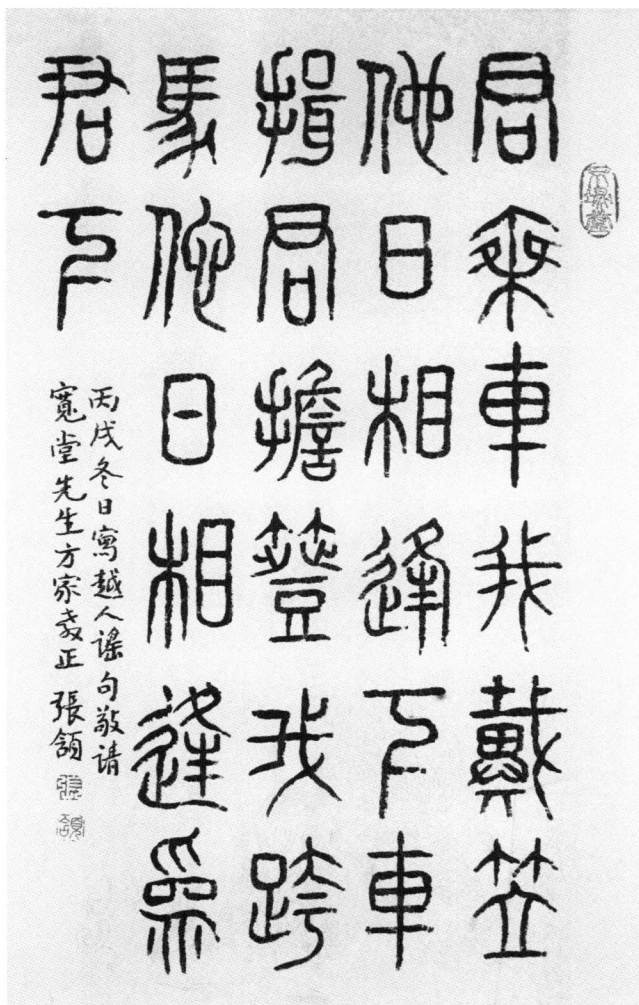

32.张颔先生书篆书《越人谣》

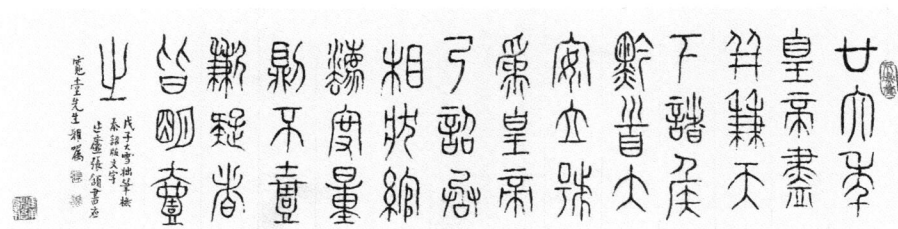

33.张颔先生书赠"秦诏版"文字

17

34. 作者在台北为潘重规先生拍摄的照片

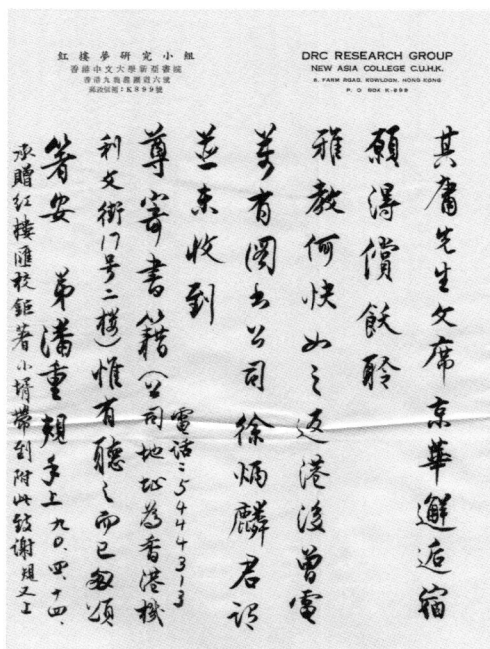

35. 潘重规先生来信

浪擲雲牽石記年 森姑三見海成田右

言己凱西来意上座爭参杜撰禅九

點癭烟新造劫二分爲城舊因緣闕

楊語墨平生志老手摩挲待補天

宽堂先生诗书畫三绝 屡承厚貺迢来有以

報之非不報也不敢班門弄斧耳今敬書

舊作乞 古雅雨正

一九九三年余英時

36.余英时先生赠诗

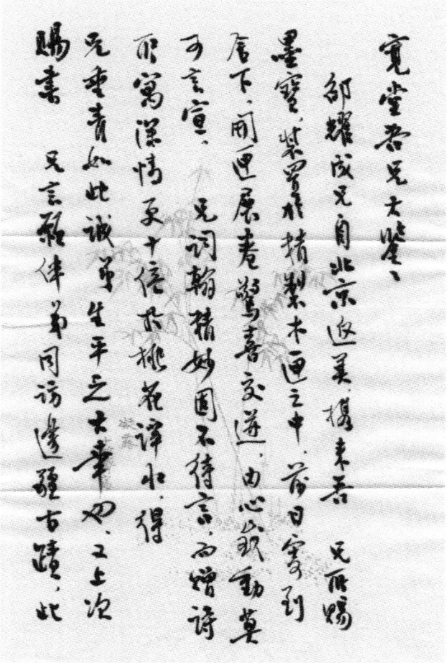

寬堂吾兄大鑒：

邵耀成兄自北京返美，攜來吾
兄所賜墨寶，裝置於精製木匣之中，前日寄到舍下。開匣展卷，驚喜交并，由心感動，莫可言宣。
兄詞翰精妙，固不待言，而贈詩所寫深情更十倍於桃花潭水，得
兄垂青如此，誠弟生平之大幸也。又上次
賜書
兄言欲偕弟同訪邊疆古蹟，此

37.余英时先生来信

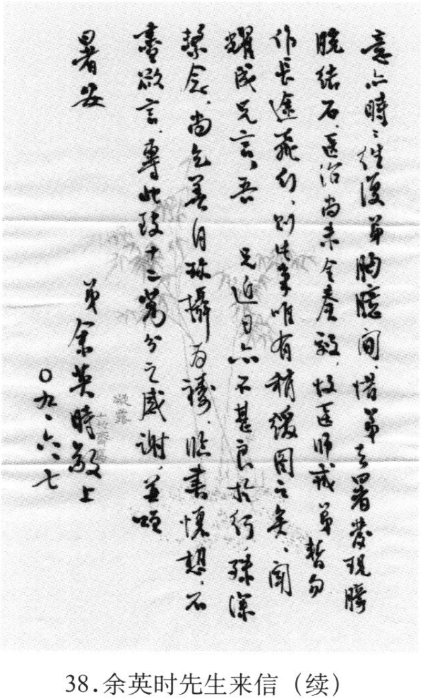

意亦時時往復弟胸臆間，惜弟去暑發現膀胱結石，醫治尚未全奏效，故醫師戒弟暫勿作長途飛行，則此事唯有稍緩圖之矣。聞耀成兄言，吾
兄近日亦不甚良於行，殊深繫念，尚乞善自珍攝為禱。臨書悵想，不盡欲言。專此致十二萬分之感謝，並頌

暑安

弟余英時敬上
〇九、六、七

38.余英时先生来信（续）

39.作者夫妇与叶嘉莹先生

40.作者与叶嘉莹先生

41.作者与杨廷福先生

42.杨廷福先生来信

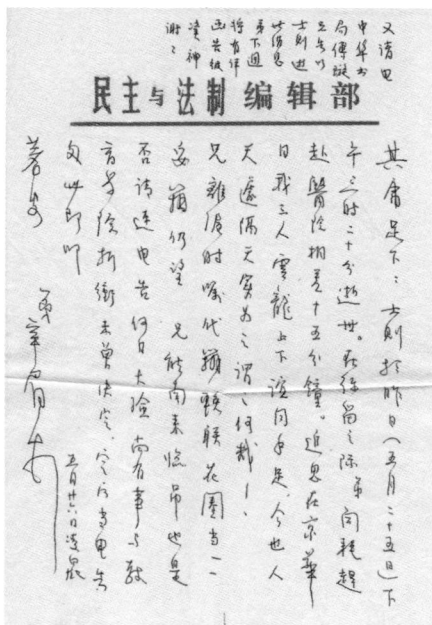

43.江辛眉先生函告杨廷福先生去世的信

其庸先生久疏笺候
忽得新书春宁中
快读数篇真如饫
醇醴肤皆暖也
公治仁学转专而久
海内外所共推呼不
谀费言不阁
苏实史研馆附
书中

44.程千帆先生来信

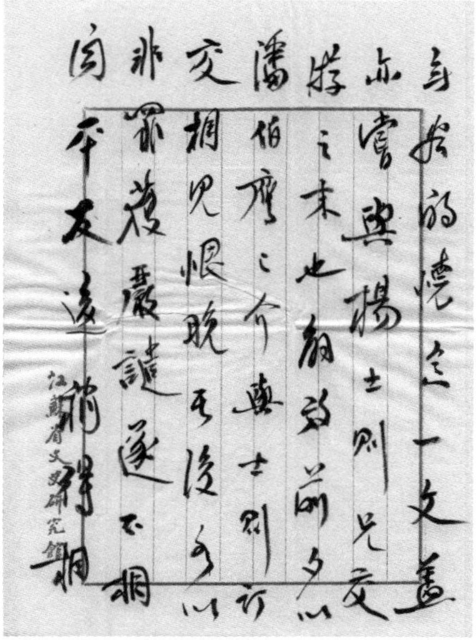

45.程千帆先生来信（续一）

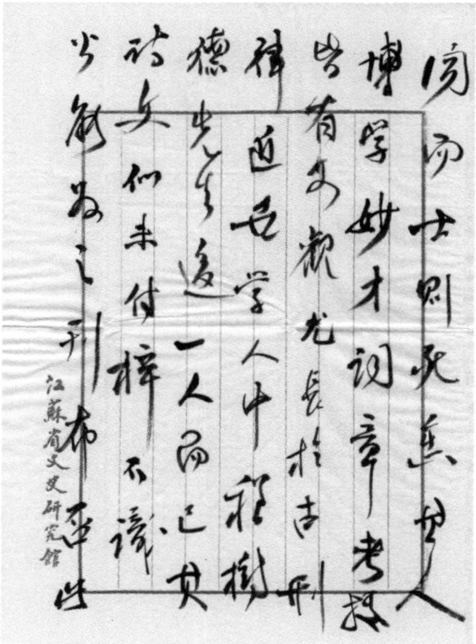

46.程千帆先生来信（续二）

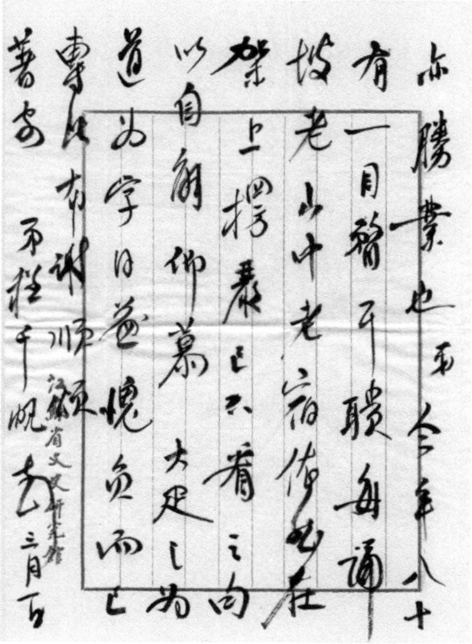

47.程千帆先生来信（续三）

中国传统思想文化与廿一世纪
国际学术研讨会

其庸先生道席：

南京一会，有缘识荆，何幸如之！承惠大作以虎年鞑靼，丰遑细读，周前赴大连开会，方得于大车中畢读全书，从知先生之身世根多历忧患而至惊过人，笃志勤学，京得从诸老辈游，于书画诗文，因更为一时之選，钦佩无似。

僕早年奉志革命，荒于学问，解放以后，一行作東，与人位人，但夫丁酉论为右派者二十二年，戴盆不能望天，故於书世文人才士鲜所交接，更少翰墨之缘。居然叙侨反，六十以后，方得一间书斋，几尺素壁，今顺得先生惠赐丹青尺幅，以光我蓬荜，清我鄙吝。不情之请，書有鉴谅。

专此奉恳，即颂

文祺

同乡李慎之书

1991.5.24

舍下电话 5006005

48.李慎之先生来信

25

目　录

目　录

原　序

　　收在这本集子里的文章，是我写的有关古代文学史和古典文学的论文的一部分，有关戏剧方面的论文，已另外编集，没有放在这本集子里，以免庞杂。

　　我只是一个古典文学的爱好者，对文学史则更是所知甚少。我的青年时期，是在抗日战争中度过的。抗战爆发的那年，我还在小学五年级，当我背着书包从农村走到镇上上小学时，就遇到日本飞机在头顶上散发传单，传单的句子我还记得清清楚楚："暴蒋握政权行将没落。"当我走到学校时，学校已关门，老师已走散，我已无学可上了，因为我连续病了好几天，没有到校，学校如此的变化我一点也不知道。我的书包里还有借自图书馆的一部《三国志演义》，也没有地方可还，从此这部书便成了我的文学教科书。之后，我又借到了《水浒传》、《荡寇志》、《西厢记》、《夜雨秋灯录》、《阅微草堂笔记》、《池北偶谈》等书，特别是不知从哪里借来一部《唐诗三百首》，一部没有封面的古诗，只记得里面有《古诗十九首》这些诗，后来回想，大概是《古诗源》。

我在农村失学后，就似懂非懂地读着这些书，直到几年以后，才上了镇上的农村中学。然而，我还是爱读这些书，没有想到，就是这几部书，牢固地培养了我对古典文学的兴趣，直到现在，我仍旧贪婪地爱读古典文学的各种名著。我深深感到我们伟大祖国的文学传统是光辉灿烂的。可是我当时只上到高中一年级就失学了，当了几年小学教师后，又在抗战胜利的第一年上了无锡国专，这已经是解放战争时期了。解放前一年，我从学校毕业后，仍旧贪婪地爱读这些古典文学著作，当然，这时我的读书领域已经扩大了许多，然而，对于浩如烟海的我国古代典籍，我们读的书，仍只不过是太仓之一粟而已。

解放以来，从事古典文学教学和研究，已经快三十年了，但是我对古代文学史的研究和古典文学的理解，仍然还是一个水平不高的学生。"学然后知不足"，确实，我不知道的东西太多了。原有的丰富典籍，已经使我有如观大海之浩淼，摸不着边际；近二十年来的地下发掘，更使我感到有如打开了千百座地下博物馆，里面放射着奇光异彩和拨动着奇妙的琴弦，发出了两千年前历史的回声。

我在学习前人和今人所写的文学史的时候，受到很多启发，也促使我经常思考一些问题。

文学史，它首先应该是属于"史"的范畴。因此，对文学史了解的深度，从某种意义上来说，取决于对各该时期的历史了解的深度。各个历史时期的文学，它的存在与发展，并不是形而上学的孤立的存在与发展，它是通向社会的各个方面的，它与政治、经济、哲学、宗教、艺术等等各个方面，社会的一切生活方面，紧密地联系着，相互制约着、影响着。文学，只是这个时代的多

原 序

面体的一个"面"，要了解文学的这个"面"，就必须去了解这个多面体的另外的一些面。因此我想，文学史，就其分工的专职来讲，它可以专讲文学的这个"面"，但就其要透彻地了解这个"面"的底细来说，就其治文学史的方法论来说，还必须同时去了解其他相关的各个"面"，其中尤其是经济、政治、哲学、艺术、宗教这几个"面"。这样，在治文学史者的心目里，就不是形而上学地片面地存在着文学的这个"面"，而是形象地、立体地存在着这个历史的多面体了。

文学，作为一种社会意识形态，当然从根本上来说，它是一定社会的经济基础的上层建筑，它是受经济基础制约的。但这是从一个较长的历史阶段的总体来说的，是就经济基础与上层建筑的关系来说的；如果就某一特定时期的文学或某一特定的文学形式来说，它往往受政治的影响来得更为直接和明显。试观我国的文学史，无论是屈原的《离骚》也好，无论是司马迁的《史记》也好，也无论是李白、杜甫、白居易的诗篇，乃至于关汉卿的《窦娥冤》这类的剧作和《水浒传》、《三国演义》、《红楼梦》这类的小说，有哪一个作家或作品不是与政治斗争有密切的关联的呢？甚至于我认为连陶渊明的隐逸，也是特定时期政治斗争的产物，无怪乎有人说陶诗是"二分梁父一分骚"了。因此在研究文学史时，这种各该时期的社会政治斗争，也即是阶级斗争，不能不是我们首先要了解的重要方面。恩格斯说：由于马克思对法国历史的精湛知识，他才能写出《路易·波拿巴的雾月十八日》这样不朽的马克思主义的经典著作来；才能对这一历史事变描绘出如此精确的无与伦比的图画来。我认为研究文学史，同样需要这种对历史的精湛的知识，即对各该历史时期的各个历史"面"的透辟的了解。

　　文学发展的历史告诉我们，文学的繁荣时期，往往也是社会经济的繁荣时期，这是基本的一般的规律，但这并不是唯一的规律。建安时期的七子，东晋时期的陶渊明，唐代的杜甫的一些著名诗篇，都不是产生在社会安定、经济繁荣的时期，恰恰相反，正是出现在社会经济遭到严重破坏的时期。为什么会产生这种社会经济衰落而文学发展的特殊的不平衡的状态的呢？我认为这仍然由于政治斗争的激发和影响，同时也是由于文化传统的孕育，如果没有前一历史时期的传统文化的深厚基础，那末，要在残破的衰败的经济基础上开出灿烂的奇葩来，也是不可能的。

　　治文学史，要注意"通"和"变"。司马迁写《史记》，旨在"通古今之变"，[①] 章学诚说："通者，所以通天下之不通也。"[②]"通"，就是要求我们去找出文学发展的规律，找出文学本身的从源到流，找出各种文学形式的从源到流，找出各种文学题材的从源到流的发展规律，各个不同历史时期的文学，就像流经祖国大地的黄河、长江一样，有它的发展的源头，有它的发展过程中各个阶段的特点，然而，尽管如此，它仍然是一气流贯，有它贯穿始终的东西的。文学史的研究，就是要通过对大量的历史材料的占有和用历史唯物主义和辩证唯物主义的理论去详加分析，从客观的实际材料中去找出它的发展规律来。"变"，就是在发展过程中的变化。任何事物都是在发展着也都是在变化着，文学在它自身的发展过程中，也是在不断地变化着。"通"和"变"是辩证的关系，能知其"通"，就要能知其变，因为在"通"的过程中就包含着"变"。如果只知

---

　　① 司马迁：《报任安书》。
　　② 章学诚：《文史通义·释画》。

道"通"而不知道"变"，那末他们知道的"通"，也是表面的肤浅的，甚而至于是根本还不曾"通"。反之，要知道"变"，就必须知道"通"，因为"变"是在"通"的过程中的"变"，在发展过程中的"变"，如果连"通"都不曾做到，那末，"变"也就无从说起了。这里我们虽然都是说的抽象的"通"和"变"，但在文学史上从来没有抽象的"通"和"变"，"通"和"变"都是具体的，只要结合文学史的发展过程细加考察，这种"通"和"变"的关系自不难理解，这里就不再罗列事例了。

文学史，离不开对作家的评论，而对作家的评论要做到恰当，确是不容易的。特别是有些思想和经历比较复杂的作家，更不容易取得一致的看法。我认为对作家的研究和评论存在的这种矛盾，完全是正常的，不值得大惊小怪的，重要的是要下功夫进行深入的研究，拿出新的成果来，不要停留在一般的讨论上。对一个作家或一个作品提出一种能吸引人们普遍进行讨论的观点来，比起那种不痛不痒四平八稳的文章，作用要大得多。列宁曾经说过：马克思主义的学说"在其生命的途程中每走一步都得经过战斗。"[①] 这对于马克思主义的发展，当然是最好的概括。但是，任何一种新的科学的理论的确立或进展，一般来说，都必须经过斗争的过程，只不过斗争的形式有所不同罢了。显而易见，一种新观点，哪怕是确确实实的科学的真理，它要取旧的谬误的观点而代之，不经过斗争是不行的。一种谬误的观点，当它在一定的时期里取得一定的社会地位以后，要它自动地让位于新的科学的观点，那几乎是不大可能的。因此，我们不是要求学术界的各种不同学术观点的和平共处，而是要

---

① 列宁：《马克思主义和修正主义》，《列宁全集》第 15 卷。

提倡百家争鸣，提倡争辩，真理是在同谬误作不调和的斗争中发展的。究竟是谁掌握了真理，不是看他的地位高低，也不是看他的文章写得有多长，而是看他的理论是否经得起实践的检验。在评论作家和作品的问题上，我们应该按照历史唯物主义的原则，把问题提到一定的历史范围之内，从作家作品的具体实际出发，提倡实事求是地分析问题、研究问题，那种离开了作家所生活的特定的历史范围去要求作家，给作家定框框、戴帽子、贴标签的方式都是无济于事的。在评价作家和作品的问题上，过去"左"的和右的片面性都是存在的，在对某些作家或作品的评价上，右的片面性还较突出，但两者比较起来，还是"左"的片面性较严重，苛求古人，对古代作家和作品否定过多，片面地强调作家作品的思想性，而不重视总结研究作家作品的艺术成就，一谈艺术性，就被看做是鼓吹资产阶级观点或修正主义观点，真有点谈"艺"色变的形势，这种情况很不利于贯彻"双百"方针，也不利于学术工作的发展和提高。现在必须把这种错误的倾向纠正过来，要大胆解放思想，充分地自由地发表自己的见解，学术上如果缺乏自由和民主的气氛，学术就会窒息，思想就会僵化。"四人帮"的统治，就是这种高度窒息的活生生的事例。

文学史的研究过程中，离不开考证，我认为应该为考证工作恢复名誉。其实，考证是一种手段，是学术工作上的调查研究，是研究工作的第一步。过去常常把考证工作与"烦琐"两字联系在一起，似乎凡考证必"烦琐"，其实何尝是如此。考证就是调查，在调查一件事情的来龙去脉的过程中，要绝对避免烦琐，也是很困难的。如果烦琐的结果而弄清了问题，解决了问题，这总比说空话要好得多。当然，我并不赞成烦琐，相反我主张文章是要写得简要清通的，我在这里只是说考证工作的必要性，在做考证工作的过程中，往往很难避免烦琐。在"文化大革命"中，"四人帮"的文痞姚文元，在其咬牙切齿、竭尽全力地攻击周扬同志的那篇黑文章里，对考证工作，曾狠狠地打了几棍子，他质问说：

> 你们不是连续发表了几百万字的曹雪芹死年考据、祖宗考据、大观园地址考据……等等奇谈怪论，登了整版整版的稀奇古怪的地图，为胡适派唯心论实行了一次大复辟吗？

好家伙，考证了曹雪芹的卒年、宗祖等等，就是唯心论的复辟，罪名大得很！大家清楚，曹雪芹是我国文学史上放射着奇光异彩的伟大作家，他已经在世界上取得了崇高地位，全世界有多少读者在阅读他的作品，有多少专家在以毕生的精力研究他的不朽巨著，人们听到关于他的哪怕很小一点点的新的资料的发现，都要津津有味地去议论它、研究它；但是这样一位为我们国家民族带来了这样崇高的荣誉的伟大作家，我们却不知道他生于何年、死于何年，不仅不知道，而且连想去知道、努力去探求它都不行，都成了"复辟"的罪状。不仅如此，我们竟连这位作者的上祖的籍贯和历史还弄不清楚，一直存在着意见分歧，莫衷一是。因此红学家们曾进行过考证，但是一考证曹雪芹的生卒年和他的祖宗，罪名也就立即来了，姚文痞的棍子劈头盖脸地打了下来。要了解我们这位伟大作家的生卒年和祖宗，怎么也成了罪状了呢？

当然，当前的红学研究，我主张应该致力于研究《红楼梦》的时代背景、作者的世界观和美学理想、作者的创作方法、《红楼梦》的思想和艺术成就，以及它对后世的影响、它在世界文学中的地位等等。但是作为对于作者的生卒年、家世，以及《红楼梦》的版本、文物等等的研究，正是有利于对上述这些问题的深入研究，而不是相反。

研究文学史，就需要脚踏实地地认真做好资料的搜集、整理、考证工作。一切结论，应该从大量的客观资料中归纳出来，而不应该先定一个框框，先定一种结论。"四人帮"的御用班子里发出来的汗牛充栋的文章，都是阴谋文艺、影射文学。他们根本不要材料，更不用说从大量的客观材料里去归纳出结论来了。因为历史的材料对他们旨在篡党夺权的阴谋和杜撰出来的荒唐"理论"不利，所以他们根本不需要材料。我们应当奋然而起，扫除"四人帮"的残余文风，大胆提倡说真话，提倡调查研究，提倡根据事实、根据切实可靠的材料说话，提倡明辨是非、独立思考，提倡朴实的文风，坚决扫除那种帮气十足的帮八股，扫除那种空话连篇、不要任何根据的旨在唬人和骗人的空头文章，坚决提倡马克思主义的实事求是的、观点和材料统一的，持之有据、言之有物的马克思主义的文风。

我们应该为此而努力奋斗。

1979 年 7 月 24 日于承德避暑山庄

关于古典文学研究中的阶级分析

在古典文学研究中如何正确地运用阶级分析的方法，这是一个值得讨论的问题。对这个问题，柳鸣九同志连续发表了两篇文章（《关于阶级分析的方法》和《再谈阶级分析的方法》，见《文学遗产》第 470、471 期），提出了自己的看法，我觉得柳文中的有些观点是值得进一步商讨的，特别是他对经典著作的理解，是不符合原著的意思的，因此提出来与柳鸣九同志商榷。

阶级的思想家和作家与本阶级的关系
"一般"是处于"对立"地位的吗?

柳鸣九同志说:

马克思和恩格斯在《德意志意识形态》中曾经说过，在一个阶级的内部，分为阶级的一般成员与"把编造这一阶级关于自身的幻想当作谋生的主要泉源"的"阶级的思想家"这两部分人，他们说:"这种分裂甚至可以发展成为这两部分人

之间的某种程度上的对立和敌视，但是一旦发生任何实际冲
突，当阶级本身受到威胁，甚至占统治地位的思想好像不是统
治阶级的思想这种假象、它们拥有的权力好像和这一阶级的权
力不同这种假象也趋于消失的时候，这种敌视便会自行消失。"
（《马克思恩格斯全集》第三卷，第 53 页）

柳鸣九同志接着对上面这段引文分析道：

> 这里指的是阶级的思想家与本阶级的一般关系，当然，也
> 适用于阶级的作家与其阶级的关系。
> ……从这段话里，我们可以得到两点启示，即一，阶级的
> 思想家与本阶级的一般成员之间往往是存在着某种对立，而这
> 种对立并不使阶级思想家不成其为这个阶级的思想家；二，阶
> 级思想家与本阶级的对立，总是要服从于本阶级的根本利益
> 的，也就是说，根本上是不可能违反这个阶级的利益的，是不
> 可能以损害本阶级为其最后的结果的。
> 这两点启示可以帮助我们理解某些作家作品与其阶级的关
> 系。

我们认为柳鸣九同志对上引经典著作的理解是根本错误的，他所提出
的两点"启示"是与经典著作的本意根本相反的。为了说明问题，我们把
柳文所引经典著作原文前面一段有关的文字补引出来，然后再加说明。

> 现在，分工也以精神劳动和物质劳动的分工的形式出现在
> 统治阶级中间，因为在这个阶级内部，一部分人是作为该阶级
> 的思想家而出现的（他们是这一阶级的积极的、有概括能力的
> 思想家，他们把编造这一阶级关于自身的幻想当作谋生的主要

泉源），而另一些人对于这些思想和幻想则采取比较消极的态度，他们准备接受这些思想和幻想，因为实际上该阶级的这些代表才是它的积极成员，所以他们很少有时间来编造关于自身的幻想和思想。在这一阶级内部，……（下接柳文所引"这种分裂甚至……"那段文字）

我们把被柳鸣九同志舍弃的这段文字与他所引用的那段文字联系起来作全面的考察，就会发现柳鸣九同志歪曲了经典著作的原意。第一，经典著作是说统治阶级内部，一部分思想家与"另一些人"形成一种分裂，"这种分裂甚至可以发展成为这两部分人之间的某种程度上的对立和敌视"。显然，这里是说阶级的思想家与"另一些人"的"某种程度上的对立和敌视"，而根本不是说"阶级的思想家与本阶级的一般成员之间往往是存在着某种对立"。把阶级的思想家说成"与本阶级的一般成员之间往往是存在着某种对立"，自然也就大大扩大了马克思、恩格斯所说的"另一些人"的范围，因为阶级的一般成员，自然是指阶级的普遍成员而不是指部分的或某一些成员，这样自然也就根本歪曲了马克思、恩格斯所说的思想家与"另一些人""对立"的实质。① 第二，柳鸣九

---

① 关于"另一些人"究竟是指哪一些人，目前学术界的意见尚有分歧。一种意见认为是指统治阶级中的当权派，即本阶级的思想家与本阶级的政治上的当权派存在着矛盾，他们之间的分裂，甚至可以发展到某种程度上的对立和敌视，但他们的根本利益则是一致的，因此当阶级本身受到威胁时，这种对立和敌视又可以消除。另一种意见认为是指本阶级从事物质活动的人物，如资本主义社会中的金融家、工业家等等。显然，无论是根据上述两种意见中的哪一种意见，都不能得出本阶级的思想家与本阶级对立的结论来。

这里应该提到冯友兰先生是主张第一说的，但他又把这种解释加以片面的夸大和引申，从而得出思想家的任务，"在平时是批判当时的政治，揭露社会的黑暗"的结论来（见《关于孔子讨论的批评与自我批评》，《哲学研究》1963 年第 6 期）。这无异是说，阶级的思想家在平时是不为本阶级的政治服务的，是超阶级的。这种见解显然是错误的。柳鸣九同志对"另一些人"的解释，虽然不同于冯友兰先生，但其结论却是一致的，可以说是殊途而同归。

本文所有的着重点，都是引者所加。

同志把经典著作中的"另一些人"改换成"本阶级的一般成员"以后，又随心所欲地把"本阶级的一般成员"改换成"本阶级"。这样，阶级的思想家、阶级的作家与"本阶级"便成为"往往是存在着某种对立"和"敌视"，而且这种"对立和敌视"，还是阶级的思想家、阶级的作家"与本阶级的一般关系"。这样，就无异于说阶级的思想家和作家，"一般"不是阶级利益的捍卫者，不是阶级利益的代言人而是阶级利益的反对者、破坏者了；这也无异于说，阶级的思想家和作家，"一般"是超阶级和反对本阶级的，是不为阶级的政治服务的，是反对本阶级的政治的。这样的观点，怎么能符合马克思、恩格斯著作的原意呢？

　　柳鸣九同志说，根据他的"这两点启示可以帮助我们理解某些作家作品与其阶级的关系"。我们认为这种对经典著作的曲解，是不能帮助我们正确地理解"作家作品与其阶级的关系"的。举例来说，中国封建社会的作家陶渊明、李白、杜甫、白居易等等，难道他们往往与本阶级处在对立地位的么？难道他们不是在维护封建制度、维护封建地主阶级的利益而倒是在破坏这种利益么？当然，我们知道上述这些作家对封建社会里的腐朽现象和黑暗政治确实是作了较为尖锐的揭露和批判的，甚至对当时的最高统治者皇帝也是有所批判的，这些批判对劳动人民来说在不同程度上也是有利的；然而他们批判的目的，是为了"致君尧舜上，再使风俗淳"（杜甫语），而不是为了鼓动劳动人民起来革命，因此他们仍然是站在封建地主阶级的立场上的，因此他们批判的调子，除少数人表现了某种愤激的情绪外，其中大多数只是"半是哀怨、半是讥讽"，甚至有些人或有些作品，还只是"低声细语地说出一些不祥的预言"。因此他们的批判与来自敌对阶级的批判根本不同。诚然，柳鸣九同志是举了斯丹达尔作为例子来说明他的理解的，我们认为斯丹达尔的例子并不能帮助他说明问题，因为举例子首先要符合经典著作的原意，把经典著作的意思根本歪曲了，这个例子怎么能帮助他说明问题呢？何况斯丹达尔尽管对资本主义社会的丑恶现象和当时占统治地位的大资产阶级作了尖锐的批判，然而，正如高尔基所说的，"更坏一些"，他又"转而肯定它曾经否定了的东西"了。因此，我们决不能把这种批判看做是他与资产阶级这一阶级的"对立和敌视"，对本阶级的"对立和敌视"，只能是阶级的叛逆者，而决不可能是阶级利益的捍卫者；在中国，鲁迅是本阶级的彻底的叛逆者，所以他就不再是封建阶级利益的辩护士，而相反却是它的破坏者，是无产阶级利益的卓越的捍卫者。斯丹达尔归根结蒂只是资产阶级作家，怎么能把他看做是与本阶级处于"对立"的地位呢？马克思主义教导我们看问题要看本质而不能光看现象，无论是封建社会还是资本主义社会，确实有一部分作家对封建社会和资本主义社会的腐朽的统治者和腐败的社会现象，是作过尖锐的揭露和批判的，但他们的目的是在为自己的阶级治病，而不是为了切断自己阶级的喉管，因此他们的阶级立场并没有改变，并没有转到与本阶级"对立的地位上"。依照柳鸣九同志的看法，最低限度，会使我们去美化古人、夸大古人的进步作用，从而得出不符合历史事实的错误结论。不错，柳鸣九同志是说过，"阶级的思想家与本阶级的对立""并不使阶级思想家不成其为这个阶级的思想家"，"阶级的思想家与本阶级的对立，总是要服从于本阶级的根本利益的"，并且认为斯丹达尔等作家，正是"以这种巧妙的方式完成自己的职责"的。我们认为这个"理论"是不符合上述这些作家的事实的，而对我们今天则是不利的。资产阶级作家对资本主义社会的某种程度的批判揭露，对资产阶级作家本人来说，其原因是多方面的，需要对每个作家的世界观、社会地位和他们的创作作具体的、深入的分析，才能对各个作家的具体情况作出确切的符合马克思主义的结论。如果按照柳鸣九同志上述的说法，则阶级的思想家和作家，一方面是与本阶级处于"对立的地位上"的，而另一方面，又"并不使阶级的思想家不成其为这个阶级的思想家"，而且还是"本阶级思想体系的最忠实、最有力的维护者"。又是阶级利益的捍卫者，又是阶级利益的破坏者，又是站在本阶级的立场上的作家，又是站在与本阶级对立立场上的作家，这样的"作家"，除了从天上掉下来以外，在现实的社会生活中怎么能找得着呢？

什么是"根本的阶级分析方法"？

柳鸣九同志认为，"根据一个作家的出身、社会身份以及他本人某些言论，来确定他的阶级性质，这是一种分析的方法，……然而，这种方法也许还不能说是根本的阶级分析方法，它在相当多复杂的情况下，并不能使我们收到预期的效果"。那末究竟什么是"根本的阶级分析方法"呢？柳鸣九同志认为，"衡量一个作家，重要的却是要从他的创作的阶级性质来看，而不是以其出身和社会身份为主要根据"，"对一个作家进行阶级分析的基本途径应该是：看他所反映的是哪一个阶级的利益和看他在提出问题、解决问题时所没有超越的是哪一个阶级的范围"。

对一个作家进行阶级分析应该研究作家的作品，分析他的作品里所反映的是哪一阶级的利益和愿望，而不应该简单地根据作家的阶级出身来判定作品思想内容的阶级性，这当然是不成问题的；问题是作家作品里所反映的思想，与作家本身的阶级出身、社会地位，一句话，与他的社会物质生活条件，究竟有没有关系？当我们在分析作家作品的时候，究竟是应该把两者联系起来还是应该把两者割裂开来，然后抓住后者（作品）而抛开前者（作家的阶级出身、社会身份等等）？按照柳鸣九同志的看法，作家的阶级出身和社会身份等等与作品的思想内容是没有联系的，因而也是无足轻重的，重要的是作家的作品，因此在对作家进行阶级分析的时候，不必要把作家的阶级出身、社会身份等等与作家的作品联系起来考察，只要抓住作品就够了，而且只有这样才是"根本的阶级分析方法"，否则，就"不能使我们收到预期的效果"。

我们认为柳鸣九同志提出来的这种所谓"根本的阶级分析方法"，是片面的、本末倒置的，因而也是错误的。

阶级分析方法，是马克思列宁主义的精髓，马克思列宁主义在观察阶级社会里的一切事物时，都离不开这个方法。人们运用阶级分析的方法，也就是运用历史唯物主义即关于阶级和阶级斗争的学说具体地分析具体问题。马克思主义告诉我们："物质生活底生产方式决定着社会生活、政治生活以及一般精神生活的过程。并不是人们的意识决定人们的存在，恰好相反，正是人们的社会存在决定人们的意识。"（马克思：《政治经济学批判》，人民出版社 1955 年版，第Ⅱ页）因此，当我们去从事研究人们的意识的时候，我们就必须研究作家的阶级出身和社会身份、社会经历等等，离开了这一点，我们也就离开了理解作家思想和他的作品思想内容的一条基本线索。当然人们的社会生活是会有变动的，而人们的思想也是会有发展变化的，所以《共产党宣言》告诉我们："人们的观念、观点、概念，简短些说，人们的意识，是随着人们的生活条件、人们的社会关系和人们的社会存在的改变而改变的。"因此，我们不应该仅仅根据作家的阶级出身来判断作家作品的思想内容的阶级性，而应该周密地考察他的社会生活的变化，他的世界观的变化。当然，人们的思想的变化并不一定与他的社会生活的变化画等号。例如：封建社会里没落的地主阶级，他的财产荡尽了，社会地位下降了，然而他的地主阶级的意识并不因此而消失。所以做了俘虏的李煜，还可以念念不忘他的"雕栏玉砌"；而已经贫困了的陶潜，也还保持着他的士大夫的清高。那末，是什么原因使得人们的社会生活、社会经济地位发生上升或下降的种种变化的呢？归根结蒂是社会的阶级斗争。《共产党宣言》说："至今所有一切社会的历史都是在阶级对立中演进的。"毛泽东同志说:"阶级斗争,一些阶级胜利了,一些阶级消灭了。这就是历史,这就是几千年的文明史。拿这个观点解释历史的就叫做历史的唯物主义,站在这个观点的反面的是历史唯心主义。"(《毛泽东选集》第四卷,第1491页)在阶级社会里,任何一个人,都是不可能置身于阶级斗争之外的,"无论个人主观地说可以怎样超出这各种关系,社会地说,他总归是这各种关系的产物。"(马克思:《资本论·初版的序》,《资本论》第一卷,人民出版社1963年版,第XII页)因此,当我们在研究作家作品的时候,我们不能把他从社会的阶级斗争中游离出来,尽管这种阶级斗争有时表现得明显,有时表现得隐蔽,然而这种斗争不可能不这样或那样地渗透在他的作品里。如果人们离开了阶级斗争的观点去研究作家作品,那末,人们自然也就离开了马克思主义的历史唯物主义而滑进了历史唯心主义的泥坑。总之,人们在研究作家作品、对作家作品进行阶级分析的时候,首先应该弄清作家的阶级出身和社会地位、社会经历、思想的发展变化等等,把作家和他的作品放到特定的历史环境和特定的阶级斗争的条件下去考察。当然,对于一个作家进行阶级分析的时候,不应该忽视对他的作品作具体的分析,因为我们对作家进行阶级分析的目的,归根结蒂,还是为了弄清他的作品的思想内容。特别是历史上有一些作家的思想,确实比较复杂,甚至还有少数作家背叛了自己出身的阶级,在作品里表现了不符合甚至反对本阶级利益的思想,对于这类作家,确实简单地根据他的阶级出身来判断他的作品的思想内容的阶级性,是不可能得出正确的结论的,必须认真地分析他的作品中所表现出来的思想内容的阶级实质、同时联系他的社会地位的变化、社会经历的变化、世界观的变化,以寻找出他的作品的思想倾向的社会物质原因;当然,对那些思想并不太复杂的作家,也不能简单地根据他的阶级出身来判断他的作品的思想倾向性,因为这不是马克思主义具体地分析具体问题的科学方法,而是一种形而上学的主观唯心主义的方法。

　　然而，尽管我们反对简单地根据作家的阶级出身来判断作品的阶级性的作法，但却无论如何不能得出对作家进行阶级分析，可以把作家作品里所表现的思想与作家的阶级出身、社会地位等等割裂开来，孤立地去看作品的思想的结论来。这样的看法，实质上等于说，作品里所反映的思想内容，不是作家社会实践的产物，而是作家的主观幻想的产物，从而作家也就可以不去重视他的社会实践，而只要重视他的主观幻想（作品）就可以了。这样的观点，显然是十分错误的，对我们今天的创作实践和理论研究都是不利的。就以柳鸣九同志所提到的莫里哀来说，柳鸣九同志正确地指出了"他整个的创作其实就是新兴资产阶级利益的反映"。然而我们知道莫里哀出身于资产阶级家庭，后来当了演员，长年在法国外省到处漂泊，因而使他熟悉了社会生活，从而对当时的社会现实作出了辛辣的批判。难道我们了解莫里哀的阶级出身、了解他的社会地位和生活经历，对于我们研究他的作品的阶级性是没有意义的么？是不能作为一种依据的么？显然我们不能这样看。马克思主义的历史唯物主义和阶级观点，是一个完整的全面的学说，它们在针对某些问题论述时，有时会有所侧重，我们应该全面地、完整地领会它的科学性和革命性，而不应该把这一伟大的学说割裂开来作片面的理解和片面的运用。

　　总之，对作家进行阶级分析，既要重视他的阶级出身和社会地位以及以后的思想变化，又要重视对他的作品的分析，把这两者辩证地结合起来考察，而决不应该单独强调任何一方面而丢开另一方面。

（原载 1964 年 9 月 20 日《光明日报·文学遗产》第 479 期）

关于文学遗产的批判继承问题

　　古典文学遗产的批判继承问题，是一个很复杂的问题，我没有作深入的研究，只能谈一些粗浅的意见，不妥之处，请同志们指正。

　　最近学术界提出的对待民族文化遗产的优秀部分，也必须批判地继承，其精神我认为是与马克思主义对待文化遗产的方针相一致的，它对于指导我们研究、整理古典文学遗产是有积极意义的。

　　大家知道，古典文学遗产，都是过去时代的产物，是过去时代社会生活的反映。它们的作者，大体说来不外乎三类：一类是站在统治阶级立场上为统治阶级利益，即为统治阶级压迫、剥削人民服务的。他们向广大人民大力宣扬封建思想，宣传忠孝节义等封建道德以毒害人民；宣传封建正统的历史观以反对农民起义；宣传封建的奴才主义，要被剥削者无条件地为剥削者牺牲自己；宣传封建迷信的轮回观念和宿命思想，以便束缚甚至消除被压迫者要求解放的思想等等。这一类作家的作品，从根本上说是反动的，是文学遗产中的糟粕，毫无疑问是应该扬弃的。第二类是作者虽然出身于统治阶级或一般的地主阶级，但是他们在不同程度上具有比较进步的政治思想。他们或者是对当时的社会现实不满，因而对统治阶级作了不同程度的揭露批判，对劳动人民表示了同情，他们的作品表现了比较进步的政治理想；或者，虽然他们没有明显地表现自己的政治理想，但对社会的黑暗现实和阶级矛盾，都作了不同程度的比较真实严峻的刻画，在客观上具有对统治阶级揭露批判的作用。第三类是作者基本上站在被压迫阶级的立场上来反映当时的阶级斗争和社会现实，例如每个时代的一些优秀民歌、民间文学作品以及长篇小说《水浒传》等。上述二、三两类作家的作品，虽然还各有思想艺术的高低，但总起来说，在不同程度上都有精华的成分或者其中有一些作品基本上是精华。然而，这两类作家和作品，终究无法超越其时代和阶级的局限。马克思在《资本论》中说："无论个人主观地说可以怎样超出他们所加入的各种关系，社会地说，他总归是这各种关系的产物。"从这个意义上说，这两类作家的作品，不管怎样优秀，总是那个时代的社会关系的产物，和我们有着历史的距离和阶级的区别。他们作品中正面人物的精神面貌和社会理想，他们所描写的社会现实和阶级矛盾，他们的美学理想，与我们的时代精神和社会现实，总是有着本质区别的。因此我们研究这两类作家和作品的时候，一方面应该认真指出这些作家和作品在他（它）们所处的那个时代的积极意义；另一方面，又必须指出他（它）们本身的弱点，指出他（它）们和我们的历史距离、阶级区别。也就是说，我们在研究这些作家或作品的时候，一方面要正确地估价他（它）们的历史作用和艺术价值，不能用今天的标准去要求他（它）们；另一方面，研究者自己，必须从封建的和资产阶级的世界观中摆脱出来，用马克思列宁主义的历史唯物主义观点来评价他（它）们，决不能站在与这些作家或作品的同一立场或同一思想水平上来评价他（它）们。

我们单就古典文学的优秀作家和优秀作品来说吧。古代的优秀的作家也有不好的作品，例如李白、杜甫、白居易、辛弃疾、陆放翁等，也都有一些不好的作品存在；就是在他们的优秀作品中，有的也往往夹杂着糟粕的成分；同时，即使是优秀的作品以及这些优秀作品的精华部分，也仍然要受其时代和历史的局限，不可能与我们时代的精神一致。因此，对他（它）们必须进行具体的分析，不能无批判地肯定。

那末，为什么要强调对优秀的文化遗产也必须批判地继承呢？我认为这是从社会实际出发提出来的。在我们的现实生活中，影响面最大的，并不是遗产中的糟粕部分或思想比较消极的作品。这类作品，解放后有的没有重印（如《荡寇志》）；有的印数较少，而几年来对这类作品都进行了不同程度的批判，因而他们的影响面比较地说，要小得多，当然，对这类作品仍然需要继续批判。目前对社会影响最大的正是遗产中的精华部分，即历来被公认的优秀作家的作品。这些作品的发行量大，影响面广，历来对他们的分析批判也很不够。例如《红楼梦》，对社会的影响就很大，尤其是近来电影《红楼梦》和昆曲《晴雯》的上演，更扩大了它的影响。因此，对于广大的观众来说，怎样正确地认识这部伟大作品的意义，怎样批判地认识贾宝玉、林黛玉的爱情，以及他们的思想感情、生活方式、艺术兴趣等等，就显得十分迫切。当然，我不是反对关于《红楼梦》题材的电影和戏曲的上演，也不是要求在这些电影和戏曲中加进一段如何批判地认识《红楼梦》的演说。要求上述作品负担这个任务是不合适的。然而，唯其如此，对这部伟大作品作细致的分析，就显得更为迫切。因为有许多观众，特别是青年，他们一般都还缺乏分析和批判能力，往往为作品的艺术力量所感动，于是，人物低徊缠绵的感情和悲剧的情节，就有可能影响他们，使他们不知不觉地受到作品中消极面的感染。伟大的古典作品，往往是积极的东西和消极的东西混在一起的，甚至于有些作家（如阮籍、嵇康等）的作品或有些作品中的人物对当时社会现实的消极反抗往往就是他（它）们在当时历史条件下的某种积极表现。因此，我们如果不对他（它）们进行正确的、细致的分析，就容易使读者无批判地接受他（它）们的消极影响。可以说任何优秀的古典文学作品，都在不同程度上存在这个问题。这说明不但要以批判的态度对待优秀作品中的糟粕部分，而且也要以批判的态度对待优秀作品中的精华部分。那种认为优秀作品中的精华部分可以无批判地继承的看法是不全面的。

对遗产中的精华部分也必须批判地继承，这并不是说要抛弃遗产中的精华。相反，马克思主义者是十分重视文化遗产的继承和保护的，历史上从来没有一个阶级，也从来没有一个政党能像无产阶级和共产党那样重视文化遗产，重视人类历史的优秀的精神财富。列宁在《论无产阶级文化》中说："马克思主义这一革命的无产阶级思想体系赢得了世界历史性的意义，是因为它并没有抛弃资产阶级时代最宝贵的成就，相反却吸收和改造了两千多年来人类思想和文化发展中一切有价值的东西。"毛泽东同志也一再教导我们要重视文化遗产的批判继承，他一方面把这一工作与我们伟大的革命事业直接联系了起来，认为"对于指导当前的伟大的运动，是有直接帮助的"，同时，他又教导我们要善于区别古代文化中的精华和糟粕，要吸收精华，剔除糟粕，而决不能无批判地兼收并蓄。事实上，我们遵循毛泽东同志的教导，在文化遗产的批判继承上，也做出了十分巨大的成绩。实际上，我们所说的"批判"，就是具体地分析具体问题，有一些作品经过具体的分析批判，确实是要加以抛弃的，因为它们是封建性的糟粕；而有一些作品，经过分析批判以后，是要加以肯定的，因为其中有民主性的精华。只有经过这种具体的分析批判以后，读者才能清楚地认识到为什么可以肯定这部作品，肯定其中的哪些方面，肯定到什么程度，被肯定的部分还存在哪些问题等等；这样做，才能充分地、正确地吸取其中的精华，对我们的革命事业产生有益的作用。这决不是什么简单粗暴的态度，而是对待文化遗产的一种正确的态度。

当然，这样做对我们当前古典文学研究也是有帮助的。它告诉我们在古典文学的研究中，应该抓住主要问题，抓住当前最迫切的问题，而不要陷进一些琐屑的问题里去，也不要放弃了当前重大的问题却首先去研究那些无关紧要的问题。当然，这里都是针对古典文学研究的总的倾向说的，并不是说每一个研究者都只能一律去研究那些重大的问题。古典文学研究的领域非常宽广，没有必要对研究工作作种种的限制。

我们强调对优秀的古代文化遗产也必须批判地继承，自然不是说对每个优秀作家或优秀作品都千篇一律地说上几句时代的局限性和阶级的局限性。诚然，每个作家和作品，都有他（它）们的时代和阶级的局限性，但这种局限性存在于每个作家和作品身上，并不是完全一样的。李白、杜甫、王维他们生活在同一个时代，而且有过过从，李、杜之间还有很深的友谊，然而，时代和阶级对他们的局限作用却并不完全一样。因而如果用千篇一律的办法来指出他们的时代和阶级的局限性是无济于事的。《水浒传》和《三国演义》产生的时代大致相同，然而它们的局限性却显然不同，因而也不能用同一个内容来指出它们不同的局限性。总之，古代的每一个作家或每一部作品，都是文学史上具体的问题。这些大大小小的问题，可能有它某些相同之处，但也各有其独特的内容。要解决这些具体问题，就只有对具体问题作具体的分析，舍此而外，没有更简便的办法。恩格斯在《论马克思的〈政治经济学批判〉》中说过："唯物主义的认识的发展，哪怕是单单对于一个历史实例，都是一种科学工作，要求多年的冷静钻研，因为这是很明白的，单靠几句空话是做不出什么来的，只有大量的、批判地审查过的、透彻地掌握住了的历史资料，才能解决这样的任务。"因此，我们对于解决文学史上各个作家或作品的批判继承的问题，不应该寄希望于"说空话"，而应该进行"冷静的钻研"。然而，这种"说空话"的毛病，我比起别人来，也许要多得多，所以这首先是对我自己的一种鞭策。

（原载 1963 年 12 月《新建设》）

论中国古典文学中现实主义
与浪漫主义的结合

　　研究我国古典文学史上现实主义与浪漫主义①相结合的创作方法的发展过程和它的特征，对于我们批判地继承文学遗产，有着重要的意义。目前学术界正在对这个问题展开热烈的讨论。讨论的第一类问题，是我国文学史上究竟有没有两结合的创作方法？它有没有一个较长的发展过程？讨论的第二类问题，是两结合创作方法的特征是不是"理想与现实的统一"或"现实与理想的统一"的问题。本文试图对这两方面的问题作些初步探索。

一

　　在研究中国古代文学史上两结合创作方法的时候，有的同志根本否

---

　　① 本文所论及的浪漫主义，都是指古代的积极浪漫主义，古代的消极浪漫主义以及今天的革命浪漫主义，都不在本文论述范围以内。

认这种创作方法的存在，认为古典文学只能达到现实主义或是积极的浪漫主义；有的同志虽然承认我国古代文学史上存在着这种两结合的创作方法，但又认为这种创作方法的产生和发展的历史并不很长，是到元代才开始的，理由是：由于这一时期民族矛盾的特殊尖锐，反映到文学上于是产生了两结合的创作方法，其代表作家就是关汉卿；有的同志虽然承认古代文学史上这种两结合的创作方法具有一个长期的发展过程和各种不同的表现形式，但他们又自相矛盾地举出了《水浒传》作为古典文学中两结合的标准，认为只有《水浒传》这一类的作品才是具有所谓"独立的两结合的创作方法的作品"，从而认为应该把《水浒传》这类作品与那些"存在着不同程度的差异"的两结合的作品区分开来。① 这样，他们就把《离骚》、《窦娥冤》等一系列体现了两结合的创作方法的优秀作品，排斥于所谓"已经形成了独立的两结合的创作方法的作品"的行列以外了。

在讨论中，上述三种意见都共同涉及一个问题，即神话是否可算两结合的问题。我认为总的来说，神话的创作方法是浪漫主义的而不是两结合的。马克思说：神话是"在人民幻想中经过不自觉的艺术方式所加工过的自然界和社会形态"。（《政治经济学批判：导言》）也就是说神话对自然和社会的反映，主要是通过幻想，而不是对自然和社会作如实的描绘。毛泽东同志也曾说过："神话并不是根据具体的矛盾之一定的条件而构成的，所以它们并不是现实之科学的反映。这就是说，神话或童话中矛盾构成的诸方面，并不是具体的同一性，只是幻想的同一性。"（《矛盾论》）因此，认为神话是两结合的，这是不符合实际情况的。然而这并不是说在神话中，不可能包含着某种程度的两结合的因素。神话，一方面是在人民幻想中经过不自觉的艺术方式加工而成的；另一方

---

① 张炯：《也论我国文学史上现实主义与浪漫主义相结合》，《文学遗产》第 353 期。

面，它又是原始人类与自然（早期的神话）和社会（阶级社会初期的神话）作英勇斗争中对现实的曲折的反映。我国古代如射日、补天、移山、填海、奔月、逐日等瑰丽优美的神话，强烈地反映了我们祖先与自然作斗争的伟大气魄和英雄意志，同时在他们对这些自然现象所作的种种奇妙的解释中，又包含着一些朴素的唯物主义思想的因素，他们认为太阳、月亮、天等等都是物质的，太阳可以用箭射下来，天破了还可以用石头去修补，而月亮还可以居住。关于神话中的唯物主义思想，高尔基曾经说过："原始文化史家完全抹煞了唯物主义的思想底显明的标记，而这种唯物主义的思想是劳动过程和古代人的社会生活底全部现象所激发起来的。这些标记是以故事和神话底方式传给我们，从这些故事和神话中间我们听到关于驯养动物、发现药草、发明劳动工具的种种工作的回声。"高尔基在这里指出了古代神话传说中包含有唯物主义的思想。接着他又说："神话底创造在自己的基础上乃是现实主义的。在古代的幻想底每一飞翔之下，我们容易发现它的推动力，而这个推动力总是人们想减轻自己的劳动的志愿。"（《苏联的文学》）显然，高尔基在这里又指出了"神话底创造在自己的基础上乃是现实主义的"，然而，他在下面又说道："浪漫主义是神话底基础。"我觉得高尔基所说的这些话正确地指出了神话的创作方法是浪漫主义的，而同时又指出神话里包含有唯物主义和现实主义的因素。近年来，有些同志对我国古代神话中的朴素的唯物主义和现实主义的因素，作了认真的探索，[①] 也有些同志在研究中国古典文学中两结合创作方法的发展过程时，提出了古代神话中具有两结合创作方法的因素的看法。我认为说神话包含有两结合创作方法的因素，是有根据的。我国神话的思想内容包含有朴素的唯物主义思想

---

① 如茅盾的《夜读偶记》，任继愈的《古代神话传说中唯物主义思想的萌芽》（见《文汇报》，1961 年 4 月 18 日）。此处的论述曾参阅了他们的意见。

的因素和反映了劳动人民改造自然的斗争意志和雄伟气魄，这在前面已经概括地论述过了，至于它在创作方法上是否包含有某些现实主义的因素，这还需要作进一步的分析。周扬同志说："现实主义者偏重观察，善于描绘客观世界的精确的图画。"（《我国社会主义文学艺术的道路》）我们可以根据这句话的精神去对一些古代神话作一些具体的考察和分析。例如《山海经·北山经》关于"精卫填海"的神话，其故事情节便有很鲜明的浪漫主义色彩，而在思想内容上，则充分地反映了劳动人民改造自然的坚强意志。神话中对于这个精卫鸟的观察和描写，也相当精细和细致。再如《淮南子·览冥训》里的"女娲补天"，从整个故事的情节来看，也是充满着浪漫主义精神的，同时它又表现了劳动人民改造世界的宏伟气魄，然而神话中对于原始时代的洪水猛兽和大火的灾害的观察和描写，则又是很切实的，可以说它没有什么奇特的幻想和特殊的夸张。再如《淮南子·本经训》里关于后羿的神话，它热烈地歌颂了一位为民除害的英雄，具有浓厚的浪漫主义精神；然而我们又不能不承认，其中对于各种猛兽的为害和他在各地杀死各种猛兽的描写，则又是很朴实的，并没有什么奇突的幻想和特殊的夸张。

　　根据上面提到的这些神话来看，那种认为承认了神话的创作方法是浪漫主义的，因而就不能具有某种程度的两结合的因素的绝对化的看法，并不符合实际情况。当然我们只是说神话中有两结合创作方法的因素，而不是说有两结合的创作方法。

　　讨论中所涉及的第二个问题，是关于屈原的《离骚》是否是两结合的问题。有的同志不承认《离骚》是两结合的，有的同志则对它作含糊其辞的论述，说"像《离骚》这样的千古名篇，就包含有现实主义的因素。"[1] 至于它究竟是否是现实主义与浪漫主义相结合的作品，看来

① 张炯：《也论我国文学史上现实主义与浪漫主义相结合》，《文学遗产》第 353 期。

还没有被肯定。其实淮南王刘安和司马迁都明确地说："国风好色而不淫；小雅怨诽而不乱，若离骚者，可谓兼之矣。上称帝喾，下道齐桓，中述汤武，以刺世事。明道德之广崇，治乱之条贯，靡不毕见。"① 我们知道《诗经》里的《国风》和《小雅》，基本上都是现实主义的诗篇；刘安和司马迁不仅说《离骚》兼有《国风》和《小雅》的特色，并还具体地指出屈原在《离骚》里引用了许多历史事实"以刺此事"——揭露和批判当时社会的腐败政治和黑暗现实，这不是明显地指出《离骚》具有批判黑暗现实的现实主义精神及其创作特色了吗？对《离骚》的评述，后来的班固和王逸也有与此相同的说法。班固说："屈原痛君不明，信用群小，国将危亡，忠诚之情，怀不能已，故作《离骚》。上陈尧舜禹汤文王之法，下言羿浇桀纣之失，以风（讽）怀王。"（《离骚赞序》）王逸说："屈原履忠被谮，忧悲愁思，独依诗人之义而作《离骚》，上以讽谏，下以自慰。"（《楚辞章句序》）在这里，班、王两人都一致指出《离骚》引用历史事实，继承《诗经》的现实主义精神，对怀王进行了讽谏。特别应该提起的是后来刘勰在《文心雕龙·辨骚》篇里，更具体地说《离骚》有四点同于《诗经》的《风雅》，有四点是异乎经典的"诡异之辞"和"谲怪之谈"，最后总结说："论其典诰则如彼，语其夸诞则如此。"这里他把"典诰"与"夸诞"对举；所谓"夸诞"，用我们现在的话来说，就是大胆的夸张和幻想，也就是包含有浪漫主义的意思。所谓"典诰"，就是记载夏、商、周各代的政治历史的《尚书》，说《离骚》有四点同于《风雅》、《典诰》，无异是说

---

① 这段文字直至下文"推此志也虽与日月争光可也"，郭沫若据班固《离骚序》及《文心雕龙·辨骚》，证明是淮南王刘安所作，最近孙作云更证明《史记·屈原列传》"从一开始，一直到'王之不明岂足福哉'止，全部都是刘安离骚经章句序的话"。（见 1959 年第 9 期《史学月刊》：《读史记屈原列传》）孙先生的论证，我认为是可信的。我在这里仍标举出司马迁的名字，是因为司马迁既然全文采用了这篇文字，那末他当然也是同意这种看法的。

《离骚》具有《诗经》的现实主义特色和鲜明的政治性。说《离骚》有四点是"夸诞"的手法，无异是说《离骚》有鲜明的浪漫主义创作方法的特色（当然，古代的评论家，还不可能明确地指出《离骚》的创作方法是两结合的）。以上是就前人的评论来说的，现在我们再来看看《离骚》本身是否确实具有两结合的特色，前人的这些评述是否有根据。

从《离骚》开头："帝高阳之苗裔兮，朕皇考曰伯庸"起，一直到第五段"揽茹蕙以掩涕兮，霑余襟之浪浪"止，这占全诗一半篇幅的诗句，都是屈原在自叙身世、政治抱负和遭遇，并没有运用什么奇怪的幻想和特殊的夸张，诗人在这些诗句中，深刻地揭露了当时政治的黑暗腐败，强烈地表达了自己忧国忧民的爱国主义思想，显然这种思想内容和表现方法，是具有现实主义的创作特色的。自第六段"跪敷衽以陈词兮"以下，[①] 由于诗人的政治主张在黑暗的现实环境中找不到出路，因此便进入了"上下求索"的幻想境界，充分抒发了他的浪漫主义精神。不过，这里也应该指出：在这种浓厚的浪漫主义的幻想中，诗人仍然有着对现实的叙述和描写。例如：当诗人正在幻想中历天门，登阆风，次穷石，望瑶台，相观四极，周流乎天的时候，忽然笔锋一转，说："世溷浊而嫉贤兮，好蔽美而称恶，闺中既以邃远兮，哲王又不寤。怀朕情而不发兮，余焉能忍与此终古！"显然，诗人从奇妙的幻想中又回到对黑暗现实的批判上来了。再如当诗人在极度的矛盾痛苦中不得不乞求于幻想中的灵氛和巫咸的占卜时，诗人又一次地借着灵氛的嘴，对那个不辨善恶的黑暗社会进行了批判；同时又借着巫咸的嘴，列举了十个古人的事迹，勉励自己再作政治上的努力，然后又引出了诗人正面分析当时恶劣环境的一大段文字，说："时缤纷以变易兮，又何可以淹留！兰芷变而不芳兮，荃蕙化而为茅。何昔日之芳草兮，今直为此萧艾也？"一切都

---

① 依清代戴震《屈原赋注》的分法。

已经变了，好人都变成坏蛋了，即使再作政治上的努力，也仍然找不到出路！于是诗人又进入到"周流上下"、"浮游求女"的另一个幻境。然而当诗人经昆仑，发天津（天河），至西极，行流沙，沿赤水，转道神话中的不周山，正准备"指西海以为期"的时候，他的笔锋忽然又一转，他的飞翔着的幻想的翅膀，又落到黑暗的现实的土地上来了。他悲痛地说："陟升皇之赫戏兮，忽临睨夫旧乡。仆夫悲余马怀兮，蜷局顾而不行。""已矣哉！国无人莫我知兮，又何怀乎故都？既莫足与为美政兮，吾将从彭咸之所居。"最后仍然不得不从幻想中的"赫戏"（光明）的天国，回到悲剧的黑暗现实中来，使这首充满着浪漫主义的奇光异彩的杰作，在现实的土壤上作悲剧的结束。

根据以上的分析，我们可以清楚地看到这首诗的艺术上的特色，正是现实的叙述批判和幻想的飞翔驰骋，紧紧地交织在一起的。比较起来，诗的前半部分偏重于现实和政治理想、政治遭遇的叙述，而后半部分则偏重于浪漫主义的幻想，同时在幻想中又紧密地交织进了对现实的批判，而诗的前后两部分，无论在思想内容上和艺术结构上，又都是互相渗透，达到了十分和谐统一的程度，因此，当我们诵读它时竟会不容易觉察到它在艺术手法上前后不同的特色。这一事实，正说明了屈原这首长诗的两结合的创作方法，已经达到了很高的程度，而不能认为它纯粹是浪漫主义或是"包含有现实主义的因素"的作品。

《离骚》这部产生在我国文学史的前期的杰作，证明了那种认为两结合的创作方法直到《水浒传》才达到成熟阶段的看法，是不符合事实的。

二

讨论中涉及的第三个问题，是两结合的创作方法的形成是否由于元代的民族矛盾尖锐化的结果的问题。有的同志认为两结合的创作方法应该是文学艺术发展到一定的阶段，时代向文学艺术提出更新的任务时的产物，而元代是民族矛盾特殊尖锐的时代，元代统治的残酷程度是前所未有的，由于这样，所以文学上才产生了两结合的创作方法。持这一论点的同志认为关汉卿的创作是文学史上开始出现两结合的标志。我认为两结合的创作方法并不始于元代，这在前面已经论述过了，至于把两结合的创作方法的形成直接与民族矛盾联系起来，也是很难说得通的。我们知道，关汉卿的创作并不都是两结合的，而他的两结合的作品也并未反映民族矛盾，何况中国历史上民族矛盾尖锐的时期，并不止于元代，例如在此以前的南北朝时代以及南宋时代的民族矛盾都是十分尖锐的；而在此以后，明末清初以及整个清代的民族矛盾，也是十分尖锐的。为什么这许多尖锐的民族矛盾，又没有被持这一论点的同志引为促成两结合创作方法形成的社会原因呢？可见这种看法是不切合实际的。（当然，这不等于说两结合的创作方法不能反映民族矛盾。）

最后，我们再来看看《水浒传》。《水浒传》从总的来说，我们认为它是一部运用两结合的创作方法的杰作。但是应该看到《水浒传》在塑造梁山的一些主要英雄人物和描绘梁山泊这个理想世界时是运用两结合的创作方法的。我们所以认为《水浒传》是两结合的杰作，一方面正是着眼于这些主要英雄人物的描写，另一方面，又因为《水浒传》塑造这些英雄人物是为了歌颂人民革命的英雄斗争和描绘一个革命的理想社会，一个"八方共域，异姓一家"的光明灿烂的理想世界，以与作品里所揭露的另一个黑暗社会相对照。而《水浒传》作者对这些英雄人物和这个理想社会的描绘，又是充满了奔放的热情和运用了大胆的幻想和夸张的手法的。它所展现的这个理想世界，使后世的许多受压迫的劳动人民受到很大的鼓舞和教育。它既具有现实主义的特色，同时又具有强烈的浪漫主义的特色。然而我们也应指出，《水浒传》后半部对梁山英雄们不可避免地一步步走向悲剧结局的描写，就不是两结合的而是现实主义的描写了。同时，还必须指出，《水浒传》对一些次要人物，特别是对反面人物和黑暗现实世界的揭露和批判，则更是现实主义的描写。例如：高俅、王婆、潘金莲、西门庆、阎惜姣等等人物形象的创造，就不能说是两结合的。因此，我认为《水浒传》的作者，一方面热烈地歌颂了这些人民革命的英雄和用充满着激情和夸张、幻想的笔触，歌颂了梁山泊这个革命的理想世界，另一方面，又用现实主义的严峻的笔触，赤裸裸地揭露和批判了那个被封建地主阶级所统治的黑暗世界的罪恶，勾画了一系列的各种不同的统治阶级人物的丑恶嘴脸。这两方面的描写，前者是两结合的而后者是现实主义的；同时它们在思想内容上和艺术上，又是互为前提紧密交织在一起的：梁山泊这个光明的理想世界，是从那个黑暗世界中爆发出来的火花，由于这个光明世界，因此使得那个黑暗世界更加显得污浊黑暗；梁山的革命英雄，是在封建地主阶级残酷的阶级压迫的斗争中锻炼出来的，因此只有彻底地揭露和批判这些反面人物，才能更有力地歌颂梁山英雄们的正义斗争。《水浒传》的作者正是这样的将两种不同的描写，成功地交互运用在同一个作品中，形成一个完整统一的艺术品，形成一部两结合的伟大杰作。

这里，须要说明：我们认为《水浒传》是两结合的杰作，并不等于同意有的同志认为两结合的创作方法直到《水浒传》才趋于完整。因为这种看法是不符合历史事实的。

以上谈了些我国古代文学史中两结合作品存在情况和它的一些相结合的方式，现在我们来探索两结合的创作方法的产生和其发展的原因。首先，我们认为两结合的创作方法的产生，是由于劳动人民和作家们在尖锐的阶级斗争、民族斗争和艰苦的与自然作斗争的过程中，怀有不满现实、改造现实的革命理想和宏伟志愿，要求把他们这种伟大的革命斗争和理想充分地表达出来，他们揭露阶级压迫的黑暗现实，幻想光明的未来，期望身受的冤仇得到申雪和报复；他们歌颂自己斗争的胜利，发抒自己强烈的爱国思想和政治理想，基于这种强烈的政治理想和斗争激情，他们不能满足于单纯的用现实主义的方法或浪漫主义的方法来反映他们的斗争和热烈幻想，因此才逐步探索着运用两结合的创作方法。所以即使在我国文学史的童年时期，也出现了像屈原的《离骚》那样"光照千古"的两结合的杰作，可见不适当地过分强调文学的传统和创作经验的积累而忽视作家先进的或革命的世界观的决定作用，是不能正确地解释两结合创作方法的产生和发展的原因的。当然，这样说并不是否认文学艺术有一个由低到高的历史发展过程，更不是否认文学传统、创作经验的积累以及时代对于两结合创作方法和作品的发展的直接的和间接的影响。我们认为一个具有先进世界观的作家，愈是能吸取优秀的文学传统和创作经验，就愈有可能促使他创造出优秀的两结合的作品。屈原之创作《离骚》，也正是与他的接受优秀文学传统特别是民歌的影响有着密切的联系的。此外，作家本人的创作才能和艺术个性等等，自然也会起着重要的作用。

由此可见，探索中国文学史上两结合创作方法的产生发展的过程，确实是一件艰苦复杂的工作，其规律固然不是根本不可找，但也不是很容易找的。上述这些意见，都不过是一些不成熟的感想而已。

三

讨论的第二类问题，是关于什么是两结合创作方法的特征问题。有的同志认为两结合的特征是"理想与现实的统一"，同时他们又认为古典作家不可能达到这种统一，而只能达到现实主义或是积极浪漫主义。然而这种从抽象的"定义"出发的研究方法，是不能概括生动丰富的客观事实的。我们认为古典文学中两结合的创作方法和作品的特征，应该从大量的作品中去分析概括，而不应该是从抽象的原则出发，再从原则到原则地得出结论。

我们不同意把"理想与现实的统一"说成是古代两结合作品的特征，因为它不符合古代两结合作品的基本的特色。至于古代作家的理想与现实能不能统一，也还需要具体的分析，这一方面要看理想本身的性质；另一方面还要看作家所处的具体的政治环境；从理想本身的性质来说，在封建社会里，那种要求推翻封建制度、取消阶级压迫的愿望和理想，要真正彻底地实现是不可能的，至多只能像《水浒传》前半部所描写的那样，在一定的时间在某一地方得到一定程度的统一，而它的最终结局，仍然不能不是悲剧。另外如那些在封建时代某一具体历史时期内具有进步性的理想（如政治上的改良或对某一具体事情的兴革等等），它是否能实现，是否会造成悲剧的结局，这在很大程度上就要看当时具体的政治环境了（有时可能是悲剧性的，有时可能不是悲剧性的甚至还可能是喜剧性的）。屈原的理想，在屈原的政治环境下便成为悲剧性的，但并不能因此认为在封建时代凡是忠君爱国、爱护人民，在一定的历史条件下具有某种进步理想的人，都必然全像屈原那样得到悲剧的结局，他们的理想都必然不可能实现。还有一种情况，即那些本身就是最高统治者，而同时他又是比较有名的作家如曹操，他的政治理想（称王称霸，以及他的某些在当时历史条件下具有进步意义的政治措施等等），应该说是确实得到了实现的。由此可见，如果不加分析地笼统地认为古代作家的理想与现实不能统一，也是不完全符合客观事实的。

然而，这里我们应特别加以注意到一种事实——即古代文学史上一些优秀的作品，绝大多数，不是描写理想与现实的统一，而是无情地揭露封建社会的黑暗腐败，鞭挞统治阶级的罪恶，从这种揭露和批判中来表达人民的愿望，抒发作家的政治理想的。这说明古代作家愈是能够站在进步的或人民的立场上，揭露封建社会阶级对立的现实，同情人民的苦难，为人民发出反抗的呼声，则他的作品愈有可能成为激动人心的优秀作品，而那些反映了在一定的历史条件下具有进步意义的理想与现实得到不同程度的统一的作品，虽然也有一些是优秀的作品，但比起前者，在数量上却要少得多。特别是许多优秀的两结合作品（如前面提到的《离骚》、《窦娥冤》、《水浒传》等），它们恰恰不是描写理想与现实的统一，而是尖锐地批判封建社会的腐败黑暗，揭露出劳动人民的理想与黑暗现实之间的矛盾。可见描写了理想与现实矛盾的古典作品，完全可以是优秀的两结合的作品。

　　根据上面的分析，我觉得把"理想与现实的统一"作为古代两结合作品的特征，并根据这个原则再进一步推论古代作家的理想与现实不能统一，由此否定古代两结合创作方法和作品的存在，这样得出来的结论，显然不可能是正确的。因为事实上并不是所有古代作家的理想与现实一概都不能统一；而且在古代，即使是理想与现实统一了的作家，他的有些作品，纵然也描写了理想与现实的统一，但却不一定就是两结合的作品。由此可见，上述那种理论是不切实际的。

　　关于两结合的特征的另一种说法，是"现实与理想的统一"，这句话，从语言本身的含义来看，我觉得与上面那种说法并无二致；不过持这一理论的同志对这句话却有特定的解释；他们认为："现实主义与浪漫主义相结合，最重要的就是如何在作品中体现出现实与理想的统一。历史现实中，现实与理想是分离的，甚至存在着许许多多的矛盾。但在艺术作品中却要求理想渗透在现实描写的血肉中而化为生动的艺术形象，并产生强烈的艺术魅力"，在情节上要求"既符合现实生活的逻辑，又服从于理想的表现"，"现实与理想相结合的典型性格，必然要求活动在现实与理想结合的典型环境中"① 等等。即使按照作者这种解释，我

---

　　① 张炯：《也论我国文学史上现实主义与浪漫主义相结合》，《文学遗产》第 353 期。

认为把"现实与理想的统一"作为古代两结合的特征，也仍然是不妥当的。因为一方面如前所述，古代两结合的作品，并不都是"现实与理想的统一"的作品；另一方面，作者在这里并没有具体地明确地把浪漫主义的理想与现实主义的理想认真地加以区分，因而上述这种解释，实质上只是重复了恩格斯为现实主义所下的经典定义中的部分内容，这就是："现实主义是除了细节的真实之外，还要真实地再现典型环境中的典型性格。"（《给哈克纳斯的信》）这也就是说，现实主义的描写，必须做到典型环境与典型性格的统一。自然，我们不能认为现实主义所创造的典型性格，可以无需表现特定时代、特定阶级的先进思想，相反，任何时期进步的现实主义作家，当他在创造被压迫阶级的英雄人物或统治阶级中具有进步的思想和行动的正面形象时，必须认真地写出他们的不同程度和不同阶级内容的进步思想，否则他们就不能成为正面的典型。这一点，周扬同志在第三次文代会的报告里，已经作了十分精辟的阐述。所以在上述恩格斯的现实主义定义里，分明已经包括了典型性格的先进理想在内；而这种具有不同程度的先进理想的典型性格，自然也必须是"生动的艺术形象，并产生强烈的艺术魅力"，同时更必须达到与典型环境的统一。我们认为现实主义与浪漫主义的区分，并不在于它们是否写出人物的理想，而是在于他们的理想是什么样的理想和他们是用什么艺术方法去表现这种理想的。现实主义的具有理想的典型，它们虽然比一般的人更高、更集中，更具有理想，但他们的理想却比较接近于现实，在形象的描写上也具有精雕细琢的写实手法，而浪漫主义的具有理想的典型，他们的理想，虽然也具有现实意义，但却较多地带有幻想或空想的色彩（仅指古代积极浪漫主义的一般特色），在形象的描写上，也更富有大胆的幻想和夸张的特色。可见现实主义与浪漫主义两种不同的理想，无论在思想内容上和艺术表现上都是有显著区别的，而"现实与理想的统一"这个对两结合的特征的概括，恰恰是将上述这种区别抹煞了。这样它就无法使人们正确地区别什么是现实主义的创作方法及其作品，什么又是两结合的创作方法及其作品。事实上持这种理论的同志，就已经陷入了这种混乱。例如他们把《陌上桑》、《木兰诗》、《望江亭》、《三国演义》、《水浒传》等统统看做是两结合的作品。《三国演义》与《水浒传》的创作方法，就其总的倾向来说，是有显著的区别的，前者是现实主义的（其中有一些人物的描写是两结合的），而后者则是两结合的。至于《陌上桑》、《木兰诗》和《望江亭》这几部作品，我们不妨再加以分析。我们认为，"文学史上，有先进的富于理想的现实主义，也有庸俗的鼠目寸光的现实主义"；①《陌上桑》就是属于在某种程度上"富于理想的现实主义"的作品，它与《木兰诗》在创作方法上有显著的区别。《木兰诗》，我们认为是一首优秀的两结合的叙事诗，它的创作上的特色，就在于一方面具有现实主义和浪漫主义两种精神相结合的特色，另一方面又有一定程度的精雕细琢的写实手法与奔放的热情和大胆的幻想的结合。木兰本来是一个劳动妇女，因为父亲年老，她毅然代父出征，经过十年艰苦的征战，终于功成归来，但她并不贪图统治阶级的赏赐封赠，依旧回家去过她勤劳朴素的劳动人民的生活，诗人强烈地歌颂了她的英雄主义和高贵的品质，而她又是一个女英雄的形象，这在封建社会里就具有更鲜明的现实意义。这首诗在具体描写上又是具有精雕细琢的写实手法的，试看"唧唧复唧唧"的叹息，"阿爷无大儿，木兰无长兄"的考虑，为了从军而忙碌地奔走准备，到市上去买骏马鞍鞯、辔头长鞭的描写，黄河溅溅的水声和燕山啾啾的胡骑以及木兰对父母的思念，"朔气传金柝，寒光照铁衣"的戎马生活的刻画，特别是"爷娘闻女来，出郭相扶将。阿姊闻妹来，当户理红妆。

---

① 周扬：《我国社会主义文学艺术的道路》。着重点是笔者所加，本文其余各处均同。

小弟闻姊来，磨刀霍霍向猪羊"等合家欢欣、热情洋溢的描写，应该说，这确实是已经做到了一定程度的精雕细琢的描绘了，然而从全诗的情节和通过这些情节所塑造的人物形象来看，又不能不说在很大程度上是发挥了作者大胆的幻想的。我们觉得这种现实主义与浪漫主义两种精神的结合和精雕细琢的写实手法与奔放的热情和大胆的幻想的结合，正是这首《木兰诗》在创作方法上的特征，同时也就是两结合的创作方法的特征，而这种特征，恰恰是《陌上桑》所缺少的。我们可以从《陌上桑》里对罗敷的描写上，看到一定程度的精雕细琢的写实手法和某种夸张，但却很难说它有多少浪漫主义的"大胆的幻想"的特色，如果把现实主义的典型化的手法和某些夸张的描写，都目之为浪漫主义的大胆幻想，那末现实主义和浪漫主义，真正将不复可分了。

其次，我们再来分析一下关汉卿的《望江亭》和《窦娥冤》。持上述论点的同志，认为《望江亭》是两结合的作品，而《窦娥冤》倒没有被认为是两结合的作品，我们认为这是值得商榷的。《望江亭》里的谭记儿，虽然是一个勇敢而机智的人物，作者对这个人物也确实赋予了一定的理想，然而就全剧来看，这个戏的情节和人物描写，并没有多少浪漫主义的幻想，人物的行动也并没有超出于现实主义描写以外的特殊之处。她同《救风尘》的赵盼儿、《西厢记》的红娘、《单刀会》的关羽，在创作方法上，很难说有显著的区别，因此，如果把这个戏看做是两结合的创作方法，那末，古典戏剧中现实主义的创作方法与两结合的创作方法将如何区分呢？

《窦娥冤》确实是两结合的作品，其原因是一方面剧作者深刻地揭示了当时黑暗社会的残酷现实，高度集中地描写了窦娥受冤被杀这个足以概括那个时代的黑暗政治的典型事件，剧中对于蔡婆、张驴儿父子、楚州太守桃杌以及窦娥等人的描写，在不同程度上都具有现实主义的精神和精雕细琢的特点；而另一方面，作者又运用了许多大胆的幻想，如血溅白练、六月飞雪、苦旱三年以及冤魂显现要求伸冤报仇等情节，这个戏的内容和情节，既是真实的又是离奇幻想的，充分地表达了人民的愤怒和强烈的愿望，所以它是完全具备了两结合创作方法的特征的。有的同志却认为《望江亭》是两结合的作品而《窦娥冤》反而不是两结合的作品，这实在是难以令人同意的。

根据以上的分析，可见把"现实与理想的统一"作为两结合的特征仍然是不妥当的，因为这也不符合古代两结合作品的实际情况，同时它又含混不清、界限不明；而且，它也根本无法概括那些抒情诗中的两结合作品以及那些以悲剧结局的两结合的戏剧和小说的特征。

那末，究竟什么是两结合创作方法的特征呢？周扬同志在第三次文代会的报告中说："历史上许多伟大的杰出的作家、艺术家，虽然由于他们所处的时代不同，他们的个性和风格各异，有的更富于现实主义精神，有的更富于浪漫主义精神，有的以精雕细琢的写实手法见长，有的以奔放的热情和大胆的幻想取胜，但他们总是常常在他们的作品中表现出现实主义和浪漫主义这两种精神、两种艺术方法的不同程度的结合。"我认为周扬同志在这里指出的：现实主义与浪漫主义两种精神的结合、精雕细琢的写实手法与奔放的热情和大胆的幻想两种艺术方法的结合，正是这种两结合创作方法的特征。我觉得这一概括，是从大量的古代不同情况的两结合作品中抽象出来的，因而它是符合于古代不同的两结合作品的共同的基本特色的，它是科学的概括而不是臆想。

四

中国古典文学中的两结合的创作方法，是一个复杂的问题，我觉得大致可以举出下面这几种情况：第一，某些基本上是现实主义的作家，他们也曾经写过浪漫主义的作品或两结合的作品，而某些基本上是浪漫主义的作家，他们也曾经写过现实主义的作品或两结合的作品，对于这样的作家，我们首先必须承认他们是现实主义的作家或浪漫主义的作家。但是，古代作家的创作方法，不是一成不变的，如果企图用一种创作方法去概括他们的全部作品，必然不能得出符合实际的结论。第二，同是两结合的作品，有的可能浪漫主义多一些，有的可能现实主义多一些，而有的又可能结合得浑然一体一些。这几种不同类型的两结合作品，其思想上和艺术上的高下，不能光从它们是否结合得相等或浑然一体来看，而主要应该从作品本身的思想内容的深度以及它和艺术形式统一的程度来看，现实主义和浪漫主义结合得比较浑然一体的《木兰诗》，其思想和艺术上的成就，不一定就高于现实主义和浪漫主义结合得前后各有偏重的《窦娥冤》。而不同的作家又各有自己不同的艺术个性，因此他们所写的两结合的作品，也会具有不同的艺术风格，我们不应该用一种艺术风格，去衡量所有的两结合的作品，从而抹煞艺术上的这种丰富多彩的特色。第三，一方面，两结合的作品有丰富多彩的各自不同的特色；另一方面，两结合的作品，又必然有它们的共同的基本特征，这种特征，就是现实主义与浪漫主义两种精神的结合，是精雕细琢的写实手法与奔放的热情和大胆的幻想两种艺术方法的结合。第四，同是两结合的作品，其思想内容和艺术成就上也仍然有高低深浅的差别，不能把所有两结合的作品，都一律看做是同样伟大或优秀的作品，更不能把古往今来所有的伟大作品一律都看做是两结合的作品，也不能把有些杰出的文学作品之所以在人民群众中传诵不绝的原因，仅仅归结为"因为这些作品的创作方法是现实主义和浪漫主义的结合"。因为这样，又会使我们的文艺批评流于简单化和形式主义的毛病。第五，具有两结合的创作方法的古典小说和戏剧，情况往往更加复杂，有些优秀的两结合的作品，在其全部人物形象的塑造中，有一些次要人物或反面人物的创造，往往并不是运用两结合的创作方法，甚至还有些作品，其创作的基本特色是现实主义的，但其中有些人物的创造，却又是两结合的。对于这种复杂的情况，尤其需要作实事求是的分析。

总之，古典文学中的两结合的创作方法和两结合的作品，是复杂的、丰富多彩的，需要我们作更深入的辛勤探索，只有对大量作品进行细致分析，才能从中引导出符合客观实际或接近实际的结论来。

我们探讨古典文学中的两结合，目的是为了批判地继承遗产，以有利于我们今天革命的现实主义与革命的浪漫主义相结合的创作方法的发展，自然，今天革命的两结合与古代的两结合是有着本质的区别的，我们不能把它混淆，本文限于篇幅，对于这个问题，暂时不作探讨。

（原载 1961 年 6 月 25 日、7 月 2 日《光明日报·文学遗产》第 369、370 期）

题材与思想

古代的作家们有没有发生过题材问题的争论，我没有进行调查研究，不得而知，所以不好妄谈。

然而，当我读古代作家的作品，研究他们的创作实践的时候，发现他们善于通过各种各样大大小小的题材，发抒自己的见解，对他们自己的阶级和时代，或则进行激烈的批判揭露，或则表示婉曲的讽谕告诫，或则采取热烈的歌颂赞扬。也有的是站在被压迫阶级的立场上，通过各种不同的题材，对封建地主阶级进行了彻底的批判。总之，古代那些站在不同的政治立场上的作家，他们有一个基本的共同点，就是善于发现适应于自己的题材，善于运用适应于自己的各种大小不同的题材，进行创作，以发抒自己的种种见解。他们往往能使你意想不到地从那些所谓小题材里提出重大的问题来。

比如说吧，登山临水，流连光景，这样的事情，看起来似乎是很难写出什么具有"大道理"的文章来的了。然而不然，欧阳修的《醉翁亭记》，淋漓尽致地渲染了他在滁州据说是"与民同乐"的"德政"。这篇文章初读的时候，常常会被他流利生动、清新圆熟的笔调，以及滁人之游、众宾之欢、太守之醉、群鸟之乐等情景和错落有致、散而不乱的章法所吸引。最后使你不知不觉地陶醉在那个"物阜民康"、"官民同乐"的封建社会的图画里。这篇文章，从表面上看，好像是一篇没有任何政治内容的山水记游之作，然而实质上，作者的目的，"醉翁之意不在酒"，也不是"在乎山水之间"，恰恰是为了歌颂他自己的政绩，歌颂封建社会的所谓"升平"气象。在这里，作者不是突破了题材的"限制"，从小题材里做出了大文章么？值得注意的是作者对自己的阶级和时代进行歌颂的时候，手段十分高明，他可以使你不知不觉地受他的陶醉感染，也就是说他从这样的小题材里生发出那一套"大道理"来，完全不是生拉硬扯地"挤"出来的，而是别有会心地从肺腑中流出来的真情实感。

有人说，像《醉翁亭记》这类的文章毕竟不多，不足为据。然而又不然。在我国古代的山水记游之作里，这样的作品并不少见。概而言之，范仲淹的《岳阳楼记》、苏子瞻的《喜雨亭记》以及欧阳修的另一篇文章《丰乐亭记》，乃至于柳子厚的《永州八记》里的某些篇章，无一不是在不同的程度上，寄托着作者对现实的歌颂或贬抑的（当然也有一些山水记游之作，是不一定有什么政治思想的寄托的）。可见那种认为题材本身的大小与作品思想内容的高低深浅相等的看法，以及那种以为题材本身等同于作品的主题思想甚至就等同于作家的思想等等的看法，是不对的。鲁迅说："从喷泉里出来的都是水，从血管里出来的都是血。"这话一点不错。没有先进的或革命的世界观，就决不能写出先进的或革命的作品，反之，有了先进的或革命的世界观，那末不论什么题材到他的手里，不管题材的所谓"大"或"小"，都可以从先进的或革命的立场观点去描写它。还是举古代作家为例，大家知道，南宋的爱国诗人陆游，一生写了不少爱国主义的诗篇，但是这许多诗篇的题材却完全是不相同的。南宋爱国词人辛稼轩的名作《摸鱼儿》（淳熙己亥自湖北漕移湖南同官王正之置酒小山亭为赋），是一首忧愤深广、具有深厚的爱国思想的作品；然而这首词的题材，却不过是极为普通的惜花伤春的题材。特别值得一提的是明代散曲作家王磐的《朝天子·咏喇叭》："喇叭，唢呐，曲儿小腔儿大。官船来往乱如麻。全仗你抬声价。军听了愁，民听了怕，那里去辨甚么真与假。眼见的吹翻了这家，吹伤了那家，只吹的水尽鹅飞罢。"这篇作品的题材看起来似乎很"小"，只是咏一个喇叭，但实际上作者却是尖锐地揭露和讽刺了当时统治阶级压迫剥削人民的罪恶。总之，上面这些作品，从题材来说，都只能说是所谓"小题材"，但是从作品的思想内容来说，作者所发抒的思想都是与当时的重大问题有关。

更值得注意的是即使对待同一个题材，只要作者的立场不同、观点不同，便决不能使作品在思想倾向上得出相同的结论。梁山上的一百单八将，在施耐庵的笔下，可以写成叱咤风云、纵横无敌、光彩夺目的革命英雄，但是《荡寇志》的作者却反过来把梁山的真正的英雄们涂抹得黯然无光，而把那些反动的人物如陈希真、陈丽卿等，却写得"所向无敌"。可见题材是受作者的立场观点制约的，而决不是题材本身有什么特殊神秘的力量，可以左右驱遣作者的头脑和笔尖，可以改变作者的立场！

再举一个例子，我们在汉魏乐府里，读到过优秀的叙事诗《陌上桑》，这首诗里塑造了一个能够运用智慧来巧妙地反抗统治阶级迫害的妇女形象，但是这一题材到了曹植的手里，却把它改写成另一个叙事诗《美女篇》，诗里的人物，已经不再是具有乐观的反抗性的人物，而是"盛年处房屋，中夜起长叹"的怨抑哀叹的人物了。自然这两首诗各有其思想意义，可以并存，然而这一点，正好说明了即使是同一个题材，在不同的作家手里（不是指施耐庵与俞万春这样的不同，而是指具有不同程度的进步意义的作家），经过不同的构思和不同的艺术创造，也可以创作出具有不同的思想意义和艺术价值的作品来。因此，那种过分地强调题材的重要性，甚至强调到与作家的世界观并列起来的看法，是不恰当的。

当然，从文学史的角度来看，每一个时代，都曾出现过一些概括自己时代特色的优秀作品，而流传下来的许多古典杰作，绝大部分，也都是从不同的角度概括了它们所属时代的重大矛盾的艺术作品。无论是《离骚》、《史记》，无论是《窦娥冤》，也无论是《水浒传》和《红楼梦》，它们所描写的，确乎都是它们所属时代的具有重大的政治意义的题材，因此，为了反映我们伟大时代的宏伟壮丽的面貌，我们丝毫也不应该放松创作重大题材的作品，丝毫也不能忽视对我们伟大的社会主义建设事业的热烈歌颂，丝毫也不容许减弱我们社会主义文学的鲜明的战斗性。一句话，丝毫也不容许模糊我国文学的工农兵方向。然而恰恰就是因为这样，所以我们必须纠正某些对题材问题的片面看法，必须使百花齐放、百家争鸣的方针在题材问题上，如同在其他学术问题上一样，得到坚决的贯彻！

自然，应该承认，在艺术创作过程中，题材是具有相对的重要性的，比如说为了深刻地揭露和批判封建社会的某一方面或某几方面的罪恶，强烈地鼓舞人民起来斗争，作家就必须选取有关这方面的最具有典型性的题材，又比如说为了歌颂我们的新社会，作家也需要选择具有典型性的题材，题材本身是否具有典型性，对于作品的思想深度和艺术概括力，是有着密切的关系的，因此我们并不提倡作家不加选择地去写任何一些点点滴滴的事情，相反我们却认为作家在创作的准备过程中，必须认真地去选择题材——这实质上也是艺术创作的共同规律。然而，上面这种看法，与那种题材决定一切的看法，如凡是所谓"小题材"就不能反映重大的社会问题的看法，题材等于作品的主题思想也等于作家的思想的看法，以及所谓"只要题材抓对了，作品就成功了一半"等等的看法，是没有共同之点的。因为主张在创作过程中必须认真地选择题材，并不等于只准写某一方面的题材，更不等于认为写某一题材的作品，其价值必然高于或低于写另一题材的作品。

听你之言，我发现你已经像《韩非子》里那个卖兵器的人那样在自相矛盾了！你一会儿说古代作家善于通过各种不同的题材来进行创作，好像题材对于他们的创作是无足轻重的；一会儿却又说作家在进行创作时，必须认真选择题材，这不是自相矛盾吗？

非也！我们在前面是说题材与作家的世界观比较起来，作家的世界观是主要的，有了进步的世界观，才能写出具有进步思想的作品来，同时，题材本身与作品的主题思想、与作家的思想并不是一回事，因此作家在现实生活中选取题材并进而进行创作的时候，大有回旋之地，大可以各显自己的思想特色（当然必须是正确的）和艺术个性；而现在，则是说作家在进行创作时，必须认真地选择题材，必须使自己的思想与题材达到深刻的融合，从而产生艺术创作的强烈要求，而这种题材与思想、思想与题材的融合过程，是一个复杂的过程，有的需要较长甚至很长的时间（如小说、戏剧的创作），有的则可以是较短或很短的时间（如五七言律、绝），因此我们不能从表面看，好像任何题材，都能被古代的诗人们当作自己的诗料，因此就认为他们对于题材是不加选择、是随手抓来的，从而就认为作家在进行创作的时候，无须认真地选择题材了。这样的看法自然是不对的。实际上这种情况，只不过说明他们在长期的创作实践中，已经练就了一手把握题材、捕捉题材的本领，从而使我们看不到他在创作中选择题材的过程而已。

不被题材限制自己的创作是一个方面，善于选择题材来进行创作是另一个方面；通过一些重大题材的创作来反映我们的伟大时代是一个方面，而且是很重要的一个方面，通过多种多样的题材来反映我们的伟大时代，又是另一个方面。我们必须把这许多方面辩证地结合起来，不应该顾此失彼而应该全面安排。

社会生活是复杂的，我们时代的社会生活，尤其具有绚烂多彩的特色，而文艺创作本身，也绝对地要求百花齐放，只有在题材问题上打破那些无形之中的清规戒律，鼓励作家从各个方面来深刻地反映我们的伟大时代，那么，社会主义时代我们伟大祖国宏伟壮丽的面貌，才能在无数作家各具个性的彩笔之下，得到及时的全面而丰富的反映。马克思说："每一滴露水在太阳的照耀下都闪耀着无穷无尽的色彩。"让我们新社会的每一个生活画面，在毛泽东思想的照耀下，通过作家们的彩笔，闪耀出无穷无尽的绚烂的色彩吧！

1962 年 5 月

艺术风格的独特性和多样性

　　古往今来，伟大作家、艺术家的艺术风格总是有它的独特性的。这种独特性，也就是作家在艺术上的独创性。对于许多文艺作品，我们常常不看作者的名字就能够辨认出这是谁的作品，就是我们已经熟悉作者的独特风格的缘故。

　　我国的文学史、戏剧史和绘画史，呈现着绚烂多彩的面貌，这证明我国历史上的作家和艺术家们，是善于创造独特的艺术风格，善于完满地呈现自己的艺术个性的。从文学方面来说，我国先秦时代最伟大的诗人屈原，首先以他独创的艺术风格，照耀着我国的文学史。班固说他的风格"弘博丽雅，为辞赋宗"。刘勰说他的风格"气往轹古，辞来切今，惊采绝艳，难与并能"；又说："不有屈原，岂见离骚。惊才风逸，壮志烟高。山川无极，情理实劳。金相玉式，艳溢锱毫。"他们对于屈原风格方面的评论，虽然有详略的不同，但其基本精神却是一致的。司马迁也是在艺术风格上独树一帜的。唐代的韩愈说他的风格"雄深雅健"；宋代的苏辙说他的风格"疏荡，颇有奇气"；明代的茅坤说他的风格"出风入骚"、"疏荡遒逸"；清代的刘熙载说他的风格"精思逸韵"、"逸气纵横"。这些评语说明，屈原和司马迁风格的独特性是为大家所公认的。在绘画方面，我们不必说得太远，就以近百年的画家来说，吴昌硕以篆法作画，喜用重色（大红、大绿、赭、墨等），所作牡丹、菊花、紫藤、葫芦等等，具有一种古香冷艳、浑厚朴茂的独特风格。而白石老人，则又在青藤（徐渭）、八大（朱耷）、石涛和吴昌硕等人的基础上，推陈出新，为自然景色传神写照，所作牡丹、紫藤、荷花、芭蕉等，独呈质朴浑厚、疏朗清新的风格。白石老人一样善用重色，但又独辟蹊径，不再走吴昌硕沉厚浓艳的路子，而出之以疏爽自然，特别是他所作的蝌蚪、青蛙、虾、大蟹、小鸡等小动物，生意盎然，神韵独造。

建立自己的独特的艺术风格，对于一个作家、艺术家来说，是十分重要的。别林斯基说，风格"就是思想本身"，就是"思想底浮雕性、可感触性"。没有自己的鲜明的风格，首先就是意味着没有作者自己对于生活、对于现实的独特的见解和深刻的感受，没有妙手匠心的艺术构思和艺术手法，这在思想内容上往往容易流于肤浅，在艺术上则往往容易流于单调。这样的作品，是不能很好地打动人、感染人的。

艺术风格的独特性不是艺术风格的单一性。我们常常说某位作家、艺术家的独特风格如何如何，这是就其全部作品风格的总的倾向、总的特色而言的，并不是说他的任何一个作品都是千篇一律地具有同一的风格特色。布封说过："一个大作家绝不能有一颗印章，在不同的作品上都盖着同一的印章，这就暴露出天才的缺乏。"① 由于缺乏艺术才能而产生的艺术上的单调贫乏、千篇一律，与具有卓越的艺术才能的作家、艺术家具有自己的独特风格的情况，是应该严格区分的。任何一个杰出的作家、艺术家，他一方面有自己的独特风格，但他的风格又总是比较丰富多彩、比较多样化的。

艺术风格的多样性、丰富性，与驳杂不纯又完全是两回事。前者是

① 《布封文钞》，第14页，人民文学出版社，1958年版。

作家、艺术家艺术才能丰富和成熟的标志，后者则是作家、艺术家缺乏才能或艺术上还不够成熟的表现。这种驳杂不纯表现在一个作品中，就说明这个作品在艺术风格上的不统一，不和谐；这种驳杂不纯表现在一个作家的身上，就说明这个作家的全部或大部分作品，缺少一种统一的共同的风格特点，缺乏一种鲜明的、独特的艺术特色。

作家、艺术家的鲜明独特的艺术风格，为人们所普遍认识并借以区别于别的作家、艺术家的艺术风格，乃是这个作家、艺术家大部分作品的艺术风格的共同特点，而风格的多样性，则是他的不同作品的艺术风格的各自的特点。它们的关系是，在各个作品的独特的风格中，在不同程度上体现着这个作家的艺术风格的总的特色，而这个作家的艺术风格的总的特色，又在不同程度上包含在各个作品的独特的风格之中，这样就形成了作家艺术风格的既多样又统一的辩证关系。关于这一点，我们可以看一看李卜克内西对于马克思的风格的分析。李卜克内西说：

> 如果布封底话对任何人都是对的，它对马克思也如此："风格即其人"——马克思的风格就是马克思自己。一个像他那样彻底忠实的人，一个就只知道崇拜真理的人，一个一旦被说服某些道理并不正确的人，不管自己费了多少工夫才得到它们而又多么珍爱它们，便立刻把它们扔开的人，在他底作品中也必然会把他底本色显示出来。不会虚伪，不会假装和忸怩作态，他在著作中和在生活中一样，永远是本来面目。这是实在的，这样一个多方面的、广博的、多才多艺的人，他底风格是不能像资质较为简单狭窄的人那么统一，那么无变化甚至单调的。《资本论》的马克思、《拿破仑第三政变记》的马克思与《福格特先生》的马克思，乃是三个不同的马克思，可是在不同中他们还是同一的马克思——在三位一体中仍然有一种统

———伟大人格的统一，这人格在不同的领域里不同地表现它
自己，而又永远还是同一的人格。[1]

李卜克内西的这段话说明了马克思风格的独特性和多样性的矛盾统一的
关系。

我们如果只承认作家、艺术家风格的独特性而不承认他的风格的多
样性，容易导致阻塞艺术个性和艺术才能的充分发挥，是不利于艺术创
作的。我们如果只要求作家、艺术家艺术风格的多样性而不注意风格的
统一性，不注意努力建立自己的独特的艺术风格，也会使作品在艺术性
上流于琐碎平庸。无论前者还是后者，都不利于我们在文艺创作中探索
和形成自己的风格。

我国历史上许多伟大的作家和艺术家，不但各具自己独特的艺术风
格，而且在不同的作品中又都具有丰富多彩的风格特色，前面提到的屈
原和司马迁，就是这样的作家。优秀的文艺批评家刘勰，不仅看到了屈
原艺术风格的独特性，而且还看到了它的多样性和丰富性。他在《文心
雕龙·辨骚》篇里说："骚经九章，朗丽以哀志；九歌九辩，绮靡以伤
情；远游天问，瓖诡而惠巧；招魂招隐，耀艳而深华。"[2] 这里所说的
"朗丽"、"绮靡"、"瓖诡"、"耀艳"等等，就具体地指出了屈原不同作
品的不同风格。刘勰对屈原作品风格的分析，未必都很恰当，但对我们
认识屈原作品的艺术特色，无疑是有好处的。司马迁也是一位在风格上
丰富多彩的作家，他所作的许多人物传记，几乎每一篇都有不同的风
格。例如他写《项羽本纪》，则雄勇猛健；写《孔子世家》，则典重温

---

[1]　保尔·拉法格、威廉·李卜克内西：《回忆马克思》，第38页，人民出版社，1961
年版。

[2]　刘勰多有把不是屈原的作品，误认为是屈原的。如《九辩》是宋玉的作品，《远
游》不知为谁所作，《招隐》则是淮南王刘安的宾客所作。

雅；写《屈原列传》，则抑怨愤激；写《刺客列传》，则激烈慷慨。司马迁作品的风格，确实是丰富多彩的。

一个作家、艺术家的艺术风格为什么会具有多样性，这是值得我们探讨的问题。我认为：第一，杰出的作家、艺术家的思想常常是丰富的，他们的个性和艺术兴趣，常常是多方面的，而且愈是伟大的作家、艺术家，他的艺术才能也一定愈丰富多彩。思想、个性和艺术兴趣，是作家、艺术家艺术风格的决定性的因素，因此在他的创作中也就必然会呈现出艺术风格的多样性来。当然，有些作家、艺术家，由于思想和艺术才能不够丰富，因之他的艺术风格没有什么变化；另外，有些作家、艺术家，虽然具有较高的才能，但是由于他的生活或其他条件的限制，因而也不能使他的作品具有丰富多彩的艺术风格。这种情况，自然是存在的，需要作具体的分析。第二，作家、艺术家的生活和思想、审美观点和艺术趣味总是不断地在变化发展的，这种变化和发展，不可能不影响到他的艺术风格。例如：南北朝时期的庾信，当他在侍梁昭明太子东宫讲读的时期，出入禁闼，恩礼甚重，过着极其得意豪奢的生活，这时南朝又正在盛行着宫体诗，他在这种情况下，就写出了风格"绮艳"的作品来；但到他北去以后，故国沦亡了，自己从此开始过着羁旅北国的生活，在这样重大的变化下，他的生活和思想感情发生了很大的变化。因之，他的艺术风格，也就随之而发生了变化。所以杜甫说："庾信文章老更成，凌云健笔意纵横。"（《戏为六绝句》）又说："庾信平生最萧瑟，暮年诗赋动江关。"（《咏怀古迹》五首之一）杜甫在这里称赞的，正是庾信的思想内容和艺术风格发生了很大变化以后的作品。在文学史上，由于作家、艺术家思想前后发生了不同的变化因而作品的风格也有所变化甚而至于有很大变化的情况，是屡见不鲜的。第三，作品的风格，一方面受作家、艺术家的思想、审美观点和艺术趣味等的决定性的影响，另一方面，又与作品本身内容有密切的联系。作品的内容对作品的风格也起着积极的作用。越是优秀的作家、艺术家，就越是善于使自己的艺术描写手段，适应于描写的对象。这样，他们的艺术风格，也就显得丰富而多彩。清代的吴见思曾经说："史公（指司马迁——庸）遇一种题，便成一种文字，所以独雄千古。"（《史记论文》）由于司马迁善于根据不同的题材来进行具体描写，他的艺术风格，也就如姚祖恩所说的达到了"洸洋玮丽，无奇不备"的程度。

可见，一个作家、艺术家的艺术风格的多样性，不仅是他们在探索自己的独特风格的过程中所需要的，而且也是他们在形成了自己的独特风格之后也仍然孜孜不倦地着意追求的；不仅是作家、艺术家本身所追求的，而且是客观要求所决定的。今天，我们的作家、艺术家有的已经形成了自己的艺术风格，有的仍在探索；为了更好地反映我们丰富多彩的生活，我们需要更多具有风格的独创性和多样性的作家、艺术家。在这方面，前人的经验中有许多有益的东西，可以供我们吸取，但更重要的是我们的作家、艺术家要通过自己的生活实践和创作实践进行创造性的工作。

1962 年 7 月

义愤出诗人

我国古代有所谓"发愤著书"的说法。这一说法最早的出处我不大清楚,但司马迁对这一点是反复强调的,他在《屈原列传》里说:"屈平疾王听之不聪也,谗谄之蔽明也,邪曲之害公也,方正之不容也,故忧愁幽思而作《离骚》。……屈平之作《离骚》,盖自怨生也。"这里他认为屈原之写《离骚》是由于"谗谄蔽明"、"邪曲害公"、"方正不容"的黑暗现实,激发了诗人的义愤,激起了诗人的正义感,因此他写出了可以与"日月争光"的伟大诗篇《离骚》。从这一点出发,他又推而广之,认为孔子作《春秋》,左丘明作《国语》,①孙子作《兵法》,韩非作《说难》、《孤愤》,乃至于"诗三百篇,大抵圣贤发愤之所为作也"。自从司马迁提出了"发愤著书"的这个说法以后,唐代的韩愈又提出了"物不平则鸣"的说法,宋代的欧阳修又提出了"诗穷而后工"的说法,这些说法大抵都是祖述司马迁的见解。将这一说法发挥得淋漓透彻的,要算是明代的李卓吾。他在《忠义水

---

① 汉以后学者多认为《国语》的作者是左丘明。据今人的研究,《国语》可能是当时各国史官的原始记录,经后人整理而成的。

浒传序》里劈头就说：

> 太史公曰："《说难》、《孤愤》，圣贤发愤之所作也。"由此观之，古之圣贤，不愤则不作矣。不愤而作，譬如不寒而颤，不病而呻吟也，虽作何观乎？

他在这里，不仅认为古之圣贤都是发愤而作，而且更认为不愤则不能作、不必作，于是，要作一个诗人，或者广泛点儿说要作一个作家，首先要能"愤"，要具有正义感。

最近翻翻书，重温了上面这些说法，忽然使我产生了共鸣，觉得这些说法很有道理。这不仅因为上面提到的一些作品，如《离骚》、《水浒传》以及司马迁的《史记》等，确实是在作者们强烈的正义感、强烈的激愤之下写出来的，而且更因为上面这些说法，对我们今天的作家来说，也仍然是有意义的，值得我们深思。

作家，是阶级的神经和器官，他担负着阶级所赋予他的战斗的使命，因此他必须保持意气风发的战斗情绪，必须具有强烈的正义感，必须爱憎分明，必须尽一切力量来捍卫马克思列宁主义的思想阵地，使广大人民（包括自己）不受形形色色的反马克思主义的资产阶级腐朽思想所侵蚀。我们知道从社会主义到共产主义的整个过渡时期，阶级斗争并没有结束。目前，国际国内阶级关系虽然已经发生了变化，但国际上，在全世界范围内，可歌可泣、可惊可愕、可鄙可憎的事情正在不断地发生，作为我们时代的一个无产阶级的诗人、作家，不能无动于衷，不能不有所愤慨，不能不把捍卫马克思主义的神圣职责自觉地担当起来。古人说"铁肩担道义，妙手著文章"，这两句话，上句是说做人，要做一个能够捍卫真理、勇于斗争的人，下句是说作"文"，要善于运用文艺这种武器。当然古人所指的"道义"，与我们今天的马克思主义并不是一回事情；但是捍卫马克思主义更需要我们有坚定不移的斗争精神是十分肯定的；同时我们的人民，我们的社会主义事业，更需要我们的作家用他们的"妙手""著文章"来为他们服务，也是十分肯定的。

爱与憎，是我们对待事物的两个方面，有强烈的爱，才会有强烈的憎，反之，有强烈的憎，也必然由于有强烈的爱。鲁迅说，"横眉冷对千夫指，俯首甘为孺子牛"，这正是爱与憎的两个方面。对敌人的憎，可以激发诗人、作家的义愤，可以产生出战斗的诗篇来，那么对社会主义事业的爱，自然也同样可以产生出优秀的作品来。问题是我们的诗人、作家一定要以爱憎分明的态度，投身于现实的斗争中去。那种"于人无爱亦无憎"的态度肯定是不能产生出好作品来的。

1963 年 5 月

中国古代散文发展述论

我国是一个具有悠久的文化传统的国家，我国的文学，已经有了三千年的历史。在这三千年的过程中，我国的文学随着时代的发展，也在不断地变化、发展、提高。一方面它所反映的社会现实，即它的内容，不断地有所扩充；另一方面，它反映现实的形式和技巧，也在不断地丰富和提高。

在我国丰富的文学历史中，散文是反映现实的一种重要的文学形式。我们这里所说的散文，是指与诗歌、小说、戏剧相对而言的一种文体，它包括着汉以后的赋和骈体文，也包括着那些随笔、杂记之类的小品。为了说得比较恰当一些，我们也可以把它叫做"文"，或者说，是广义的散文。

在文学史上，我国的散文，是与诗歌具有同样悠久的历史的。它的丰富多彩的面貌，与诗歌也可以并驾而齐驱。在我国文学史上，曾产生过许多杰出的语言艺术大师；在这许多语言艺术大师中，有不少就是卓越的散文家；或者，他们既是诗人而又是散文家。

从文学史的角度看，比较可信的最早的散文，是《商书》的《盘庚》篇。这是商代的统治者晓喻他的臣民的一篇文告。现在读起来虽然难懂，但却大都是当时的口语。在这篇文告里，有一些生动的比喻，如"予若观火"，"若网在纲，有条而不紊"，"若火之燎于原"，"人惟求旧，器非求旧，惟新"等等。这些比喻，有的至今还活在我们的口头或书面语言里。这，可以说是奴隶制时代的散文，虽然它还并不具有文学的性质；然而，它却是后来发展得波澜壮阔的一条散文长流的开端。

春秋战国时期，是我国历史上的一个大变动时期，由于生产力的发展，引起了生产关系和社会制度的一系列复杂的变更；这许多变更，在人们的思想意识里和社会的思想领域里，也引起了复杂的变化和激烈的斗争，形成了"百家争鸣"和"处士横议"的局面。在这一时期里，产生了《论语》、《孟子》、《庄子》、《韩非子》等优秀的诸子散文。同时，在当时频繁的战争和统治阶级内部的尖锐斗争中，统治阶级也不断地暴露了自己的丑恶面目，使人们增加了对现实的认识从而也加深了对历史的认识，因而出现了《左传》、《国语》、《战国策》这一类优秀的富有现实意义的历史散文。从最早的商、周时代的散文，到《左传》、《国语》、《战国策》等历史散文，是一个长足的进展，它们不仅具有了文学的性质，而且已有了许多具有朴素性格特征的人物形象。这些作品的语言是相当生动的，而情节也往往颇为复杂生动，初步具有了后世传记文学和历史小说的基本特色。例如《左传·郑伯克段于鄢》这篇作品，用冷峻的笔触，相当生动地刻画了郑庄公的伪善阴险的性格，而姜氏的自私、溺爱，公叔段愚蠢、无厌的权势欲，写得也具有一定的生动性；作者为了加深对郑庄公的思想性格的刻画，还通过祭仲、公子吕（即子封）、颍考叔等人与庄公的对话，对郑庄公作了进一步的刻画。总之，通过这一段历史故事，作者比较生动而深刻地揭露和批判了统治阶级为了争权夺利而骨肉相残的丑恶面目。特别有意义的是当作者对他们作了比较尖锐的揭露以后，又描写了他们"其乐融融"，"遂为母子如初"的戏剧性场面，这就加深了人们对统治阶级表面上"仁慈"，骨子里却是互相仇视残杀的虚伪面目的认识。《左传》在描写人物时，有时也颇能刻画出人物的某些具有性格特征的细节，如写齐庄公去私通崔杼的妻子棠姜时，轻轻地拍打着棠姜房门外的柱子，嘴里唱着歌，想催促棠姜出来与他幽会（《襄公二十五年》）。写郑大夫子公为了证明自己的食指灵验，竟赌气向郑灵公的食鼎中捞起一块鼋肉，"尝之而出"，最后终于弄到"弑君"（杀掉郑灵公）的地步（《宣公四年》）。写卫庄公看见己氏之妻的头发生得漂亮，就派人将己氏之妻的头发剃下来给自己的老婆吕姜作假发用，后来因为工匠们不堪他的虐待起来推翻他时，又偏偏逃在己氏的屋子里。他拿出一块璧来要求己氏饶命，己氏说：杀了你，这块璧难道还跑得了！（《哀公十七年》）。上面这些描写，都相当生动，同时也具有一定程度的性格特色，有助于刻画不同人物的思想和性格，因而增加了这部书的文学意味。

当然，《左传》一书在描写当时那些外交家的辞令和复杂的战争场面时，尤富有特色。前者如《吕相绝秦》、《烛之武退秦师》、《臧孙谏君纳鼎》等，都能用委婉曲折的文笔，表达出当时巧妙的词令；后者如《晋楚城濮之战》、《秦晋殽之战》、《晋楚邲之战》、《齐晋鞍之战》等，都能用简洁的语言，描绘出当时头绪纷繁、波澜壮阔的战争场面，真实地反映出当时的历史面貌。《左传》的这种带有鲜明的文学色彩的描写，是很早就为人们所认识到的。唐代的刘知几说：

　　左氏之叙事也，述行师则簿领盈视，哤聒沸腾；论备火则区分在目，修饰峻整；言胜捷则收获都尽；记奔败则披靡横前；申盟誓则慷慨有余；称谲诈则欺诬可见；谈恩惠则煦如春日；纪严切则凛若秋霜；叙兴邦则滋味无量；陈亡国则凄凉可悯；或腴辞润简牍，或美句入咏歌。跌宕而不群，纵横而自得。若斯才者，殆将工侔造化，思涉鬼神，著述罕闻，古今卓

绝。（刘知几：《史通·杂说上》）

刘氏的这段评论，自然不免有过分夸大之处，但他对于《左传》的文学性质的认识，应该说是正确的。

《国语》比起《左传》来说，它的文学性要差一些，但是在某些篇章里，也有很好的描写。例如在《鲁语》"里革更书逐莒太子仆"和"里革论君之过"等节里，就生动地刻画了一个敢于"以死奋笔"来违抗君命的直臣里革的形象。而在《越语》里，则更为生动地刻画了一个能够发愤图强、报仇雪耻的贤君勾践的形象；对于范蠡、文种等人的深谋远见，也有相当生动的描写；而对于广大人民同仇敌忾的爱国精神，也有很真实的反映。值得重视的是《晋语》里"晋献公杀子和重耳走国"的故事。这个故事结构庞大，情节复杂，描写的人物形象则相当生动。这些描写，显然不可能全是当时的事实，而是明显地有着作者的想像和虚构的。例如骊姬向晋献公所说的那些挑唆性的话，特别是夜半而泣的那些话，显然是出于作者的想象。正因为如此，柳宗元在《非国语》里批评《国语》说"尝读国语，病其文胜而言庞，好诡以反伦"，"务富文采，不顾事实，而盖之以诬怪，张之以阔诞"。这里，柳宗元是从历史的角度来批评《国语》的，然而这一批评，恰好反过来证明了这书的文学性。

《战国策》在先秦的历史散文里，也是一部有重要地位的文学性著作。它成功地描绘了苏秦、张仪等策士的形象，也塑造了蔺相如、荆轲、鲁仲连、侯嬴、毛遂、唐且等敢于反抗强暴的英雄人物的形象。《战国策》的文章，语言精炼生动，人物的对话，既能口吻毕肖，具有比较鲜明的个性特色，又能跟随情节的发展，层层深入，纵横捭阖，锋芒毕露。特别是它每篇的结构都比较完整，情节往往曲折动人，颇有后世历史小说的特色，例如《苏秦以连横说秦》、《邹忌讽齐王纳谏》、

《鲁仲连义不帝秦》、《触龙说赵太后》等篇，既可以作为优秀的叙事散文来读，也可以看做是历史小说的滥觞。汉代的刘向曾说过：《战国策》所写的，"皆高才秀士，度时君之所能行，出奇策异智，转危为安，运亡为存，亦可喜，皆可观。"（《战国策·书录》）刘向在这里已经注意到了该书的文学性。宋代的李格非，则更说："战国策所载，大抵皆纵横捭阖谲诳相轧倾夺之说也。其事浅陋不足道，然而人读之，则必尚其说之工，而忘其事之陋者，文辞之胜移之而已。"（《书战国策后序》）李格非认识到《战国策》文章的感染力，赞扬它"文辞之胜"，"其说之工"，这说明他对《战国策》散文的文学性，是有正确的认识的。

上述这些历史散文，对后来的历史散文和政论文的发展，都有重大的影响。

这一时期散文在另一方面的成就，就是前面已经提到的那些优秀的诸子散文。历史散文是通过叙事来说理的，而诸子散文则主要是说理，不过在说理中也寓有叙事的成分。因此历史散文的现实性是通过对历史的叙述、对历史的褒贬而表现出来的，而诸子散文则主要是直接说理，直接对现实问题的论辩，也就是说它反映现实比较直接。

《论语》是诸子散文中较早的一部，它是孔子门人对孔子和他的学生的言行的"回忆录"，是一部语录体的散文。叙事简洁、语言精炼、含意丰富深刻是这部书的特色。这是因为书中所记孔子的言行，都是他的门人们被深深感动过的或受到很大启发的，所以书中所记孔子的言论，大都具有格言的意味。例如："子在川上曰：逝者如斯夫，不舍昼夜"（《子罕》），"岁寒然后知松柏之后凋"（《子罕》），"朽木不可雕也，粪土之墙不可杇也"（《公冶长》）。这些语言，都很形象而又含义丰富深刻。

《论语》因为是孔子的门人回忆孔子言行的著作，所以全书虽然只是记述孔子的片言只语和某些片断的行实，但仍旧给我们描绘下了孔子的形象。他热心于政治，恓恓惶惶地到处奔走但又到处碰壁，他刻苦学习，诲人不倦，他谦虚而诚恳，他竭力提倡当时已经逐渐不被人重视的"礼"和"德"，他到处宣传"仁"、"爱人"的思想，企图调和当时尖锐的阶级矛盾。总之，读《论语》这部书，孔子的思想、感情，孔子的举止动作、声音笑貌，常常能从朴素而精炼的语言里跃跃然地活动起来。《论语》对其他一些人的性格，刻画得也颇生动，如子路的率直粗暴、见义勇为，颜渊的谦虚好学，子贡的聪明，都写得较为成功。尤其是《先进》章的"侍坐"一节，描写孔子师生坐而言志的情景相当生动，语言虽甚简洁，但各人的性格都比较鲜明，生活气息也较浓厚。

当然，从全书来看，《论语》不纯粹是一部文学性著作。《论语》对后来的散文虽然有影响，但比起它在思想方面给后世的影响来说，显然不如后者的影响巨大和深远。不过，从殷周时代的佶屈聱牙的散文发展到《论语》这样的散文，应该说同样是一个很大的进展。

在诸子散文中，《孟子》的文学成就和影响是很突出的。《孟子》基本上是孟轲本人的著作，因此全书的风格比较统一，它具有纵横捭阖、宏伟奔放的气势。它的言词锋利、咄咄逼人，而有时又幽默诙谐或曲折入情。

孟子的思想，是儒家的民本思想，所以在维护统治阶级的统治权的原则下，他也尖锐地揭露了一些不知爱民的"人君"。他认为历史上的纣王是一个暴君，是独夫，应该受到人民的诛灭；他揭露梁惠王实质上是与别的君主一样地不爱人民，他与别的君主比较，不过是五十步与百步之比，没有根本的差别。他讽刺梁襄王说："望之不似人君，就之而不见所畏（接近了他，看不见可以被人尊敬的地方）焉。"他骂那些帮助君主剥削人民的大臣说："今之所谓良臣，古之所谓民贼也！"从这些话里，我们可以看到孟子对统治阶级的揭露，言词确实是十分锋利的。

《孟子》的文章，十分善于用比喻，有一些比较抽象或复杂的问题，往往经过他形象的比喻以后，就使读者一目了然。例如"挟太山以超北海"、"缘木求鱼"等比喻，至今还被人们运用。

《孟子》的文章，非常富于论辩的技巧，他常常能把对方不知不觉地引导到自己否定自己的结论上去，从而使对方没有任何反驳的余地。

《孟子》文章的最大特色，是那种雄辩的不可阻挡的气势，是那种说理的明朗性和形象性，是那种比喻的生动性和丰富性（有时是用生动的故事作比喻），是那种严密的逻辑力量。他的文章，确实具有"若决江河，沛然莫之能御"的气势。因此，后来的人，常称赞《孟子》的文章气盛。宋代的苏洵曾说《孟子》的文章"其锋不可犯"，（《上欧阳内翰书》）苏辙也说："孟子曰：'我善养吾浩然之气。'今观其文章，宽厚弘博，充乎天地之间，称其气之小大。"（《上枢密韩太尉书》）

《孟子》的文章，比起《论语》来，确实是一个重大的发展，因为它不再是《论语》式的语录体，而是发展成规模相当宏大的长篇大论的散文了。《孟子》的文章，直接影响到唐宋时代古文家的文章。它在散文史上是有突出地位的。

与孟子同时而稍后的是庄子。《庄子》一书，内篇大体是他本人的著作，外、杂篇则是他的门人或后学所作。庄子的思想，是代表当时没落的奴隶主阶级的思想，他对新兴的地主阶级怀着深刻的仇恨，他对封建地主阶级以及那个时代进行了尖锐的批判，同时又从这些批判中表示了自己对现实世界绝望和虚无的心情。庄子的思想对后世起着复杂的影响：一方面，他的主观唯心主义和虚无主义的人生观，给后世以消极的影响；另一方面，他对当时新兴的地主阶级及其意识形态（主要是封建礼教和道德观）的批判，又往往成为后世一部分文人反对封建统治和封建道德的武器。所以对于庄子思想给予后世的影响，须要根据各个不同的历史时期的具体情况进行具体分析。

庄子的散文给予后世的影响是巨大的。他的散文总的特色，就是那种汪洋恣肆、不可捉摸、纵横跌宕、光怪陆离和雄伟奇丽的浪漫主义风格。《庄子》的文章（包括外、杂篇在内），在先秦诸子中，是最富于想像力的。一个普通的事物，在作者的想象之下，往往现出特殊新奇的意趣来，例如在他想象中的天，是"天之苍苍，其正色邪（是它真正的颜色吗）？其远而无所至极邪？其视下也，亦若是则已矣！"这里不仅写出了人们从下往上看天时所见的深远莫测的景象，同时又想象了从"远而无所至极"的绝高的高空往下俯视时的景象。再如在他的想象的描写下，一个庖丁解牛，竟会神奇到"手之所触，肩之所倚，足之所履，膝之所踦，砉（音豁）然响然，奏刀騞（音豁）然，莫不中音，合于'桑林'之舞，乃中'经首'（乐章名）之会。"这样，现实生活中腥臊繁重的劳动，在他的笔下，竟成为一次神妙的音乐舞蹈的艺术表演。不仅如此，庄子还常常凭借他奇妙的想象力，虚构和创造出一些具有浪漫主义精神的艺术形象来。他说："藐姑射之山，有神人居焉。肌肤若冰雪，绰约若处子，不食五谷，吸风饮露，乘云气，御飞龙，而游乎四海之外。其神凝，使物不疵疬（不受病害）而年谷熟。"这里他生动地刻画了一个"肌肤若冰雪"的缥缥缈缈的神仙的形象。

　　《庄子》一书对于儒家所代表的封建道德的批判是尖锐的。儒家标榜"仁"、"义"，而他认为即使是强盗也是有"仁"、"义"的。（见外篇《胠箧》）《庄子·外物》篇中的《诗、礼发冢》，对儒家的诗礼批判得十分辛辣：

　　　　儒以《诗》、《礼》发冢。大儒胪传曰："东方作矣，事之何若？"小儒曰："未解裙襦，口中有珠。《诗》固有之，曰：'青青之麦，生于陵陂。生不布施，死何含珠为！'按其鬓，压其颔，而以金椎控其颐，徐别其颊，无伤口中珠！"

这里，生动地描绘了两个嘴里哼着《诗》、《礼》，却在半夜里偷盗别人坟墓的儒者的形象：大儒说：天快亮了，事情干得怎么样了呢？小儒说：还没有解下死尸的裙子，却发现他嘴里含着珠子。于是这个小儒就背诵起《诗》来了。他哼着说：青青的小麦，长在山坡上；你（指死尸）活着的时候不肯救济别人，死后嘴里还要含着这珠子干什么？让我揪住他的鬓发，按住他的脸颊，你再用金属的锥子将他的嘴撬开，然后按照《礼》上的话：慢慢地拨开他的牙床，不要碰坏他嘴里的珠子。请看，这里的讽刺，多么尖锐辛辣而又形象生动啊！至于《胠箧》篇里骂统治者"彼窃钩者诛，窃国者为诸侯，诸侯之门，而仁义存焉"等，这是早就传诵的了。《庄子》书中对那些消极对抗封建社会的隐士，也作了热烈的歌颂。这可以以《让王》篇中对曾参的描写为代表：

> 曾子居卫，缊袍（麻袍）无表（面子已经坏了），颜色肿哙（浮肿），手足胼胝，三日不举火，十年不制衣，正冠而缨绝，捉衿而肘见，纳履而踵决（把鞋刚一穿好，鞋后跟就裂开来了），曳纵（拖着破鞋）而歌《商颂》，声满天地，若出金石。天子不得臣，诸侯不得友。故养志者忘形，养形者忘利，致道者忘心矣。

这里曾子艰苦卓绝的生活和傲然不屈的精神，是写得十分成功的。

　　《庄子》的文章，具有长江大河浩荡奔腾的气势，而又波澜重叠，变化生姿。这可以《逍遥游》为代表。这篇文章，是在宣扬他的绝对自由的思想，这种思想，自然是应该彻底批判的。然而这篇文章却写得汪洋恣肆，变化莫测。林云铭说："篇中忽而叙事，忽而引证，忽而譬喻，忽而议论；以为断而非断，以为续而非续，以为复而非复。只见云气空蒙，往返纸上，顷刻之间，顿成异观。"（《庄子因》）作为对这篇文章艺术方面的评论，这几句话，是符合实际情况的。与这书的汪洋恣肆的风格相适应的，是它那丰富而新奇的语言，如它在《齐物论》里描写风的一段：

> 夫大块（天地）噫气（吐气），其名为风。是唯无作，作则万窍怒呺。而独不闻之翏翏乎？山林之畏佳（窟窿），大木百围之窍穴，似鼻、似口、似耳、似枅、似圈、似臼、似洼者、似污者。激者、謞者、叱者、吸者、叫者、譹者、宎者、咬者、前者唱于而随者唱喁，泠风则小和，飘风则大和，厉风济则众窍为虚。而独不见之调调之刁刁乎？

这里，作者的语言和他的想象力，是多么丰富和瑰丽啊！鲁迅说庄子的文章"汪洋辟阖，仪态万方，晚周诸子，莫能先也"。（《汉文学史纲要》）这是很切当的评论。

《庄子》的文章，对后世影响很大，魏晋时期的文人很多都受它的影响，宋代的苏轼也是受《庄子》影响很深的一位散文家。

其他战国时期的诸子散文，其较著者，还有墨子、荀子和韩非子。墨子本人是不主张文学的，所以他的文章质朴无华，纯是说理；然而他十分重视论辩的逻辑性，创立了"三表"法，这就是立论时，一要考察历史，求证于古事；二要揣度民情，了解现实；三要检验效果，观摩实际的应用。由于这样，他的文章论证严密，议论透彻，行文条畅明快。这种特色，以他的《非攻》上最为显著。《墨子》的文章，虽然不能说有鲜明的文学性，但它对后世论辩文的发展是有积极作用的。他的时代早于孟子，所以他的长篇大论的论辩文的形式和严密的逻辑力量，对孟子及以后的文章也有一定的影响。荀子是战国后期的一位儒学大师，他的学识鸿博，因此他的散文朴实浑厚，说理透辟而又取譬精警，是学者之文。荀子集中还有赋篇，共有礼、知、云、蚕、箴五篇短赋，以四言为主，间用杂言，有韵，是对话的形式，文体介乎骈散之间，对后来的汉赋有一定的影响。

韩非是法家学派的集大成者，他的文章严峻峭刻，抉剔世情，深入隐微，具有法家的特色。另外，韩非处于他的祖国（韩国）危亡之际，而自己又不得任用，韩王遣他入秦以后即为李斯所害。所以他的《孤愤》、《说难》诸篇，充满着愤怨的情绪。明代的茅坤说韩非的文章"沉郁孤峻，如江流出峡，遇石而未伸者，有哽咽之气焉。"（《韩子选评后语》）韩非也喜欢用寓言故事来说理，所以在他的集中，还保留着许多生动的寓言故事。

从上面概括的叙述，我们可以看到春秋战国时期的散文，已经有了很大的发展。第一，它反映现实的广度和深度，都有了很大的提高，它能够叙述曲折复杂的历史事件，能够有条不紊地安排许多头绪纷繁的故事情节，它也初步能够描写人物的性格特征和人物的形象。从诸子散文中，我们也看到他们对现实和历史认识的深度，他们对人生作了广泛的探究，总结了某些经验。值得提出的是，除个别人物以外（如庄子），这些作家，他们对现实都是抱着积极的态度，因此他们在反映现实时（自觉的或不自觉的），不是采取消极旁观的态度，而是对现实有所批判，在不同程度上对人民有所同情的。第二，从他们的文章中，我们已经可以十分清楚地看到各个不同作家或作品的独特的个性和风格，看到他们掌握语言的不同的技巧，而且我们可以看到他们无论在叙事或说理中，已经注意到了文采，或者说注意到了语言的艺术性，因此他们的作品，在不同程度上都具有了文学的性质。第三，开始确立了散文的最基本的形式，这就是史传文（也可说叙事文）和议论文，后世的散文，自然还有很多发展变化，但和以上两种形式都是有密切关系的。第四，我们应该注意到，散文在这一时期，更多地被人们注意到的，还是它的实用的价值，即使是具有浪漫主义特色的艺术性相当高的《庄子》的散文，也仍然是作为一种哲理散文出现的，作者主要的目的还是为了表达自己的哲学思想。这就是说，在这一时期，文与史或文与理还没有区分，散文具有独立的艺术价值还有待于以后历史的发展。因此，在这一时期，我们还不能看到纯粹是抒情或写景等类的文章。

秦代为时很短，因此在文学上没有能像在历史上一样，显示出它的划时代的功绩；然而，它却产生过比较优秀的散文家李斯。他的代表作品，就是那篇著名的《谏逐客书》。他在这篇文章里，广泛地引证史实，驳斥秦始皇横蛮逐客的错误措施，说明逐客一事在政治上对秦国的严重不利，终于使秦始皇取消了"逐客令"。这篇文章，排比铺张，结构整齐，笔势纵横，词藻丰腴，在风格上有战国时纵横家文章的余风，在结构和语言上，又有后来汉赋铺叙藻饰的特色，可以看作是从先秦散文到汉代散文和汉赋的一个桥梁。李斯的文章，除上述《谏逐客书》外，还有为秦始皇记功的七篇刻石文，这种刻石文字，实际上是先秦青铜器铭文的发展。刘勰说它是"法家辞气（李斯是法家），体乏泓润，然疏而能壮，亦彼时之绝采也。"（《文心雕龙·封禅篇》）

两汉的散文，我们可以分三方面来叙述：一是赋，二是政论文，三是史传文。

从我们现在来看，绝大部分的汉赋实在没有什么文学价值，然而在汉代却是盛极一时的一种文学形式。它讲究铺叙，讲究词藻，运用对话的形式，实质上它是一种介乎诗与散文之间的东西。它的独立的形式，应以司马相如的《子虚》、《上林》，扬雄的《甘泉》、《羽猎》、《长杨》和班固的《两都》，张衡的《两京》等赋为代表。汉赋的发展是有它的社会原因的，一方面因为汉代前期社会比较安定，经济有所发展，社会物质财富有显著的增加，国力强盛，统治阶级过着奢侈享乐的生活，需要一批文人来为它歌功颂德，因此他们提倡写作辞赋；另一方面，赋是一种新起的文体，它适宜于作铺张扬厉的描写，在这种情况下，赋的写作便成为一时的风气。初期的汉赋作家，主要是贾谊、淮南小山、枚乘、孔臧等人。贾谊的《吊屈原赋》，是一篇借屈原以自吊的抒情作品，赋中对于时代的黑暗作了颇为尖锐的揭露，如说：

> 遭世罔极（无道）兮，乃陨厥身（乃丧其生）。乌呼哀哉兮，逢时不祥！鸾凤伏窜兮，鸱鸮翱翔。阘茸（小人）尊显兮，谗谀得志。圣贤逆曳（倒悬）兮，方正倒植。

这显然是对当时现实的批判。从文体上看，这是在楚辞影响下的作品，所以人们把它叫做骚体赋。与此相类的是淮南小山的《招隐士》。枚乘的《七发》，则是运用对话的形式，文中洋洋洒洒，夸张地描写和揭露了统治阶级骄奢淫逸的生活，具有暴露批判现实的作用。这篇作品，与贾谊的《鹏鸟赋》、孔臧的《谏格虎赋》一样，都是运用散文的形式而在中间或句末用了韵，所以它的散文化的特色是很明显的。

　　初期的赋，虽然还没有定型，但它的思想内容却比较好，它还没有发展成为后来那种主要是歌功颂德的作品，它在形式上也还没有趋于僵化。汉赋鼎盛的时期，是自汉武帝到汉安帝的时代，这也是司马相如和扬雄、班固等人的时代。司马相如是奠定汉赋形式的主要赋家，后来扬雄、班固等人的作品，在形式上都是模仿司马相如的《子虚赋》、《上林赋》。《子虚赋》是写楚使子虚使齐，向乌有先生和亡是公盛夸楚国云梦之事（楚王在云梦泽打猎的事），乌有先生说他言过其实，不应该夸耀这种淫乐侈靡之事。《上林赋》则是叙述亡是公听了子虚、乌有两人的对话以后，认为齐楚之事，皆不足道，因为他们没有听到过天子的上林苑，于是就洋洋洒洒地铺叙描写起上林苑来，最后又归之于劝诸侯节俭，略寓讽谏之义。这两篇赋实际上是一篇，形式上完全是对话体，对事物的描写则东南西北、上下左右，挨次铺叙，极尽堆砌雕饰之能事，这就是典型的汉赋的特色。

东汉中叶以后，政治腐败，社会混乱，国势衰弱，再也没有过去那种强盛安定的局面，因此反映到文学方面，汉赋也就由过去铺张排比的大赋，转变为抒情、咏物或揭露社会黑暗的小赋。这一时期的作家，以蔡邕、赵壹、祢衡等人为代表。蔡邕在《述行赋》里说："贵宠扇以弥炽兮（权贵的气焰越来越盛），金（皆）守利而不载（止）。前车覆而未远兮（指梁冀新诛），后乘驱而竞及（指徐、左等权贵）。穷变巧于台榭兮（府第造得越来越奢侈），民露处而寝湿；消嘉谷于禽兽兮（禽兽吃着好的谷子），下糠秕而无粒（人民连糠秕都没有吃）。"在这篇赋的叙文里，作者说他写这赋是因为"梁冀新诛，而徐璜、左悺等五侯擅贵于其处，又起显阳苑于城西。人徒冻饿，不得其命者甚众，白马令李云以直言死，鸿胪陈君（蕃）以救云抵罪。璜以余能鼓琴，白朝廷，敕陈留太守发遣余。到偃师，病不前，得归。心愤此事，遂托所过，述而成赋。"根据这段叙文，可见这首赋所反映的是当时的现实。而上面所引的文句，也可以看出作者同情人民，尖锐地抨击统治阶级的思想。可见这时期的赋，与司马相如的那些赋，已经确有不同了。这种批判性，以赵壹的《刺世疾邪赋》最有代表性，他对封建社会的黑暗，真是作了最尖锐的揭露。这首赋，可以说是汉末社会现实的写照。此外，祢衡的《鹦鹉赋》也是一首愤世嫉俗的作品。

总之，汉赋到了后期，确实有了许多变化，从形式方面来说，它变得短小精悍，同时也不再是那种对话的形式，而是作者的直接描写了。从内容方面说，则更是叙事、抒情、咏物、说理各方面都有所发展，而它们的总的精神，则常常是对现实的批判和揭露。所以对于汉赋，我们也应该仔细地鉴别，批判地吸取它的精华，不宜简单地一概否定。

汉代的政论文是比较发达的。这是因为汉代统一以后，经过了汉初几十年的休养生息，一方面社会财富逐渐增加了；而另一方面，统治阶级对人民的统治和剥削也愈来愈残酷了，因此社会阶级矛盾有了进一步的发展。而同时由于汉初分封诸主，逐渐形成了后来的割据局面，加深了统治阶级的内部矛盾。面对着这种现实情况，汉代的政治家们纷纷对现实进行了揭露和批判，同时也不断地提出了改革政治的意见，所以汉代的政论文，大都是奏疏表策这一类的作品。

西汉比较优秀的政论文作家，首推贾谊和晁错。贾谊的代表作品是他的《治安策》、《过秦论》等。前者针砭时弊，切中要害，后者检讨秦始皇覆亡的原因，引为鉴戒，具有借古喻今的作用。《过秦论》的文章，气势磅礴，笔锋犀利，议论深切，是一篇（包括上中下三篇在内）杰出的政论。晁错是一位优秀的政治家，因为建议削减诸侯封地而被杀。他对于当时边防的空虚、政治的腐败，以及日益尖锐的社会阶级矛盾，都有深切的认识和积极的措施。他在《论贵粟疏》里，剀切地陈述了重农贵粟、抑制商人剥削、安定农民的生活和生产情绪以缓和当时的阶级矛盾的主张。他说：

> 民贫则奸邪生，贫生于不足，不足生于不农，不农则不地著，不地著则离乡轻家，民如鸟兽，虽有高城深池，严法重刑，犹不能禁也。
>
> 夫寒之于衣，不待轻暖，饥之于食，不待甘旨，饥寒至身，不顾廉耻。人情一日不再食则饥，终岁不制衣则寒。夫腹饥不得食，肤寒不得衣，虽慈母不能保其子，君安能以有其民哉？

晁错是一位实际的政治家，所以他的语言朴实而简练。贾、晁的政论文，可以说是汉代政论文的代表。

西汉时期桓宽的《盐铁论》，也是一部出色的政论文。他改造和发展了汉赋对话的形式，生动地描写了汉昭帝时期政府所召集的一次盐铁会议的大辩论。其他，如刘向的《新序》和《说苑》，东汉时期王充的《论衡》、王符的《潜夫论》、崔实的《政论》、仲长统的《昌言》等，也都是优秀的政论文或哲理性的散文。

汉代政论文的特色，是语言朴实、说理透彻、针砭深刻，而其思想内容，则一反汉赋的基本特色，不是对统治者以及这个时代的赞美歌颂，而恰恰是对它的揭露和批判（当然，作者的目的，大都还是为了向统治者献策救弊）。无论从思想内容和语言特色来说，可以看出，汉代的政论文，是《战国策》中"书"、"说"一类作品和先秦诸子文学的继承和发展。

汉代的史传文，是有突出的成就的，因为这个时代，诞生了伟大的历史散文家司马迁，后来，又出现了优秀的历史散文家班固。

司马迁的《史记》，是一部"究天人之际，通古今之变，成一家之言"（《报任安书》）的伟大历史著作，同时也是一部具有强烈的批判精神、鲜明的人民性的伟大的文学性著作。它对历史上的暴君，特别是汉代的统治者以及那些酷吏，作了十分尖锐的揭露和批判，对汉代的社会矛盾也有真实的反映，而对社会上及历史上的那些被压抑的人物则寄予了同情。从文学的角度看，《史记》的成就是杰出的。首先，它创造了一系列性格鲜明的历史人物的艺术形象，举凡帝王、后妃、将相、官吏、文学家、侠士以及怀有一技之长的技艺人员，它都有十分成功的描写。司马迁十分善于抓住各种不同人物的性格特征，通过具体的历史事件和某些细节的描写，来表现历史人物，因此他笔下的人物，很多是栩栩如生、各有自己独特的个性特征和精神面貌的。例如他写项羽，则有一种狂飙突起、喑呜叱咤的精神和拔山盖世的气概；写刘邦则活画出一个豁达大度、善于用人而又有点流氓气质的皇帝；写李广，则充分刻画了他的才气无双，猿臂善射，长于治军而又身先士卒的名将本色；写荆轲，则又充满了那种悲壮的慷慨激烈的情调；至于廉颇的鲁莽忠勇，蔺相如的顾全大局、忍让宽容，信陵君的谦逊仁厚、礼贤下士，也都各各表现得恰如其分、真实感人。

司马迁是一位卓越的语言艺术大师，他不仅善于具体的刻画描写，而且深知文章章法结构的重要，因此他的人物传记，各篇的结构各不相同，他根据各种人物的具体特点（也即是文章的具体内容），创造性地安排了各种不同的结构。例如《项羽本纪》这篇文章的结构，是以项羽为中心，以当时军事进退的路线为线索，以各个重大的战役和政治事件为描写的重点；从八千人渡江而西起，通过召平、陈婴、黥布、蒲将军、范增等的归附；通过对杀宋义、战巨鹿、降章邯以及鸿门之宴、分封诸侯、彭城大战、荥阳之围、广武相持、鸿沟划界、垓下之围等一系列的战役和政治事件的描写，项羽这个人物的形象和性格特征，便愈来愈鲜明突出地呈现在读者面前。在结构上，项羽的行动，当时进退的军事路线，便是贯串这篇文章的一条主线，而各个战役的描写，就成为这条主线上的一座座层峦叠起的高峰，因而形成了这篇文章单线发展和峰峦起伏的结构特色。文章开始时，项羽自东而西，一路上各地的起义军纷纷归附，如百川之归大海，这样，就展示了当时四海纷扰、风起云涌的混乱局面，同时也写出了项羽乘时崛起、力量不断壮大的过程。分封诸侯以后，项羽的军事路线便自西而东，而他的力量，又通过一系列的战役，愈来愈土崩瓦解，如山崩雪消，不可收拾，终至于最后灭亡。显然，这篇文章的结构，是经过司马迁的匠心经营的。

《魏其武安侯列传》也是一篇具有显著的结构美的作品。为了充分地揭露窦婴、灌夫和田蚡之间的也即是统治阶级内部的矛盾，作者采用了与《项羽本纪》完全不同的网式结构，一开始他采取了将魏其、武安这两个矛盾的主要人物并列的写法，中间又插入了一个灌夫，这样使三个人的事情，互相纠缠在一起，矛盾发展到尖锐的时候，则连武帝、王太后等都卷了进去，最后是田蚡获胜，灌夫灭族，窦婴弃市。而当田蚡刚刚获胜以后，忽然又暴病而死，这样，矛盾的三方面便同归于尽，文章也就结束。司马迁运用这种网式的结构，使这三个人之间的矛盾充分展开，让他们互相揭露，从而充分地暴露出他们的丑恶面目。

研究司马迁文章的结构特色，对我们的散文写作，无疑是有借鉴作用的。

司马迁是一位卓越的语言艺术巨匠，他的语言，具有很强的表现力和雕塑感，他所描写那些历史人物的形象，有一些确实使你有一种几乎可以用手指去触摸的感觉，这是他善于描摹客观事物，善于精确地使用语言的缘故。例如《项羽本纪》里的"鸿门宴"、"垓下之围"等节的描写；《魏其武安侯列传》里的"灌夫使酒骂座"、"魏其武安廷辩"等节的描写，以及《魏公子列传》里的"信陵君迎侯生"、《淮阴侯列传》里的"韩信破赵"、《李将军列传》里的"李广追射匈奴射雕者"等节的描写，就是具有鲜明的雕塑感的文字。

司马迁的语言，还具有一种鲜明的节奏感和气势，例如《项羽本纪》里描写巨鹿之战的这段文字：

> 项羽乃悉引兵渡河，皆沉船，破釜甑，烧庐舍，持三日粮，以示士卒必死，无一还心。于是，至，则围王离。与秦军遇，九战绝其甬道，大破之。杀苏角，虏王离。涉闲不降楚，自烧杀。

在第一个长句里作者一连用了七个动词，表现了一连串连续性的行动，使文章具有势如破竹的气势，这样，就有力地表现了楚兵"无一还心"的战斗意志。自然，《史记》文章的节奏感和气势，是随着不同文章的不同内容而有所变化的，我们无需一一列举。

司马迁的语言，还有一种于疏散自然中显出整齐严密的美的特色。他不喜欢用偶句，常常避免对称的句法，因此文笔流畅疏朗，曲折自如，所以前人说司马迁的文章"雄深雅健"、"逸气纵横"。

司马迁的文章，应该说是我国散文史上的一座丰碑，它给予后人的启示和影响是深远的，唐宋以后各代古文家的文章，都是受过司马迁散文的影响的。

班固的《汉书》，也是汉代散文的一大成就，它虽然没有《史记》那样强烈的批判精神，在体制上也多有因袭《史记》的地方，特别是在武帝以前的文字，大都是袭用《史记》旧文改制而成的，不能算作全是班固的文章，但是除开了这些，《汉书》毕竟仍旧还有值得肯定的地方。班固是赋家，因此他的语言比较整饰，比较带有骈偶的特色；同时，他又是一个史家，他的《汉书》是受诏而作的，他又曾批评过《史记》"甚多疏略，或有牴牾"，（《汉书·司马迁传》）因此他的文字比较严谨。所以从《汉书》的文章来看，它的语言具有一种整齐藻饰和严谨详赡的特色，它同样丰富了我国散文的语言风格。另外，《汉书》在描写人物和叙述史实方面，也有较高的艺术成就，它一方面通过对客观史实的实录，暴露了统治阶级的罪恶，另一方面，它也比较成功地塑造了许多历史人物的形象，歌颂了一些优秀的人物。如《苏武传》，刻画苏武的爱国主义思想和坚贞不屈的英雄形象，就写得十分深刻感人。所以，《汉书》也是一部优秀的给予后世以深刻影响的历史散文著作。

两汉的散文。总的来说，是有很高的成就的，一方面，它出现了像司马迁这样卓越的语言艺术大师，他在先秦诸子散文和历史散文的基础上，创造了富有自己的时代特色和自己的个性特色的文体，给后世以无比深刻的影响。而另一方面，它又产生了汉赋这样的新的文学形式，虽然汉赋总的文学成就并不大，但在当时，特别是到后来，这种文体曾出现过许多优秀的文学作品。除此以外，汉代的政论文，也是在先秦散文的基础上发展起来的一种新的散文，它对后世政论文的发展，也有很大的影响。

根据以上这些分析，我们可以看到汉代的散文，无论在叙事或说理方面，无论是在塑造历史人物或反映社会现实方面，都较先秦时代的散文有很大的提高和发展，它表明了两汉散文作家在认识现实和反映现实的思想和技巧方面，都有了很大的发展，它表明了我国散文的新成就。

魏晋南北朝时期，是我国文学史上一个发展变化的时期。这一时期，人们对文学的价值逐渐重视了，文学的观念也逐渐明确了，他们把朴素的实用的文章叫做"笔"，把词藻华美、抒发感情的文章叫做"文"。这种分法，虽然并不科学，但大体上是可以看出当时的人对文学观念的明确、对文艺性的重视的。这一时期散文的题材扩大了，过去很少被人们注意的山水景色，成了一时竞相描写的新内容，而文章中抒情成分也有明显的增加。同时汉赋旧有的形式，那种对话体，也不再被作者们普遍采用，而更多的是发展那种抒情的直接描写的方式，而且是以短赋为主。与此同时，在汉代开始发展起来的骈偶的句法，也逐渐形成为骈体文，在六朝的文坛上占有着重要的位置。

魏晋南北朝时期文学上的这些变化发展，自然有它的历史背景和社会思想根源，总的说来是由于汉末以来社会的动乱，儒家思想的衰落和老庄思想的流行，北方士族的南迁和南朝君主为了点缀和美化自己淫靡奢侈的剥削生活而对唯美文学的提倡等等，这里限于篇幅，不再详加叙述。

魏代的散文，在汉代散文的基础上逐渐向清新通脱的方面发展，首先开其端绪的是曹操。刘师培说："魏武治国，颇杂刑名，文体因之，渐趋清峻。"（《中国中古文学史》）鲁迅也说曹操是"一个改造文章的祖师"。（《魏晋风度及文章与药及酒之关系》）我们读他的《让县自明本志令》，自叙怀抱，那种进退两难的情势，坦率披露，毫不顾忌掩饰，于勤恳中寓悲凉慷慨之意，文章确实呈现了一种新鲜气息。曹丕《与吴质书》，曹植《与杨德祖书》，或倾诉友情，或品评文章，或叙述怀抱。语言很婉转，感情很真挚，鲜明地呈现出这一时期文章抒情的特色。魏、晋之交，嵇康、阮籍，愤世嫉俗，佯狂避世，嵇康《与山巨源绝交书》，汪洋恣肆，对当时的黑暗现实进行了猛烈的抨击，文章有纵横家的气魄。阮籍的《大人先生传》，揭露礼法之士的丑恶面目，尖锐深刻，"其体亦出于汉人设论（如《解嘲》之属）"。（《中国中古文学史》）

东晋初年王羲之的散文，疏爽自然，不事修饰而情味隽永，这种文风是晋代士大夫崇尚清淡、爱好自然、流连山水的那种生活和思想的反映，较之魏代的文风更显出清新通脱的特色，其缺点是对现实采取消极退避的态度。他的文章，以《兰亭集序》为代表，俯仰古今，枨触万端，清而实丽，已开后来陶潜文风之端。其所作书帖，亦简净洒脱，为小品中的佳作，如：

> 计与足下别，二十六年于今，虽时书问，不解阔怀。省足下先后二书，但增叹慨。顷积雪凝寒，五十年中所无，相顷如常，冀来夏秋间，或复得足下问耳。比者悠悠，如何可言。吾服食久，犹为劣劣，大都比之年时，为复可耳。足下保爱为上，临书但有惆怅！（《书法要录》）

在短幅中，叙事抒情，有有余不尽之意。东晋末年的陶渊明更发展了这种文风，但却比王羲之更朴实而接近生活，他的《归去来兮辞》、《桃花源记》、《五柳先生传》、《与子俨等疏》等，都是这一时期的名作。在这些作品中，用清新朴素的语言，曲折自如地表达了他的思想，他的人生态度，不掩饰、不做作，"不汲汲于富贵，不戚戚于贫贱"，自然，他的思想和人生态度，他的这种文章风格，我们今天都应该批判地对待。

　　这一时期北朝的散文，有三部值得重视的作品，即郦道元的《水经注》、杨衒之的《洛阳伽蓝记》和颜之推的《颜氏家训》。《水经注》内容很丰富，它记述了河道的源流和历史古迹、人物故事以及风俗习惯，偶尔也叙述些神话传说。特别是风景描写，作者用精美的文字，描写了祖国各种不同的雄奇秀媚的山川，文笔十分清丽秀逸。《洛阳伽蓝记》描写了北魏时期洛阳的许多寺庙，联系当时许多史事文物以及园林风景、人物活动和社会面貌，对当时的统治阶级进行了尖锐的揭露。它所描写的许多壮丽宏大的寺宇，也反映了劳动人民卓越的建筑艺术才能。这部书，可以说是一部描写社会现实生活的著作，文笔于朴实浑厚中富有冷隽辛辣的讽刺意味。《颜氏家训》的作者颜之推，身经丧乱，流离北朝，将他一生的经验和他对当时社会的种种不满，用朴素的文笔写成这书，语言平易亲切，真实动人，对于后世也颇有影响。

　　在汉末逐渐发展起来的骈体文，至六朝而盛极一时。骈体文讲究堆砌词藻典故，内容空虚，是带有形式主义倾向的，但其中也不乏一些优秀的作品。如鲍照的《登大雷岸与妹书》，描写山川景色，文笔秀丽清峻。清人许梿说它"烟云变灭，尽态极妍，即使李思训数月之功，亦恐画所难到。句句锤炼无渣滓，真是精绝。"（《六朝文絜》）孔稚珪的《北山移文》，用生动犀利的文笔，揭露批判那种盗名欺世的伪隐士的丑态，十分淋漓尽致。① 其他如陶宏景的《答谢中书书》、吴均的《与宋元思书》、《与顾章书》，也都是骈体文中写景的妙品，而丘迟《与陈伯

----

　　① 据《文选六臣注》。吕向解释说，时人周颙隐于钟山，以后应诏出为海盐令，欲再经钟山，孔稚珪乃作此文，假借山灵口气，阻止周颙，不许再至。按吕向之说，颇为后来注者所祖。据《南史》与《南齐书·周颙传》所载，周颙一生都在做官，并非先隐居钟山而后应诏出仕的，他之建隐舍于钟山，不过是假日游憩。同时他也不曾任过海盐令。因此，吕向之说似尚有可疑，故《北山移文》中："世有周子"，是否是指周颙，有待于进一步研究。但从文章看，对于封建社会以隐居为出仕捷径的知识分子的揭露，确实相当深刻，生动地描绘出他们表面清高而骨子里实庸俗不堪的那种思想。

之书》中的"暮春三月，江南草长，杂花生树，群莺乱飞"则更是被传诵的名句。

魏晋六朝的赋，突出地增加了抒情的成分，这种情况，在东汉时期已有所表现，到汉末魏初如王粲、曹植等人的赋里，抒情的成分便更为浓厚。王粲的《登楼赋》、曹植的《洛神赋》以及后来向子期的《思旧赋》、陶渊明的《闲情赋》等，都是一时名作，而其抒情的特色也尤为显著。梁代江淹的《恨》、《别》二赋与庾信的《哀江南赋》其成就尤为突出。《别赋》以具有强烈的抒情色彩的语言，铺叙描写古代社会离别之苦，感情凄测，音调缠绵，其中如：

> 春草碧色，春水渌波，送君南浦，伤如之何。至乃秋露如珠，秋月如珪，明月白露，光阴往来，与子之别，思心徘徊。

完全是诗的语言。当然这篇文章情调低沉，感情缠绵哀怨，我们今天需要用历史的态度来读它，但是它不同于那种为封建社会歌功颂德的作品，也不同于那种专门描写风花雪月的作品，所以我们还应该批判地肯定它。

庾信是这一时期最优秀的赋家，他的不朽名作是《哀江南赋》。这篇赋，实际上是一首史诗，作者通过切身的经历，历叙侯景之乱、王僧辩讨伐之功，梁代统治者内部斗争之烈，梁代覆亡之因，江陵沦陷后人民流离之苦，以及自身流寓异国的乡关之思等等，他通过这许多具体描写，揭露了梁代统治者的腐败和侯景的残暴，申诉了人民的痛苦，感情十分沉痛，虽然用了许多典故，但语言仍很流畅，没有一般骈体文的呆板堆砌的毛病，倪璠说庾信的文章，"虽是骈体，间多散行，比如钟（繇）、王（羲之）楷法，虽非八体之文，而意态之间，便已横生古趣。"倪璠看出庾信能从骈偶的句法中求变化，使文章于整齐的排偶中仍具有流利生动的特色，这是很确切的评论。庾信的其他作品，如《小园赋》、《枯树赋》也都是优秀的作品。当然，庾信早期的作品是有浮艳虚华的毛病的，影响也不好，应该与上述后期的作品区别开来，不能一概肯定。杜甫说"庾信文章老更成"，"庾信生平最萧瑟，暮年诗赋动江关"，正是指他后期的作品。

总之，魏晋南北朝时代，是文学史上一个变化发展的时代，也是散文发展过程中的变化发展的时代；在魏以前的文章，一般是质胜于文，风格朴实凝重，着重辨析事理，在魏以后的文章，一般是文胜于质，或文质相副，风格渐趋清峻通脱，而较重于抒情，学术文章和文艺性的文章的区分，也是从这一时期开始的。

唐、宋两代，是散文发展的重要时代，在这两代，都先后出现了不少优秀的散文作家，对散文的创作作出了卓越的成绩。这里，有必要稍稍叙述一下历史背景。唐代初期的文风，基本上还是六朝文风的继续，赋和骈体文还占据着重要的地位。虽然对于这种文风远在隋唐以前，即不断有人出来反对，到了唐代，更有陈子昂、萧颖士、李华、独孤及、柳冕、元结等人起来反对，但并未成为一种文学运动。直到韩愈、柳宗元的时代，由于安史乱后藩镇割据，政治愈益腐败，国势衰落，社会阶级矛盾日趋尖锐，因此政治改革便愈加成为当时人们的要求。在这种社会条件的基础上，韩愈提出了恢复儒家道统，用孔孟之道来整顿当时的社会秩序的主张，他所大力提倡的古文，就是宣传这种主张的工具。因为这种语言，流利生动，明白易晓，易于为大家所接受而没有骈体文堆砌词藻典故，弄得晦涩难懂的缺点。由于这个缘故，韩愈、柳宗元所提倡的古文运动很快地就得到了社会的支持，形成了一个有声有势的文学运动，而他自己也创作了许多十分成功的散文，用事实来证明了古文的长处。

韩愈一方面举起了复古主义的大旗，主张"非三代两汉之书不敢观，非圣人之志不敢存"（《答李翊书》），主张文章要师法三代两汉，但另一方面又大力提倡独创精神，反对模拟抄袭，他说学古文应该"师其意，不师其辞"（《答刘正夫书》），应该"唯陈言之务去"（《答李翊书》），他说"唯古于词必已出，降而不能乃剽贼"（《南阳樊绍述墓志铭》）等等。实质上韩愈在这里是触及了文学的继承与革新的问题，而他的见解，在当时是有很大的积极意义的。

韩愈的散文，有一部分是宣传儒家思想的，他强调封建社会的等级秩序，主张劳动人民应该被剥削而统治者则要注意不能剥削过甚，这样才好维持封建社会的秩序的安定。另外一些文章，有的揭露了社会的矛盾，批判了当时一些黑暗现实，这一类的文章，其积极意义比较大一些。

韩愈是司马迁以后的一位散文大师，他的文章，除碑志墓铭中有一部分文字比较古奥典雅外，一般的文章，无论是说理、叙事、抒情，都能做到文笔曲折自如、明朗条畅。例如《原毁》、《师说》、《答李翊书》等说理文，就具有这种特色。而他的《张中丞传后叙》，则是一篇叙事文中的杰作，文章有叙事、有议论、有抒情，也有生动的人物描写，各种写法穿插点染，融成一体，形成一种夹叙夹议的特色，特别是在描写张巡、许远、南霁云的忠勇慷慨和驳斥高唱应该弃城而遁、实质上是为投降派张目的谬论时，则更是大义凛然，痛快淋漓。他的《送李愿归盘谷序》、《送董邵南序》等文章，则又有一种盘旋曲折、一唱三叹的特色，前者揭露批判封建社会里那些争名逐利之徒，入木三分，后者于送别董生之时，又婉曲地表达了挽留董生之意，行文有欲擒故纵之妙。他的《祭十二郎文》，于琐屑叙事中寓呜咽梗塞之情，文笔浩荡流转，感情凄切沉痛，是祭文中的绝唱。他的《进学解》，则又是运用对话的形式，句法整齐，显然是赋体的变化。韩愈还有一些精妙的寓言文字，如《杂说一》、《杂说四》等，托物寓意，含义深刻，是先秦寓言文学的继续。

韩愈大力提倡三代两汉之文，但却大量地吸收和提炼了当代的口语，丰富了自己的散文语言，避免了先秦散文"佶屈聱牙"的缺点。韩愈大力批判了六朝的骈俪文，但却又适当地吸取了骈俪文的整齐句法以增强文章的气势，例如在《张中丞传后叙》这篇散文中，"守一城，捍天下，以千百就尽之卒，战百万日滋之师"等句，完全是工整的对句，然而用在这里非但没有呆板堆砌的缺点，相反却有力地增强了文章的气势。于此可见，韩愈在散文创作特别是在语言的锤炼上，是善于吸取文学遗产的精华而避免它的缺点的。

总的来说，韩愈的文章具有雄健浑厚、气势磅礴和明快犀利、曲折自如的特色。苏洵说韩愈的文章"如长江大河，浑浩流转，鱼鼋蛟龙，万怪惶惑而抑遏蔽掩，不使自露，而人望见其渊然之光，苍然之色，亦自畏避，不敢迫视。"（《上欧阳内翰书》）这几句话颇能说出韩文包罗万象、雄健浑厚的风格特色。

柳宗元的散文，思想内容比韩愈的深刻，这主要表现在他对现实的认识和批判、对人民的同情要比韩愈强烈得多。他在《封建论》里指出封建的形成是由于客观的"势"，即历史发展的客观要求，既非天意，也不是圣人的意旨。同时他又指出封建制规定封建领主对土地的"继世而理"的不合理，因而造成了不肖居上贤者居下的不合理现象。柳宗元的这些分析，显然是针对当时藩镇割据的现实而发的，是对现实的批判。这种对现实的批判以他的《捕蛇者说》最为强烈，作者通过捕蛇者的现实生活，生动地揭露了当时"苛政猛于虎"的黑暗现实，揭露了安史乱后六十年间人民的痛苦生活，为人民发出了呼吁。他的《段太尉逸事状》，一方面生动地描写了那个沉着机智、敢于向恶势力斗争的段秀实的英雄形象，表现了柳宗元描写人物的卓越技巧；另一方面，又尖锐地揭露和鞭挞了悍将暴卒们专横残暴、鱼肉人民的暴行，充分显示了柳宗元向黑暗势力斗争的勇敢精神。柳宗元所写的《蝜蝂传》、《三戒》等寓言小品，也是具有尖锐的批判精神和讽刺意义的优秀作品，为人们所传诵。他的《愚溪诗叙》，则用一种自嘲自讽的笔法，表达了自己满怀孤愤郁结的牢骚，文章忽而写景，忽而抒情，忽而议论，转换变化，情文相生，显示了他圆熟灵脱的卓越的语言艺术。他的另一类文章，就是著名的山水游记，其中尤以《永州八记》最为后世所传诵。柳宗元的山水游记，以善于状物写景著称，如《钴姆潭西小丘记》之写石，《小石潭记》之写鱼，都能达到形神兼备的境界，而这一类文章，风格冷隽，意境幽邃，语言峭刻精炼，具有一种瘦硬挺拔的特色。自然，柳宗元的山水游记里，仍然寄托和发抒了自己的忧愤，我们不能把它作为单纯的写景小品看待，正是在这一点上，它与《水经注》的山水文字不同，《水经注》主要是写景（指它的写景部分），所以文笔清新而开朗，没有深隐的含意。柳宗元的山水游记，是寓情于景，具有托物寄兴的意味，所以文笔于清新幽峭以外，还有一层味外之味、言外之言，因此文境深幽，别开生面。这里，我们从《水经注》的山水文字的基础上，看到了柳宗元的继承和发展。

　　唐代的古文运动，由于适应当时的社会需要，也由于这两位散文大师的倡导和他们辉煌的创作业绩，因而取得了很大的成绩，给后世以深远的影响。

　　在韩、柳影响之下的散文家有李翱、皇甫湜、沈亚之、孙樵等人，但成就不高。晚唐时期的皮日休、罗隐、陆龟蒙等人的小品文，又显示了强烈的战斗精神，为唐代的散文放射出最后的光彩。

　　唐代前期的赋和骈体文，曾占据当时创作的重要地位，也产生过一些优秀作品，例如王勃的《滕王阁序》、李华的《吊古战场文》，都是一时名作。前者用华丽精炼的词藻，铺叙描写了滕王阁壮丽的建筑、阁外的胜景以及胜友如云的宴会，同时也抒发了作者怀才不遇的感慨；后者假托对古战场的凭吊，用借古喻今的方法，对天宝时期统治阶级对外穷兵黩武的罪恶进行了强烈的批判。文章写得感慨悲凉，凄恻动人。晚唐诗人杜牧的《阿房宫赋》，同样是借古讽今，借用秦始皇兴建阿房宫的暴行，来揭露讽刺唐敬宗大起宫室、广求声色的罪恶。① 作者用前后强烈对照的办法，指出了秦始皇亡国的根源，在于不爱惜天下的人民和物力，文章的结语，含有无穷的感慨。后人评这篇作品说"古来之赋，此为第一"。可见它的思想意义是很突出的。

唐代的文风至晚唐时期，又重新趋于奢靡，到宋初而愈演愈烈，以杨亿、刘筠、钱惟演等为首的"西昆派"风行一时，仿佛是六朝唐初文风的复辟，起而反对的有王禹偁、石介、柳开、孙复、穆修等人，但并未收到显著的效果，直到大散文家欧阳修出来，才像唐代的古文运动中出现了韩愈一样，局面为之一变。欧阳修等人反"西昆派"的古文运动，自然是当时政治斗争的一种曲折反映。概括说来，就是当时在政治上逐渐上升的中小地主阶级的知识分子与大官僚地主集团之间的斗争在文学上的反映。北宋初年，虽然社会比较安定，社会经济有一定的发展，但由于当时的官僚机构特别臃肿庞大，统治阶级普遍的奢侈浪费，因此对人民的剥削日益惨重，阶级矛盾日趋尖锐，很快就爆发了农民起义；对外方面，西北的边患不断紧张，因此以范仲淹为首的政治上的开明派，就积极主张改革政治，限制大地主阶级的利益，这样就与代表大地主阶级利益的保守派展开了斗争，与这一斗争相联系的，就是文学上反"西昆派"的古文运动的逐渐深入发展。这个运动之所以能取得初步的胜利，一方面是上述政治上的原因，另一方面也与欧阳修有密切的关系，他利用了自己的政治地位（他任翰林学士，后来做到参知政事），大力提倡古文，特别是他以翰林学士的身份主持了科举考试，规定应试的人一律要用古文来写文章，虽然遭到一部分人的反对，但他坚持到

———————

① 《樊川文集》卷十六《上知己文章启》："宝历大起宫室，广声色，故作《阿房宫赋》。"

底，毫不动摇，因此使这一运动终于继续发展了下去，并取得了胜利。当然，词藻华丽而内容空洞的"西昆体"的流弊，愈来愈为人们所认识，因此也愈来愈为人们所抛弃，而欧阳修等人清新流畅的散文创作本身，也有力地证明了古文比浮艳的"西昆体"好。这些也是这个运动能够取得胜利的重要原因。

欧阳修的文学观点，基本上是继承韩愈的文以载道的观点，不过他对文的一面较为重视。晚唐以来渐渐不为人所知的韩愈的文集，也是经过欧阳修的补缀校订、宣传提倡才逐渐为人所知，最后达到天下"学者非韩不学"的盛况的。

欧阳修的散文，语言比韩愈更为平易流畅，疏朗自然，没有韩愈古拙艰深的毛病。在风格方面，韩文重气势，欧文重风神；韩文雄放，欧文绵邈，极跌宕唱叹之致。欧阳修的散文，无论是叙事、议论、抒情各方面，都有很高的成就。他的议论文，如《朋党论》、《与高司谏书》等，是最好的政论文，有不容置疑的论辩力量，有严密的逻辑性，后者在驳斥高若讷对范仲淹的诬蔑毁谤时，言词锋利，嬉笑怒骂，皆成妙文。他的《祭石曼卿文》，感情悲凉凄怆而语言苍劲挺拔，有突兀峥嵘之感。他的《丰乐亭记》、《醉翁亭记》，前者于摹写全亭风景之后，忽然插入五代干戈之际一段，低徊往昔，感慨无穷，风神卓绝；后者写滁州醉翁亭的山水景色以及游人之乐，文笔旋转跳脱，清新圆熟，忽而山，忽而亭，忽而醉翁，忽而游人，而一齐归结到太守之乐上，暗示了作者与民同乐之意，使抒情写景融成一体。他的《五代史伶官传序》、《五代史宦者传论》这类文章，吊古伤今，感慨遥深，而就史论事，时见警句。宋代的李涂说："欧阳永叔《五代史》赞首必有呜呼二字，固是世变可叹，亦是此老文字，遇感慨处便精神。"（《文章精义》）他的《秋声赋》虽然还保留着铺叙的方法和对话的形式，但却完全是散文的格调，语言精炼，描写秋声秋色，充满着凛冽肃杀之气，可以说是一首具有浓厚的诗意的散文赋。

总之，欧阳修的散文，在韩愈散文的基础上，语言更趋于平易清新，文章更具有抒情的色彩和诗的素质，所以人们常常把他与韩愈并称。

王安石是北宋时代的一位杰出的政治家，同时也是一位著名的散文家。他的散文，挺拔劲峭，简洁明净，有很强的说服力，他的《答司马谏议书》就有这种特色。

宋代另一位伟大的散文家是苏轼。他是欧阳修所领导的古文运动的优秀的继承者，他的世界观比较复杂，儒道两家的思想对他都有深刻的影响，佛家思想给他的影响也很深刻。他的政治立场比较保守，他反对王安石的新法。但他又有同情人民的一面，因而也有一些比较开明的政治主张，他在做地方官的时候，更曾做过许多有益于人民的事情。苏轼的一生是不得意的，曾几次遭贬，最后一次曾被贬到海南岛。

在散文的创作上，他一方面重视散文的内容，另一方面，他更重视散文的艺术价值。他的散文，深受《孟子》、《庄子》、《战国策》等书的影响，因此他长于议论，语言明快犀利，说理透辟，所以南宋的叶适曾称他是"古今议论之杰"，但他的叙事、写景、抒情文章，更为精美。他自己曾说："某生平所快意事，惟作文章，意之所到，则笔力曲折，无不尽意。自谓世间乐事，无逾此者。"① 又说："作文如行云流水，初无定质；但常行于所当行，止于所不可不止。"（《答谢民师书》）这些话，说明了他对语言艺术的精辟的见解。

苏轼的议论文章，大都是评议古人、史事及时政的作品，其中有一些揭露了当时政治的弊端，如《决壅蔽》、《教战守》、《省费用》等策论，这些都是政论性的文章。

苏轼的另一类文章是叙事、抒情、写景的散文，这类文章艺术性很

① 见何薳：《春渚纪闻》卷六："东坡事实：文章快意"条。

高，常被后世人们作为散文的典范作品来诵读。如他的前后《赤壁赋》，描写江山如画的胜景，境界开阔，充满着诗情画意，而作者俯仰古今，感慨平生之状，也宛然可见。他的《文与可画筼筜谷偃竹记》，追忆往事，悼念故旧，情深意真，语言凄恻动人，流转自如，真有行云流水之妙。他的《游沙湖》、《记承天寺夜游》、《游定惠院记》等，文笔清丽秀逸，诗意盎然，是小品文中的精品。他的《凌虚台》、《超然台》、《放鹤亭》诸记，即景抒情，而又间之以议论，前二记于写景叙事之中忽入"尝试与公登台而望：其东则秦穆之祈年、橐泉也"和"南望马耳常山，出没隐见，若近若远，庶几有隐君子乎？"两段，怀古慷慨，高情绵邈，与《前赤壁赋》中"西望夏口，东望武昌，山川相缪，郁乎苍苍"数语，出于同一机轴，引人无限遐想。当然，在这些文章中，作者受老庄思想影响的超现实的人生态度，是很显然的，我们应该批判地对待。苏轼的《答谢民师书》、《上梅直讲》两书，前者通过评谢民师之诗讲述自己作文的经验和见解，其"行云流水"、"系风捕影"之说，说明了他的语言艺术的经验，后者在称颂欧阳修、梅圣俞的时候，抒发了自己的抱负，文章气象峥嵘，词采挺拔，足见他少年时的胸襟。苏轼的散文成就是多方面的，他的《方山子传》、《郭忠恕画赞》等（后者实际上是一篇人物传记），描写人物，形象生动，呼之欲出，确有"系风捕影"之妙。明代的焦竑说："古今之文，至东坡先生无余能矣。引物连类，千转万变而不可方物，即不可摹之状，与甚难显之情，无不随形立肖，跃然现前者，此千古快心也。"① 焦氏的评论，不免有过誉处，但也足证苏轼散文创作成就之高了。

　　与苏轼同时，还有苏轼的父亲苏洵和他的弟弟苏辙，也是当时著名的散文家，世称"三苏"，但其成就都不如苏轼高。

---

　　① 　见《百三十二家评注三苏文范》。

北宋末年和南宋时期，由于民族矛盾十分尖锐，所以爱国主义的思想在散文里有了突出的反映，岳飞的《五岳祠盟记》、胡铨的《上高宗封事》以及宋末文天祥的《指南录后序》、谢翱的《登西台恸哭记》等，都是这方面的代表作品。

唐宋时代的散文，一方面继承了先秦两汉时期散文的优良传统，重视文章的内容，重视对社会现实问题的反映，并且继承了它们叙述事件、描写人物的技巧；另一方面，唐宋时代的散文家，他们虽然发动了反对六朝文风和反对"西昆派"的古文运动，对六朝以来骈俪浮华的文风展开了尖锐的斗争，并且把这种文风打倒了；然而，在实际上六朝文学的某些优点，例如抒情写景的技巧，词藻的修饰，对散文的艺术性的重视等等，他们也加以批判地吸取了。所以唐宋时代的散文，实际上是在先秦两汉散文和六朝散文的基础上的发展和提高，所以这一时期的散文显得特别丰富多彩，而艺术性也有显著的增强。

元代的戏剧创作盛极一时，而散文方面却显得十分落寞。李孝光的《大泷湫记》、吴征的《送何大虚北游序》是这时期较好的作品。钟嗣成的《录鬼簿序》，以冷峭之笔，作刺世之文，也是小品中的佳作。

明代开国之初，刘基、宋濂是当时散文的主要作家。其后社会稍见安定，经济渐趋繁荣，而文字狱屡兴，文人遭到杀戮，因此文坛上开始流行一种专门歌功颂德、粉饰现实的"台阁体"，起而反对的有李梦阳、何景明、李攀龙、王世贞等前后七子所倡导的复古主义运动。他们提倡"文必秦汉，诗必盛唐"。"台阁体"这种形式主义的文风经前后七子的努力，终于被扫除了，然而却带来了另一种模拟抄袭的风气，这是前后七子的消极影响。起而反对的有唐顺之、茅坤、归有光等人，又有袁宗道、袁宏道、袁中道等公安派和钟惺、谭元春等竟陵派。

明初的刘基，是当时比较优秀的散文家，他的《郁离子》里，有着很多泼辣的小品文。他的《卖柑者言》，是一篇优秀的作品，他通过卖柑者的议论，尖锐地批判了统治阶级中"金玉其外，败絮其中"的人物。

与刘基同时的宋濂，也是明初的一位著名的散文家，他长于写传记和记叙文，文笔简洁，刻画人物生动，《秦士录》和《送东阳马生序》是他的代表作品。

前后七子主要是诗歌创作，散文的成就不大，前七子中李梦阳的《禹庙碑》、李攀龙的《太华山记》，后七子中宗臣的《报刘一丈书》等，都是较好的作品。

明代散文中，成绩较好的是归有光。他善于用朴素简洁的文笔叙述琐细的事件和刻画人物。他的《先妣事略》、《项脊轩志》、《寒花葬志》等，都是感情深厚、真挚动人的作品。其次公安三袁的散文也颇有生气，尤其是他们的山水游记，如袁宏道的《虎丘记》、《晚游六桥待月记》等都是一时佳作。

晚明小品，除三袁外，如徐渭、李流芳、钟惺、谭元春、王思任、祁彪佳等，也都是一时作手，而成就较高的是明末的张岱。他的《陶庵梦忆》、《西湖梦寻》两书，实在是很好的小品专集。作者以清丽的文笔，追忆故乡山水园林，寓国亡家破之痛，感情真挚动人。其中如《西湖七月半》、《湖心亭看雪》、《柳敬亭说书》等，前两篇富有浓厚的诗意，可作为最好的散文诗看；后者用极其简净的文笔，刻画柳敬亭的说书艺术，能于三言两语中，逼真地传达出柳敬亭说书的声态，显示了作者高度的艺术技巧。当然作者清高出世的态度和消极颓废的思想，也常常从他的作品中流露出来，我们需要注意批判。

晚明的小品文，是反复古主义斗争中的产物，同时也是六朝以来小品文的继承和发展。由于时代环境的不同，有的寄托故国之思，有的讽刺现实，有的刻画自然景色和风俗人情，显示了作者们各具特色的艺术技巧，同时也反映了这一时期的士林风尚和他们的精神面貌。

明末清初，是民族矛盾特别尖锐的时代，因此爱国主义思想在清初的诗文里，有了突出的表现。散文方面，如顾炎武、归庄、屈大均、侯方域、魏禧、邵长衡等，都是主要作家，其中如归庄的《送顾宁人北游序》、《与季沧苇侍御书》，侯方域的《癸未去金陵日与阮光禄书》、《李姬传》、《任源邃传》，夏完淳的《狱中上母书》，姜宸英的《奇零草序》，邵长衡的《阎典史传》等都是优秀的作品。特别是《阎典史传》，生动地描写了民族英雄阎应元坚守江阴城的英雄事迹和江阴人民壮烈的斗争精神，文章写得真实动人，可歌可泣。比他们稍后一些的全祖望，也是一个优秀的散文家，他的《梅花岭记》，描写史可法扬州殉难的事迹，充满着对民族英雄崇敬悼念的感情，对卖国贼洪承畴则进行了极其辛辣的讽刺。

清代沿袭明代八股取士的制度，又迭兴文字狱，大量屠杀具有反清思想的爱国文人，对文化界实行专制统治的政策，因此在康熙、乾隆的时代，就产生了桐城派的古文。他们以古文"义法"相号召，所谓"义"，就是文章的思想内容，所谓"法"，就是文章的表现方法，也就是艺术技巧。而桐城派所提倡的文章的思想内容，仍然是过去古文家所提倡的儒家的一套封建伦理道德，也即是方苞所说的"求六经语孟之旨而得其所归"（《古文义法约选序》），由于这种思想内容适合于清代统治者的要求，又由于它有一套比较完备的"法"——写作理论，使人容易执法以试。因此它竟能风行于时，直到清代末年。所以对桐城派的实质，我们应该有所认识和批判，不过在桐城派的文章中，也有一些写得较好的作品，不能一概抹煞，例如方苞的《狱中杂记》、《左忠毅公逸事》，姚鼐的《登泰山记》等，就是比较优秀的散文。在桐城派风行的时候，较早地冲破桐城"义法"束缚的是龚自珍、魏源等。龚自珍的《病梅馆记》，是一篇反对清代统治者的思想统治、寓意深长的作品。晚清时期，随着社会政治思想的变革，康有为、梁启超等人发动了维新运动，大力宣传变法维新的思想，对当时桐城派古文所宣传的陈腐的思想内容，无异是一次有力的冲击。特别是梁启超的文章，语言流畅，笔恣雄放，行文浩荡奔腾，若决江河，有极大的感染力和说服力。他的《少年中国说》，就是一篇代表性的作品。不过，对桐城派的彻底廓清、彻底打倒，在康、梁的时代还没有办到。一直到了五四新文化运动的时期，陈独秀、李大钊、鲁迅等人举起了文学革命的大旗，一方面打倒以孔孟为代表的三千年来的封建伦理道德和封建文化思想；一方面大力提倡白话文，号召打倒"选学妖孽"和"桐城谬种",① 这样才把桐城派彻底打倒，而散文也就进入了一个完全崭新的历史时期，呈现了自己崭新的面貌。

以上，概括地叙述了我国三千年来散文发展的一个极为粗略的轮廓，从这个漫长的发展过程中，我们可以看到：

一、我国散文的发展过程，与社会现实生活、社会阶级斗争（包括统治阶级内部的斗争和政治思想的斗争等等）有着紧密的联系，它是随着社会的发展而不断变化发展的。它题材的扩大和形式的多样化，是人们对社会现实认识的深化和反映现实的艺术技巧不断提高的标志。从散文的整个发展过程来看，尽管有的着重在对社会黑暗现实的批判揭露，有的着重在对社会理想的憧憬和描绘，然而，积极地反映社会现实生活，一直是我国古代散文的主要内容。在我国古代的散文中，不乏对客观的自然景色的描写，重要的是作家们即使是在描写这种客观的自然景色的时候，也总是怀着热爱祖国的壮丽山河的心情来描写的，有的还常常借景抒情、托物寓意，使写景的作品也具有较深的思想意义。那种对社会现实和自然景色无动于衷的纯客观的消极态度，一直是为我国的优秀的散文家们所摒弃的。

二、散文是一种语言艺术，在我国的散文史上曾出现过许多杰出的

---

① 见《新青年》第三卷第六号 1917 年 7 月 2 日钱玄同给胡适的信。

散文大师，除开他们在不同程度上能够同情人民，对阶级社会的黑暗现实具有批判精神外，他们在语言艺术上有一个共同的特点：就是他们善于继承前代的书面语言和善于提炼、吸取当代的口语以丰富自己的散文语言。这种情况，无论是司马迁，无论是韩愈、柳宗元，也无论是欧阳修、苏东坡，都不例外。我们知道，司马迁的《史记》，一方面大量地吸取并改造了秦以前的书面语言，使之流畅通俗，适合于当代人诵读；另外，又多方面地吸取了当代的口语，以便生动地刻画人物和叙述史事，也就是说司马迁对先秦以来的语言，作了一番伟大的整理提炼的工作，使书面语言接近于当时的口语，因此在很大程度上丰富了当时的书面语言，提高了语言的表现能力。唐代的韩愈，一方面提倡古文运动，大力反对六朝以来的骈俪文——也即是反对愈来愈趋于僵死的书面语言；另一方面，又努力继承六朝以前的具有生命力的书面语言，同时又吸取和提炼了当代的口语，这样就形成了一种新的适合于当时社会的流畅生动的散文语言。这也就是说，韩愈对六朝以来的语言，也做了一番艰巨的整理、提炼工作，使当时的书面语言比较接近口语，从而进一步地丰富和提高了当时书面语言的表现能力。韩愈在散文语言上的贡献，其功是不下于司马迁的。宋代的欧阳修，继承韩愈的精神，坚决反对当时流行的"西昆体"，发展了宋代的散文，从散文语言的发展提高的角度来看，我们也不应该过低地估价他的历史功绩。司马迁和后来的韩、柳、欧、苏，是处在特殊的历史条件下，所以他们对散文语言方面的贡献特别能显著地为人们所认识。事实上我国古代优秀的散文家，对语言艺术，在不同程度上都是有贡献有成就的，而这种成就，归根结蒂，都是他们善于向传统学习散文语言，向生活学习新鲜的生动活泼的口语的缘故。

三、社会生活是复杂的和多方面的，因此反映现实生活的散文，不论它的题材、形式还是风格也都应该是多种多样的。我国三千年散文发展的历史，生动地证明了这一点。就题材来说，大至历史事件、政治事件，小至日常生活、山水草木，作家们都能根据自己独特的感受，赋予一定的思想内容，把它们匠心独运地表现出来。就形式来说，我国的散文，有传记、政论、赋、骈体文、书札、游记，以及各式各样的杂记小品等等，简直准以尽数列举。就艺术风格来说，我国不同的散文作家，都各有自己独特的风格特色，他们在我国的散文史上，就像春天的园林，姹紫嫣红，百花齐放，呈现出与大自然一样绚烂多姿的灿烂面貌。

　　我国散文发展的历史经验，自然是十分丰富的，上述三方面，不过是极为粗浅的概括而已。然而，即使如此，这些经验，也已值得我们很好地借鉴的。

1962 年 6 月

司马迁的人物特写

    特写，作为一种独立的文学形式，被我国的读者和作家们认识和运用，虽然时间还不很久，但是如果根据特写文学的一些基本特征，从我国丰富的文学遗产的宝库中仔细鉴别一下，我们自然会发现这种文学形式很早就已经存在了。如果我们认为我国先秦的历史文学著作，如《左传》、《国语》、《国策》中的某些篇章，已经具有某些特写的因素，那末，汉代杰出的文学家和史学家司马迁所著的《史记》，便是一部具有显著的特写特色的巨著。《史记》中的许多人物传记（包括"本纪"和"世家"在内），可以说是古代杰出的人物特写。

    随着我国社会主义建设事业的飞速发展，广大劳动人民的共产主义思想的迅速成长，在全国各个战线上，必然会更多地涌现出具有共产主义思想风格的新人来。因此，新闻工作者们、作家们很好地掌握这一文学形式，用以及时地反映和评论我们当代的新人新事，大力发扬人们的共产主义精神，以教育广大人民群众，就显得是重要的了。高尔基曾经一再称赞"特写"这种文学形式，说："语言艺术还从来没有这样热心而顺利地为认识生活这个事业服务过。"还说："'特写作家'告诉千百万读者关于他们的毅力在苏联广大无垠的土地上，在应用工人阶级的创造力的一切地方所创造的一切。"最后他还特别强调说:"在我国,'特写'是巨大的、重要的事业。"① 高尔基的这些话,对于特写的社会作用,可以说作了充分的肯定。

我们迫切需要发展我们现代的特写文学。为了发展我们的现代特写,使它能迅速地反映我们这个伟大时代的面貌,更好地为社会主义建设事业服务,使它具有深厚的民族风格,认真地学习和研究古代作家们的成就和他们的艺术技巧、语言风格,是极有意义的。

一、人物性格的刻画和细节描写

司马迁是一位卓越的语言艺术家,在他的人物特写里,他十分成功地运用了精炼的语言,塑造了众多的具有鲜明性格特征的艺术形象。他十分善于运用准确有力的笔触,描绘人物具有特征性的行动。他的这种技巧,仿佛那些卓越的画家们所运用的白描的手法,通过简洁有力而富有表现力的线条,勾勒出一个个性格鲜明、栩栩如生的画像。高尔基曾经用"画"和"描"这两个动词,来说明特写和其他文艺体裁的区别:他所说的"画",正就是我们上面所说的白描和勾勒,而司马迁的这种艺术方法也正是一般人物特写所共有的艺术特征。这里,我们且看一看下面《李将军列传》里的两段描写:

> 匈奴大入上郡,天子使中贵人从广勒习兵,击匈奴。中贵人将骑数十,纵,见匈奴三人,与战,三人还射伤中贵人,杀其骑且尽。中贵人走广。广曰:"是必射雕者也。"广乃遂从百

---

① 引文均见高尔基:《论文学》——高尔基《文学论文选》,人民文学出版社。

骑往驰三人，三人亡马步行，行数十里，广令其骑张左右翼，而广身自射彼三人者，杀其二人，生得一人，果匈奴射雕者也。已缚之上马，望匈奴有数千骑，见广，以为诱骑，皆惊上山陈。广之百骑皆大恐，欲驰还走，广曰："吾去大军数十里，今如此以百骑走，匈奴追射我，立尽。今我留，匈奴必以我为大军诱之，必不敢击我。"广令诸骑曰："前！"前，未到匈奴陈二里所，止，令曰："皆下马解鞍！"其骑曰："虏多且近，即有急，奈何？"广曰："彼虏以我为走，今皆解鞍以示不走，用坚其意。"于是，胡骑遂不敢击。有白马将出护其兵，李广上马与十余骑奔，射杀胡白马将，而复还至其骑中，解鞍，令士皆纵马卧。是时会暮，胡兵终怪之，不敢击。夜半时，胡兵亦以为汉有伏军于旁，欲夜取之，胡皆引兵而去。平旦，李广乃归其大军。

……

后二岁，广以郎中令将四千骑出右北平；博望侯张骞将万骑与广俱，异道。行可数百里，匈奴左贤王将四万骑围广，广军士皆恐，广乃使其子敢往驰之。敢独与数十骑驰，直贯胡骑，出其左右而还，告广曰："胡虏易与耳！"军士乃安。广为圜陈外向，胡急击之，矢下如雨，汉兵死者过半。汉矢且尽，广乃令士持满，毋发，而广身自以大黄射其裨将，杀数人，胡虏益解。会日暮，吏士皆无人色，而广意气自如，益治军。军中自是服其勇也。

长于治军而又猿臂善射，勇冠三军，因而被匈奴人称为"汉之飞将军"的名将李广，在这里被司马迁用简洁而精炼的笔墨，雕塑得栩栩如生，神采四射。然而司马迁在这里并没有对人物的眉毛、眼睛、头发、手脚、衣服等等作细致的描写，他善于抓住人物的性格特征，通过人物具体的行动来塑造形象。例如在上述一段文字里，作者描写李广，主要是突出了他的治军的才能。不论在什么样的危急情况下，他的士兵都能听他的指挥，毫不动摇；其次是描写了他卓越的智谋、胆量和勇气以及他惊人的箭法。司马迁在这短短的篇幅里，十分精彩地刻画了这个"才气无双"的李将军的这些过人的才能，因此也就像画龙点睛一样，他笔下的人物，自然就破壁飞去了。

我们再读一读下面《屈原贾生列传》里的这段文字：

怀王使屈原造为宪令，屈平属草稿未定，上官大夫见而欲夺之，屈平不与。因谗之曰："王使屈平为令，众莫不知，每一令出，平伐其功曰：'以为非我莫能为也。'"王怒而疏屈平。

……

屈平既绌，其后秦欲伐齐，齐与楚从亲，惠王患之，乃令张仪佯去秦，厚币委质事楚，曰："秦甚憎齐，齐与楚从亲；楚诚能绝齐，秦愿献商、於之地六百里。"楚怀王贪而信张仪，遂绝齐，使使如秦受地。张仪诈之曰："仪与王约六里，不闻六百里。"楚使怒去，归告怀王。怀王怒，大兴师伐秦。秦发兵击之，大破楚师于丹、淅，斩首八万，虏楚将屈匄，遂取楚之汉中地。怀王乃悉发国中兵以深入击秦，战于蓝田。魏闻之，袭楚至邓。楚兵惧，自秦归。而齐竟怒不救楚，楚大困。

明年，秦割汉中地与楚议和。楚王曰："不愿得地，愿得张仪而甘心焉！"张仪闻，乃曰："以一仪而当汉中地，臣请往如楚。"如楚，又因厚币用事者臣靳尚，而设诡辩于怀王之宠姬郑袖，怀王竟听郑袖，复释去张仪。是时屈平既疏，不复在

位，使于齐；顾反，谏怀王曰："何不杀张仪？"怀王悔，追张

仪不及。

楚怀王是历史上有名的昏庸无能而又贪得无厌的统治阶级的代表人物，司马迁在这里同样是抓住了这个人物最富有特征性的行动，进行了深刻的刻画：他听信谗言疏远屈原而亲近小人，他贪得商於之地六百里而不顾信义与齐断绝邦交，他在受人愚弄以后又凭一时之怒轻易出兵，终至丧师、失地、辱国，秦国既因迫于时势而愿归还楚国的失地，他又偏偏不要失地而要索取张仪来报他受欺之仇，张仪既已索来而他又听信了宠姬郑袖的话将张仪轻易放走，张仪既已放走而因为屈原的谏诤他又顿时追悔无及，立刻派人去追捕张仪……通过这一切具有特征性的行动，司马迁活画出了一个昏庸无能的楚怀王。我们将这一段文字与前面描写李将军的一段文字对读一下，可以清楚地看到，同样是通过人物本身具有特征性的行动来进行人物的刻画，但由于作者掌握了不同人物的不同的本质特征，因而能够从各种不同的方面突出地刻画了人物的形象。而作者对他们的褒贬的态度，也就十分明确。

特写作家，首先需要通过对人物的具有特征性的行动的描写，来刻画人物，这样才能用最精练的笔触、最经济的篇幅来反映这些人物的精神风貌。但是这并不等于说，特写作家可以不必注意人物的细节，或者人物特写中不必有细节的描写。这样理解，显然是错误的。我们一方面希望人物特写中能出现性格鲜明的人物形象，另一方面我们也要求这些人物形象同时具有较为丰富的精神境界。因此对于人物具有特征性的行动的刻画和细节的描写，这两者不是相互排斥，而是相互补充的。正是由于如此，特写中的人物的精神风貌，才能体现得更为丰满。司马迁在自己的人物特写中，由于选择了许多具有深刻意义的细节来作为对这些人物描写的补充，因而他的人物的精神风貌和思想活动就格外显得饱

满，有生气。我们且看一看司马迁在《高祖本纪》和《张丞相列传》里的这几个细节描写：

> 沛中豪杰吏闻（沛县）令有重（贵）客（到），皆往贺。萧何为主吏，主进（管收礼金和招待客人），令诸大夫（指招待员）曰："进不满千钱，坐之堂下。"高祖为亭长，素易诸吏，乃绐为谒（在名片上假写）曰："贺万钱！"实不持一钱。谒入，吕公大惊，起，迎之门。吕公者，好相人，见高祖状貌，因重敬之，引入坐。萧何曰："刘季固多大言，少成事。"高祖因狎侮诸客，遂坐上坐，无所诎（满不在乎）。

这一个细节描写，深刻而生动地揭露了汉代的开国皇帝刘邦在未发迹时的流氓无赖行径。而且这种性格特征，一直贯穿在他毕生的行动中，我们再看看下面这两个细节描写：

> （周）昌尝燕（晏）时入奏事，高帝方拥戚姬，昌还走，高帝逐得，骑周昌项，问曰："我何如主也"？昌仰曰："陛下即桀纣之主也！"于是上笑之。①

> 未央宫成，高祖大朝诸侯、群臣，置酒未央前殿。高祖奉玉卮，起为太上皇寿，曰："始，大人常以臣（我）无赖，不能治产业，不如仲（老二）力。今某之业所就，孰与仲多？"群臣皆呼万岁，大笑为乐。

---

① 着重点是笔者所加。

前一个细节，司马迁从刘邦的个人生活中，深刻地揭露了这个人物的精神面貌：刘邦骑在周昌脖子上这个君臣之间一问一答的细节，十分深刻而生动地揭露了这两个人的原形。周昌原是刘邦未发迹时的无赖群中的一个，对于过去的一切，他们互相是心照不宣的。在满朝的大臣面前他们可以一本正经，但到了人背后，他们便可毫无顾忌地原形毕露了。后一个细节，司马迁深刻地描写了刘邦在做了皇帝以后的得意忘形的神态，在字里行间，充满着那种心满意足、志得意骄的情绪。我们再看一看下面《陈涉世家》里的这一个细节描写：

> 陈涉少时，尝与人佣耕，辍耕之垄上，怅恨久之，曰："苟富贵，无相忘！"佣者笑而应曰："若为佣耕，何富贵也！"陈涉太息曰："嗟乎！燕雀安知鸿鹄之志哉！"

通过这一细节描写，作者深刻地揭示了陈涉对于现实强烈的不满情绪，向读者宣泄了他的内心世界，这样就显得陈涉后来伟大的反抗行动，并不是偶然的。司马迁正是通过这些具有深刻意义的细节描写，使得人物隐蔽的内心世界和精神面貌，能够生动地展现出来，从而使他笔下的人物，具有丰富多彩的姿态，而且作者对于这些人物的爱憎，也由于这些细节的描写而更加明确。

二、对人物或事件进行直接或间接的评论

高尔基曾经说过："特写是介乎研究性论文和短篇小说之间的一种作品。"这当然是指现代特写而言的。这句话，除了说明特写与短篇小说有某些共同之点（如人物描写、情节结构等等）外，还明确地指出了

特写本身的特色,这就是鲜明的评论性。任何文学作品总是对生活的反映,因此也就是对生活的评价。然而一般的文学作品,是通过艺术形象来对生活进行评价的,作者不以自己的身份、口气向读者直接评论作品中的人物或事件。例如我们在前面曾指出,司马迁往往通过突出人物的某些具有特征性的行动或细节,来对人物进行褒贬。这种对生活或人物评价的方法,基本上是文学艺术共同的方法。然而特写除了运用这种方法以外,还容许作者对人物或事件进行直接的评论,而且这种评论,成为特写文学的特色。

司马迁的人物特写,是具有鲜明的评论性的,而且其评论的手法,也是富有独创精神和多样化的。最为人们所熟知的,是他所独创的传末评论的方法。司马迁在每篇人物特写的后面,总是附上一段"太史公曰"的评语,以表明自己对所写人物的态度。然而在这短短的一段文字里,又极尽了文章变化腾挪的能事,使他的传末评论,非但没有破坏文章艺术上的统一性和完整性,而且还起到画龙点睛的作用,提高了文章的思想性。司马迁在传末评论里,爱憎是十分鲜明的;虽然由于他的阶级地位和时代条件的限制,他的爱和憎,未必一定都很妥当,但总的说来,他对人物的评论是严肃的,是表现了他的卓越的见解的,而且他的传末评论的方法,也是富有变化的。他善于根据人物不同的特点来进行评论,例如在评论项羽的时候,一方面指出了项羽在历史上所起的作用,说:

夫秦失其政,陈涉首难,豪杰蜂起,相与并争,不可胜数。然羽非有尺寸,乘势起垄亩之中,三年,遂将五诸侯灭秦,分裂天下,而封王侯,政由羽出,号为霸王;位虽不终,近古以来未尝有也。

这里指出了项羽在秦末豪杰蜂起的混乱局面下，竟将"五诸侯灭秦"，将残暴的专制统治的秦朝推翻，这确实是件大事，对历史发展起着积极的作用，这里表现了司马迁不以成败论英雄的卓识。但司马迁也并不因此而讳言项羽的根本错误，他接着又说：

> 及羽背关怀楚，放逐义帝而自立，怨王侯叛己，难矣。自矜功伐，奋其私智而不师古；谓霸王之业，欲以力征，经营天下，五年卒亡其国，身死东城，尚不觉悟，而不自责，过矣。乃引"天亡我，非用兵之罪也"，岂不谬哉！

虽然项羽的根本错误，在于他的政治路线和军事路线完全是违背人民统一愿望的反动路线，致使他覆亡的根本原因，是他没有一个客观上符合人民利益的政治思想，而主要的并不完全是由于"霸王之业，欲以力征"。然而司马迁能够锐利地指出他"背关怀楚"、"自矜功伐，奋其私智而不师古"，一味地迷信武力，不承认政治的作用，而且"身死东城，尚不觉悟"，这不能不承认司马迁的这种评论，在当时的历史条件下，确实是卓越的。对于项羽，司马迁抓住了他性格特征中刚愎自用、死不觉悟的这些悲剧性的特点，进行了评论。我们再看看他对淮阴侯韩信的评论：

> 假令韩信学道谦让，不伐己功，不矜其能，则庶几哉，于汉家勋可以比周、召、太公之徒，后世血食矣！不务出此，而天下已集（统一），乃谋畔（叛）逆，夷灭宗族，不亦宜乎！

这里同样指出了韩信对于刘邦统一天下的不朽功绩，但又十分尖锐地抨击了韩信不顾人民死活，在天下已经安定统一的局面下，还企图分裂天下的军事野心。司马迁的这种政治观和历史观，无疑是进步的。司马迁的传末评论是十分丰富的，我们再看一看他对"才气无双"而一生坎坷不遇的李广的评论：

> 传曰："其身正，不令而行；其身不正，虽令不从。"其李将军之谓也！余睹李将军悛悛如鄙人（乡下人），口不能道辞（不会花言巧语）；及死之日，天下知与不知，皆为尽哀，彼其忠实心诚信于士大夫也！谚曰："桃李不言，下自成蹊。"此言虽小，可以喻大也。

李广是一位值得同情的人物，司马迁曾亲见过他，所以在这段文字里，又补充描写了他的正直、质朴、忠实等优良的品质，同时又通过广大人民对李广的哀悼，来表示作者对这位英雄的崇敬和悼念。在语言的风格上，也充满着低徊恳挚的情调。我们再看看他对孔子的评论：

> 《诗》有之："高山仰止，景行行止。"虽不能至，然心乡（向）往之。余读孔氏书，想见其为人。适鲁，观仲尼庙堂、车服、礼器，诸生以时习礼其家，余低回留之不能去云。天下君王至于贤人，众矣，当时则荣，没则已焉。孔子布衣，传十余世，学者宗之。自天子王侯，中国言六艺者折中于夫子，可谓至圣矣！

孔子是封建社会里"圣人"，对中国的政治思想、文化、学术、伦理各方面确实起过异常伟大而深远的影响。司马迁在写这段论赞的时候，是怀着异常崇敬的心情的，所以一上来就用"高山仰止，景行行止"这样最高的赞语，接着就写自己读孔氏书、适鲁、观仲尼庙堂等等的具体感受，来抒发自己对这个人物的无限向往，然后再用天下君王贤人来与他相比，指出他们都不如孔子的影响深远。我们将这段评语用来和李将军的一段评语相比，便可看到同样是表达作者自己敬仰颂赞的评语，却因为所写的人物不同，所以评语也各不相同，但又都做到了恰如其分。我们再看看司马迁对另一类人物如窦婴、田蚡、灌夫的评论：

> 魏其、武安皆以外戚重，灌夫用一时决策而名显。魏其之举以吴、楚，武安之贵在日月之际。然魏其诚不知时变，灌夫无术而不逊，两人相翼，乃成祸乱。武安负贵而好权，杯酒责望（怨），陷彼两贤（人），呜呼哀哉！迁怒及人，命亦不延；众庶不载，竟被恶言。呜呼哀哉！祸所从来矣！

《魏其武安侯列传》是描写统治阶级内部尖锐矛盾的一篇出色的人物特写。处于矛盾尖端的是魏其侯窦婴和武安侯田蚡，这两人都是外戚。另外还有一个纠缠在这个矛盾中的灌夫，这是一个民愤极大而在政治上已经失势的大官僚恶霸。所以司马迁在评论这三个人的时候，都投以轻蔑鄙视的语调，说魏其、武安都是外戚，魏其是靠吴楚之乱的机会爬上来的，武安则是依靠了王太后及武帝而贵幸起来的。灌夫则是靠镇压吴楚之乱时拼了一回命才被重用的。换句话说，这三个人都不是因为有真正的才能而被重用。魏其与灌夫相交，两个都是失势的人，一个是不甘心自己的失势，另一个更是"无术而不逊"，所以酿成了祸乱。而武安呢？也不是好东西，因为与灌夫杯酒之间的意气之争，竟不择手段，把灌夫连窦婴都陷害处死了，而最后，自己也暴病而死。所以司马迁连连叹息说："呜呼哀哉！迁怒及人，命亦不延；众庶不载，竟被恶言。呜呼哀哉！祸所从来矣！"最后一句话，也就是说，这些人都是自取其祸呵！我们在这里又看到司马迁所用的一种与前面《李将军列传》、《孔子世家》等完全不同的语气的评语。

司马迁的传末评论的手法，是非常丰富的，我们不可能一一拿来分析。总之，司马迁在这里充分发挥了他的独创性，借着这一节文字，既帮助他的作品提高了思想性，同时又在艺术上保持了与整个作品的完整统一。我们研究司马迁的传末评论的方法，并不是主张我们今天的特写，也要照样画葫芦。重要的是我们要学习他的独创性，而不要被某种固定的形式所束缚；要根据内容的需要，在传统的基础上，创造出新的形式。我们的时代，是充满着新鲜生活、新鲜思想的时代，因此我们没有理由不创造适合于新内容的新形式出来。

司马迁人物特写的评论性，除了上述这种早为人们所注意的传末评论形式外，还有一种方法是在传中夹评即夹叙夹议的方法。例如《屈原贾生列传》中，在"王怒而疏屈平。屈平疾王听之不聪也，谗谄之蔽明也，邪曲之害公也，方正之不容也，故忧愁幽思而作《离骚》"以下，就加了这样一大段评论：

　　《离骚》者，犹离忧也。夫天者，人之始也；父母者，人之本也。人穷则反本，故劳苦倦极，未尝不呼天也；疾痛惨怛，未尝不呼父母也。屈平正道直行，竭忠尽智以事其君，谗人间之，可谓穷矣！信而见疑，忠而被谤，能无怨乎？屈平之作《离骚》，盖自怨生也。"国风"好色而不淫，"小雅"怨诽而不乱：若《离骚》者，可谓兼之矣。上称帝喾，下道齐桓，中述汤、武，以刺世事。明道德之广崇，治乱之条贯，靡不毕见。其文约；其辞微；其志洁；其行廉；其称文小而其指极大，举类迩而见义远。其志洁，故其称物芳；其行廉，故死而不容自疏。濯淖污泥之中，蝉蜕于浊秽，以浮游尘埃之外，不获世之滋垢，皭然泥而不滓者也。推此志也，虽与日月争光，可也。

这样一大段深情激荡的文字，虽然作者并没有像传末评论那样加上"太史公曰"四个字，但无论如何，我们可以看出，这是司马迁所加的评论。尤其值得注意的是，司马迁并没有害怕加了这样一段文字而使他的人物传记在艺术上受到损害，相反，正是由于这样一段精辟的评论，更表彰了屈原崇高伟大、光明磊落的人格。我们再看一看《伯夷列传》里的这段话：

> 或曰："天道无亲，常与善人。"若伯夷、叔齐，可谓善人者非邪？积仁絜行如此而饿死！且七十子之徒，仲尼独荐颜渊为好学。然回也屡空，糟糠不厌，而卒蚤夭。天之报施善人，其何如哉？盗蹠日杀不辜，肝人之肉，暴戾恣睢，聚党数千人，横行天下，竟以寿终，是遵何德哉？此其尤大彰明较著者也。若至近世，操行不轨，专犯忌讳，而终身逸乐富厚，累世不绝。或择地而蹈之，时然后出言，行不由径，非公正不发愤，而遇祸灾者，不可胜数也！余甚惑焉！优所谓天道，是邪非邪？

在这一大段愤激不平的文字里，司马迁干脆明确地写出了"余甚惑焉"的句子来，那就更清楚地说明了这是他对现实的评论。司马迁在这里对封建社会里"天道无亲，常与善人"这种麻醉人民反抗意识的传统观念，提出了大胆的怀疑和尖锐的抨击，对于社会黑暗的现状，更毫不客气地进行了揭露。正是由于这种尖锐的评论，使得他的人物特写具有强烈的战斗性和人民性。

司马迁除了运用这种传中夹评的方式外，另一种方式，是通过人物的语言，来进行对另一人物的评论。例如《汲郑列传》里写憨直的汲黯评论汉武帝说：

> 天子方招文学儒者，上曰吾欲云云。① 黯对曰："陛下内多欲而外施仁义，奈何欲效唐、虞之治乎！"上默然，怒，变色而罢朝。公卿皆为黯惧。

这里作者通过汲黯的嘴，对汉武帝作了一针见血的讽刺和评论。我们再看一看《淮阴侯列传》里韩信在刘邦面前对项羽的这段评论：

> 请言项王之为人也。项王喑噁叱咤，千人皆废，然不能任属贤将，此特匹夫之勇耳。项王见人，恭敬慈爱，言语呕呕，人有疾病，涕泣分食饮，至使人有功当封爵者，印刓弊，忍不能予，此所谓妇人之仁也。项王虽霸天下而臣诸侯，不居关中而都彭城，有背义帝之约，而以亲爱王，诸侯不平。诸侯之见项王迁逐义帝置江南，亦皆归逐其主而自王善地。项王所过无不残灭者，天下多怨，百姓不亲附，特劫于威强耳。名虽为霸，实失天下心。故曰其强易弱。

作者通过韩信的嘴，对项羽作了深刻的评论，指出了项羽的许多弱点：匹夫之勇、妇人之仁、诸侯不平、失天下之心等等。由于这许多项羽不能克服的弱点，因而"其强易弱"，目前项羽的优势，必然会转化为劣势。这一段评论，无疑是深刻的。由于这里的评论，也稍稍弥补了司马

---

① 荀悦《汉纪》卷十《孝武皇帝纪一》记此事说："帝问汲黯曰：'吾欲兴政治、法尧、舜，如何？'黯曰：'陛下内多欲而外施仁义，如何欲效尧、舜之治乎！'上大怒。"这里是把武帝的几句话省略掉了。

迁在《项羽本纪》里过分地突出了项羽的"英雄"性格，因而在某种程度上使项羽失去历史真实的缺点。我们再看一看《廉颇蔺相如列传》里赵括的母亲对赵括的一段出色的评论：

> 及括将行，其母上书言于王曰："括不可使将。"王曰："何以？"对曰："始妾事其父，时为将，身所奉饭饮而进食者以十数，所友者以百数；大王及宗室所赏赐者，尽以予军吏士大夫；受命之日，不问家事。今括一旦为将，东向而朝，军吏无敢仰视之者，王所赐金帛，归藏于家，而日视便利田宅，可买者买之。王以为何如其父？父子异心，愿王勿遣！"

这里赵括的母亲将赵括的父亲赵奢与赵括作了对比。从对待朋友宾客、对待财物、对待家事这三方面说明赵奢谦恭好客，不贪财，公而忘私；而赵括则恰恰相反。这种通过作品中人物的语言来进行评论的方式，在司马迁的人物特写里，也是经常运用的方法之一。

顾炎武曾说过："古人作史，有不待论断，而于序事之中，即见其指者，惟太史公能之。"[1] 司马迁正是将评论贯注于人物特写的各个方面，因此我们在他的人物特写里，便能处处感到作者犀利严正的评论威力，感到作品中人物的一切活动，始终是在作者洞察秋毫的目光笼罩之下进行的。

三、材料的取舍和结构的安排

司马迁在青年时代曾游历过许多地方，对于许多人物，作过认真的

---

[1]　顾炎武《日知录》卷二十六。

调查研究。他在《太史公自序》里说："二十而南游江、淮，上会稽，探禹穴，窥九疑，浮于沅、湘，北涉汶、泗，讲业齐、鲁之都，观孔子之遗风，乡射邹、峄，厄困鄱、薛、彭城，过梁、楚以归。于是迁仕为郎中，奉使西征巴、蜀以南，南略邛、笮、昆明，还报命。"加上他的崆峒扈驾，以及后来参加武帝封禅泰山等的活动，他差不多游历了我国的东南、西南、中原以及西北等广大的地区，他具有十分丰富的社会经历和实际知识。他在许多人物特写里，还曾具体地说明过他的调查情况和收获，例如：

> 吾如淮阴，淮阴人为余言：韩信虽为布衣时，其志与众异；其母死，贫无以葬，然乃行营高敞地，令其旁可置万家。余视其母冢，良然。（《淮阴侯列传》）
> 吾适丰、沛，问其遗老，观故萧、曹、樊哙、滕公之家，及其素，异哉所闻。（《樊郦滕灌列传》）
> 余睹李将军悛悛如鄙人，口不能道辞。（《李将军列传》）

这些记载都说明了他亲见亲闻的一些情况。我们可以相信，司马迁游历过这么多的地方，调查访问过这么多历史人物的故乡，亲自交往过当代许多的著名人物，他所掌握的材料，必然远远地超过他现在记录下来的材料，因此也就要求他有一个正确的选择和处理材料的方法。拿司马迁的人物特写在形式结构和语言风格上的完美程度来看，也可以证明他对材料的处理，是经过细心的选择、提炼和安排的。

司马迁在《留侯世家》里说："（张良）所与上（刘邦）从容言天下事甚众，非天下所以存亡，故不著。"在这里，司马迁向读者说明了自己的一条写作原则，这就是，他在描写人物的时候，对于社会或人物本身无关紧要的一些活动，他就不加以描写。这句话，涉及了写作方面的一个重要问题，这就是材料的选择问题。

司马迁的人物特写

司马迁的这句话，告诉我们他选材的基本原则，是从政治的观点（天下所以存亡）着眼的。因此对于人物自身的前途或者天下存亡无关的事，就不一定加以描写。因此，他笔下的许多人物的性格特征以及他们活动的社会作用，就十分鲜明。例如蔺相如是一位智勇兼备的外交家和政治家，司马迁在选择有关这个人的材料时，便着重描写了他"完璧归赵"、"渑池会"以及对廉颇的一再谦让这三件大事。项羽是一个叱咤风云、刚愎自用的英雄人物，他一生的事业，完全是战争，因此在选择有关他的材料的时候，便主要抓住几次重要的战役以及与他的成败有重大的关系的"鸿门宴"等事件来进行描写。再如陈平是一位谋略家，因此便着重选择了他"间疏楚君臣"、"夜出女子荥阳东门"、"蹑汉王立韩信为齐王"、"劝汉王伪游云梦缚韩信"、"解平城之围"等等的"奇计"，来进行描写。但是，在司马迁的人物特写里，这些与天下存亡有关的大事正是通过许多生动的细节描绘出来的。他重视细节，但并不为细节而写细节，这一切都围绕一个总的原则：从天下存亡着眼判断一个人物，并以此做为取舍材料的标准。例如：

> 项籍少时，学书不成，去，学剑，又不成。项梁怒之。籍曰："书，足以记名姓而已；剑，一人敌，不足学；学万人敌。"于是，项梁乃教籍兵法；籍大喜。略知其意，又不肯竟学。

司马迁在《项羽本纪》里所以选择这一个出色的细节来进行描写，乃是为了突出项羽刚愎自用、霸王之业欲以力征的这一总的性格特征。而这一性格特征，正是项羽在政治上军事上彻底失败的重要因素。

材料经过选择以后，如何安排，也还需要一番斟酌。从司马迁的人物特写里，我们可以看出他在这方面的苦心经营。例如"鸿门宴"这件事，对于项羽、刘邦、张良、樊哙这几个人来说，都有写的必要。但如果在四个人的传记里都同样地写，就显得重复，于是就需要考虑，这样的材料放在谁的传记里作重点描写最为合适。最后，司马迁将这个重大的事件，安排在《项羽本纪》里，并且做了具体生动的描写。这样的安排，深刻地表明了司马迁分析历史事件的卓越识力。因为"鸿门之宴"是项羽个人成败的关键，也是项羽反动倒退的政治路线的初次暴露。在"鸿门宴"上项羽为什么不杀刘邦？这是因为项羽心目中根本没有统一全国的政治纲领，他只想恢复诸侯分封的老局面，而且他也根本没有想到别人有统一全国的企图，所以在他的心目中，刘邦并不是他的死敌，对他自己的霸主地位不会有任何威胁。如果项羽有统一全国的雄图，或者项羽清楚地知道刘邦有统一全国的雄图，对自己的存亡会起决定性的作用，那末刘邦就不可能轻易逃过去。所以，"鸿门宴"上项羽之不杀刘邦，正是深刻地反映了项羽反动的政治路线的腐朽性，预示着这位悲剧英雄必然没落的前途。因此，把这样重要的材料，全面、具体地写在《项羽本纪》里，就安排得很得体。所以他在其他几个人的传记里，这件事就写得很简单。通过这一点我们可以看到司马迁在安排材料上的苦心思考。

司马迁安排材料的另一个方法是所谓"互见法"，即有一些属于"甲"的材料，不在"甲"的特写里写出来，而到"乙"或"丙"的特写里去运用。这种材料的处理方法，反映了司马迁在写作上面受到的压迫。例如刘邦彭城之败时，为了急于逃走，几次把自己的儿子女儿从车上推下来。这一事件，深刻地暴露了刘邦的残忍，但司马迁没有把这件事写在《高祖本纪》里，却写在《项羽本纪》里了。再如刘邦流氓无赖，瞧不起读书人，如果有人戴着儒冠去见他，他就会立刻抓下他的帽子撒溺。这样的事，也没有写在《高祖本纪》里，而写在《郦生陆贾列传》里了。前面提到的刘邦骑在周昌的颈上问答的一段，也没有写在《高祖本纪》里而是写在《张丞相列传》里。从这些材料的安排上，我们看到了司马迁顽强的战斗精神和巧妙的战斗艺术。自然，司马迁之所以这样安排材料，有时候也是从塑造人物形象和刻画性格出发的。例如怀王诸老将对项羽的批判，说项羽残暴无人道，以及前边引到的韩信对项羽的批判，这些材料，都没有安排在《项羽本纪》里，而是分别写进《高祖本纪》和《淮阴侯列传》里，就是为了不损害项羽这个叱咤风云、拔山盖世的英雄形象。可见，选择和安排材料，对塑造形象、突出刻画人物是有着重要意义的。

司马迁把他的《史记》看做是一个整体，因此，在处理材料上，必须统观全局，安排得当。例如他在《留侯世家》里说：

> 汉四年，韩信破齐而欲自立为齐王，汉王怒。张良说汉王，汉王使良援齐王信印，语在淮阴事中。其秋，汉王追楚至阳夏南，战不利而壁固陵，诸侯期不至。良说汉王，汉王用其计，诸侯皆至，语在项籍事中。

这里所谓"语在淮阴事中"、"语在项籍事中"，就是明确地告诉读者，他的这些人物传记，互相之间是有密切联系的，读者不能绝对地把这些传记孤立起来看，所以他在这里，还有意地提示读者，到《淮阴侯列传》和《项羽本纪》里去看他在本篇里所没有详写的有关张良的那两件事。

从这里，我们可以了解到：这样或那样地选择材料和安排材料，是为了突出人物的哪些方面去进行具体深刻的描写。这些问题，不单是技术问题，而是与作者的世界观、政治立场、创作目的和对于作品的具体构思有密切关系的。每一个特写作家，应该有自己的一套处理材料的方法，司马迁是属于两千年以前的过去时代的作家，他处理材料的观点和方法，自然受他个人的政治观点、美学观点和时代条件的限制，所以我们只能以他的经验为借鉴，而不能机械地搬用。

司马迁的人物特写在艺术结构上，可以说是最富于创造性的，他善于根据不同的内容、不同的故事情节和人物性格，进行不同的艺术构思。例如《项羽本纪》这篇人物特写，主要是塑造项羽这个历史人物的艺术形象和性格特征，从而揭示这个人物在历史上所起的重大作用。因此这篇特写在结构上，便以项羽为全文的中心，一切事件基本上都围绕着项羽这个人物而展开：从八千人渡江而西起，通过召平、陈婴、黥布、蒲将军、范曾等的归附；通过杀宋义、战巨鹿、降章邯、坑秦军、鸿门之宴、分封诸侯，以及后来的彭城大战、荥阳之围、广武相持、鸿沟划界、垓下之围等一系列的斗争场面，使得项羽这个人物的形象和性格特征，愈来愈完整突出。而在结构上，项羽这个人物的行动，就成为贯串这篇特写的一条主线，而对各个战役的描写，便是这条主线上的一座座的高峰，因而便形成这篇特写在结构上单线发展和岗峦起伏的特色。

但是，一篇作品的艺术结构，是由作品的内容决定的，不能原封不动地搬用这种结构去表现任何不同的内容。例如司马迁在《魏其武安侯列传》里，为了充分地描写魏其侯窦婴、灌夫与武安侯田蚡的尖锐矛盾，他就另外创造了一种新的艺术结构形式。这篇作品所要描写的是魏其侯、武安侯这两位贵戚之间的矛盾以及失势的官僚灌夫与武安侯田蚡之间的矛盾，采取以一个人为中心的描写方法和结构形式是有困难的，所以司马迁在这篇特写里，就采取两人并列的写法。一开始写了魏其侯以后，接着就写武安侯，而且同时写出了魏其侯有窦太后作靠山（但不巩固），武安侯有王太后作靠山（很巩固），这样就有利于对立的双方展开矛盾，而当矛盾展开的时候，又横插进去一个灌夫，成为矛盾双方的导火线。于是魏其、武安双方的矛盾便交织起来，三个人的事情互相错综、纠缠在一起，难解难分。到矛盾十分尖锐的时候，甚至连武帝、王太后等都卷了进去。最后是以王太后作政治靠山的武安侯田蚡获胜（这时窦太后已死），因此灌夫被灭族，窦婴被弃市。但是，正当武安侯田蚡获得胜利的时候，突然他又暴病而死了，于是矛盾的三方面便同归于尽，而矛盾也就此结束。

显然，这篇文章的结构，便不再是《项羽本纪》那样岗峦起伏的单线发展，而是两条主线纵横交错，互相穿插地进行。值得注意的是这三个人都是作者所憎恶的人物，司马迁通过这种结构形式和描写手法，让作品中的人物充分展开矛盾，又从他们的互相攻讦中，尽情地揭露了他们的丑恶面目，暴露他们的本质。可见，这篇作品的内容得以充分地表现出来，与这种结构形式是有着密切的关系的。

司马迁对于那些具有共同特征的人物，又采取了合传的方法，突出几个人的共同的性格特征，将他们加以合并描写。例如他在《刺客列传》里，一共写了曹沫、专诸、豫让、聂政、荆轲等五个人的事迹。这五个人在时间上前后相距有四百多年，司马迁在写这五个人的事迹的时候，一方面保持了他们故事的完整性，另一方面又利用时间的线索，将这五个人的事迹联系了起来。例如在写完曹沫的故事以后，就说："其后百六十有七年而吴有专诸之事。"在写完专诸的故事以后，就说："其后七十余年而晋有豫让之事。"（馀类推）而到这五个人的事迹全都写完以后，又总括地说："自曹沫至荆轲五人，此其又或成或不成，然其立意较（皎）然，不欺其志，名垂后世，岂妄也哉！"这样就显得这五个人的事迹，是同一种精神的继续，他们具有精神上的某种联系和一致性。特别是在文章的结构上，司马迁又作了十分缜密的安排。这五个人的故事联在一起，既不是等量齐观，也不是前紧后松，而是步步深入，不断上升，愈到后来愈紧张、愈悲壮：曹沫是身名俱全的；专诸是功成身死的；豫让是经过漆身吞炭终于功不成而自杀的；聂政则是功成以后为避免连累他的姐姐而"皮面决眼，自屠出肠"而死，他的姐姐则又不愿"灭贤弟之名"而竟哭死在他的尸体旁；而荆轲在刺秦王以前，已经有田光、樊於期的死，在他壮烈牺牲后，又有高渐离的殉难，这许多人的壮烈牺牲形成了一幕最悲壮的悲剧，集中地表现了历史上那些不惜牺牲、勇于仗义、反抗强暴的节侠之士的壮烈精神。这样的结构安排，不仅使这篇包括五个人的故事的特写具有艺术上的完整统一，而且在思想上也是前后有机联系着的。

但是司马迁在另外一篇合传——《酷吏列传》里，却采取了另一种结构形式。他在这篇合传里，一共写了十个人的故事，这十个人都是汉代的人物，除了绰号叫"苍鹰"的郅都外，其余并且都是当代——汉武帝时代的人物。由于这些人物活动在同一个时期和同一个政治舞台上，他们的事情本身就有很多直接的联系，因此司马迁在构思这篇特写的时候，一方面保持了这十个人的故事相对的独立性和完整性，另一方面，又尽量使他们的事情互相穿插，结成一体。例如，在宁成的特写里插写了郅都的事情，在赵禹的特写里插写了张汤的事情，在张汤的特写里又插写了赵禹的事情，在义纵的特写里又补入了上面已经写过的宁成的一些余波，同时又为下文即将出现的王温舒先伏了一笔，王温舒的事迹又与尹齐合写，同时又插入了十人以外的杨仆。这样就使这十个人的事迹纵横交织、相互联系，形成一种错综复杂的网式结构。因此，如果细看起来，十个人人各有传，合起来看，则又是一篇包括了十个人的政治活动史的结构严密的人物特写。这样将当代十个最惨无人道的封建官吏的罪恶史联结在一起，加以集中描写，就极其深刻地揭露了当时黑暗的社会现实，强烈地表达了司马迁对这种黑暗现实的批判精神。

司马迁的人物特写，在材料的取舍和结构安排上，确实是丰富多彩而富于独创性的，清代的吴见思说："史公遇一种题，便成一种文字，所以独雄千古。"姚祖恩也说："其文洸洋玮丽，无奇不备。"① 这里仅仅是举其大概而已，远非全面的论述。司马迁在艺术上的这种独创精神

---

① 见吴见思的《史记论文》中《刺客列传》的评语，及姚祖恩的《史记精华录》跋。

和他留下来的丰富的的艺术遗产，值得我们认真地学习和借鉴。

四、作者的叙述语言和作品中人物的语言

语言是文学的第一要素，任何丰富生动的生活内容，任何崇高的思想感情，任何动人的故事情节，如果没有精炼、准确、生动、优美的语言，便不可能表达出来。《西厢记》、《牡丹亭》、《水浒传》、《儒林外史》、《红楼梦》等卓越的古典文学作品其深刻动人的艺术感染力，正是通过这些作品精炼、优美的语言表达出来的。我们现代优秀的特写作品，例如夏衍的《包身工》、华山的《英雄的十月》、魏巍、巴金等的朝鲜通讯、冯至的《东欧杂记》以及历年来各种报章杂志上出现的许多优秀的特写作品，在语言艺术上都闪射着各自不同的光彩。高尔基曾经不止一次地告诉青年作家们"首先要利用古典作家的'技巧'"，他说："当你读他（托尔斯泰）的作品时——我不夸大，我说个人的印象，——他刻画的形象巧妙到这样程度，你会感觉到仿佛他的主人公的肉体的存在；他仿佛站在你们面前，你想用手指去触摸他。"这些话不仅是赞美了托尔斯泰卓越的描写技巧，而且也是赞美了托尔斯泰优美的文学语言。所以他又说："可以向契诃夫学习语言的柔和性和准确性。"①

司马迁是一位卓越的语言艺术巨匠，他的语言十分丰富多彩，而且具有惊人的生动性和准确性，具有高度的雕塑力。但是，全面地论述他的语言艺术的特色，显然不是这一节短文所许可的，因此，这里只能着

---

① 见高尔基《同进入文学界的青年突击队员谈话》——高尔基《文学论文选》，人民文学出版社。

重地谈谈司马迁人物特写中作者的叙述语言和作品中人物的语言。司马迁的叙述语言，是十分精炼而富于表现力的，例如：

> 良尝闲从容步游下邳圯上，有一老父，衣褐，至良所，直堕其履圯下，顾谓良曰："孺子！下取履！"良愕然，欲殴之。为其老，强忍，下取履。父曰："履我！"良业为取履，因长跪履之。父以足受，笑而去。良殊大惊，随目之。父去里所，复还，曰："孺子可教矣！后五日平明，与我会此！"良因怪之，跪曰："诺。"

这里仅仅只有一百来字，但是读者却可以感受到这一节文字中包含着丰富的内容，人物内心的变化很多，但语言却十分简洁精炼，具有极大的容量。首句"良尝闲从容步游下邳圯上"十一个字，就概括了很多内容，"闲"是指时间，"从容步游"是描写他散步时候的神情，"下邳圯上"是散步的地点。这一句话就把张良散步时的时间、地点以及他的神情姿态都概括地描写了。以下，"良愕然"，是在这样悠闲心情下，遇到意外的事件而产生的情绪上的突然变化，写出他的惊愕的神情；"欲殴之"，是这种情绪发展到愤怒的程度以后准备采取的行动。这时候人物的情绪已经到了紧张状态了，然而却忽然一转，"为其老，强忍"，将已经要发作的行动勉强收住，这里人物的心理活动便向前深化了一大步。强忍，而不殴他，已经相当深刻地刻画了这位少年的胸襟和容量。"下取履"，则是这种思想情绪进一步地深化发展，进一步地刻画了他的胸襟和气度。最后，"长跪履之"，是这一矛盾在思想上完全统一以后的一个具有深刻内容的动作。它深刻地表现了张良这个具有不凡的胸襟和宽广容量的少年的精神境界。从"愕然欲殴"到"长跪履之"，这其间具有多少复杂曲折的的心理过程，然而司马迁却用了这样精炼的语言，几句话就生动地刻画出来了。但是，精炼并不等于简单或简省，两者的区别就在于前者能够逼真地描写人物或事件，能够十分生动地传达事件的气氛和人物的精神风貌；而后者却只能使被描写的对象丧失生气，黯淡无光。我们试看在上面这一节文字里，双方面人物的心理活动，传达得多么细微深妙！这个老父的鞋子掉下去的时候是"直堕其履"，一个"直"字，就把这个人物行动的目的性，暗示得非常清楚！那就是说，他是故意让自己的鞋子掉下去的，这一动作，具有试探的性质。"孺子！下取履！""履我！"对这个素不相识的少年使用这种命令式的口气，与他故意掉下鞋子的动作，非常一致，这就强调了他的试探意图。一个动作和两句话，再加上后来"父以足受，笑而去"这一句描写，就把这个老人含有深意的精神风貌活现在纸上了。在张良方面，除了上面与老父的两句话互相呼应的这一段曲折的心理过程外，最后当老人"笑而去"的时候，"殊大惊，随目之"这六个字，尤其逼真地传达了张良当时的神情，于是我们真切地看到了这两个人在这种特定的环境下，相互交流、相互影响着的心理活动和精神风貌。这一段精炼的文字，不是在某种程度上，也具有高尔基所说的那种可触摸性么？由此我们可以体会到，语言的精炼必须以能逼真地描绘事件的气氛和刻画人物的精神状态为前提。真正"传神"的语言，一定是精炼的语言。

要使自己的语言能够精炼传神，这是特写作家以及一切从事文学创作的人都应该解决的问题。但是如何能使自己的语言达到这一标准呢？我认为首先在于精细地观察研究客观事物，掌握住客观事物的本质，然后准确地把它刻画出来。因此，语言的准确性是使语言精炼的最根本的关键，也可以说，准确的语言，就是精炼的语言。在这一点上，司马迁的人物特写里的语言，为我们提供了良好的范例。我们试比较一下司马迁对人物的眼睛的描写，就可以体会到，司马迁的语言准确到何等程度了。例如：他在描写樊哙怒叱项羽的时候，是"瞋目视项王，头发上指，目眦尽裂"。这确实活生生地画出了樊哙怒不可遏的神情，仿佛使我们看到他的眼睛里射出来的两道愤怒的投向敌人的闪闪发亮的眼光。例如：他在描写荆轲与盖聂论剑的时候，是"盖聂怒而目之"，是盖聂"目摄之"。这里就准确地写出了两人因辩论剑术，一言不合，盖聂怒目而视荆轲的神情。例如：他在描写淮阴恶少侮辱韩信，要挟韩信从他裆下钻过去的时候，是"信孰（熟）视之，俛出袴下"。这里"孰视之"三个字，就准确地写出了韩信经过仔细思考，觉得不值得与这种无赖计较一时之短长的内心思忖过程。例如：他在写张良在下邳圯上遇到了这个奇怪的老人，当老人"笑而去"的时候，张良是"殊大惊，随目之"。"随目之"三个字，使我们仿佛看到张良充满着惊奇怀疑神情的目光，在跟随着这个老人的身体慢慢地向前移动。人物内心的那种疑虑、捉摸不定的神情，于是便活现在纸上。例如：他在写刘邦一意想废太子而立戚夫人的儿子赵王如意为太子的时候，却在宴会中发现了自己求之数载都没有办法弄到的"商山四皓"，站立在太子的身后，已经成为太子的羽翼。当"四人为寿已毕，起去"的时候，是："上目送之，召戚夫人指示四人者曰：'我欲易之，彼四人辅之，羽翼已成，难动矣，吕后真而（尔）主矣！'"这里，"上目送之"四个字，活画出了刘邦感到太子的羽翼已成、大局已定、无能为力和无可奈何的心情。特别是这里的"目送之"和上面张良的"随目之"，仅仅是"送"与"随"一个字的不同以及句法上的一些差别，就把张良疑虑默察和刘邦望洋兴叹的两种不同的微妙心情，精确地刻画出来。例如：他在写平原君的门客毛遂极力自荐，要求与其余十九个门客与平原君同去楚国订约，十九个人在嘲笑他的时候，是"十九人相与目笑之"。"相与目笑之"五个字，包含着多少背地里轻蔑与讥讽的感情在内，它仿佛使我们看到这些人在背后挤眉弄眼的神态！例如：他在描写蔺相如在怒斥秦王以后，佯作捧璧击柱的姿态时，是"相如持其璧睨柱，欲以击柱"。这里一个"睨"字，

110

就十分准确地刻画了蔺相如一面怒目斜视着庭柱，作出举璧击柱的姿态，一面却在窥视、等待着秦王的反应的那种神情。例如：他在写秦王听到蔺相如说和氏璧已送回赵国，秦王自己的诈骗术已全部失败的时候，是"秦王与群臣相视而嘻"。这"相视而嘻"四个字，真切地写出了秦王弄巧成拙、啼笑皆非、满怀希望全部落空的尴尬局面和懊恼情绪。例如：他在写秦始皇游会稽、渡浙江时的项梁、项籍，是"梁与籍俱观"。这里一个"观"字，就生动地写出了这两个胸怀大志的人，在远远地观望凝思的神情。例如：他在写平原君的姬妾们在高楼上凭栏下望，看见邻居一个跛子走过因而大笑的时候，是"平原君美人居楼上，临见，大笑之"。这里"临见"两个字，非常准确地写出了她们凭栏俯视的神情。显然因为视线缩短了，所以作者不再用"观"字而改用了"见"字。仅仅一字之差，距离远近的差别，却向读者交代得十分清楚。这样的例子在《史记》里还有很多，不必一一列举。从这些例子中，我们可以看到，仅仅是对人的眼睛的描写，司马迁就用了这么多不同但又十分精确的词汇，可见司马迁对客观事物的观察，多么细致深刻，而他使用的语言，又是多么丰富准确！正因为如此，他才能把不同性格的人物在不同环境中的眼神，写得这样生动传神。所以，认真地研究、观察客观事物，是使自己使用的语言达到准确程度的一个极重要的方法。鲁迅先生曾说过："要极省俭地画出一个人的特点，最好是画他的眼睛。"这是十分精辟的见解，证之于司马迁的人物特写，也是如此。但是，如果读者简单地理解了这句话，不去认真地研究、观察客观事物，不能准确地使用自己的语言来进行描写，那末，即使画了眼睛，也仍不免于曹雪芹所批评过的那种"千人一面"而已。

司马迁的叙述语言的另一个特色，是具有鲜明的节奏感，他善于把作品内容所具有的紧张或者舒缓等等不同的情绪，通过语言的节奏，让它表现出来，从而加强作品的感染力，使文章波澜起伏，文气迂回。例如《廉颇蔺相如列传》里当秦王拿到了赵璧，传示美人、无意偿赵城的时候：

> （相如）乃前曰："璧有瑕，请指示王。"王授璧，相如因持璧，却立，倚柱，怒发上冲冠。

这里，"持璧，却立，倚柱"六个字分成三截，其中有两个短促的顿挫，到最后是一个停顿较长的句号，这样就造成一种尖锐紧张的气势。然后再接"怒发上冲冠"一个短句将上面这股紧张的气势接住，造成一种怒不可遏、一触即发的紧张局面，这样就使读者顿时感到情势起了急剧的变化，具有剑拔弩张之势。再如《刺客列传》里荆轲在咸阳宫的金殿上与秦王肉搏的一段；

> 秦王发图，图穷而匕首见。因左手把秦王之袖，而右手持匕首揕之。未至身，秦王惊，自引而起，袖绝。拔剑，剑长，操其室。时惶急，剑坚，故不可立拔。荆轲逐秦王，秦王环柱而走。群臣皆愕，卒起不意，尽失其度。

这一段文字的节奏，多么仓促紧张，简直就像在肉搏一样，它充分反映了那个"卒起不意"的紧急情况。我们再看《司马穰苴列传》里的这一段：

> 穰苴既辞，与庄贾约曰："旦日日中会于军门。"穰苴先驰至军，立表，下漏，待贾。贾素骄贵，以为将己之军而已为监，不甚急；亲戚左右送之，留饮，日中而贾不至。穰苴则仆表，决漏，入行军，勒兵，申明约束。约束既定，夕时，庄贾

乃至。

这一段文字里，巧妙地安排了两种对照的节奏。"穰苴先驰至军，立表，下漏，待贾"，以及下文的"仆表，决漏，入行军，勒兵，申明约束"，是极其短促紧张的节奏。因为强敌压境，穰苴奉命率军出战，情势十分紧张，只有用这种节奏短促紧张的语言，才能真实地表现当时的情境。而"贾素骄贵"到"日中而贾不至"这一段文字的节奏，却十分松散舒缓，与上面的节奏形成鲜明的对照。因为庄贾是齐景公的宠臣，这回又是他当监军，他根本没有把国难和军法放在眼里，因此他的内心情绪根本不可能有紧张之感，所以在描写他的行动时，就使用了节奏舒缓的语言。这样两种不同节奏的语言，十分恰切地反映出了两种不同思想、不同心情、不同地位的人物的行动和内心情绪。我们再看《项羽本纪》里描写巨鹿之战的这一节文字：

> 项羽乃悉引兵渡河，皆沈船，破釜甑，烧庐舍，持三日粮，以示士卒必死，无一还心。于是，至，则围王离。与秦军遇，九战，绝其甬通，大破之。杀苏角，虏王离。涉闲不降楚，自烧杀。

这一节文字，同样是短促紧张的节奏，但因为在第一个长句里作者接连用了七个动词，表现了一连串连续性的行动，因此它就十分有力地表现了楚兵势如破竹的气势。以上这些例子，都是节奏短促紧张的语言，它所反映的，都是情绪十分紧张的那种生活。下面我们再看一节《平原君虞卿列传》里的文字：

> 平原君家楼临民家。民家有躄者（跛子），槃散（蹒跚）

行汲。平原君美人居楼上，临见，大笑之。明日，躄者至平原君门，请曰："臣闻君之喜士，士不远千里而至者，以君能贵士而贱妾也。臣不幸，有罢癃（残疾）之病，而君之后宫临而笑臣，臣愿得笑臣者头。"平原君笑应曰："诺。"躄者去，平原君笑曰："观此竖子（小子），乃欲以一笑之故杀吾美人，不亦甚乎！"终不杀。

这一节文字，长句和短句经常交互运用，最长的句子有九个字，最短的句子只有一个字。其他从二个字一句到八个字一句又交互出现过二三次，这样就形成这节文字在节奏上的长短交错、舒缓闲散的感觉。这种节奏舒缓的语言，就十分适合于表现这种无关紧要的家庭琐事。从以上这些例子，我们可以看到，司马迁的叙述语言，不仅能形象地、精确地反映现实生活，而且他的语言的节奏，也是与他描写的生活内容所隐藏的内在情绪相和谐统一的。正是由于这种语言的形式，语言的节奏与作品思想内容的和谐统一，因此就使他的人物特写的语言风格，具有高度的真实感和动人的魅力。

以下我们再谈一谈司马迁人物特写中人物的语言。

司马迁人物特写中人物的语言，是具有鲜明个性的。本来人物的语言，就是人物个性的一部分，因为各人都只能凭自己的语言习惯来说话，而各人的语言习惯和风格，又是由他全部的生活经验、文化教养以及性格特征所形成的。然而任何人在说话的时候，他一定要受他说话时周围环境的影响，与他周围的环境发生联系。这一点，即使是独白，也不能例外，因为独白也只有在适合于独白的环境下进行。所以个性化的语言，首先必须是贴切于具体的语言环境的语言，否则他的语言，就会失去全部的真实感，因而也就变成不知所云。司马迁在这方面，正是充分地显示了他卓越的语言艺术才能。他的人物语言，不仅具有独特的个性和切合于语言的环境，而且他还十分善于用简炼的语言形式，揭示人们之间的关系以及他们的内心世界。例如《项羽本纪》里楚汉相持胜负未决之时，项羽与刘邦的这一段对话：

> 当此时，彭越数反梁地，绝楚粮食，项王患之。为高俎，置太公其上，告汉王曰："今不急下，吾烹太公。"汉王曰："吾与项羽俱北面受命怀王，曰'约为兄弟'，吾翁即若翁，必欲烹而（尔）翁，则幸分我一杯羹。"项王怒，欲杀之。

这一段对话，不仅深刻地刻画了两人截然不同的性格：项羽的急躁残暴和刘邦的阴险狡猾；而且更深刻地写出了二人在政治、军事上不同的处境：项羽的后方不稳固，时时受到彭越的袭击，因此在军事上要求进行速决战；刘邦则后方稳固，但军事实力还不很强，只宜作持久战，以等待项羽兵力的逐渐消耗。这里我们又可以从他们的对话里，看到这些人物的政治、军事的背景。再如《李将军列传》里，李广被贬为平民后：

> 与故颍阴侯孙屏野，居蓝田南山中，射猎。尝夜从一骑出，从人田间饮。还至霸陵亭，霸陵尉醉，呵止广。广骑曰："故李将军！"尉曰："今将军尚不得夜行，何乃故也！"止广宿亭下。

这里霸陵尉的这句话，不仅活画出一副势利小人的面目，而且更重要的是衬托出了李广被贬后冷落惨淡、不为人尊重的境遇。所以霸陵尉的这句话，便具有多方面的作用。我们再看《魏其武安侯列传》里的这一段对话：

饮酒酣，武安起为寿，坐皆避席伏。已魏其侯为寿，独故
人避席耳，余半膝席。灌夫不悦。起行酒至武安，武安膝席
曰："不能满觞。"夫怒，因嘻笑曰："将军贵人也，属之！"
时武安不肯，行酒次至临汝侯，临汝侯方与程不识耳语，又不
避席。夫无所发怒，乃骂临汝侯曰："生平毁程不识不直一钱，
今日长者为寿，乃效女儿呫嗫耳语！"武安谓灌夫曰："程李俱
东西宫卫尉，今众辱程将军，仲孺独不为李将军地乎！"灌夫
曰："今日斩头陷匈（胸），何知程、李乎！"

司马迁在这篇特写的传末评论里说："灌夫无术而不逊。"这一段对话，
就活画出了这个"无术而不逊"的酒醉暴怒的莽夫的性格和面目。然而
这里灌夫醉中发怒的话，不仅是具有鲜明的个性和他借酒装腔作势的情
态，而且与当时说话的环境，与对方的政治势力和地位等等，都有密切
的联系。灌夫看到众人对武安侯的恭维和对魏其侯的冷淡，已经很恼怒
了，但是他对着武安侯，却仍旧嘻笑地说："将军贵人也，属之！"这句
话的形式和内容是矛盾的，嘻笑是这句话的形式，而怒骂却是这句话潜
在的内容。这样，就使灌夫的这句话，紧紧地联系了当时语言的环境，
同时也转过来刻画了武安侯凌驾一切的权势。然而当他行酒至临汝侯灌
贤的时候，适逢临汝侯与程不识耳语，于是他压抑着的一腔怒火，便突
然爆发了。为什么他会对灌贤发作呢？这不仅因为他在耳语，而且因为
灌贤是灌夫的晚辈。长辈到晚辈前行酒，而这位晚辈恰恰在与别人耳
语，没有注意到礼貌，于是灌夫便以居高临下的身份，向他借故发作
了。但一发作起来，怒火又射到了程不识身上，而武安侯又乘机火上加
油，挑拨了一句，于是连李将军也被波及。从表面上看，好像矛头已经
对着李广和程不识两人了，其实不然，这仍不过是表面现象，所谓：
"今日斩头陷匈，何知程、李乎"这句话，完全是指桑骂槐，实际上它

的火力仍是射向武安侯的。这里我们看到司马迁如何运用人物的对话，惟妙惟肖、绘声绘形地刻画这些人物的心理状态，把一个"无术不逊"使酒骂座的灌夫，写得生动如画、纤毫毕露。

司马迁还十分善于在他的人物语言里，运用生动确切的比喻，以增加语言的形象性和说服力。例如：他在写陈胜叹息那些安于现状，甘心被奴役、被压迫而没有反抗意志的人说："嗟乎！燕雀安知鸿鹄之志哉！"燕雀是习惯于生活在别人的堂庑之下或矮小的树木丛里的一种小鸟，而鸿鹄则是习惯于作冲天高飞的大鸟。他用这两种截然不同的鸟来比喻那种安于现状和怀有反抗意志、准备冲决一切的两种截然不同的人物的形象和性格，多么鲜明生动！例如：他在写项羽不听说者的话，不肯建都咸阳，因而说者十分不满地骂项羽说："人言楚人沐猴而冠耳，果然。""沐猴而冠"是说他徒然具有一副人的样子，实际上等于猴子戴上人的帽子而已。这个比喻不仅形象地描写了项羽性格的粗鲁和无思想，而且又写出了这个说者刻薄而愤激的神情。例如：他在写孙膑向田忌分析抗魏救赵的战略方针时说："夫解杂乱纷纠者不控卷（拳），救斗者不搏撠（击）。"这两句话的意思是说：要解开一团杂乱的乱丝，光是握紧拳头使劲是没有用的，要解除赵国被魏国包围的困境，一味去正面作战，也是没有用的。这里，"解杂乱纷纠者不控卷"这个比喻，就用得十分形象化而且有说服力。例如：他写辩士蒯通被刘邦逮捕，因为他曾劝韩信造反，所以刘邦要烹他，蒯通就说："蹠之狗吠尧，尧非不仁，狗固吠非其主。当是时，臣唯独知韩信，非知陛下也。"这里"蹠狗吠尧"的比喻，生动地说明了蒯通这类辩士们与主子的关系和他们的身份和人格。此外，如像"譬若以肉投馁（饿）虎"、"此无异使羊将狼也"这样的比喻，《史记》里实在很多，我们不必一一尽举。最后我们看一看下面《滑稽列传》里这个全用比喻来对话的例子：

齐威王之时喜隐（喜欢说隐语，即说话喜欢比喻），好为淫乐长夜之饮，沈湎不治，委政卿大夫。百官荒乱，诸侯并侵，国且危亡，在于旦暮。左右莫敢谏。淳于髡说之以隐曰："国中有大鸟，止王之庭，三年不蜚（飞）又不鸣，王知此鸟何也？"王曰："此鸟不飞则已，一飞冲天，不鸣则已，一鸣惊人。"于是乃朝诸县令长七十二人，赏一人，诛一人，奋兵而出。诸侯振惊，皆还齐侵地。威行三十六年。

这里齐威王与淳于髡的对话，运用生动的比喻，把他们的意思表达得十分清楚。因为这个比喻十分形象和生动，所以直到现在，我们还把"一鸣惊人"这句话当作成语来运用。

在文学作品里，作者的叙述语言和人物的语言，总是互相联结起来相辅而行，以构成和展开整个故事情节，完成人物的刻画和事件的复制的。因此一个特写作家，还必须注意到自己的叙述语言与人物的语言有机地结合。我们看一看《荆轲传》里的这段对话：

荆轲知太子不忍，乃遂私见樊於期，曰："秦之遇将军可谓深矣，父母宗族皆为戮没。今闻购将军首金千斤，邑万家，将奈何？"於期仰天太息流涕曰："於期每念之，常痛于骨髓，顾计不知所出耳！"荆轲曰："今有一言可以解燕国之患，报将军之仇者，何如？"於期乃前曰："为之奈何？"荆轲曰："愿得将军之首以献秦王，秦王必喜而见臣，臣左手把其袖，右手揕其匈，然则将军之仇报而燕见陵之愧除矣。将军岂有意乎？"樊於期偏袒搤捥而进曰："此臣之日夜切齿腐心也，乃今得闻教！"遂自刭。

在这一节文字里，主要是荆轲与樊於期的对话，作者的叙述语言（文旁加着重点的——庸）用得很少；但是我们如果将这几句叙述语删掉，那末这许多精彩的对话，立刻便会像一盘散乱的珍珠一样，再也不是一件精致的艺术品了。然而问题还不在这里，重要的是要使作者的叙述语言能够积极地为人物的语言服务，使人物的语言环境或者人物说话时的内心情绪，得到深刻的表露，例如上述引文里的叙述语，对人物的对话，便起着积极的影响。开头两句叙述语，是联系故事情节的纽带，它对整个故事的产生起着积极作用。以下"於期仰天太息流涕曰"、"於期乃前曰"、"樊於期偏袒搤捥而进曰"、"遂自刭"这几句叙述语，对情节的展开和深入、人物性格和内心情绪的揭示，起着十分重要的作用，我们清楚地看到樊於期在荆轲锐利愤激的言辞挑动下，他的内心情绪在急剧地向前发展，因此表现在形体动作上，始则是"仰天太息流涕"，继则是俯身向"前"，再则是"偏袒搤捥而进"，最后终于自刎而死。这些简炼而又极重要的叙述语言，和激昂慷慨的人物对话紧密地交融在一起，使读者似乎不仅听到了声音，也仿佛看见了人物的动作，因而也就增强了作品的感染力。

司马迁的语言艺术的特色是多方面的。例如他吸取了很多民间语言和流行的成语，他善于摹拟各种不同人物的语气声调，甚至连周昌的口吃他都逼真地进行描写出来，他也把方言用进了自己的人物语言。他在吸取并改造前代书面语言上也下了许多功夫，有卓越的成绩，他的五十二万六千五百言的巨著《史记》，就有力地证明他是一位古代卓越的语言巨匠。但关于上述这些问题，早已有人论述，所以本文概予省略。

最后必须说明，任何优秀的古典文学遗产，对于我们来说，只能是借鉴，而不能拿它来代替我们的创造或者作为依样模仿的标本。毫无疑问，司马迁的语言艺术的成就是卓越的，他确实拥有许多艺术创作上的成功经验，《史记》这部书，就是蕴藏着他毕生的创作经验的宝库。而这许多经验，特别是技巧方面的经验，对于我们也仍然是有用的。列宁说过："即使美是'旧'的，我们也必须保留它，拿它作为一个榜样，紧紧地把握住它。为什么只是因为它'旧'，就要蔑视真正的美，永远抛弃它，不把它当作进一步发展的出发点呢？"① 所以我们必须很好地继承这一份遗产，把它作为我们进一步发展的出发点。但也必须指出，司马迁毕竟是两千多年以前的人，他是吸收了那个时代的物质的和精神的营养而成长的，他的一切优点和弱点，都带有鲜明的时代的烙印。我们吸取他的有用的东西是为了更好地为我们的时代服务，而不是盲目地崇拜古人。

1959 年 2 月 14 日—3 月 24 日于北京

---

① 蔡特金《列宁印象记》第 12 页——《列宁论文化》，三联书店版。

《陶渊明年谱》序

安生同志的新著《陶渊明年谱》已经完成了，他要我写几句话，我当然十分高兴。

记得数年前，安生同志来就读研究生，一开始就选定了研究陶渊明，问我当从何处着手。我建议他先撰年谱，藉以弄清楚谱主的时代、家世、生平、交游以及作品系年等等。在撰谱的过程中，当然必须精读谱主的作品。我的这种治学的方法和路子，我承认是老路子、老方法，但我认为只要行之切实有效，那末就无所谓新旧，重在有效。

何况在我看来，不论新方法还是旧方法，熟悉作家的时代生平著作，总是最必须的。任何新方法，总不能不要熟悉作家和作品就可以对他进行研究。因此，我认为通过撰写年谱来熟悉作家及其作品，是最实际、最有效的方法。

然而，撰写年谱，又从何下手呢？

我说，从排比研读已有的陶渊明年谱入手。在已有的若干种陶谱里，它们总会有矛盾和歧异，甚至还会有后者对前者的商讨和辩驳。只要有矛盾，有差异，就是找到了入手之处。

于是安生同志就开始精研排比起各家的陶谱来了。当然，与此同

121

时，有关陶渊明的传记材料和陶渊明的诗文，自然也在精读和深研之列。

此外，我们还曾一起出去调查过，可惜只走了计划中的一半路程，我就因别的急事先回来了，恰恰是到庐山、九江、彭泽这些与陶渊明至关重要的地方我没有能与他同行。他后来告诉我，他的这次调查收获很大，充实和纠正了他已写成的《陶渊明里居辨证》这篇文章的初稿，完成了他对陶渊明里居的辨证工作，提出了他的新的而且证据充足的论点。

调查研究，也是我自己读书治学的一个基本的原则和方法。我认为书本上的东西如果不能与实践、与调查结合起来，它总是片面的孤立的存在，在你的脑子里总是一些比较模糊、抽象的概念。譬如我曾调查过《史记·项羽本纪》中涉及的一些重要地点，试图寻找若干历史的踪迹和遗存。结果，我的收获是相当丰富的。我看到了鸿沟划界的"鸿沟"，我到了垓下之围的"垓下"，后来又循着《项羽本纪》叙述的路线到了东城，看到了东城决战的一些遗迹，最后还到了乌江。经过这一番实地调查，我对于《项羽本纪》的后半部分确实清楚多了，在我的头脑里，就不光是太史公的文章了，有了与文章相应的历史地理概念了，有了形象化的历史了。我也具体调查过诗人曹植的坟墓。墓有两处：一处在河南淮阳，淮阳是古代的陈，曹植的封地，今墓尚巍然存在。另一处在山东的东阿县鱼山，墓也存在，并且近年已发掘，有出土文物及刻字的墓砖，明确标明是曹植墓。墓地依山（鱼山）傍河（黄河），黄河到此拐了一曲，然后放流直下。两座曹植墓，究竟是怎么回事？据考，曹植死后，先葬陈地，后迁葬鱼山，故两处都是真的。我看鱼山出土的文物除了砖刻墓记外，其余大都是粗糙的陶器，也有少量的铜器，是否还有珍贵的东西，不得而知。但不论怎样，这么粗糙不堪的陶器竟会是这位才高八斗的陈思王的葬品，那么陈思王当年的境遇，也就可以思过半了。

《陶渊明年谱》序

因此，我有诗云：

> 黄海一曲水东流，八斗才高半土丘。
>
> 我到鱼山倍惆怅，诗人终古是穷囚。
>
> ——鱼山吊曹子建墓

不看实际的东西，光看书本，是很危险的，至少是会有片面化的毛病的。看了曹植的墓葬，我深悟曹植当年实际是一个政治囚徒而已。这比起一般化地读他的诗，读他的"煮豆燃豆萁"的诗，来得要更亲切，更要感性化、形象化得多。所以，在文史的研究中，调查是必不可少的，而且，往往许多新的思想、新的发现，是来自实地调查。

所以，安生同志在撰写陶谱时认真地进行实地调查，而且精研重要的方志和地理图志，这是他的研究所以能深入的一个极为重要的方面。我读了他的《陶渊明里居辨证》这篇文章，他所作的四种辨伪，真是以搏象搏狮之力，力摧北宋以来的陈说，独标新意。我认为真正做学问，就是要有博大的胸襟和坚毅的气魄，敢于定千百年来之是非，为此之人，方是勇者，为此之文，方是雄文。

安生同志的另一篇文章《陶渊明年岁商讨》，也是就陶渊明的年岁问题，力排五家陈说，独标新论。这篇文章从南朝沈约《宋书·隐逸·陶潜传》驳起，一直到近人古直，引经据典，层层分析，力排众议，妙义纷陈。如果说前一篇文章说明了安生同志在历史地理方面所下的功夫的话，那末，这篇文章说明了他对古文献的潜心钻研，发人之所未发，想人之所未想，见人之所未见。他对陶诗的研读，能如此深入，如此精思，从而提出他的几乎是无可辩驳的新的意见来，令人深信不疑。可见安生同志每提出一个新见解，并不是异想天开，独造妙思，而是攻坚破关，把层层的死结解开，然后让自己的结论呈现在读者面前。

　　安生同志对陶渊明《饮酒》诗的考辨也是新义迭陈。陶渊明的《饮酒》诗，千百年来众口赞颂，有的指出它是"感遇"诗，有的说它是"咏怀"、"有寄托"，也有独赏他的"采菊东篱下，悠然见南山"的。至于《饮酒》诗究竟为谁而作，为何而作，则似乎古往今来之论陶诗者，多思不及此。安生同志第一次考订了诗中的"故人"是指颜延之，考订了这组诗是为了劝颜延之及时归隐而作，从而进一步确定了这组诗的作年是在义熙十一年。安生同志的这一系列新见解，我觉得不仅是旁征博引，铁案如山，而且是妙悟无穷，意趣无穷，发人深思。我敢说，读诗而至此，真正可与言诗矣！

　　安生同志对陶渊明《与殷晋安别》及陶渊明移居的探讨，也可说精思明辨。作者先罗列自元人李公焕以来对渊明移居年代的四种看法，然后从考证《与殷晋安别》这首诗的写作年代入手，辨清楚了殷晋安决不是殷景仁。把殷晋安误断为殷景仁，这又是数百年来的一桩误案，而且陈陈相因，积非成是。安生同志从排比旧史、精研六朝士大夫文人彼此称呼的习俗入手，如抽茧剥蕉，层层解剖，最后证明殷晋安不是殷景仁而是晋安太守殷隐，从而考定了陶渊明移居南村的时间应在义熙十一年。于是数百年来未发之覆一旦豁然朗然，数百年来误断之案从此涣然冰释。读安生同志的这类文章，岂能不令人快意，岂能不为浮大白。

　　一部陶渊明年谱能有这么多的令人意想不到的成果，实在是难能可贵了，何况年谱的成就远远不止于此。

　　以上琐琐，略记所感。草率之言，容有未妥，聊当序言，恳望专家和读者有以教之。

1987 年中秋之夕，写于京华宽堂

释陶渊明的"好读书，不求甚解"

晋代的大诗人陶渊明，在"自况"性质的《五柳先生传》中，说他自己"好读书，不求甚解，每有会意，便欣然忘食"。这几句话，常被一些人引为美谈。他们认为这几句话的意思，就是说读书可以略知其意，浅尝辄止。他们十分欣赏这种读书态度，认为很潇洒自在，通脱不羁，并且既有好读书的美誉，又可免刻苦钻研的辛劳。

对于陶渊明的这几句话，作如此解释，可以说是误尽天下书生！

明代的杨用修（慎），在他的《升庵诗话》里有这样一段精到的话，值得大家看看：

晋书云："陶渊明读书，不求甚解，此语俗士之见，后世不晓也。余思其故。自两汉来，训诂盛行，说五经之文，至于二三万言，陶心知厌之，故超然真见，独契古初，而晚废训诂。俗士不达，便谓其不求甚解矣。又是时周续之，与学士祖企、谢景夷，从刺史檀韶聘，讲《礼》城北，加以雠校，所住公廨，近于马肆，渊明示以诗云："周生述孔业，祖谢响然臻，马队非讲肆，校书亦已勤。"盖不屑之也。观其诗云："先

师遗训，余岂云坠。"又曰："诗书敦夙好。"又云："游好在
六经。"又云："泛览周王传，流观山海图。"……岂世之卤莽
不到心者耶？

杨用修对陶渊明的这句话的注解，真是真知灼见。原来陶渊明所以
说这句话，是由于厌恶两汉以来盛行的训诂校雠的学风，以及"诗必柱
下（老子）之旨归，赋乃漆园（庄子）之义疏"（刘勰语）的玄言诗
风，和专事堆砌典故，"文章殆同书抄"（钟嵘语）的文风，所以"不
求甚解"者，乃不钻牛角尖也，并非马马虎虎、浅尝辄止之谓也。

鲁迅先生曾经说过："这'猛志固常在'和'悠然见南山'的是一
个人，倘有取舍，即非全人，再加抑扬，更离真实。"这几句话，在这
里也完全用得着，因为陶渊明对于读书问题，并非只说过上面那两句
话，我们要了解他的读书态度，至少也得看看下面这些话。例如他曾说
过："闲居三十载，遂与尘事冥。诗书敦夙好，园林无世情。"他曾说
过："萧索空宇中，了无一可悦！历览千载书，时时见遗烈。"他曾说
过："少年罕人事，游好在六经。"他曾说过："既耕亦已种，时还读我
书。""泛览《周王传》，流观《山海图》。"这里所说的"诗书敦夙好"、
"游好在六经"、"时时见遗烈"等等的情形，显然就不是什么随便读读
了，否则怎么能称作"敦夙好"呢？更何况他读了有图的《山海经》
还去找同一性质的《穆天子传》来读，可见他读书是异常认真，而不是
什么浅尝即止。

惟其如此，所以他也很珍惜时间，常常感到光阴虚掷的可惜，他一
再叹息地说："总角闻道，白首无成！"说："盛年不重来，一日难再晨，
及时当勉励，岁月不待人！"说："古人惜寸阴，念此使人惧！"你看他
是多么珍惜时间啊！不仅如此感叹，甚至他还奋发地说："先师（指孔
子）遗训，余岂云坠！四十无闻，斯不足畏。脂我名车，策我名骥，千

126

里虽遥，孰敢不至！"你看他是多么积极啊！四十岁没有搞出什么名堂来，他还说"不足畏"，他简直是"老骥伏枥，志在千里"呢！

他对读书的重要性是有足够的认识的，所以他说："愚生三季后，慨然念黄虞。得知千载上，正赖古人书。"他对当时儒学的虚弱不振曾经叹息地说："如何绝世下，六籍（六经）无一亲！"因为他对读书相当重视，所以当他的儿子不大肯读书时，他就不禁感慨系之了！他说："白发被两鬓，肌肤不复实。虽有五男儿，总不好纸笔。阿舒已二八，懒惰故无匹。阿宣行志学，而不爱文术。雍端年十三，不识六与七。通子垂九龄，但觅梨与栗。天运苟如此，且进杯中物！"你看不是因为儿子不肯读书，使他无可奈何得情见乎词了吗？

也许执意的朋友会对我说，你上面所引的这些话，最多只能证明陶渊明"好读书"而已，却还不足以证明他认真读书，不足以证明他的"不求甚解"是不钻牛角尖，而不是浅尝即止。对于这一点，我仍旧只能用陶渊明自己的话来回答，陶渊明说："邻曲时时来，抗言谈在昔；奇文共欣赏，疑义相与析。"这不是很好的回答么？析，就是分析，书中有了疑难的地方，还要与二三知己，同来认真分析，不让它马马虎虎过去，难道这还不足以说明他读书很认真么？况且，陶渊明的全部诗歌和散文的创作，那种精炼深刻而又平易自然的诗歌语言，如果不是力学，不是深刻地观察生活，能轻易达到这个境界的么？郭老说："真正的名家年轻时大都从平易出发，经过修饰，再归于平易。"① 我觉得这话很对，陶渊明就是"经过修饰，再归于平易"的真正的名家，所谓修饰，就是语言的锻炼，借用韩愈的话，就是"刮垢磨光"，这里当然包括着对书本知识和书面语言的学习。

我的意思，只是想说明陶渊明并非像一般人想象的那样整天飘飘

---

① 见《大规模地收集全国民歌》，第 8 页，作家出版社出版。

然，连读书也飘飘然，马马虎虎，糊里糊涂的；他的读书不求甚解，不过是不肯钻牛角尖而已。

陶渊明的这几句话，已经被误解了千余年了。一些"思想懒汉"总喜欢拿它当作盾牌，来拒绝别人对他的正确的批评。杨用修的那段精到的注解，并未引起人们的重视，直到现在，还有人照样在误解陶渊明的这几句话，所以很有谈清楚的必要。

1957 年 8 月 16 日

伟大的现实主义诗人杜甫

今年是伟大的现实主义诗人杜甫诞生一千二百五十周年。他离开我们已经将近十二个世纪了，然而每当我们翻开他的诗卷，总能使我们深深地感到他那颗跃动着的爱国爱人民的心，感到他的诗歌艺术的不朽的感染力。是的，凡是用自己最真挚的感情热爱祖国和人民的人，凡是用自己的艺术为祖国和人民辛勤劳动、坚持斗争的人，人民也将永远纪念他。

杜甫的生平和时代

杜甫（公元 712—770 年），字子美，河南巩县人。他的祖父杜审言，武则天时为膳部员外郎，是当时有名的诗人。父亲杜闲，曾为兖州司马和奉天（今陕西乾县）县令。杜甫出生的时候，正是玄宗即位的一年，明年便是开元元年，从开元初年到天宝中，大约有三十多年是唐代社会发展到最富庶的时期。杜甫出生的巩县，距离东都洛阳只有一百四十里，洛阳在当时也是政治、经济、文化中心，与西京长安可以媲美。杜甫出生在这样一个时代里，受着洛阳文化的熏陶，受着家庭的文学教养，所以他很小的时候就会作诗写字，十四五岁的时候，就受到当时文坛老前辈崔尚、魏启心等的重视，惊叹为班固、扬雄的再生。

杜甫在二十岁时开始了吴越的漫游，以后又开始了齐赵的漫游，这两次漫游，一共经历了十年，744 年初夏，杜甫在洛阳与伟大的浪漫主义诗人李白相遇，从此他们便建立了深厚的友情。746 年，杜甫结束了他的漫游生活，到了长安。杜甫来长安自然是为了谋得官职以实现他的"致君尧舜上，再使风俗淳"的政治理想，但是这时朝廷的政治已经十分腐败。玄宗自己纵情声色，一切权力都操纵在"口蜜腹剑"的李林甫手里，杜甫在长安到处碰壁，最后只得过着"朝扣富儿门，暮随肥马尘；残杯与冷炙，到处潜悲辛！"的悲惨生活。然而由于现实生活的教育，诗人在思想和艺术上却有了很大的发展，他的《兵车行》、《前出塞》、《丽人行》等名作，便是在这一时期写成的。755 年 10 月统治者任命他为河西尉，诗人不愿接受这个拜迎官长、鞭挞黎庶的职位，因此便改就了右卫率府胄曹参军，这是一个管理兵甲器杖的正八品下的卑职。官定后杜甫曾到奉先的家里去过一次，路经骊山，正值玄宗与贵妃在华清宫纵情逸乐，而回到家里时杜甫的幼子已经饿死了。杜甫把他多年来的观察和一路上的经历感受，写成了他的划时代的杰作《自京赴奉先县咏怀五百字》，在诗中他尖锐地揭露了社会阶级对立的矛盾，"朱门酒肉臭，路有冻死骨"便是这首诗里的名句。这一年的冬天，安禄山在范阳（北京附近）起兵，明年（756 年）6 月长安便沦陷，玄宗逃奔四川，杜甫也开始了流亡生活。不久肃宗李亨在灵武即位，杜甫只身奔赴，不料途中被敌人俘虏，押送到长安。他目击了长安残破零落、荒凉萧索的惨状，身受着亡国的痛苦，他日夜盼望官军能打退敌人，恢复祖国的山河，因此他写出了《哀江头》、《悲陈陶》、《悲青坂》、《塞芦子》、《春望》等一系列的动人诗篇。757 年 4 月，他终于冒着生命危险逃出了长安，奔赴当时的政府所在地凤翔，肃宗命他为左拾遗。但由于他忠贞直言，为肃宗所忌，因此命他离开凤翔回鄜州去探视妻子，他著名的诗篇《北征》和《羌村》便是这次政治上失意回家后写成的。这年9月，西京收复，肃宗于10月返京，杜甫也举家再到长安，但到明年的6月，杜甫便被贬为华州司功参军，从此杜甫便永远离开了长安。

杜甫离开长安，在政治上他是再也无能为力了，但他却更进一步地深入了生活，接近了人民，更多地了解社会现实状况和人民的疾苦，因此使他的诗歌创作获得了不竭的源泉。这年的冬天，他曾回到洛阳，翌年的暮春又回到华州，他的杰作《三吏》、《三别》，便是这一路上悲惨现实的记录。他对现实有了深刻的认识，他对统治者也绝望了，他毅然弃官迁家到了秦州（甘肃天水），不久他又迁往同谷，12月便启程入蜀。这是他一生中最困苦的一年，但也是他创作最丰富的一年，除了上述这些名作外，他又写了《秦州杂诗》二十首和入蜀途中一路上的纪行诗。另外还写了不少怀人诗，其中最杰出的便是怀念李白的诗篇。

杜甫到达成都后，便在西郊浣花溪畔建立了一座简陋的草堂（这就是后来永远令人记忆的杜甫草堂，现在已成立了纪念馆），从此他就开始了"飘泊西南天地间"的生活。经过了十载长安、四年流徙的艰危生活以后，他开始在这里过从事农业劳动的生活。他饲养家禽，种植树木花果，同田父野老往来，因此他写了不少歌咏大自然的风格细密的作品。如："细雨鱼儿出，微风燕子斜"、"繁枝容易纷纷落，嫩蕊商量细细开"这类的诗句。然而他并没有忘记患难中的国家和人民，他著名的《茅屋为秋风所破歌》，便是在这时写出来的。但不久，他的好友剑南节度使严武外调，接着成都又发生了徐知道的叛乱，杜甫又只身流亡到东川梓州（今四川三台），就在这时（762年冬天），杜甫的好友、伟大的浪漫主义诗人李白在安徽当涂逝世了。763年正月，延续了七年零三个月的"安史之乱"勉强平定，两河收复，杜甫在梓州听到这个消息，惊喜若狂，脱口唱出了那首惊心动魄的名诗：《闻官军收河南河北》。但是天下并没有太平，不久回纥和吐蕃之乱又起，同年 10 月，吐蕃陷长安，江淮一带又有州将的叛乱，这时国家仍处在混乱的兵戈声中。764 年初春，杜甫准备携家眷回洛阳或者是江南，但正在这时，他的好友严武又奉命重来成都，因此杜甫也就再回到成都草堂。严武保荐杜甫为检校工部员外郎，并请他做节度使署中的参谋，杜甫迫于情谊，只好奉陪。但不到半年，他终于辞了职。765 年 4 月，严武忽然病逝，于是杜甫不得不离开成都了。5 月里杜甫乘舟东下，明年 4 月，他飘泊到夔州（奉节）；在这里他住了将近两年，这时他已经是疾病满身行步艰难的老人了。然而这两年中，他却勤奋地写了四百三十余篇诗，占他全集的七分之二。

768 年正月，杜甫离开夔州，经过江陵、公安、岳州、衡州而到了潭州，在潭州遇见了开元时代的绝代歌人李龟年，他写了那首感慨苍凉的七绝《江南逢李龟年》赠送给他。770 年 4 月，潭州又发生兵乱，杜甫不得不乘船逃难，再度飘泊到衡州。"归路从此迷，涕尽湘江岸"，他已经到了涕尽路迷的绝望境地了。这年冬天，他的疾病转剧，倒卧在船中，写出了一首三十六韵的长诗《风疾舟中伏枕书怀》，这是他最后一篇作品。在这首诗里，他仍旧纪念着灾难中的国家和人民，他说："战血流依旧，军声动至今。"这首诗写成后不久，他就在湘江上游的舟中逝世了。这是 770 年的冬天。这年他五十九岁。死后，他的灵柩厝在岳州，四十三年后，他的孙子杜嗣业才把他的遗体从岳州迁到偃师，移葬在杜审言墓的旁边，诗人元稹为他写了一篇墓铭。

杜甫诗歌的人民性

伟大的现实主义诗人杜甫所生活的时代，是唐代由繁荣到没落、由强盛到衰弱、由统一到分裂的社会急剧转变的时代。在他三十岁以前，唐代社会还比较繁荣安定，社会矛盾虽然正在日趋尖锐，但还未爆发战乱，所以杜甫是在一个比较繁荣安定的社会里成长的。但对于杜甫更具有深刻的教育意义的，是他后半生所经历的种种痛苦生活，特别是广大劳动人民的灾难、国家的危亡、政治的腐败，使得杜甫对现实有了深刻的认识。杜甫是怀着巨大的政治理想的，他一心想"致君尧舜上，再使风俗淳"，使自己的祖国和人民富强安乐，因此当他后半生面对着惨不忍睹的乱离现状，眼看着风雨飘摇的祖国，所以就更增加了他"无力正乾坤"的焦虑，他这种强烈的热爱祖国人民的感情，使得他的诗富有强烈的政治性和社会内容。

他的诗歌的人民性的特征之一，是真实和深刻地反映了这个时代的社会面貌，人民的痛苦生活，政治的黑暗腐败，统治阶级发动的战争对于人民生活的破坏，社会经济的衰落，统治阶级的荒淫无耻等等。这一切在杜甫的诗里，都有极为深刻的反映。前人把杜甫的诗看做是"诗史"，就是这个原因。然而杜甫对于上述一切的反映，不是采取纯客观的消极反映的态度，而是对种种社会的黑暗进行了尖锐的揭露和批判。他真实地记录了人民的痛苦和愤怒、希望和要求，无情地揭露了统治阶级的罪恶，所以他是站在深刻地同情人民的立场上来评价、反映那个时代的现实生活的，所以他的诗，是那个时代的真实记录。例如他的《丽人行》、《自京赴奉先县咏怀五百字》等诗，揭露了"安史之乱"以前统治阶级荒淫堕落、奢侈糜费的生活，《兵车行》、前后《出塞》诗，揭露了统治者为了满足自己的欲望而不顾人民死活进行开边战争的罪恶，描绘了当时咸阳桥上送行者和被征入伍者牵衣顿足、哭声震天的惨状。这些都是"安史之乱"以前的事实，也是这个社会所以崩溃的重要原因的深刻描述。再如"安史之乱"以后他的一系列的杰作，如《悲陈陶》、《悲青坂》、《塞芦子》、《春望》、《哀江头》、《羌村》、《北征》以及《三吏》、《三别》等诗，即深刻地反映了安史乱后的社会面貌，强烈地表达了作者热爱祖国、同情人民的崇高感情。他在秦州时期和西南时期的诗，则真实地反映了当地人民的生活情况、山川形胜，他对西北边防的担忧，他对蜀中以及江南局势动荡混乱的焦虑，也反映了这个时代的另一方面的现实。从他的诗里，我们可以知道诗人对于当时的国家局势和社会各方面的情况，特别是人民的生活和要求，是无微不至地关怀着的。广阔和深刻地反映这个时代的社会面貌和人民的灾难生活和要求，是他的诗歌的人民性的一个重要方面。

他的诗歌的人民性的另一方面，是尖锐和深刻地反映了这个时代的社会阶级矛盾。例如他在揭露统治阶级的生活时说：

绣罗衣裳照暮春，蹙金孔雀银麒麟。头上何所有？翠微匐叶垂鬓唇。背后何所见？珠压腰衱稳称身。（《丽人行》）

中堂有神仙，烟雾蒙玉质。暖客貂鼠裘，悲管逐清瑟。（《自京赴奉先县咏怀五百字》）

这是他们穿的。

紫驼之峰出翠釜，水精之盘行素鳞。……黄门飞鞚不动尘，御厨络绎送八珍。（《丽人行》）

劝客驼蹄羹，霜橙压香橘。（《自京赴奉先县咏怀五百字》）

这是他们吃的。

这两首诗，全是写的当时的真实情况。但是就在他们这样荒淫奢侈、大量挥霍的时候，人民却过着饥寒交迫的生活。根据历史记载，当时关中曾发生大饥，人民在饥饿中死亡，甚至连杜甫的儿子，也就在这时饿死了。"安史之乱"以后，人民的生活，更加陷入了黑暗的深渊："有孙母未去，出入无完裙。"（《石壕吏》）"乱世诛求急，黎民糠粃窄。"（《驱竖子摘苍耳》）"况闻处处鬻男女，割慈忍爱还租庸。"（《岁晏行》）妇女们连衣裙都穿不全，老百姓只能吃糠粃，还要割慈忍爱、卖男鬻女来应付官家的剥削，这是多么尖锐的社会矛盾和悲惨的现实。伟大的现实主义诗人杜甫，对于人民的生活所以困苦到难以自存的地步的原因，他是看得很清楚的："彤庭所分帛，本自寒女出。鞭挞其夫家，聚敛贡城阙。"（《自京赴奉先县咏怀五百字》）"时危赋敛数，脱粟为尔挥。相携引豆田，秋花蔼菲菲。子实不得吃，货市送王畿，尽添军旅用，迫此公家威。"（《甘林》）"已诉征求贫到骨。"（《又呈吴郎》）在这些诗里，他毫不含糊地指出了人民的穷困饥饿，是因为统治者的残酷剥削。所以在他的诗里，常常把两种尖锐对立的情况，联系起来描写，例如："朱门酒肉臭，路有冻死骨。"（《自京赴奉先县咏怀五百字》）"高马达官厌酒肉，此辈杼柚茅茨空！"（《岁晏行》）在这里很明显的下句是上句的结果，上句是下句的原因。这样就尖锐地揭露了封建社会里人民所以穷困甚至于到饿死的悲惨现实的社会原因。因此这些诗句也就具有强烈的战斗性，而历来为人民所传诵，成为不朽的名句。诗人根据他这一深刻的认识，又指出了封建社会里另一种现象的实质："盗贼本王臣！"（《有感》）就是说所谓"强盗"，实际上就是善良的老百姓。这样的断言，是十分大胆的，不仅如此，他还说："衣冠兼盗贼。"（《麂》）也就是说真正的盗贼，不是善良的人民，而是那帮祸害人民的贪官污吏，这对于当时阶级剥削的实质，揭露得多么深刻啊！

真挚地关怀同情人民，与人民建立深厚的友情，也是他的诗歌的人民性的特征之一。他在《新安吏》诗中对于被征出去的中男，特别是伶俜孤独的瘦男，表示了多么深厚的关切和同情；他对于石壕村的老夫妇的同情，简直到了无话可说的程度，只有用自己的笔，代他们把痛苦的遭遇向社会控诉而已。他的《茅屋为秋风所破歌》和《又呈吴郎》等诗，则更加深刻地表达了他崇高的热爱人民的精神。诗人对人民是如此关切同情，而人民对诗人也是有着深厚的感情的："父老四五人，问我久远行。手中各有携，倾榼浊复清。莫辞酒味薄，黍地无人耕。兵革既未息，儿童尽东征。请为父老歌，艰难愧深情。歌罢仰天叹，四座泪纵横。"（《羌村》）这里的父老，对这位刚从万死中脱身出来的邻居，表示着多么深切的感情啊！正是由于杜甫与人民有着这样深切的联系，所以他才能在他的诗里，表达出人民的痛苦和要求，他才能从人民的利益来评价当时的现实。总之，在杜甫的诗里，人民的感情是充沛的，人民的要求和呼声是响亮的，人民悲惨的生活情景也是历历如绘的，而统治阶级荒淫无耻的行为和它的爪牙们压迫剥削人民的凶恶面目，也是暴露无遗的。他的强烈的爱国主义思想和热爱人民的崇高精神，始终如一地贯穿在他的全部作品中，因此就使得他的作品具有强烈的战斗性和丰富的人民性。

杜甫诗歌的艺术性

杜甫的诗现在流传下来的约一千四百余首，他一生的创作是十分勤奋的。他用诗来描写社会现实、刻画人物、投赠朋友、抒写自己的感情、发表议论，也用诗描写祖国壮丽的山川形胜和飞禽走兽，甚至还用诗来作为文艺批评的工具。他不仅写了大量的各种形式的诗歌，而且他还十分重视诗歌的艺术性，他曾说"晚节渐于诗律细"，"新诗改罢自长吟"，甚至还说"语不惊人死不休"，他要求一首诗在艺术上要完整到"毫发无遗憾"的地步。他这种对诗歌艺术性的十分重视和精雕细琢的艺术加工，使得他的诗歌具有高度的艺术性和强烈的感染力，在内容和形式上达到和谐统一。

他的诗歌的艺术性的特色之一，便是描写社会现实时的具体性和形象性。他在描写社会现实时很少采用枯燥单纯地发议论的方式。他深知具体的活生生的事实，是具有莫大的说服力和感染力的，例如他在《兵车行》里十分生动具体地描写了一幅统治阶级残酷地捕捉壮丁，把他们押赴战场的悲惨图画，而在《丽人行》里，又十分形象地揭露了统治阶级腐化荒淫的生活。显然，在这样根本对立的两种现实生活的对照下，用不着再发什么议论，人民生活的痛苦和社会的黑暗，便十分突出地展现出来了。再如他在《北征》里，描写他从战火和死亡中逃出来，回到家里的情景多么生动真实！诗人著名的《三吏》、《三别》、《羌村》、《彭衙行》等诗篇，无不显示着这种让活生生的事实本身出来说话的特色。

杜甫诗歌艺术性的第二个特色，是他描写的生动性。他往往能在极短的几句诗里，把人物或事件写得十分生动、十分传神。例如他在《遭田父泥饮美严中丞》这首诗里，把田父的形象和他的言谈举动，描写得多么生动，他的《三吏》、《三别》、《饮中八仙歌》、《赠卫八处士》等诗，都具有这种特色。值得注意的是，作者在描写人物时惯常使用对话来描写人物的方法，他的《石壕吏》便是最好的例子，在这首诗里官吏的呵斥声，老妇的泣诉声，描绘得多么鲜明！除了这种用对话的描写方式外，杜甫也用抒情的独白的方式来描写人物的思想感情，例如他的《新婚别》、《垂老别》、《无家别》等都是。因为运用这种方式，往往能更深刻地传达出人物内心的惨痛来。杜甫有时也用概括人物某些特征的描写方法，他的《饮中八仙歌》便是最突出的例子。

杜甫诗歌的艺术性的第三个特征，是语言的精炼准确和大量地提炼运用人民的口头语言。他十分注意从各方面来丰富自己的语汇，他曾用过极大的苦功，向前代的诗人和典籍学习他们的语言和艺术技巧。他曾说过"读书破万卷，下笔如有神"、"李陵、苏武是吾师"等等的话。他对当时劳动人民的语言，也是用苦心学习的，比他稍后一些的诗人元稹就说过："怜渠直道当时语"，指出学习当时劳动人民口头的语言，是杜甫诗歌语言的一大特色。在杜甫的诗里，一些人民的口头语言，经他提炼以后，往往就成为警句，例如《前出塞》中的"挽弓当挽强，用箭当用长。射人先射马，擒贼先擒王"就是很好的例子。

杜甫的诗歌语言是十分精炼准确的。例如"无边落木萧萧下，不尽长江滚滚来"。这"萧萧"两字，把千山落叶时萧萧瑟瑟的声音，传达得多么生动正确。"滚滚"两字把长江万里波涛滚滚、一泻千里的气势，写得多么奔腾有力！而且"萧萧"和"滚滚"两词，都具有广阔无尽的意思，这就更贴切地符合诗人登高远望的情景。再如"星垂平野阔，月涌大江流"中的"垂"字、"涌"字，"群山万壑赴荆门"的"赴"字，"身轻一鸟过"的"过"字，"社稷缠妖氛"的"缠"字，都下得异常贴切，具有极大的表现力。

杜甫诗歌的艺术性的第四个特征，便是诗歌形式的多样性以及内容和形式的统一。杜甫的诗歌，包括了汉魏以后所有古典诗歌的各种形式，他不仅能熟练地驾驭这些形式，而且还大大地提高和发展了这些形式。例如七律在杜甫以前，较多的是用来歌功颂德或投赠应酬的，但杜甫却把它用来反映现实、揭露黑暗，从而充分发挥了它的功能。再如杜甫以前的诗人所写的"乐府诗"，都是习惯沿用乐府旧题的，但杜甫却表现了他的独创性，他不用乐府旧题而直接根据内容来立题，这样就使得诗的题目与内容达到了一致，诗的内容也就更容易为人们理解，这就在一定程度上提高了诗歌的社会作用。

杜甫是我国历史上最伟大的诗人，他继承和发扬了《诗经》、汉魏乐府以来的现实主义的优良传统，创造了许多反映社会现实、揭露社会矛盾和黑暗、同情人民的伟大诗篇，丰富了我国的文学宝库。千百年来，杜甫的诗始终为广大的人民所爱好，它以深厚的爱国主义精神，对人民起着积极的教育作用。杜甫崇高的思想和人格，现实主义的创作道路，勤奋严肃的写作态度，特别是那一千多首诗篇，其中有很多成为历代诗人学习的典范。白居易以后的许多优秀的诗人，都受过他巨大的影响。

总之，杜甫一生的创作道路，是他逐步与人民结合的道路。他的诗歌，是用他毕生的艰苦生活饱蘸着人民的辛酸血泪写成的，他对祖国和人民，有着始终一贯的强烈的责任感。他的诗歌，是政治和艺术的完美结合。自然，生活在一千二百多年前的诗人杜甫，不可能不具有那个时代和他自身的阶级特点，然而，这一切，对于我们已经是过去的东西了，而不朽的，则是他诗歌中热爱祖国、热爱人民的深刻而动人的思想和卓越的艺术！

1962 年

论北宋前期两种不同的词风

　　北宋前期的词坛上，同时发展着两种风格不同的词，这两种风格不同的词的代表人物，一方是晏殊、欧阳修和晏几道，① 另一方是柳永。晏殊、欧阳修都是当时朝廷的宰辅名臣、文苑词坛的领袖，而柳永却不过是一个小小的屯田员外郎而已。然而他们在词的创作上，却形成了两个具有显然不同艺术特色的创作流派，这两种具有不同的思想内容和艺术风格的词，反映着不同社会阶层的人们的美学思想和艺术趣味，当它们同时并存的时候，它们是有过矛盾和斗争的。本文的目的是探索形成这两种不同词风的社会原因和它们矛盾斗争的情况。

　　过去的词学家，都把柳永放在晏、欧以后来论述，近来唐圭璋、金启华两先生对柳永的生平作了比较详细的考订，② 证明柳永是与晏殊同时的。本文关于柳永生活和创作的时代，亦持此说。

---

　　① 按晏几道的时代，应该与苏轼同时，但他的艺术风格，完全是与他的父亲晏殊一致的，所以这里从当时的艺术流派出发，仍论及了他。

　　② 见《文学研究》1957 年第 3 期，唐圭璋《柳永事迹新证》和《光明日报·文学遗产》146 期唐圭璋、金启华《论柳永的词》。

论北宋前期两种不同的词风

一

唐圭璋、金启华两先生概括北宋前期词坛的情况说：当时是慢词与小令同时发展，"小令是继承唐五代的花间南唐余绪加以变化，而慢词是继承唐代民间词（如《云谣集》所载的慢词）的系统"。这两种不同的词，是"分庭抗礼，双峰并峙"的。① 这里唐、金两先生是把慢词的创作和小令的创作作为两个对立的流派来看的。而何芳洲先生则认为"'分庭抗礼，双峰并峙'两条道路的发展，应当是民间歌词（里巷歌曲）和文人制作（诗客曲子词）这两条线索，而在文人制作中，宋初词坛一般还是《花间集》、《阳春录》② 的继续。"③ 何先生的意见，可以归纳为二点：一，在宋初词坛上，两种对立的创作流派，不是小令与慢词，而是民间创作与文人创作。二，宋初文人词的风格，一般还是《花间集》、《阳春录》的继续。何先生的第一点意见，我认为是值得商榷的。不加分析地把文人创作与民间创作简单地对立起来，这样，一方面忽视了在文学发展过程中民间创作与文人创作的相互影响；另一方面，也忽视了文人创作中不同阶级出身、不同思想观点的作家的区别，忽视了民间创作中进步的作品和落后的作品的区别。其结果，反而模糊了这些作家作品的阶级性。但是，唐、金两先生根据宋初词坛上小令和慢词同时发展这一事实，夸大地把小令和慢词的创作和发展绝对地对立起来，把它看做是"分庭抗礼，双峰并峙"的说法，也是不符合客观历史事实的。因为以小令著名的晏殊、晏几道、欧阳修等人，都曾写过中

① 《光明日报·文学遗产》146 期。文旁着重点是本书作者加的，下同。
② 今传本名《阳春集》。
③ 见《光明日报·文学遗产》163 期，何芳洲《关于柳永及乐章集》。

调和慢词，晏殊的《珠玉词》里，虽然还没有慢词，但八十字左右的中调却有好多首，晏几道的《小山词》里，九十字至百字以上的慢词，就有好几首，而欧阳修的《六一词》、《近体乐府》和《醉翁琴趣外篇》里，慢词就更多了。① 同时在以长调著称的柳永《乐章集》里，也还保留着好多小令，如果按照唐、金两先生的说法，那么晏、欧和柳永这些人的创作，本身就是"分庭抗礼、双峰并峙"地对立的了，这显然是不妥当的。可见无论是把小令和慢词作为两个对立的流派或者把民间创作和文人创作作为两个对立的流派，这种看法都是不符合当时创作的实际情况的。

何先生的第二个意见，认为宋初词风，一般还是《花间集》、《阳春录》的继续。虽则何先生也认为"柳永继承了民间词的系统，'变旧声、作新声'（李清照《词论》），给词来了一个大解放。"看来好像要接触到问题的实质了，但可惜，最后何先生却又说："但他（指柳永——庸）还不能不归入文人制作之列的。"② 好像只要把柳永归入文人的队伍便没有问题了，其实这是无庸争辩的。值得我们研究的，倒是柳词与晏、欧诸人的风格，究竟是否像何先生所说的：都是《花间集》、《阳春集》的继续？他们不同的风格的社会基础是什么？他们之间的关系怎样？

为了弄清晏、欧诸人与柳永不同的词风，我们有必要对他们的生平，先作一些简略的介绍：

晏殊、晏几道和欧阳修，都是江西人。晏殊比欧阳修大十六岁，仁

---

① 在欧阳修的《六一词》、《欧阳文忠公近体乐府》、《醉翁琴趣外篇》中，长调计有一百字的《御带花》一首，一百零五和一百零六字的《凉州令》各一首，一百一十七字的《摸鱼儿》一首，九十五字的《水调歌头》一首，九十八字的《醉蓬莱》一首，一百零二字的《鼓笛慢》一首，一百零一字的《看花回》和《盐角儿》各一首。

② 见《光明日报·文学遗产》163 期，何芳洲《关于柳永及乐章集》。

宗时，他的官职很高，位至宰相。他深得真宗、仁宗的宠爱，史书上虽然往往把他与范仲淹等名臣列在一起，但实际上他却并没有多大作为。晏几道是他的第七个儿子，生卒年已无可考。他虽然没有做过什么大官，但他是宰相门第的贵族公子，生活是十分豪华阔绰的。欧阳修的出身比较贫困，二十四岁中进士，曾遭过贬谪，以后又提升为翰林学士、参知政事等职。在政治上与范仲淹等改良派是一派，他确实比较敢作敢为，这从庆历党争中他写信痛骂高若纳等事件便可以看出来。因此，他的诗、文与晏殊就大不相同。但他的词，却与二晏的风格是同一流派。

他们三个人的作品，大致有这样几个共同的特色：

第一，从词的形式方面看，大部分是用的小令或近乎小令的中调（长调虽然有一些，但为数不多，不是他们创作的主要形式）。

第二，从内容方面看，写的大都是男女相思、伤春伤别的思想情绪；他们哀叹时光易逝，感慨好景不常；或者留恋光景，征歌逐舞，或者以现实为梦幻，寄浅愁于浓欢。总之，千言万语，终不离相思相望和伤春伤别。

第三，从表现方法来看，他们喜欢把自己的思想感情表现得十分温柔细腻，缠绵含蓄，而很少用直写、铺叙的手法。他们不论写伤春、愁恨、离梦、相思以及男欢女爱，总是要写得精致些，写得委婉含蓄、迷离惝恍些，措词要闲雅，情绪要温厚。例如他们写伤春伤别，是"无可奈何花落去，似曾相识燕归来"；是"满目山河空念远，落花风雨更伤春"；是"人面不知何处，绿波依旧东流"；写离恨别梦，是"一场愁梦酒醒时，斜阳却照深深院"；是"一场春梦日西斜"；是"撩乱春愁如柳絮，依依梦里无寻处"。总之，在他们的词里所蕴蓄的情绪，是那末温柔细腻，如春云舒卷，如春水微波。然而这种情绪，使人感觉到又是多么没落消沉、颓废无力！他们这种情绪，可以举出下面这首晏殊的《清平乐》来代表：

金风细细，叶叶梧桐坠。绿酒初尝人易醉，一枕小窗浓睡。

紫薇朱槿花残，斜阳却照阑干。双燕欲归时节，银屏昨夜微寒。

在这首词里，传达着一种温婉闲适的情绪。这种情绪，是通过细细的金风，淡淡的斜阳，微微袭人的轻寒，已放将残的紫薇朱槿等客观环境和典型景色表达出来的。与这种景色相适应的是"绿酒初尝人易醉，一枕小窗浓睡"的人。而这个"人"的内心情绪，似乎有些轻愁淡恨，是多感的。因为他绿酒仅仅初尝就已经醉了，因为"双燕欲归时节，银屏昨夜微寒"这样的自然季节的变换，就逗起了他心头微微的惆怅。由这种生活内容和情绪所决定的这首词的律调，必然是十分舒缓细腻的。可是晏、欧的这种温婉闲适、轻愁淡恨的情绪和轻柔细腻、清隽婉约的风格，与柳永的表现方法和艺术风格，恰好形成了鲜明的对比。同样是描写男女相思的作品，在晏殊，则要表现得若隐若现，欲露不露，反复缠绵，不许一语道破，使你可望而不可即，给你造成一种迷离惝恍、不可捉摸的境界，然后向你显示出他的艺术的"雅"来。

但是在柳永却不同了，我们从柳永《乐章集》里的那些词来看，可以看出柳词与晏、欧的词，无论在形式、内容、风格上都是有显著的区别的：

第一，从词的形式方面看，柳永所写的大都是慢词。

第二，从内容方面看，柳词的内容，比起晏、欧词的内容来，要广阔得多。例如他的《望海潮》，描写当时杭州的繁华，气象十分阔大；《夜半乐》描写旅途景色，登山涉水，商旅相呼，酒旗烟村，渔人浣女，情景比较辽阔，铺叙比较细致；《雨霖铃》描写自己到处飘泊奔波的"羁旅穷愁"，感情比较凄切沉痛；还有《八声甘州》、《婆罗门令》、

《凤栖梧》（伫倚危楼风细）等词，写天涯飘泊之情，也比较沉郁悲凉。这种感情，我们不能看做仅仅是诗人个人哀愁的倾吐。应该看到，柳永的这种哀愁，尽管只是一个失意的知识分子的哀愁，但他仍是具有深刻的社会根源的。我们知道，正是北宋的社会开始呈现着繁荣富庶，统治者们在尽情地享乐的时候，广大劳动人民却因为统治者的残酷剥削而生活日益困窘，日益走上卖妻鬻女、流离失所的穷途。北宋开国以后不过三十来年，就爆发了以王小波、李顺为首的农民起义，而此伏彼起的农民起义和兵变，更是遍及全国。正如当时的谏官余靖所说："四方盗贼窃发，则郡不能制。"这些情况，决不是偶然现象，这是社会阶级矛盾日趋尖锐化的具体表现。我们如果看一看这一时期的诗人如王禹偁以及略后一些的梅尧臣等人的诗，便更可以了解这一时期的社会矛盾和人民的痛苦生活。[1] 特别是在仁宗庆历时（也就是柳永的时代），统治阶级内部发生了政治改良运动，以范仲淹、韩琦、富弼、欧阳修等人为首，代表当时的中小地主阶级，向封建大地主集团提出了政治改革的主张。这一政治改良运动，说明了当时除地主阶级与农民阶级的矛盾日益尖锐外，地主阶级内部上层统治集团与中下层地主阶级的矛盾日益尖锐。仁宗时代，正是北宋社会表面上繁荣而骨子里酝酿着严重的社会危机的时代，柳永恰恰生活在这个时代，他是一个"失意无聊"的文人，后来作了下级小官，是属于封建地主阶级内部比较下层的不得意的人物，他所生活的社会环境，因此就不同于晏殊等人。他较多地接触了中下阶层的社会现实，加上自身的不得意，在政治上被压抑，没有能平步青云地通过考试向上升迁，因此，他对现实的不满也就会更多些。从这里，我们可以看到他的这种哀愁，虽然不同于被剥削、被压迫的农民阶级的愤怒

---

① 如王禹偁的《对雪》，梅尧臣的《田家语》、《汝坟贫女》、《村豪》等诗。欧阳修的一部分诗，也反映了这种情况。

抗议，但这种哀愁，也同样是有社会物质基础的。他的那些哀愁，实质上是地主阶级内部矛盾激化的产物，是失意的知识分子的怨抑和哀叹。柳永还有许多描写歌妓的恋情以及反映歌妓的痛苦生活的作品，其中一部分，也有一定的社会意义。从上面这样简单的概括中，我们可以看到柳词的思想内容，比起晏、欧诸人来，确实要广阔得多了。

第三，我们再从柳词的表现方法和艺术风格来看，也可以看出他与晏、欧词的鲜明区别。如前所论，一般地说，晏、欧的词，大都表现得比较含蓄，但柳永在倾诉自己羁旅行役和伤离伤别的哀愁的时候，更多的是运用直抒胸臆的方法，直接让自己向读者（或听众）尽情地倾吐自己内心郁积的哀愁，而且并不讲求含蓄，而是讲求淋漓尽致、透彻明白。这一点是柳词的显著特色。他不仅在描写羁旅行役、伤离伤别的感情时是如此，而且在描写男女欢爱的时候，更是如此。为了写得透彻明白、通俗易懂，因此他的语言，与晏、欧的语言，便有明显的区别。他的语言，具有鲜明的个人色彩。晏、欧对语言，讲求含蓄和典雅，秀丽和精巧，讲求"娉娉袅袅"，[①] 风姿绰约；而柳永却喜欢用"细密而妥溜，明白而家常"[②] 的俚言鄙语，来描写男欢女爱的浓情蜜意。例如下面这首《婆罗门令》：

> 昨霄里恁和衣睡，今霄里又恁和衣睡。小饮归来，初更过，醺醺醉。中夜后，何事还惊起？霜天冷，风细细，触疏窗，闪闪灯摇曳。　　空床展转重追想，云雨梦，任敧枕难继。寸心万绪，咫尺千里。好景良天，彼此，空有相怜意，未有相怜计。

----

① 明毛晋评晏几道词语，见汲古阁本《小山词》跋。
② 清刘熙载评柳词语，见《艺概》卷四。

柳永在这首词里，不仅告诉你因为苦苦的相思，他"醺醺醉"、"和衣睡"了；而且还告诉你，他因为相思而失眠，而中夜惊起；而且，更具体地告诉你，他在"空床展转重追想，云雨梦，恁敧枕难继"。这样直率、大胆，"形容曲尽"而毫无顾忌的描写，比起前面晏殊的那首《清平乐》来，其描写方法和语言风格，显然是不同的。非但如此，柳词中还有比这更直率、更无顾忌的描写，当然在这里我们就没有必要再去多加摘引了。正由于此，哪怕柳永写了不少较之晏、欧有更深刻的内容的词，仍不免被他们指斥为"浅俗"了。所谓"浅俗"，实质上就是说不够高雅、不够含蓄蕴藉而已。像这首《婆罗门令》这样通俗易懂，描写得淋漓透彻，丝毫不讲究含蓄的白描式的语言，确实是晏、欧集中所少见的。① 然而在柳永的《乐章集》中，这样的语言却大量地存在。这种语言风格，显然与晏、欧的含蓄典雅的语言风格，是背道而驰的。

有些同志，因为柳永有少数的词，风格与晏、欧差不多，就认为柳词的风格与晏、欧没有什么区别，我觉得这是不妥当的，因为我们识别一个作家的风格和特色，不是根据他的少数或者一二个作品，而是要看他大部分作品中所表现出来的共同的艺术特色。一个作家创作发展的道路，往往是很曲折的。在他全部的创作过程中，不可能不受到别人的影响。所以在一个作家的全部创作中，有一些作品相同于别人的风格，这是极为普通的现象。如果说这种相同是他大部分作品的共同特色，例如二晏及欧阳修的词，在极大程度上与"花间"、"南唐"的词风，有极

---

① 欧阳修的《醉翁琴趣外篇》中，有些语言浅近俚俗，露骨地描写色情的作品，这是他与二晏很不相同的地方，但欧阳修的词，共二百六十六首左右；其中《琴趣外篇》内去掉与《六一词》、《近体乐府》重复的，只有七十二首，而这七十二首中，也只是一部分作品是浅近俚俗的东西，所以从总的方面来看，欧词的语言风格，还是受南唐的影响较多，因而与二晏风格一致的，还是占主要地位。过去很早就有人认为这一部分浅俗的作品，是别人的伪作，此说看来是根据不足的，但我们也可注意一下，欧词的思想内容，较晏殊要略为广阔些，对于他的全面评论，当另文申述。

相似之处，因此我们就可以说继承"花间"、"南唐"的词风，就是他们的词的艺术特色。如果说这种相同，并不是他大部分作品的主要艺术特色，那末我们就不宜根据这少数相同于别人的风格的作品，而对他的艺术风格作出全面的判断。正因为这样，我们虽然读到了苏东坡的下面这两首《浣溪沙》：

风压轻云贴水飞，乍晴池馆燕争泥，沈郎多病不胜衣。　　沙上未闻鸿雁信，竹间时有鹧鸪啼，此情惟有落花知。

道字娇讹语未成，未应春阁梦多情，朝来何事绿鬟倾？　　彩索身轻长趁燕，红窗睡重不闻莺，困人天气近清明。①

也决不因为前一首词，曾被《草堂诗余》等书认为是南唐中主李璟的作品，其风格也确实与李璟的词相似，因而就认为苏轼的词风，与晏、欧一样是南唐的继承者。同样我们也决不因为后一首词，其风格酷似柳三变，② 因而便断定苏词的风格与柳永一样。尽管上述这两首词，确实是苏氏的手笔，但我们还应该认为那种"大江东去"般的豪放洒脱的风格，是东坡词的本色，是他词风的主要方面。

　　由此可见，因为柳永有少数或部分接近于晏、欧风格的词，因此就

---

　　① 按以上两词，均见现存东坡词最早的刻本——元延祐七年叶曾云间南阜草堂刻本《东坡乐府》下集。龙沐勋《东坡乐府笺》"风压轻云贴水飞"词下校语说："元本、毛本俱无此阕。世共传为南唐中主。或为傅氏误收，录备考。"此说甚不可信，上述元延祐刻本《东坡乐府》明载此词，毛晋汲古阁宋六十家词本《东坡词》，虽未载此词，但于《浣溪沙》调下注云："'风压轻云贴水飞'乃后主作，删去。"龙沐勋未加深考，即以讹传讹，极宜辨正。
　　② 贺裳《皱水轩词话》云："苏子瞻有铜琶铁板之讥，然其《浣溪沙》春闺曰：彩索身轻常趁燕，红窗睡重不闻鸾。如此风调，令十七八女郎歌之，岂在晓风残月之下。"显然贺裳是把这首词看做与柳永词同一风格的。

断定柳词是"花间"、"阳春"的继续，是根据不足的。综上所述，我们可见晏、欧的词与柳永的词，不论是在艺术形式、思想内容以及表现方法和语言风格上，都是有很大的不同的。这种不同，就是他们两个不同的词派的具体的差别。

二

文学艺术，是一定社会的经济基础的上层建筑，它表现一定阶级的生活、思想感情和美学观点，因此当我们在研究晏、欧以及柳永等人的词的思想内容和艺术风格的时候，我们必须研究他们的生活、思想，以及他们的生活、思想和创作的关系，这样才能正确地了解形成他们不同的艺术风格的真正原因。北宋自从建国以后，到仁宗时代，已经经过了六十多年的经营。人民在这六十余年比较安定的环境下，恢复并发展了农业生产。在这个基础上，商业和手工业也有了巨大的发展，因而促成了城市经济的空前繁荣，社会物质财富的空前增加。例如孟元老在《东京梦华录》的序言中回忆北宋崇宁时代京城开封的繁华面貌时说："举目则青楼画阁，绣户珠帘，雕车竞驻于天街，宝马争驰于御路。金翠耀目，罗绮飘香。新声巧笑于柳陌花衢，按管调弦于茶坊酒肆。八荒争凑，万国咸通。集四海之珍奇，皆归市易；会寰区之异味，悉在庖厨。花光满路，何限春游；箫鼓喧空，几家夜宴。"这种"金翠耀目，罗绮飘香"，"花光满路"，"箫鼓喧空"的奢侈生活，是需要大量的物质财富作为基础的。这些贵族们淫靡奢侈的生活，证明着当时城市经济已经达到了相当繁荣的境地。崇宁时代，不过比仁宗末年晚四十来年，这种繁华，当然在仁宗时代即已形成了。我们从柳永的《望海潮》（东南形胜）词里，也可看到当时仅仅是一个东南都会的杭州，已经繁华到"烟柳画桥，风帘翠幕，参差十万人家"；"市列珠玑，户盈罗绮，竞豪奢"这样的地步了。柳永的词，写仁宗时代杭州的繁华尚且如此，则当时京城的繁华，便可想而知。上述这种社会经济情况，便是这些词人们生活和活动的客观环境。当然这种都市经济的繁荣，一方面是封建经济发展的一个标志，另一方面也是官僚、地主、商人、高利贷者剥削农村的结果，这种繁华生活的主要享受者，仅仅是那些少数的剥削阶级，至于广大的劳动人民，则仍旧过着贫困痛苦的生活。当时的官僚谢绛曾上疏说："去年（仁宗天圣四年——1026年）京师大水，败民庐舍，河渠暴溢，几冒城郭，今年苦旱，百姓疫死，田谷焦槁，秋成绝望。"① 可见当时广大人民的生活是多么痛苦啊！

　　我们再从北宋官僚贵族们的具体生活来看。北宋的统治者，为了巩固已经建立的统治政权，一方面严厉镇压人民的反抗、军队的叛变，因而将政治、军事大权，全部掌握到封建政权的最高统治者皇帝的手里，实行中央集权的政治；另一方面，为了笼络当时的官僚、地主，以缓和矛盾，便对这些人特别优待，多方面给予仕进的便利，并大量设置冗官，给予他们优厚的俸禄，鼓励他们从事商业投资，购置田产，进行大量的土地剥削。赵匡胤在解除石守信的兵权时，还对石守信说："人生如白驹过隙耳，所谓富贵者，不过欲多积金钱，厚自娱乐。……多置歌儿舞女，日饮食相欢，以终天命。"② 宋太宗赵匡义也对副宰相寇准说："寇准年少，正是戴花吃酒时。"说罢还赏赐给他异花，引得"众皆荣之"③。因此北宋的许多官僚大都过着奢侈逸乐的生活，甚至到宋大中祥符二年，朝

------

　　① 见《宋史记事本末》卷二六"天圣灾议"条。天圣四年及五年正月，正是晏殊任枢密副使（副相）之时。

　　② 见《邵氏闻见录》，又可参阅《宋史》卷二五〇《石守信传》。

　　③ 见《能改斋漫录》卷十三"记事"门《御亲赐带花》条。

廷还不得不表面上"诏禁中外群臣，非休暇无得群饮废职"①。可见当时这些官僚贵族的生活，是何等荒淫奢侈了。可是后来沈括在《梦溪笔谈》卷九"晏元献"条又说："时天下无事，许臣僚择胜燕饮。当时侍从文官士大夫，（各）为燕集，以至市楼酒肆，皆供帐为游息之地。"这些事实，又证明统治者的"禁令"，不过是官样文章，实际上却是明禁暗放，对于这些官僚贵族的奢侈靡费的享乐生活，是不起什么抑制作用的。赵翼在《廿二史劄记·宋制禄之厚》条里也说北宋的统治者，"其待士大夫，可谓厚矣。……恩逮于百官者，唯恐其不足；财取于万民者，不留其有余。"上述这些事实，说明了当时社会物质环境和一般官僚贵族们荒淫逸乐的生活情况。

我们再看晏、欧以及与他们同时的一些词人的生活：宋祁是与欧阳修同时的一位词人，同时又是晏殊的门下士，他们经常在一起饮酒赋诗，《东轩笔录》说他"好游宴"，连修《唐书》的时候，还要"媵婢夹侍"，然后"和墨伸纸"，又说他"多内宠，后庭罗绮者甚众"。他的那些词，就是在这种花团锦簇的罗绮丛里写出来的。晏殊是被称为"奉养极约"的，然而他的实际生活，却是过着"歌乐相佐"，"未尝一日不燕饮"的奢侈生活。②《孔氏谈苑》还记载着他在南京时，与幕客王琪、张亢等带着许多妓女游湖的事情。叶梦得在他的《石林诗话》里，也说他在南京时与王琪等"日以赋诗饮酒为乐，佳时胜日，未尝辄废"。这里值得我们注意的是：晏殊是在仁宗天圣五年（1027 年）正月罢枢密副使，以刑部侍郎知宋州，后又改为知应天府（南京）的，到明年天圣六年，就被召回京。我们在这里所以不厌其烦地弄清这一点，是为了使读者们了解，我们在前边引用的那个谢绛在他的奏疏里所叙的灾情，

---

① 见《宋史·真宗本纪》大中祥符二年四月条。
② 叶梦得：《避暑录话》。

"今年（天圣五年）苦旱，百姓疫死，田谷焦槁，秋成绝望"的严重情况，也就是这位晏殊相公拥妓听乐、饮酒赋诗的同一个时候的情况。从这里，我们可以看到在这些学士相公们的风雅韵事的背后，隐藏着多少劳动人民的辛酸血泪啊！关于晏殊的这一类材料还有很多，但仅据上面这些，已足以说明他的生活和创作的关系了。下面我们再看看晏几道对于他们的创作生活的自白：

> 叔原（晏几道自称）往者浮沉酒中，病世之歌词，不足以析酲解愠，试续南部诸贤绪余，作五七字语，期以自娱。不独叙其所怀，兼写一时杯酒间闻见，所同游者意中事。……始时沈十二廉叔陈十君龙家，有莲鸿，苹云，品清讴娱客。每得一解，即以草授诸儿。吾三人持酒听之，为一笑乐而已。①

晏几道的这一段自序，坦白地说出了他的创作歌词，是为了"析酲解愠"、"为一笑乐"，是为他们的豪侈生活作点缀的。这就是他们的创作思想和创作目的。

欧阳修是北宋时代的一位名臣，在散文方面，曾大力推动了当时的古文运动，在诗歌创作方面，他是反对西昆派而坚持诗歌的现实主义传统的一位重要诗人，在这些方面，他与二晏是有很大的区别的，因此我们必须对他另作全面的评论。但他在词的创作方面和他的私生活里，也仍旧有着与上面这些人同样的情况。在《侯鲭录》和《钱氏私志》等书里，都有关于他的风流韵事的记载。我们列举上述这些材料，目的是说明当时的社会物质生活环境以及与他们的歌词创作有密切关系的生活内容和他们的创作思想、创作目的。从上述这些事实，可以概括出如下

---

① 据《彊村丛书》本《小山词叙》。

的几点意见来：一，上述这些词人，他们都是过着奢侈的官僚生活，在他们的政治生活以外，他们生活的主要内容，便是浅斟低唱，征歌逐舞，偎红倚翠，狎妓放浪。他们的生活是富足的、"美满"的，他们根本没有前面所说的那种饥寒交迫的忧虑，在他们的生活中虽然有时也偶尔出现一些"愁"、"恨"的情绪，但他们既不是愁饥饿寒冷，也不是恨被剥削被压迫，更很少像后来辛弃疾等人所遭遇到的政治上的失意和身世事业的感叹，也就是说他们作品的内容，既没有重大的政治斗争或政治理想的反映，也缺乏比较广泛的社会现实生活的描写，因而他们的"愁"、"恨"的情绪，缺少真正的与广大人民有密切联系的生活内容，也就缺乏激动人心的力量。二，他们对于那些天天供他们驱使玩弄的歌妓的关系，纯粹是一种统治者与被统治者的关系，这些歌妓是作为他们的官僚地主生活的点缀品、娱乐品而出现的（连他们自己的歌词创作，也是如此）。他们没有也不屑于了解这些供他们玩乐的下层人民的生活和痛苦。三，他们的一些歌词，大部分是在上述这种酒宴歌席的生活中写出来的，晏小山的那一段创作生活的自白，基本上也可包括宋祁、晏殊、欧阳修等人的创作（指词的创作）情况在内。

上面我们概括地分析了北宋前期的社会经济状况和晏、欧等人的生活和创作的关系。下面我们再检查一下柳永的生活和创作。《苕溪渔隐丛话》后集卷三十九引《艺苑雌黄》说：柳永"喜作小词，然薄于操行"。"日与獧子纵游娼馆酒楼间，无复检约"。叶梦得的《避暑录话》也说：

> 柳永，字耆卿，为举子时，多游狭邪，善为歌辞。教坊乐工每得新腔，必求永为辞，始行于世，于是声传一时。

《避暑录话》还说到柳永的死：

> 永终屯田员外郎，死，旅殡润州（镇江）僧寺。王和甫

为守时，求其后不得，乃为出钱葬之。

《能改斋漫录》和《花庵词选》都说到柳永在仕进方面，两次遭到宋仁宗的打击。① 根据上面这些材料，我们可以看到柳永的生活是很潦倒的。虽然从柳永自己写的《戚氏》词里，我们知道他的少年时代，是在开封过着"帝里风光好，当年少日，暮宴朝欢，况有狂朋怪侣，遇当歌，对酒竞留连"的奢华浪漫的生活，然而这毕竟是一段短暂的时间。当他在政治上遭到压抑以后，便一生蹉跎，到处飘泊，连在当时上流社会的文人集团里，也没有他的一席之地了。他活着的时候，固然遭到了晏殊的当面冷落，死后，还免不了许多人的讥评，因此他的真正知己，只能是当时的歌妓乐工和一些中下层群众。他最后悲惨的下场，也并没有得到当时的诗人词客们一言半语的悼念，反倒是那些无名的歌妓和群众，年年为他举行"吊柳会"。② 从上面这些材料，可以证明柳永的生活遭遇和大半生的经历，与晏殊、欧阳修固然是有很大的差别，即使与那个政治上并没有飞黄腾达的晏小山来比较，也是大不相同的。小山固然没有任什么显官要职，比起他的钟鸣鼎食、花团锦簇的宰相父亲晏殊来，门庭似乎是低落了不少；可是他毕竟还有京城的赐第可以退守，可以骄傲地"不践诸贵之门"，甚至连五十四岁的大文豪苏轼要去拜访他，③ 他还可以傲然地说："今日政事堂中半吾家旧客，亦未暇见也！"④ 这种高自矜贵的身份，比起柳永在钱塘时要见自己的布衣之交孙何，竟无由得进，不得不利用歌妓以引进的可怜处境来⑤，相差得多么远啊！根据上面这些材料，我们也可以概括下面几点来：一，柳永虽然经历过一段少

① 见本文第三节所引《能改斋漫录》和《花庵词选》的记载。
② 见曾敏行《独醒杂志》和祝穆《方舆胜览》，详见下面第三节引文。
③ 据夏承焘先生《唐宋词人年谱》中的《二晏年谱》，晏小山此时约五十九岁。
④ 见《砚北杂志》上。
⑤ 见《古今词话》。

年纨绔的奢华生活，但不久就在政治上受到了压抑，他的一生中虽然做过几处地方小官，但大部分时间都是过着飘泊羁旅的生活，因此他对羁旅行役的痛苦，体会得比较深刻，接触的社会实际，也较上述诸人要更深广一些。二，他与那些歌妓乐工的关系，与晏、欧诸人有较大的差别，晏、欧是自蓄声妓，或者是随时将歌妓叫来，供他使唤，而柳永却是以一个下级的封建官吏和风流浪子的身份，到妓馆里去，或者是教坊乐工歌妓们跑去请他写新歌词,① 他们之间的社会阶级界限，虽然依旧存在，但比起晏、欧诸人与歌妓们的关系来，界限显然要小得多了。三，柳永的词，有很多是在他与歌妓们相交往的生活中写出来的，除此以外，柳永还有好多较好的词，是在他的羁旅行役的生活中写出来的，他用歌词倾吐了自己羁旅行役的痛苦。从上面所概括的三个方面可以看出，晏、欧诸人的社会地位和所交往的社会关系，即他们整个的社会生活，与柳永有很大的差别。

上面我们对这些词人的社会地位（政治的和经济的）和实际生活作了一些粗略的比较分析。虽然上面的分析还显得十分粗糙，但这对于理解他们的作品的内容和艺术风格，却仍旧是十分重要的。这种不同的社会地位，不同的生活遭遇和教养，形成了他们不同的思想感情，不同的生活态度，不同的美学观点和不同的语言兴趣，这就是他们的艺术作品的内容和风格的显著区别的根本原因。18 世纪初期法国的布封在他著名的演讲中曾提出了"风格就是本人"② 的名言。马克思明确地指出："我只有构成我的精神个体性的形式。'风格就是本人'。"③ 由此可见，作家的风格，就是他的精神面貌的显现，就是他的世界观、创作个性和

---

① 现在柳永的《乐章集》中，还有一些词里有歌妓的名字，如秀香、英英、瑶卿、虫虫、心娘、佳娘、虫娘、酥娘等。

② 见布封《论风格》，译文载 1957 年 9 月号《译文》，又可参阅《布封文钞·论文笔》，人民文学出版社出版。

③ 马克思：《评普鲁士最近的书报检查令》，《马克思恩格斯全集》第一卷第七页。

他对现实生活的态度的表现。晏、欧与柳永在艺术趣味、艺术风格上的显著差别，正是反映了他们由于社会地位、社会生活、政治遭遇的差别而形成的思想感情、精神风貌、美学观点和语言兴趣的差别，因此也决定了他们的艺术的社会价值的区别。柳永在他的歌词里，一方面比较具体地反映了这一时期的某些社会面貌，和在这繁华的都市生活里的一部分人们的欢乐和痛苦的思想感情。另一方面，又用他的凄切沉痛的调子，唱出了被表面的社会繁华和笙箫鼓乐声掩盖了的一部分落魄文人们的痛苦的声音，而这种繁华欢乐和哀愁痛苦，正是这一社会阶级矛盾的曲折的反映。正是因为他的那些描写羁旅行役的痛苦的词，具有一定的社会意义，内容比较深刻，因此他这一部分词的艺术风格，就显得较为沉郁凝重、凄切动人。当然，就柳词的思想内容来说，它的总的倾向，仍然是有比较浓厚的消极低沉的情绪的，比起后来的辛弃疾、陆游等人的作品来，内容显然是狭窄的，他所反映的社会现实，也是片面的。他较多的是反映都市的繁华，而且对待这种繁华的都市生活，他是以歌颂陶醉的心情和兴味来写的，这就使得这些作品，有别于那种深刻揭露了隐藏在繁华背后的社会黑暗的作品；同时更重要的，柳永对于当时处在被剥削被压迫的地位的劳动人民——农民和城市贫民，也就是社会阶级对立的最根本、最主要的一面，他没有能反映，[①] 因此就使得他的作品的思想内容，仍然比较狭隘，因而我们不能过高地估计它。特别是在他的一部分作品里，有着浓厚的颓废和享乐主义的生活情调，无疑对于这些我们都应当加以批判。但是我们如果历史地看问题，将他与同时的晏、欧诸词人来比较，那末他的那些倾吐着个人哀愁的作品的思想内

---

① 在他仅存的三首诗中，有一首《鬻海歌》，是描写煮盐工人的痛苦生活的。这首诗尖锐地揭露了封建地主、官僚、商人对盐民们的残酷剥削，表达了作者深切地关怀盐民们的思想。清代的朱绪曾曾称赞这首诗："洞悉民瘼，实仁人之言。"此诗见《宋诗纪事》卷十三。但在他的词里，这种作品却一首也没有。

容，还是高出于他们的。晏、欧诸人，由于他们本身的世界观、阶级地位和生活环境的决定，以及由他们具体地对待歌词创作的思想和目的的决定，使他们作品的内容，显得更加贫乏和苍白。① 因此他们的风格是委婉清俊的，虽然有时也表现着一种愁恨的情绪，但那种情绪根本就是没落颓废的情绪，这是他们过的是上层贵族阶级的剥削生活的缘故。

当然我们并不否认晏、欧诸人的某些词作，也描写了他们生活圈子以外的题材，有一定的意义，有一些作品的思想意义虽然不高，但他们刻画自然景色的手段很出色，他们造语十分精致，他们在词的发展过程中，提高了小令的艺术水准等等；也就是说，我们并不主张一笔抹倒他们全部歌词的创作价值。但是，就其主要方面来说，他们的词的艺术成就，是超过了他们的作品的思想内容的，他们作品的艺术性较高而思想内容却很贫乏，因此他们的作品，缺乏坚实遒劲的风格，而显得十分柔靡虚华。他们用精致的艺术手段，把他们的剥削生活美化了。他们也用温婉缠绵、风流蕴藉的词句，传达了他们的"微痛纤悲"② 那种轻愁淡怨的情绪。而这种情绪的本质，是感伤的，是颓废的，是剥削阶级百无聊赖或者酒阑人散的生活中的必然产物。然而，这种情绪却是他们的美学趣味的具体表现。

三

上述两种不同的艺术风格的词，既然它们反映着不同的生活内容和思想感情，它们各自有着不同的社会基础，那末当这些作品在社会上传

---

① 欧阳修在他的诗里，曾尖锐地揭露了当时的社会矛盾，但在他的词里，却绝无这种情况，这个矛盾现象，与当时词的发展和他们对词的看法有关。

② 夏敬观语。夏敬观（1875—1953），近代江西派诗人、词人。

157

播的时候，它们自然也会被不同的社会阶层的人们所接受、欣赏或者排斥、反对。这里需要说明的是：文学艺术，作为一种极为复杂的，经过高度提炼集中的意识形态而存在的时候，它本身就具有人类社会生活的全部复杂性，因此不可能把上面所说的这种接受、欣赏或者排斥、反对绝对化。例如说某一作家的作品，绝对只能被某一阶级或阶层的人所接受和欣赏，而某一作家的作品，便绝对为某一阶级或阶层的人们所排斥和反对。对古代的作家，这种绝对化的看法显然是不妥当的。然而这毕竟只是问题次要的一面，而问题根本的一面，则是：人们的意识形态，总是有阶级性的，因之，人们的美学标准和艺术趣味，也总是有阶级性的。这就构成了某一阶级的美学标准和艺术趣味的某种程度的共同特色。不然，为什么剥削阶级欣赏贵族妇女苍白的脸色和柔弱纤细的腰肢手脚，而劳动人民却把它看做是病态呢？说明了这一点，现在我们应该回到本题上来了。当宋代词坛上出现了晏、欧和柳永两派不同的思想内容和艺术风格的同时，自然也就会随之而出现两派的欣赏者、接受者和排斥者、反对者。这两派的词和它们各自的欣赏者，在艺术趣味上既然具有明显的差异，那末也就必然会产生矛盾或斗争。艺术趣味上的这种矛盾和斗争现象，归根到底，就是人们的阶级斗争在思想领域里的曲折反映；每一个阶级或阶层，都是想把自己的审美观念扩展到全社会去的。根据不少记载，当时这两派词，确实各有自己的欣赏者，而且他们之间有过矛盾和斗争，而统治集团的人们对柳永则予以种种的非难和排斥。据吴曾《能改斋漫录》说：

　　仁宗留意儒雅，务本向道，深斥浮艳虚华之文。初，进士柳三变，好为淫冶讴歌之曲，传播四方。尝有《鹤冲天》词云："忍把浮名，换了浅斟低唱？"及临轩放榜，特落之，曰："且去浅斟低唱，何要浮名！"景祐元年方及第，后改名永，方得磨勘转官。

黄升《花庵词选》卷五柳永《醉蓬莱》词注云：

> 永为屯田员外郎，会太史奏老人星见，时秋霁，宴禁中，仁宗命左右词臣为乐章，内侍属柳应制。柳方冀进用，作此词奏呈。上见首有"渐"字，色若不怿。读至"宸游凤辇何处"，乃与御制真宗挽词暗合，上惨然。又读至"太液波翻"，曰："何不言波澄。"投之于地，自此不复擢用。

这两条材料，都是当时的最高统治者排斥柳永的记载。根据这两条材料来看，统治者排斥柳永的原因有两点：第一，柳永"好为淫冶讴歌之曲"，词风"浮艳虚华"。第二，柳词的某些思想内容，不符合统治者的利益。（其实有的还不是思想内容，而仅仅是字面上与统治者的心理有所抵触，如上述的《醉蓬莱》词。）大家知道，从唐太宗起，就把科举制度作为一种牢笼人才、统治思想的好办法。宋代的统治者，为了进一步笼络一般官僚地主阶级以及中间阶层的读书人，便将这种科举制度进行了改革，放宽录取标准，多给予他们做官的机会，正如当时的王栐所说的："圣朝广开科举之门，俾人人皆有觊觎之心，不忍自弃于盗贼奸宄。"① 这里不是把统治阶级借科举制度来笼络人心，以减少地主阶级内部矛盾以及中间阶层对统治阶级的不满的目的，说得十分露骨了吗？可见科举制度，对于巩固统治者的统治，起着何等重要的作用！可是柳永却把统治者唯一用来拉拢知识分子的香饵——官爵俸禄说成是"浮名"。尽管柳永的这句词，不过是自我解

---

① 王栐：《燕翼诒谋录》卷一。

嘲而已，丝毫也不是为了对抗统治阶级，然而像这样的一个不知"进取"的"浪子"，毕竟是为统治者所不取的。统治者为了祈望自己的统治能够千秋万岁，所以千方百计地防止人民的"造反"，可是柳永又偏偏当面写出了"太液波翻"的词句，这个"翻"字，在统治者看来是一个不祥的字眼。尽管柳永实际上是在歌颂统治阶级，可是神经衰弱的统治者毕竟是害怕"翻"的。宋仁宗说："何不言波澄？"可见他是多么害怕"翻"，多么渴望"澄"——统治政权的安定啊！在这一点上，柳永又意外地触犯了统治者的"利益"，于是，柳永终生潦倒的命运便被注定了。这里值得注意的是柳永的那种"忍把浮名，换了浅斟低唱"的浪漫生活，与他的那种所谓"淫冶讴歌"、"浮艳虚华"的词风是相为表里的，也就是说柳永从生活态度（不肯表面上务本向道）到美学趣味、艺术风格整个都不合统治者的口味，因此他就不可能不被统治者所排斥了。

我们再看一看张舜民《画墁录》的记载：

> 柳三变既以词忤仁庙，吏部不放改官，三变不能堪，诣政府。晏公曰："贤俊作曲子么？"三变曰："只如相公亦作曲子。"公曰："殊虽作曲子，不曾道彩线慵拈伴伊坐。"柳遂退。

这里我们又看到当时的宰相、词坛的领袖晏殊对柳永的排斥，他斥责柳永不应该写"彩线慵拈伴伊坐"这类的词。当然这句词，比起晏殊的"无可奈何花落去，似曾相识燕归来"，或者"满目山河空念远，落花风雨更伤春"这一类词来，柳永的词确实要"明白而家常"（清刘熙载语）得多，感情表现得要大胆而率真得多，也就是"鄙俗"（宋沈伯时语）得多，远不如晏殊的词来得含蓄温雅，因此也就自然有忤这位高贵的贵族词人的"闲雅"的艺术趣味和美学标准了。于是柳永又不得不在这宰相府里再一次地碰到钉子。

为了进一步了解这种艺术趣味和美学思想上的矛盾斗争，我们不妨再看一看宋代两位批评家的意见。《苕溪渔隐丛话》后集卷三十九引严有翼《艺苑雌黄》说：

> 柳之乐章，人多称之，然大概非羁旅穷愁之词，则闺门淫媟之语。若以欧阳永叔、晏叔原、苏子瞻、黄鲁直、张子野、秦少游辈较之，万万相辽。彼其所以传名者，直以言多近俗，俗子易悦故也。

严有翼在这里指摘柳永的词"非羁旅穷愁之词，则闺门淫媟之语"，同时举出欧阳修、晏小山等人与他作对比，可见在这里已经很明显地把他们作为两个代表不同词风的流派来比较了。严有翼的艺术趣味和美学标准，也是与晏、欧诸人一致的，所以他在这里也是尊晏、欧而贬柳永的。我们再看一看王灼《碧鸡漫志》里的批评：

> 晏元献公（殊）、欧阳文忠公（修），风流蕴藉，一时莫及，而温润秀洁，亦无其比。……叔原（晏小山）如金陵王谢子弟，秀气胜韵，得之天然，将不可学。

又说：

> 柳耆卿《乐章集》，世多爱赏该洽，序事闲暇，有首有尾，亦间出佳语，又能择声律谐美者用之。惟是浅近卑俗，自成一体，不知书者尤好之。予尝比都下富儿，虽脱村野，而声态可憎。

他们评论的观点完全一样，王灼对晏、欧派的推崇和对柳永的贬损，还
要比严有翼来得彻底而具体。这里我们可以清楚地看出，当时的人们确
实是把他们看作两个不同的流派来评论的，而上流社会里的那些文人学
士们，绝大多数都是尊晏、欧而抑柳永的。这种情况，除上述这些事实
以外，例如与柳永同时的张先，曾讥笑柳永的词"语意颠倒"①，稍后
一些的苏轼，也曾批评秦观"学柳七作词"，秦观则连忙为自己辩护说：
"某虽无识，亦不至是，先生之言，无乃过乎！"秦少游本来是被目为与
晏、欧有同样地位的词人的（见前引《艺苑雌黄》的话），现在忽然学
起柳七来了，在他们看来，这简直是一种"堕落"，所以他急得连忙惶
恐万状地为自己洗刷，但当苏轼毫不客气地指出"销魂当此际，非柳词
句法乎"时，他只得"惭服"，悔恨"已流传，不复可改矣"。② 明白了
当时上流社会的文人学士对柳永其人其词的鄙视和排斥，我们便可了解
苏轼这句话的分量了。③ 正是由于这样，无怪乎写《碧鸡漫志》的那位
王灼，要骂柳永是"野狐涎之毒"，而与王灼同时的女词人李清照，也
批评柳永"辞语尘下"了。④ 其他如南宋末期重要的词选家黄升，同时
的词选家沈伯时，以及宋末元初的词学家张炎等，也都有同样的批评。⑤
虽然我们可以看到在两宋文人的批评中，也间或有肯定柳词的，甚至还

---

　　① 　见阮阅《诗话总龟》卷三十二引《艺苑雌黄》。

　　② 　见黄升《花庵词选》卷二苏轼《永遇乐》词注。

　　③ 　苏轼是一位横放杰出、别开生面的天才词人，他当然不是晏、欧同派，从词体的
演变这一点上来说，在某种意义上，他还可以说是柳永的继承者和发扬者，但他对柳词的
批评，同样是有其片面性的。赵令畤《侯鲭录》曾说苏轼赞扬柳永《八声甘州》霜风凄紧
数语，"不减唐人高处"。如果此话可信，则苏轼对柳永的批评，并没有像别人一样一棍子
打死。但吴曾的《能改斋漫录》和魏庆之的《诗人玉屑》又说这是晁补之的话，不知何
据。赵令畤是苏轼的友人，吴曾是南宋初期人，魏庆之则是宋末时人，从时代上来说，赵
令畤的话也许可靠些。

　　④ 　见胡仔《苕溪渔隐丛话》后集卷三十三及魏庆之《诗人玉屑》卷二十一。

　　⑤ 　黄升有《花庵词选》，沈伯时有《乐府指迷》，张炎有《词源》，他们批评柳词的
话，均见上述书中。

有将柳词比作"杜诗"和"离骚"的，① 当时的大政治家王安石，还曾模仿着他的风格和套用着他的成句写过一首《雨霖铃》，② 但这种情况，毕竟是极少数的。在当时的词坛上，处于压倒优势的，毕竟是柳永的反对派。

然而，我们看一看柳词在下层群众中的情况，就完全与此相反了。比柳永小两岁的范仲淹于景祐元年（时柳永四十八岁）贬官到睦州去的时候，经过严陵祠下，当地的老百姓于岁祀迎神的时候，就在唱柳永的《满江红》词，这首词现在还保留在柳永的《乐章集》中。③ 比柳永略后一些的词人陈师道就说："柳三变作新乐府，天下咏之。"④ 北宋后期的词人叶梦得在《避暑录话》卷三里记一个西夏归朝官的话说："凡有井水处即能歌柳词。"其至在《高丽史·乐志》里，还载有柳永的词。南宋初年的吴曾在《能改斋漫录》里也说柳词"传播四方"，就是那个骂柳词为"野狐涎之毒"的王灼，也不得不承认柳永的词"自成一体，不知书者尤好之"。并说："沈公述、李景元、孔方平处度叔侄、晁次膺、万俟雅言，皆有佳句，就中雅言又绝出，然六人者，源流从柳氏来。"从这里我们可以看到柳词影响之大。下层群众爱好柳词的情况，

---

① 见王灼《碧鸡漫志》引别人的话，王灼本人是反对这个评语的。又见张端义《贵耳集》卷上引项平斋的话。

② 现存王安石的《临川先生歌曲补遗》中第一首《雨霖铃》，显然是模仿柳永的《雨霖铃》的作品，全词云："孜孜砆砆，向无明里，强作巢窟，浮名浮利何济？堪留恋处，轮回仓猝。幸有明空妙觉，可弹指超出。缘底事，抛了全潮，认一浮沤作瀛渤。 本源自性天真佛，只些些，妄想中埋没。贪他眼花阳艳，谁信道本来无物！一旦茫然，终被阎罗老子相屈。便纵有千种机筹，怎免伊唐突！"在这首词里，显然保留着柳词通俗的语言格调和套用柳词原句的痕迹（见加着重点处）。关于这一点，夏承焘先生已在《漫谈柳永的〈雨霖铃〉和〈八声甘州〉》一文中，有过详细的论述，此处不赘（文见 1957 年 4 月号《语文教学》）。

③ 见文莹《湘山野录》卷中。

④ 见陈师道《后山诗话》。据唐圭璋《柳永事迹新证》说，柳永死于宋仁宗皇祐五年，则此年正是陈师道的生年。

写成于南渡初年的徐度的《却扫编》里，有如下一段记载：

> 耆卿以歌词显名于仁宗朝……其词虽极工致，然多杂以鄙语，故流俗人尤喜道之。其后欧、苏诸公继出，文格一变，至为歌词，体制高雅，柳氏之作，殆不复称于文士之口，然流俗好之自若也。
>
> 刘季高侍郎，宣和间，尝饭于相国寺之智海院，因谈歌词，力诋柳氏，旁若无人者。有老宦者闻之，默然而起，徐取纸笔，跪于季高之前，请曰："子以为柳词为不佳者，盍自为一篇示我乎？"刘默然无以应。

从这段材料里，我们可以看到，士大夫中间排斥、反对柳词的情况，一直到柳永死后已有七十来年的宣和年间，还继续存在着，而下层群众对柳词则依旧"好之自若"，历久不衰，甚至还有人挺身出来当面给柳永的反对者以难堪，可见柳词在群众中的影响是如何深远了。还有一点值得注意的是这位南渡初年的作者徐度，也是把欧阳修"体制高雅"的歌词与"多杂以鄙语"、"流俗好之"的柳词，作为两个不同的流派来看的。这里更证明晏、欧与柳永确实是两个不同的词派，而且这种看法，在两宋的文人士大夫和群众中，是十分普遍和为众所公认的。对于下层群众爱好柳词的情况，南宋初期曾敏行的《独醒杂志》中说，柳永死后，"远近之人，每遇清明日，多载酒肴饮于耆卿墓侧，谓之'吊柳会'"。南宋后期祝穆的《方舆胜览》也说"永死之日，家无余财，群妓合金葬于南门外，每春日上冢，谓之'吊柳七'"。这些传说，也足以说明群众对柳永的敬仰爱护。

根据以上这些事实，我觉得已经足以说明晏、欧与柳永确实是两个不同的词派，而且他们之间确实是发生过某种程度的矛盾和斗争的。

　　然而，当时统治阶级上层的文人们，虽然对柳永进行了斗争，对他的创作进行了根本性的否定，可是最后的胜利者，却依然是柳永。柳永继承了唐代以来的民间歌曲所大力创制的长调，不仅为社会所承认，而且为后来许多词人所运用。柳词的思想内容、描写手法和艺术风格，广泛地影响了后来的词人，即使是曾经讥评过柳永，而且在诗词的创作成就上也确实远远地超过了柳永的北宋一代的大作家苏轼，也仍然是受过柳永的影响的。至于其余的作家，如黄庭坚、秦观、周美成等，也无不受柳氏艺术的感染，这难道不是柳永的胜利吗？

　　当然我们并不因此而全部肯定柳词，尽管柳词的思想内容是高出于当时晏、欧诸人词的，他在词的发展上所起的积极作用和影响，也是超过晏欧的，但是，柳词的思想内容，比起同时期的诗人如梅尧臣等人的诗来，就差得很多，而比起后来的苏轼，尤其是南宋的陆游、辛弃疾诸人的作品来，也就显然更不能相比了。

　　但是，我们今天在研究柳永的作品时，必须历史地看问题，对于他在词的发展史上所起的作用，必须承认，对于他的一些抒发个人哀愁，在一定程度上表现了对社会不满的作品，必须与晏殊等人歌颂那个时代、美化他们腐朽的荒淫逸乐的剥削生活的一些作品区别开来，在批判了它的消极因素后，予以适当地肯定。当然对于反映他的那种享乐、消极、颓废的人生观以及庸俗低级趣味的作品，对于他的一部分为统治阶级歌颂升平、粉饰现实的作品，我们必须认真批判。但是我们批判的角度，显然是不应当与晏殊、李清照、吴曾、王灼等人一样的。

1961 年

从古典文学中学习"简练"的技巧

　　近年来，文艺界和新闻界的同志们都在提倡写短文章，要求文章写得短小精悍、言之有物，这自然是件好事。最近有些报纸杂志，又在大力提倡写散文、特写，希望通过散文、特写能够及时地、迅速地反映我们伟大人民的气魄、伟大时代的面貌，这自然更是一件值得欢迎的好事。

　　事实上，解放以来，在这两方面，我们都是有成绩的，不过，比起我们的需要来，还远远不够，所以还需要大力提倡。

　　然而有些同志，对此却表示信心不足，有些怀疑。他们一疑短文章不能刻画人物、描写事件、议论是非得失；二疑短文章不大能有艺术性，不可能传之久远。殊不知在我们的古典文学宝库里，这种刻画人物、描写事件、议论是非得失的短小精悍的文章，却大量地存在着，姑举《世说新语》中的《忿狷》篇为证：

　　　　王蓝田性急。尝食鸡子，以筋刺之不得，便大怒，举以掷地。鸡子于地圆转未止，仍下地以屐齿蹍之。又不得。瞋甚，复于地取纳口中，啮破即吐之。王右军闻而大笑曰："使安期有此性，犹当无一豪可论，况蓝田耶！"

这节文字里，描写一个特别性急的人王蓝田，一共只用了八十个字。作者没有去写王蓝田的其他各方面，仅仅写了吃鸡蛋这一件事，然而却把这个人物的性格特点写得淋漓尽致，写得特别传神。实际上正面写王蓝田性格的文字，仅仅只有五十五个字，"王右军闻而大笑"以下二十五个字，已经是客观的评论了。要用五十五个字生动地刻画出一个人的性格的某一方面，确实是件难事，但是作者并未被难倒，他十分有效地使用了这五十五个字。在短短的数行中，作者把王蓝田吃鸡蛋这件事，分为三层描写，第一层写他用箸（筷）刺鸡蛋，刺不着就大怒，抓起鸡蛋掷到地上。这样性急的人，已经够令人喷饭的了，但是，事情还不仅如此，被掷到地上的鸡蛋在不停地滚，于是更加引起了他的恼怒，竟下地用木屐齿去踩；大概是过于性急的缘故，竟没有踩着，因此惹得他火性大发，这是第二层。接着再写他从地上把鸡蛋拣起来放在嘴里，狠狠地把它咬碎，然后又把它吐到地上，这是第三层。作者一而再、再而三地去深入刻画这个人物的性格特征，把这一性格特征写得十分具体、饱满，虽然只用五十五个字写了这个人物的一件小事，却把他的性格写活了，读之，给人以鲜明的印象。对于王蓝田的性格的描写，同书《忿狷》篇还有：

谢无奕性麤（粗）彊（强）。以事不相得，自往数王蓝田，肆言极骂。王正色面壁，不敢动。半日，谢去良久，转头问左右小吏，曰："去未？"答云："已去。"然后复坐。时人叹其性急而能有所容。

这节文字更短，一共只有六十四个字，却写着两个人吵架这样一件事，这两个人一个是性急的王蓝田，另一个是性格粗鲁强暴的谢无奕，谢无奕跑到王蓝田的家，毫不客气，开口就"肆言极骂"。想来这位性急的王蓝田一定要比吃鸡子时候的火气更高十丈了，可是却偏偏出人意料，他"正色面壁"，强自控制着自己，一动也不敢动（因为这时他一开口就要像火山喷发一样无法控制），直到对方走了很久，才偷偷地问小吏他走了没有。这件生活中的小事，性格的片断，实在写得很生动，很不平凡。从表面上看王蓝田这种举动与他吃鸡子时表现的性格是完全相反的，然而仔细看来，却实在是相成的，正是因为他自知过于性急，所以就无法去与对方作辩解、敷衍或打圆场，他深知自己一开口就要弄得不可收拾，所以只能这样强制着自己。这个"正色面壁"的举动，多么富于戏剧性，多么富有性格特征啊！作者仅仅摄取了他这一点，就给我们留下了王蓝田性格的另一面的深刻印象。

对于这样短小精悍的文章，我们似乎没有理由嫌它不能刻画人物、描写事件了吧？或曰：刻画人物，描写事件则可，要拿来议论是非得失则不可。因为人物或事件，都可以取其片断，写其一点，而议论是非得失，却需要自远而近，由表及里，从正到反，由反到正，慢慢地解剖，仔细地分析，决不是三言两语可以说清问题的。果真不管议论什么是非得失，都是这样的么？我看未必。请看王安石的《读〈孟尝君传〉》：

世皆称孟尝君能得士，士以故归之，而卒赖其力以脱于虎豹之秦。嗟乎！孟尝君特鸡鸣狗盗之雄耳，岂足以言得士？不然，擅齐之强，得一士焉，宜可以南面而制秦，尚取鸡鸣狗盗之力哉！鸡鸣狗盗之出其门，此士之所以不至也。

这是一篇评论孟尝君的文字。写这篇文章，有三点困难。第一，《孟尝君传》是太史公的手笔，洋洋洒洒，一共四千余字，是《史记》中的重要文章。在太史公的评论之下要别出新意，另加发挥，虽非不可能，但却不是轻易可以动笔的。第二，世皆称孟尝君为好客而得士，这一点对孟尝君几乎已成定论，作者想要提出相反的见解，并且要使人信服，这确实是困难的。第三，以上面这样一节短短的文字，来议论这样一个早有定论、世皆公认的问题，看来不仅是困难的，而且几乎是不可能的事了；然而这位唐宋八大家之一的王荆公，毕竟是文章巨擘、斫轮老手，看他竟只用八十八个字，把世人对孟尝君的评论，彻底地翻了过来，而且写得那样从容自如，毫不费力。开头三句他首先把所谓孟尝君能得士这个举世公认的论点揭出来，接下去立即就下两句斩钉截铁的断语，说孟尝君不过是鸡鸣狗盗之雄耳，根本谈不上得士。这个断语，十分警策有力，一反世人的陈说，因而使读者的耳目一新，急切想知道究竟有何根据，于是，作者顺手就把这个断语的根据提出来，说：仗着强大的齐国，只要孟尝君真正能得到一个"士"，就能够南面制伏秦国，哪能反而连他自己，都借着鸡鸣狗盗之力，才从秦国狼狈脱险而归呢。这实在是太不光彩、太不体面了，还有什么可以值得称道的呢？这致命的一驳，实在非常有力。文章到此，基本上已经把案翻过来了，作者再顺着上文，引申一句，略加慨叹，说正是因为孟尝君只收罗了一些鸡鸣狗盗之辈，所以真正有才能的"士"，就不能也不会再到他那里去了！这最后一句，既申足了上文的意思，又暗示给读者：孟尝君实在是一位庸俗的贵公子而已！

看他仅用八十八个字，将意思说得多么饱满丰富，用得多么绰绰有余！

再请看一篇韩愈的《送董邵南序》：

燕赵古称多感慨悲歌之士，董生举进士，连不得志于有司，怀抱利器，郁郁适兹土，吾知其必有合也。董生勉乎哉！

夫以子不遇时，苟慕义强仁者，皆爱惜焉，矧燕赵之士出乎其性者哉。然吾尝闻风俗与化移易，吾恶知其今不异于古所云邪？聊以吾子之行卜之也，董生勉乎哉！

吾因之有所感矣！为我吊望诸君之墓，而观于其市，复有昔时之屠狗者乎？为我谢曰："明天子在上，可以出而仕矣！"

这是一篇表面上送别董生，祝他此行顺利，而实际上是挽留董生，劝他还是不去为妙的文章。唐代中叶以后，中央李氏统治势力衰落，各地的藩镇跋扈，不秉朝命，实际上已成为分裂割据的局面，他们也收罗天下的所谓"豪侠之士"，企图别有所为。这位董生邵南，就是因为在李氏的统治政权下面，得不到出头的机会，屡次参加进士考试没有被录取，因此发起火来，想另找主顾，到河北藩镇处去谋出路。韩愈站在中央统治政权的一边，表面上在送董生，实际上却是在劝他不要去。这篇文章的特点就在于不能正面直说（因为当时表面上还是维持着全国统一的局面的，如果正面不准他去，便会连这个表面统一的局面，也会受到损害），只能言外传意。把大篇的议论，蕴蓄在吞吞吐吐的说话中，看来，这分明又是一件难事！可是韩愈却因难生巧，写得一放三收，冠冕堂皇，而又言外之意无穷。

这篇文章一开头说："燕赵古称多感慨悲歌之士"，那么这位怀抱利器（才能）的董生，此去一定会有所合，被如今的燕赵之士所欢迎了。这里好像是在极力怂恿他去，丝毫也没有留他的意思，这是开头的一放。接着第二段开头四句，仍然说他去必有合，但却提出了"仁义"两字，为下文暗暗逆转，安好基础。所以这一段文字，已经在准备着下文的收了。接着作者就提出一个"风俗与化移易"的问题来，意思是说燕赵之地，古代虽然多感慨悲歌之士，但现在却未必仍有。这句话的言外之意是：如今河北藩镇的统治者根本不讲仁义，不秉朝命，在这样的统治教化之下，原来的仁义之风，怎么再能保存呢？——然而作者并不在这里立即劝他不要去，他只是以怀疑的口气说："聊以吾子之行卜之也"，姑且把你这次的河北之行作为一次试验吧！表面上似乎仍在送他去，但语气却已经完全变了，变成吞吞吐吐、趑趄怀疑的口气了，这是一收。

文章到这里，似乎意思已经说完，可以结束了。然而，一篇文章也最容易在这些地方见功力，有些文章，往往已经大体上写得差不多了，就因为缺少一点点什么，因而就使文章免不了犯平庸的毛病，要能从"大体差不多"，从"平庸"中跳出来，就十分需要思想和艺术技巧双方面的提高，而这也正是最费周章的地方。如果韩愈这篇文章到此结束，那也就同样免不了平庸，甚至有不成章的毛病，然而韩愈毕竟是散文巨匠，你看他忽然笔锋一转，不说挽留董生，却说请董生留意，燕赵如果还有昔日的豪杰之士，请他们赶快出来，到唐天子这儿来做官罢！这里无限挽留董生的意思，全在这句话里明明白白地暗示出来了，这里面具有多少语言艺术的技巧！这又是一收。

写文章，有时需要说得明明白白，而有时又最忌说得明明白白。例如这里劝董生不要去河北的意思，就没有在字面上说得明明白白，而是让别人心里领会得明明白白。另外还有一层：董生明明是到河北去找主顾，求仕进，说得明白些就是为名利而去。因此董生此去，当然不是去寻访燕赵隐居的豪杰仁义之士，而是去投奔河北的地方统治者。但韩愈却装聋作哑，只作不知道，只作他是去寻义访仁，因而顺口请他劝燕赵隐居的仁义之士出仕，这样话就说得冠冕堂皇，婉而多讽，如果把这两点都给明白说穿了，那么就没有说话的余地了。

这样一放三收、波澜曲折的文章，看来非洋洋数千言不可了，然而韩愈却只用了一百五十七个字。我们看，古代作家的用字，用得多么珍惜啊，无怪乎他要被推崇为"短章圣手"了！

写文章要讲究用字少而意思说得多，即所谓含义丰富，这一个要求，对于短文章尤其显得重要（这并不是说长文章就不重要），因为它一共只有百来个字、几句话；如果意思说得不多，内容十分贫乏的话，那末就势必索然无味！所以文章贵有言外之意，如果短文而能余意不尽，那末文章虽短犹长。短是它的形式，而长是它的思想内容，它的艺术魅力！因此，我们再请看一节辛稼轩的《跋绍兴辛巳亲征诏草》：

> 使此诏出于绍兴之初，可以无事雠（仇）之大耻。使此诏行于隆兴之后，可以卒不世之大功。今此诏与此虏犹俱存也，悲夫！

辛稼轩是南宋初年著名的爱国词人，而且他还是一位杰出的军事家，他念念不忘南宋丧权辱国的奇耻大辱。这短短四十六个字的一篇跋文，把辛稼轩的爱国主义思想和对腐朽的南宋统治者的愤慨之情，表达得多么强烈！议论得多么精辟！他说只要在绍兴初年，也就是北宋的都城开封沦陷以后的二三年间，下诏亲征，坚决打击侵略者，那么就可以免去向敌人奉表称臣、割地输款的大耻。退而言之，只要在隆兴之后，也就是残暴成性的金主完颜亮大举南侵、溃败身死以后的数年间，趁着敌人内部混乱的机会，坚决北伐，那么就可以收复河山，建立不世之大功。然而腐败不堪的南宋统治者，他们只图眼前自身的安乐，不顾人民的死活，连统治者自己亲属的死活也都不顾（高宗的父亲徽宗赵佶和哥哥钦宗赵桓以及后妃、公主、宗戚、臣僚等三万多人，都当了俘虏），以致坐失良机，目前空见这一道过去的亲征诏书的草稿，而敌人依然猖狂如故，多么令人悲愤填膺啊！试看，这四十六个字，具有多么丰富的思想内容，真是小品文中的精品了。无怪乎宋代的谢枋得要把它选入《文章轨范》里，作为范本来给后人学习，而清末的李慈铭，也要说"即此四十六字，满腔忠愤，幡际天地间，如闻三呼渡河声矣"了！[①]

　　由此可见，无论是刻画人物、描写事件、议论是非得失，都可以把

---

　　① 见《越缦堂读书记》。南宋初年抗金名将宗泽，因为眼看朝政腐败，无法实现抗击敌人、收复河山的爱国壮志，因而忧愤成疾，临终的时候，大呼"渡河"三声而死。

文章写得短一些的。

如此说来，写文章一定是许短不许长，惟短是求，惟长务去了？不，决不能这样看。文章的长短，完全要根据内容来决定，该长就长，应短就短，正如苏东坡说的，"常行于所当行，常止于不可不止，如是而已矣！"这一条十分浅显的写作原则，说起来似乎很简单，但做起来却实在不容易，东汉的散文家班固，曾经讥笑另一位散文家傅毅"下笔不能自休"，所谓"下笔不能自休"者，就是当文章"不可不止"的时候，仍旧笔不停挥、滔滔不绝地写下去。晋代的一位卓越的文学批评家陆机，在他自己写的文艺理论性的著述《文赋》里，曾经很正确地说到写文章的原则："要辞达而理举（把道理说清楚），故无取乎冗长。"话虽如此说，然而他自己却仍旧免不了受张华当面的讥刺。张华批评他说：别人写文章，患于才少，你写文章，却患在才多。[1] 患在才多者，文章仍旧写得冗长也。可见古代的作家，也经常要求文章写短一些，对那些内容空洞而冗长的文章，也经常提出批评。

文章不该长而写得长，是一种毛病，应该批评；但文章该长而写得太短，以至于意思说不清楚，同样也是毛病。《世说新语》中的《文学》篇有：

> 桓宣武（温）命袁彦伯作《北征赋》，既成，公与时贤共看，咸嗟叹之。时王珣在坐，云："恨少一句，得'写'字足韵，当佳。"袁即于坐揽笔益（增加）云："感不绝于余心，泝流风而独写。"公谓王曰："当今不得不以此事推袁。"

这段故事说袁宏写的《北征赋》，仅仅少了一句，便有不足之感，结果

---

① 见《世说新语·文学》："孙兴公"条注引《文章传》。

还是加了上去，才算完篇。由此可见，我们绝不能无条件地排斥长文章。提倡写短文章，并不意味着长文章可以休矣。然而那种空话连篇的长文章，却无论如何在反对之列。

我国从古到今，是有过许多卓越的文章家的，他们既能写短文章，也能写长文章，而且都能"行于所当行，止于不可不止"。例如司马迁是写过许多洋洋洒洒的长文章的，然而他的每篇人物特写后面的"论赞"，又是很好的独立的短文章，许多选家，也常常把它单独选出来阅读。他晚年的那篇《感士不遇赋》，也仅仅只有二百零二个字。至于韩愈、柳宗元、苏东坡等，则同样是既能写长文章、又能写短文章的"圣手"。

如何能把文章写得长短适宜，没有所谓"才多"、"才少"的毛病，这确实需要刻苦的锻炼、多方面的学习，而经常认真删改自己的文章，尤其是重要的一条。这一点，我国古代许多作家，都是有深刻的实际经验的。陆机对于删改文章的重要性，有两句至理名言，他说："离之则双美，合之则两伤。"应该删去的材料或者论点，就坚决把它删去，这样就能两全其美，既可使那些材料用到别处去，真正去发挥它的作用，又能使这篇文章免于芜杂冗长的毛病，如果硬是要拼凑在一起，那么结果只能"两伤"。这是多么精辟的话啊！无怪乎曹雪芹写《红楼梦》时，要在"悼红轩"中披阅十载，增删五次，感慨地说"字字看来皆是血，十年辛苦不寻常"了！① 契诃夫曾经说过："写作的技巧，其实并不是写作的技巧，而只是删掉写得不好的地方的技巧。"② 这话又是多么深刻啊！

我希望当我们提倡写散文、特写以及其他种种短文章的时候，能够

---

① 见甲戌本《红楼梦》第一回。
② 见拉扎烈夫－格鲁津斯基《安·巴·契诃夫》。

充分重视这个"删掉写得不好的地方的技巧",因为有了这种技巧,短文章就能真正做到短小而精悍、语短而意长;而长文章,也能真正做到"行于所当行"的长。练就了这种本领,就能够使我们的文章,真正做到长短随心,各适其宜。

1959 年 9 月 1 日深夜

文章的开头和结尾

　　一篇文章可以有很多种开头的方法，可是最好的开头却只有一个。如何获得这一个最好的开头，并且正确地认识它是最好的开头，这不是一件容易的事。

　　"文章起头难"，这句话，是作家们的甘苦之言。但是，要正确地理解这句话的积极意思，却须要作解释。有人认为文章只有起头难一些，其余部分就很容易了，这显然是对这句话的误解。所谓"文章起头难"，是难在只有当你对所要描写的事物的本质和现象获得了全面的彻底的认识以后，你才能下笔论述它，也就是说，当你还没有洞悉事物的内部和外部的种种矛盾，你就无法找到解决矛盾的关键，以及解决矛盾的入手之处。犹之医生动手术，不了解人体的全部复杂结构，不了解具体病症的特点，你就无法正确地下第一刀。据说文与可画竹，在未画之前，胸中先有成竹，正因为胸有成竹，所以能挥毫落纸，一气呵成；又据说庖丁解牛，目无全牛，其实目无全牛者，是因为胸有全牛也；正因为胸有全牛，所以才能下刀奏技，切中肯綮，游刃有余而不败刃锋。总之，文章的开头，是作者对所要描写或论述的事物有了全面的深刻的了解，找到了矛盾的关键和解决矛盾的入手之处，并且对文章的结构层次大体有了轮廓以后，才能正确地获得。所以文章开头之难，首先难在对所要描写或论述的事物作深刻的全面的了解，难在对复杂纷纭的客观事物理出一个头绪来，找出它的关键，因为只有解决了这个问题，你才能知道话应该从何说起。

大家知道，《三国演义》是一部描写魏、蜀、吴三国的政治和军事斗争的长篇小说，通过许多具体的描写，作者深刻地揭露了统治阶级压迫剥削人民的种种阴谋手段和残酷面目，但是这部小说一开始却先写桓灵失政，它说"推其致乱之由，殆始于桓灵二帝"。由于他们"禁锢善类，崇信宦官"，政治极端腐败，因此引起了一系列的天怒人怨。接着就写黄巾起义，在统治阶级镇压黄巾起义的过程中，孕育了许多地方军阀；黄巾被镇压以后，统治阶级内部又发生了宦官与外戚的矛盾，结果招来了董卓的专权，排挤了其他军阀如袁绍等人的势力，因此发展成为各路诸侯共讨董卓的混战，最后终于形成了三国鼎立的局面。显然《三国演义》的作者在写魏、蜀、吴三国的矛盾斗争的时候，首先从桓灵失政写起，这一方面固然是为了符合历史事实，另一方面，更重要的是为了"推其致乱之由"。可见演义作者把一部长篇历史小说的起点放在桓、灵当政的时候，是与他对这一段历史的全部认识有着血肉的关系的。

长篇小说《水浒传》的开头，也同样能说明这个道理，过去的反动文人金圣叹从反动的立场出发，也曾敏感到这一点。他说：

> 一部大书七十回，将写一百八人也，乃开书未写一百八人而先写高俅者，盖不写高俅，便写一百八人，则是乱自下生也。不写一百八人先写高俅，则是乱自上作也。乱自下生不可训也，作者之所必避也；乱自上作，不可长也，作者之所深惧也。一部大书七十回，而开书先写高俅，有以也。（见贯华堂本《水浒传》第一回）

《水浒传》开头先写高俅，作者的目的显然是为了揭露官逼民反的阶级压迫的事实，而决不是由于"作者之所深惧"，因此写出来希望统治阶级引以为戒。金圣叹一方面敏感到了《水浒传》开头的尖锐的揭露性，而另一方面又从反动立场出发，极力歪曲《水浒传》开头的深刻的思想意义。从这个例子，我们也可以看到《水浒传》的开头，是与《水浒传》作者对这一伟大的阶级斗争的史诗的认识有着密切的关系的。

自然，我对文章开头的看法，并不限于小说，事实上在散文方面这样的例子更多。大家知道，苏东坡写过许多评论历史人物的文章，他在《范增论》里一开头就说：

> 汉用陈平计，间疏楚君臣，项羽疑范增与汉有私，稍夺其权。增大怒曰："天下事大定矣，君王自为之，愿赐骸骨，归卒伍。"未至彭城，疽发背死。

这一段文字，除头两句外，其余都是《史记·项羽本纪》里的文字，为什么苏东坡偏偏到《项羽本纪》里去截取这一段文字作为他这篇文章的开头呢？这是因为他这篇文章的重点是在评论范增去留项氏的得失，截取这一段文字，正是抓住了问题的关键，便于自己单刀直入地展开评论，所以他接着就说："苏子曰：增之去善矣！不去，羽必杀增，独恨其不早耳！然则当以何事去？……"整篇文章，从此便洋洋洒洒地展开了。然而，东坡之所以能断然截取这一段文字作为这篇文章的开头，正是他对范增去留项氏的得失有了独到的看法的缘故。他认为范增于"荥阳之围"时离开项羽已经迟了，甚至假定范增于"鸿门之宴"时离开项羽也已经迟了，他认为范增应该于项羽杀卿子冠军的时候离开他，因为卿子冠军是义帝提拔出来的，而义帝之立，则是范增的谋主，项羽之杀卿子冠军是目无义帝，是杀义帝之兆，目无义帝则是项羽对范增不信任的一种间接表示，因此，范增应该在这时就离开项羽，这样就不至于弄到后来那样的狼狈。从这一立论出发，抓出《项羽本纪》里上述这段文字来开头，那么真是抓住了问题的关键，找到了论述这一问题的最简捷、最恰当的入手之处。

我们再看看他的《魏武帝论》的开头：

> 世之所谓智者，知天下之利害，而审乎计之得失，如斯而已矣。此其为智，犹有所穷（还有碰壁的时候）。惟见天下之利而为之，惟其害而不为，则是有时而穷焉，亦不能尽天下之利。古之所谓大智者，知天下利害得失之计而权之以人，是故有所犯天下之至危而卒以（终究）成大功者，此以其人权之。轻敌者败，重敌者无成功。何者？天下未尝有百全之利也，举事而待其百全，则必有所格（则一定行不通），是故知吾之所以胜人而人不知其所以胜我者，天下莫能敌之。

这里，苏东坡在评论曹操以前，先就申述了一下自己对智者的看法。他认为，所谓智者有三等，一等是知天下之利害而明白计之得失的人，但是这种人有时免不了还有行不通的时候；另一等是能见利而为、见害而避的人，这种人虽然比前一种人聪明些主动些了，但是，仍不免有行不通的时候，因为天下之利不可能一眼看尽；再有一等是所谓"大智"的人，这种人，不仅知道"天下利害得失之计"，而且能"权之以人"，考虑到人的主观条件。他认为轻敌者不免要失败，但重敌（过分估计敌人的力量）者也不能成功，只有能够"知吾之所以胜人，而人不知其所以胜我者，天下莫能敌之"。也就是说只有自己有了战胜敌人的充分把握而又不让敌人知道自己的弱点，使敌人无从战胜自己的人，才能天下无敌。

　　显然，苏东坡的这一段议论，不是无目的地凭空而发的，实际上他在这里树立了一根衡量曹操的成败得失的标尺，所以他到文章的结尾，也是这篇文章最最警策的地方，就评论道：

　　　　盖尝试论之，魏武（曹操）长于料事，而不长于料人。是故有所重发（过高地估计敌人）而丧其功，有所轻为（过低地估计敌人）而至于败。刘备有盖世之才而无应卒之机（缺乏临时应变的能力），方其新破刘璋，蜀人未附，一日而四五惊，斩之不能禁。释此时不取（放弃了这个时机不去攻击刘备），而其后遂至于不敢加兵者终其身。孙权勇而有谋，此不可以声势恐喝取也，帝（指曹操）不用中原之长而与之争于舟楫之间，一日一夜，行三百里以争利，犯此二败以攻孙权，是以丧师于赤壁以成吴之强。且夫刘备可以急取而不可以缓图，方其危疑之间，卷甲而趋之，虽兵法之所忌，可以得志。孙权者，可以计取而不可以势破也，而欲以荆州新附之卒，乘胜而取之，彼非不知其难，特欲侥幸于权之不敢抗也。此用之于新造之蜀（指刘备）乃可以逞。故夫魏武重发于刘备而丧其功，轻为于孙权而至于败，此不亦长于料事而不长于料人之过欤！

引这一大段文字，目的是为了使读者了然于前边所引文章开头的那一段话对于整篇文章的作用，显然，开头的这段理论，是针对后边所分析的曹操的弱点而发的，因此形成了这篇文章前后严密的逻辑力量。然而，如果苏东坡对于曹操的弱点没有深切透彻的了解，也就决不可能找到那样一个开头。

　　上面所引的两篇文章的开头，从方法上来说是完全不同的，前者首先是揭示事实，而且是借用别人的原文；后者则是首先树立一个智者的标准，也就是首先是说理，所以两篇文章的开头一实一虚，在方法上确乎是不同的。但从根本上来说，其原理又是一致的，这就是必须对所要评论的对象有全面的深刻的了解，然后才能找到文章最恰当的开头。

不仅议论文的开头如此，即使是叙事、抒情的散文，也离不开这个原则，不妨再举一个例子。韩愈的《送孟东野序》是一篇赠序文章，虽然带有议论的特色，但与一般的议论文已经有所不同，因为它具有叙事和浓郁的抒情特色。这篇文章劈头就说：

> 大凡物不得其平则鸣。草木之无声，风挠之鸣；水之无声，风荡之鸣。其跃也，或激之；其趋也，或梗之；其沸也，或炙之；金石之无声，或击之鸣。人之于言也亦然，有不得已者而后言，其歌也有思，其哭也有怀。凡出乎口而为声音，其皆有弗平者乎？

这一段开头，骤然读之，真有无限意外突兀之感，不知道他为什么忽然从天外落墨，想出这许多奇语妙思，然而当你一直读下去，读到"唐之有天下，陈子昂、苏源明、元结、李白、杜甫、李观，皆以其所能鸣。其存而在下者，孟郊东野始以其诗鸣"这一段文章的时候，你就不由得恍然大悟，原来开头那许多劈空而来的奇语妙思，都是从这里生发出来的。正因为他对孟郊有深切的了解和同情，特别是对他的诗有高度的评价，因此他才能从孟郊的以诗鸣，联想到一切的鸣，然后再从一切的鸣，慢慢说到孟郊的以诗鸣。

自然，有些记叙文，只是按照事物的先后层次逐步写下去，它的开头，往往看不出作者的匠心经营，甚至有些文章的开头是有固定的格式的，例如人物传记、书信、游记、祭文之类，确乎与上面所举的这些例子大有不同；但是尽管这样，当作者在落笔之先，也仍然不能不对所写的对象有深切的了解。由此可见，所谓"文章开头难"，其难处并不在于孤立地想出一篇文章开头的几句话，而是难在对所写的对象真正做到有深切的了解，有真正出于自己的独到的见解。

除了上述这一根本的问题以外，一篇文章开头的调子是高是低，是奇峰突起的高唱入云，还是朴实平易的从容谈笑，或者还是亲切入味的琐琐描述，这对于全篇文章也是极重要的。高尔基曾经说过："开头第一句是最困难的。它好像在音乐里给予全篇作品以音调，往往费很长时间才找到它。"这话实在有道理，值得很好地体味。我国古代的作家，是很注意这一点的，据说，苏东坡在写《潮州韩文公庙碑》时，找不到一个适当的开头，一直改了几十遍，才忽然找到了"匹夫而为百世师，一言而为天下法"这两句。这两句话，一方面充分表现了苏轼对韩愈的评价之高，另一方面也是为这篇文章定下了一个很高的基调。由于这起头几句气势来得勇猛，因此人们读这篇文章，一开始就有震聋发聩的感觉，而整篇文章，更是贯穿着这个基调，特别是"文起八代之衰，而道济天下之溺，忠犯人主之怒，而勇夺三军之帅"，这些句子，正是精神笔力，两面俱到，大有拔山扛鼎的气魄。难怪前人评这篇文章说："丰词瑰调，气焰光采，非东坡不能为此"，"千古奇观也"！可见文章开头的基调与整篇文章的格调，是有密切关系的。为了说明问题，我们不妨再举欧阳修的《醉翁亭记》为例。《朱子语类》卷百三十九说："欧公文多是修改到妙处。顷有人买得他《醉翁亭记》原稿，初说'滁州四面有山'，凡数十字，末后改定，只曰'环滁皆山也'五字而已。"人们在说到这个例子的时候，常常只从语言精炼的角度去欣赏这五个字的改笔，其实这五个字的妙处，不仅在于比原来的句子精炼，而且更重要的是为这篇文章找到了最好的基调。如果单纯从精炼的角度着眼，那么大可把这句话的最后一个"也"字去掉，变成"环滁皆山"，岂不更精炼些么？之所以不能再精炼，是因为这五个字恰好构成了这篇文章的基调，去掉了"也"字就破坏了这个基调，使下文十九个"也"字失去了前后语调上的呼应和联系，因此也就失去了这篇文章逐层脱卸、旋转而下、似散非散、似排非排的特殊格调。所以这个"也"字在这个句子乃至于在这篇文章里，实在是一个十分重要的字，轻易动它不得。

我国有句成语，叫"文无定法，文成法立"。确实，写文章是不能用死板的方法去硬套的，关于文章的开头也是如此，如果认为文章的开头可以按照几个现成公式去搬用，那就大错特错了。所以尽管我国古代散文家所写的许多散文，其开头还有各种各样的特色，如欧阳修写五代史赞，开头都是用"呜呼"二字，以表示"世变可叹"；苏东坡写《后杞菊赋》，一开头就自怨自嘲地说："吁嗟先生，谁使汝坐堂上，称太守。"使文章具有一种幽默感。对于这样或那样的许多各有匠心的开头，我们自然不可能一一都去分析了。但是，不论文章作如何的开头，都必须首先对所描写的对象有深切正确的理解，要理出它的头绪来，同时必须注意到开头几句话的语调，是否适合于这篇文章的内容和格调。有了这一功夫，就有可能给文章找到一个最恰当的、最好的开头。

其实写文章何止开头难，结尾也是不容易的。一篇文章即使有了好的开头，如果没有好的结尾，弄成虎头蛇尾，那仍然不能算好文章。有人说，小说应该把它的全部重量集中在结尾部分，以便像箭似的把它的箭头全力射出去。（见叶费姆·多宾的《情节结构和作品思想》一文中引艾亨堡的话。多宾的文章载1959年4月号《世界文学》）我觉得这话不仅适用于小说，也适用于某些好的散文，例如骆宾王《讨武曌檄》的结尾说："请看今日之域中，竟是谁家之天下！"这两句结语，看来好像是问话，其实，作者根本不是在问别人，相反却是向别人进行警告。在这个警告式的结语里，它充分表现了自己的信心，由于这个结尾特别劲峭有力，因而便把这篇文章的内容更有力地射向了读者，在读者的心里发生了强烈的影响。再如贾谊《过秦论》的结尾说："一夫作难而七庙隳，身死人手为天下笑者，何也？仁义不施而攻守之势异也。"这最后一句话，实际上是全篇文章的主意，但是作者没有在文章一开始就说出来，也没有放在文章的中间，而是放在文章结尾的最后一句。整篇文章只是说秦国自秦孝公起是如何如何的强盛，甚至连九国的诸侯，"以什倍之地，百万之众，叩关而攻秦"，结果"秦无亡矢遗镞之费而天下诸侯已困"，这以后一直到秦始皇时，更是"威镇四海"，"胡人不敢南下而牧马，士不敢弯弓而报怨"，"良将劲弩，守要害之处，信臣精卒，陈利兵而谁何？"秦始皇也"自以为关中之固，金城千里，子孙帝王，万世之业"，哪里知道却被"蹑足行伍之间而崛起阡陌之中"的陈涉起来振臂一呼，竟把这样强大的秦国一下就灭掉了，当年九国诸侯、百万雄兵所没有能成就的功业，在陈涉的号召下竟然一蹴而就。作者在整篇文章里，只是对这一客观的历史事实，作一概括的描述，向读者提出了问题，一直到文章结尾的最后一句，才如画龙点睛似的点明主题，说明秦国的灭亡是因为它"仁义不施"，不懂得攻守异势（即攻天下的时候要凭武力而守天下的时候却需要仁义）的道理。这样这最后一句话，就像一支箭一样把全篇文章的内容，有力地射向了读者。

有人说戏的"收场一出，即勾魂摄魄之具，使人看过数日而犹觉声音在耳，情形在目者，全亏此出撒娇，作临去秋波那一转也。"（见李渔：《闲情偶记》）这意思就是说戏的结尾，应该给观众以余味，引起观众的思索和回味。其实这样的要求，对于有些散文也是同样适用的，在我国古代的散文中，也不乏这样的例子。例如韩愈《送董邵南序》的结尾说："吾因子有所感矣，为我吊望诸君之墓而观于其市，复有昔时屠狗者乎？为我谢曰：明天子在上，可以出而仕矣！"我们知道，韩愈这篇文章名为送别董邵南，实际上却是在挽留董邵南。但是他却不直截了当地劝董邵南不要去河北（因为河北当时实际上已形成藩镇割据的局面），相反却托董邵南到河北后，传语那些河北的隐土，说"明天子在上，可以出而仕矣！"这最后一句话，对于董邵南，不正是临去秋波、盈盈顾盼而含情脉脉么！再如杜牧《阿房宫赋》的结尾说："嗟夫！使六国各爱其人则足以拒秦，秦复爱六国之人则递三世可至万世而为君，谁得而族灭也？秦人不暇自哀而后人哀之，后人哀之而不鉴之，亦使后人而复哀后人也！"我们知道，杜牧的这篇文章，通过对阿房宫兴废的具体描写，主要是在批判六国的君主不爱人民，因此自取灭亡，同时又批判了秦国的君主同样不知道爱惜人民，因此终于也自取灭亡。然而这一思想，作者并没有放在文章的开头或中间表达出来，而是放在文章的结尾部分表达出来的，试看这篇文章结尾的最后两句话，多么意味深长而发人深思啊！

关于文章的结尾，自然也像文章的开头一样是多种多样而不可能用几个死板的公式把它概括无遗的，更不可能按照某些范文的结尾来照样搬用。因此尽管还有许多种不同的结尾，例如有的文章的结尾既不是"射箭"式的也不是"临去秋波"，而是水到渠成自然而然的收束，有的文章的结尾则又必须依照固定的格式（如书信、祭文等），这些，我们就没有必要来加以琐琐缕述了。总之，我们研究文章的开头和结尾，目的并不是为了找几个现成的公式以便依样画葫芦，而是为了从前人的经验和技巧中得到借鉴。为了不被古人的一些成法所束缚，我觉得借用苏轼《答谢民师书》里的这几句话作本文的结束是适当的。他说：文章"大略如行云流水，初无定质，但常行于所当行，常止于所不可不止，文理自然，姿态横生"。写文章如果真正能做到像行云流水一样，行止得宜，既能"文理自然"而又能"姿态横生"，那末也就差不多了。到了这一境界，转过来看这些开头和结尾的议论，自然更是多余的了。

1961 年

谈文章的说服力

　　好的抒情文章，总是能够深刻地感动读者，引起读者强烈的共鸣；而好的论说文章，则总是具有无可辩驳的说服力。写论说文章要具有雄辩的说服力，这不仅是一个写作技巧问题，而且也是一个思想方法问题。以李斯的《谏逐客书》论，可以鲜明地看出，在论辩文章中，具体地分析具体问题是非常重要的。当然文章本身的思想内容是否正确，更是文章是否能具有说服力的一个关键，所以一篇好的具有强烈的说服力的论说文，它必须是思想内容正确而又善于具体地分析具体的问题的。

　　秦代留下来的散文为数很少，但是李斯的《谏逐客书》，却是一篇具有雄辩的说服力的文章。尽管作者离开我们已经有两千多年，作者所辩论的问题，早已与我们毫不相干了；然而我们今天读这篇文章，仍然能感受到它的强烈的说服力。

　　这种强烈的说服力从何而来呢？

　　首先作者所依据的理由是正确而且充分的。当秦始皇时代，东方各国为了对付强暴的秦国，曾派了大批的间谍到秦国去进行内部破坏。例如处在秦国三面包围中的韩国，为了消耗秦国的人力，使之无力东向兼并，曾派了水工郑国去劝说秦始皇开凿一条沟通泾水和洛水的大渠。秦

186

始皇为了肃清各国派来的间谍，便下逐客令，把所有的外籍宾客（不管他是否是间谍）全部驱逐出去。秦始皇的这种做法，显然是没有具体地分析具体问题，不分是非曲直的极端简单化的做法，对秦国是很不利的。李斯原是楚国上蔡（今河南上蔡县西）人，在秦国也属于客卿，所以也在被逐之列。因此他对秦始皇的做法提出了异议，指出秦始皇的这种对待事情"不问可否，不论曲直，非秦者去，为客者逐"的做法的严重失策和必然后果。正因为李斯的这种指责是正确的，驳斥对方的理由是充分的，因而使这篇文章具有了产生说服力的条件。然而，文章究竟能否说服人，还要看作者的写作技巧，也就是论述的方法。正是在这一点上，《谏逐客书》对我们有很大的借鉴作用。

这篇文章的最主要的特色，就是具体地分析具体问题，反复说理，开陈利害。文章可以分为四段，第一段自开头起到"是使国无富利之实而秦无强大之名也"止。这一段主要是总结秦国的历史，用具体的历史事实来说明"客"不仅无负于秦，而且有功于秦。"事实胜于雄辩"，这一个开头，就具有强烈的雄辩的气势，在这一系列的历史事实面前，一开始就使你感觉到具有无可辩驳的力量。然而这里还只是一种直叙法。接着第二段从"今陛下致昆山之玉"起到"此非所以跨海内制诸侯之术也"止，作者又变换一种手法，使用对比的方法来权衡逐客的得失，这使说理又深入了一步，愈见得逐客令之非。第三段从"臣闻地广者粟多"起到"此所谓藉寇兵而赍盗粮者也"止，说理方法又一变，完全采取正面说理的方法，并举出古代"五帝三王之所以无敌"的原因来与当前秦国的政策对比，这样就更加突出了逐客之非。第四段从"夫物不产于秦，可宝者多"到文章结束，这一段又从逐客一事将引起严重后果的角度来说明逐客令之非。这样，这一篇文章从总结历史、对比事实、正面说理，以及从事态发展的必然后果等各方面，反复说明，层层批驳，把逐客一事驳得一无是处，于是，虽不言取消逐客令而逐客令自然非取消不可了。从这里我们可以看到作者说服别人的方法，不是采取那种笼而统之的只讲抽象的道理不作具体分析的方法，而是运用了切切实实具体分析具体问题的方法，从各个方面讲明自己的道理，促使别人迅速地接受自己的道理。这是这篇文章产生强烈的说服力的一个重要原因。

当然这篇文章的成功之处，还不仅这一点，作者在语言的锤炼和选择上也具有很高的技巧。例如第一段开始就说："昔穆公求士，西取由余于戎，东得百里奚于宛，迎蹇叔于宋，求丕豹、公孙支于晋。"这几句话极力描写了秦始皇的第十九世祖秦穆公时好客求士的精神，安排在每句开头的"东"、"西"、"迎"、"求"等字，给予读者一种惟恐士之不来因而四方延请的鲜明感觉。在第二段中经过了对比分析以后说："今取人则不然，不问可否，不论曲直，非秦者去，为客者逐。"这里，叠用了三个"不"字，一个"去"字，一个"逐"字，又突出地显示了秦始皇的不辨事非、蛮而无理的专横的做法，与前面的"东西迎求"恰恰形成了鲜明对照，给读者以强烈的印象。再如这一段在说明逐客之非的时候，巧妙地借用了许多生动的比喻，文章说："今陛下致昆山之玉，有随和之宝。垂明月之珠，服太阿之剑，乘纤离之马，建翠凤之旗，树灵鼍之鼓。此数宝者，秦不生一焉，而陛下悦之，何也?"这一段文字中，作者巧妙地安排了"致"、"有"、"垂"、"服"、"乘"、"建"、"树"等字，这些字眼强烈地揭示了秦始皇为了个人的声色玩好，则不惜用一切办法，去罗致天下的珍奇；而这些，恰巧和他对于国家人民有用的客卿（指那些非间谍）采取横暴的逐客的手段形成了鲜明的对照，突出地显示了如果这样做的话，则证明秦始皇"所重者在乎色乐珠玉，而所轻者在乎人民也"。这种恰切而生动的比喻具有很强的说服力，而那些经过精心挑选和恰当安排进去的特殊字眼，更使得这种比喻具有无比的鲜明性。

这篇文章，除了上述这些特色以外，文章的作者还善于适当地运用提问和作结的方法，使得文情格外荡漾多姿。例如第一段历叙了历史上客卿的功劳以后，忽然反问一句说："由此观之，客何负于秦哉？"这一句话问得十分有理而又有力，使人无法得出相反的答案。再如在第二段列举了许多秦始皇的声色玩好以后忽然发问说："此数宝者秦不生一焉，而陛下悦之，何也？"这一问，问得十分尖刻，问得秦始皇哑口无言。几经这种有力的诘问，文章就显得波澜翻腾、起伏不平了。然而光有提问没有判断，没有适当的结论也是不够的，所以作者又常常于适当的地方，随时作出判断，以揭示问题的性质或事物的真相。例如第二段中的"然则是所重者在乎色乐珠玉，而所轻者在乎人民也"。第三段中的"此所谓藉寇兵而赍盗粮者也"以及全文最后一句"求国无危，不可得也"，这许多总结，及时为读者点清了问题的性质，使文章的思想内容得到更有力的表达。

写文章，必须考虑到读者，特别是李斯的这篇《谏逐客书》，他的读者是秦始皇，因此他不能不讲究说话的分寸以及自己的身份（客卿），你看他劈头第一句就说："臣闻吏议逐客，窃以为过矣。"这一句话，一方面论点鲜明、毫不含糊，一方面又委婉含蓄，没有一下就使人不好接受。逐客之令，虽然经过吏议，但最后决定者当然是秦始皇，然而他只提"吏议"而不直接提秦始皇，这是婉曲之一。接着下面用一"窃"字，尤见其"辞卑"，显得有一种商量的语气，这是婉曲之二。末了再加一个"矣"字，显出作者十分关切惋惜的心情，这是婉曲之三。这个开头，是全文的基调，虽然下文很有几处说得很尖锐淋漓，但始终没有破坏这个基调而发展到破口大骂。再有一点，因为李斯自己也在被逐之列，如果说得不好，便容易落入为自己辩护而不是为秦国的安危着想的不利处境，所以这篇文章全从正面大道理处落墨，丝毫也不涉及到个别人的问题，就连希望秦始皇立即取消逐客令的意思都未直接说出来，无怪乎前人评这篇文章说"莽莽大笔，落落大意"了。

1961 年 2 月

文章修改难

最近颇有人谈到修改文章的问题，大意总是说文章不怕修改，文章愈是修改就愈能精炼等等。这话我自然是同意的，虽然并不见得每一次的修改绝对都是成功之笔，但文章必须精心琢磨，认真修改，这是不容置疑的。不过，我觉得在谈修改文章的好处以外，也还可以谈谈修改文章的难处。我感到修改文章，比起写文章来，有时要困难得多，正如《文心雕龙》的作者刘勰所说的："改章难于造篇，易字艰于代句，此已然之验也。"（附会篇）修改自己的文章，已经有"改章难于造篇"之感，那末修改别人的文章，困难自然就要更多一些，因而也就更须要慎重下笔了。

有的同志，在修改别人的文章的时候，没有经过深思就轻率地下笔，结果，不但没有使文章更加生色，相反倒给文章带来了新的毛病。

有这样一个例子，有一位同志，在一篇评论文章里借用了曹操的"老骥伏枥，志在千里；烈士暮年，壮心不已"这四句名诗，因为这是一篇文艺短评，目的是借此以赞扬佘太君百岁挂帅的雄心壮志，所以对这四句诗只用了引号而没有注明出处，但是文章发表的时候，下面两句却赫然改成"壮士暮年，雄心不已"，而原来的引号还依然保留着。为什么非改此两句不可呢？起先百思不得其解，但后来顿然妙悟，原来问题出在"烈士"这两个字身上。既然已是"烈士"，那么就决不能再活到"暮年"，因此非改不可。殊不知曹操所说的"烈士"与我们今天所说的革命烈士，完全是两个意思，前者是指有志于建功立业的人，后者是指为革命牺牲了的人。

　　文章自然是以正确、鲜明、生动的为好，然而要做到这一点，实在不是一件容易的事。这一方面有待于作者的努力，要刻苦地磨炼思想，即所谓"炼意"，刻苦地熔铸语言，即所谓"炼词"；而另一方面也有待于做编辑工作的同志正确地掌握这三方面的标准。常常感到有一些文章，思想都很正确，但却缺少生动性，文采不足，神味不够，更不要说是鲜明的活泼泼的个性。然而文章缺少这一点是不行的。所谓"言之无文，行而不远"，如果希望有正确的思想内容的文章更能有益于社会，我们就必须对文章多讲究点"文"，也即是多讲究点文章的艺术性。有的同志，常常把文章里一些据说是不必要的句子或段落或转折词、语气词删掉，他们把这叫做挤掉文章里的"水"。对于挤"水"，我却又有一些不同的想法：我认为文章如果完全是"干"的，未必见得就是好文章。譬如一朵荷花，当它凌波玉立、朝露初滴的时候，你一定会觉得它生意盎然，非常可爱；但如果将它摘下来，放在烈日下把它晒干，荷花纵然仍旧是荷花，然而它的精神风致，它的动人的生意，也就随之消失了。因此，我认为还是鲁迅说得对，应该把文章里"可有可无的字、句、段删去，毫不可惜"，而不必笼统地说把文章里的所谓"水"挤掉。

　　哪些是可有可无的字、句、段？准确地判断这一点，实在不容易，而尤其是字、句的去留，比起段来，有时似乎要更费斟酌些。有些句子往往多一个语气词和少一个语气词，神味就大为不同。例如欧阳修的名作《醉翁亭记》，一开头就是"环滁皆山也"五个字。据说这五个字，是经过了不少次的修改才改定的，原来的句子要长得多。如果按照有些同志的看法，那么这句话，只要"环滁皆山"四个字就够了，"也"字不分明是"水"么？然而，如果把"也"字去掉，这篇文章的独特的风格、神韵也就随之而消失了。因为这一个"也"字的去留，还牵涉到下面十九个"也"字的去留，而没有这些"也"字，也就没有了这篇文章在语言上的旋转而下、逐层脱卸、似散非散、似排非排的特色，文章"干"确实是"干"了一些，但文章的神味也就索然了。又譬如韩愈的《张中丞传后叙》，一开头就是"元和二年四月十三日夜，愈与吴郡张籍，阅家中旧书，得李翰所为张巡传。"这明明是一篇表彰张巡、许远、南霁云等英雄抗敌的传记性的散文，而决不是一篇日记，干什么开头要写上年月日呢？把这点"水"给挤掉，直截了当地说："愈与吴郡张籍，读李翰所为张巡传"云云，不是更加干净斩截么？然而殊不知去掉了开头这几句看来很琐屑的话，也就去掉了这篇文章琐琐记叙、随笔挥洒、或褒或贬、或描或述的错落有致的风调，文章"干"自然又"干"了不少，但神味也同样索然了。好的文章，总应该是文情掩映，神味隽永，令人读后余味无穷的，而这，光靠文章里那些枯燥的所谓挤掉了"水"的语言是不行的。

有人说"水"是指文章里的杂质，挤掉杂质难道不好么？挤掉杂质不但好，而且是非挤不可；但是"水"（如上述的"也"字之类）不一定就是杂质，因而在提笔删削的时候，须要仔细地斟酌什么是文章的杂质。

我这样说，自然不是主张文章里的"水"愈多愈好，任何事情都有一定的限度，超过适当的限度，那么有益的东西就会变成有害的东西，对于文章里的"水"，也应作如是观。

杜甫说："文章千古事，得失寸心知。"文章的得失别人无法了解，只有自己的心里才明白，这倒未必然；但是反过来如果认为文章的得失可以不假思索地一眼望穿，信笔一挥就可以改好，这更未必然。

1979 年 10 月

从"新诗改罢自长吟"说起

　　杜甫的"新诗改罢自长吟"① 这句诗，说到了写作方面的两个问题，即写作过程中的修改和诵读。古今中外，愈是有经验、有成就的作家，对待这两个问题，愈是严肃认真。曹植在与杨修谈论创作的信中说：

　　　　世人之著述，不能无病。仆尝好人讽弹其文，有不善者，应时改定。昔丁敬礼（丁翼）尝作小文，使仆润饰之。仆自以才不过若人，辞不为也。敬礼谓仆："卿何所疑？文之佳恶，吾自得之，后世谁将知定吾文者耶？"吾尝叹此达言，以为美谈。

曹植这封信里，谈到了他自己和当时另一作家丁翼对修改文章的看法。曹植认为，写文章不可能绝无毛病，因此他很欢迎别人批评他的文章，以便将毛病立即改掉。可见，这位"才高八斗"的曹子建，对待写作倒

---

① 　此句见杜甫《解闷》十二首之第七首。

194

颇有实事求是的精神。而丁翼，不仅重视文章的修改，并且还主动请求别人为他提意见修改。只是，他的用心似乎有点市侩气，光从个人的声名着眼，而且老实不客气地将别人为他修改的功绩，干脆就算在自己的账上。曹植对这种看法非但不加非议，竟还赞叹不已，称之为"美谈"，可见，他对修改文章的认识，他的出发点，也仍然是不高的——尽管这样，他们都能认识到修改文章的重要性，而且毫不隐讳地谈了出来，不去渲染那种"文不加点，一挥而就"的写作作风，这还是好的。

刘勰在《文心雕龙》里，也提到修改文章的问题，他说："句有可削，足见其疏；字不得减，乃知其密。"他是从文章的结构方面来讲的。他认为，有可以删掉的句子就证明文章的结构还不紧密，还有空话，因此就必须要"削"。又说："剪截浮词谓之裁，裁则芜秽不生。"把没有内容的空话（浮词）删掉，文章便可以精炼紧密而没有芜秽（杂质）。从这些经验之谈里，我们可以看到，文章的删削修改是何等重要了。

然而，在文章的修改过程中，是不可能不诵读的，只有反复地诵读，才能发现毛病，加以修改。杜甫说："新诗改罢自长吟"，其实，这只是无数次修改和诵读过程中的一次而已，一旦在"长吟"中又发现了问题，势必还要修改。他不是还说过"语不惊人死不休"吗？不把文章修改到完善的境界，誓不休止，这是杜甫的十分严肃的写作态度。

《诗品》的作者钟嵘，在批评王融、谢朓、沈约等人创制四声的某些消极影响的时候，也曾说到诵读问题。他说：

> 余谓制文，本须讽读，不可蹇碍，但令清浊通流，口吻调利，斯为足矣。

他的意思是说：文章本来是给人读的，所以文章的语言最忌结结巴巴，不能上口。文章读起来要使人觉得口齿顺利才好。反过来说，如果文章念在嘴里结结巴巴，好像咬着沙子一样，那么就必须润饰修改了。由此可见，诵读和修改原是分不开的。诵读，是修改文章中的一道工序。鲁迅先生在《答北斗杂志社问》这篇文章的第四条中说："写完后至少看两遍，竭力将可有可无的字、句、段删去，毫不可惜。"这里鲁迅先生所说的"至少看两遍"的"看"，也相当于杜甫所说的"新诗改罢自长吟"的"吟"，所不同的，只是"看"的时候，可以在心里默诵，不必吟出声来而已。

毛泽东同志在《反对党八股》中，引用了鲁迅先生上述这段话以后说："鲁迅说：'至少看两遍'，至多呢？他没有说，我看重要的文章不妨看它十多遍，认真地加以删改，然后发表。"从上面这些话里，可以看出，毛泽东同志和鲁迅先生是多么重视文章的删改，和删改过程中的"看"——反复的诵读啊！

曹、丁两人的重视修改文章，是从个人声名出发的，刘勰则纯粹是从文章的艺术结构方面出发的，虽然他们都道出了写作中的一条宝贵经验，但是，和我们修改文章的目的是不同的。我们之所以强调文章要反复修改，是为了把思想表达得更正确，为了使文章更能为广大群众看懂，为了更充分地起到宣传教育的作用。

1960 年 2 月

解诗亦需生活

　　予读诗词，常喜寻求作者写作之环境，以此反求之诗词，体会其意境，或能稍得其作意。如稼轩《菩萨蛮》上片云："青山欲共高人语，联翩万马来无数。烟雨却低回，望来终不来。"往时读此词，总佩稼轩词意态生动，如看千军万马奔腾欲到，而又盘旋不下，蓄势待发，自有郁勃迴荡之气。二十年前，予过江西铅山，欲寻稼轩旧时踪迹，始知今之铅山已非当年之铅山。稼轩之铅山，尚离数十里，以交通不便竟未能去。然见自此往西一带山峦，皆峥嵘突兀，而其势联翩倾斜，呈万马奔腾之状，恰如词所写。按稼轩此词作于淳熙二年，时在建康登赏心亭，固尚未至上饶，不可能写铅山之景，当是登赏心亭所见。然则以此铅山之景印彼赏心亭所见，当亦能得其什一。因悟稼轩此类词，皆"直道当时语"，非故意修饰，措辞夸张也。

　　又李清照《永遇乐》云"落日熔金，暮云合璧"。"落日熔金"，诗意初看似隔，未能即时得其形象。1971 年，予在江西余江县，居处在山冈上，四围皆松林。每当秋日傍晚，见西北一带，山色如翠黛，长空云霞万里似锦，倏忽变化；尤令人神往者，当落日唧山，将下未下之时，其色鲜红莹皎，远看恰似炼钢炉中烧成耀眼通明之钢块，因叹易安体物

197

之切，捕捉形象之敏快也。又宋人诗"远烧入荒山"，亦是此意。然此境须待山掩落日之后，则远处苍然起伏之山冈，其上部周延连绵一线，皆呈通明之胭脂色，而山后晚霞，一片火红，骤然见之，宛若远处荒山起火，层林尽烧也。可见虽同写一景，而尚有早晚之差异，因悟古人铸词之精确，如非身见其景，则此句似亦是死句。故知会通古人诗词，当亦不易，创作固需生活为依据，解会亦需生活始能参悟也。

今春，予过三峡，留宿奉节，奉节即古夔州。往岁读杜诗，每向往夔府诗城，欲一往而不可得，今春偕诸生历三峡，始偿宿愿。在夔数日，皆用以寻访杜公当日之踪迹，在东屯得见新出之碑一件，记杜甫当日住东屯事甚详。后至白帝庙，觅江边阁遗址，今虽不存，据胡焕章同志考查，其地盖在瞿塘峡口，高阁临江，俯视则急流奔腾，即在目前。老杜诗云："五更鼓角声悲壮，三峡星河影动摇。"此言若非身处其境，则任何人不能道也。盖此句指明"三峡"，当非泛指而系即目，"影动摇"，则是夜深俯视江流所见，一"影"字已表明是俯视而非仰观，是倒影而非实体。"动摇"则江流湍急也。此等诗句，若非身处其境固不能写出，而解之者，虽然凭想象能大体得之，然若非身至其地，亦不能知之深切也。

又杜甫《登高》诗："风急天高猿啸哀，渚清沙白鸟飞迴。无边落木萧萧下，不尽长江滚滚来。万里悲秋常作客，百年多病独登台。艰难苦恨繁霜鬓，潦倒新停浊酒杯。"诗题曰"登高"，则必在高处，盖老杜当年曾住白帝城，白帝城在瞿塘峡口白帝庙北面之白帝山上，今尚有遗迹可寻，位置在山之半腰，地势甚高，可俯瞰江流滚滚东下，非今日游客所到之白帝庙，此亦胡焕章同志为我言之。予至山畔，因当日风急雾重，举目几不能见，故未能登临；然睹此情景，亦可想见当日老杜登高情怀，其颈联两句，正是写登高，故能见"无边落木萧萧下，不尽长江滚滚来"也。

解诗亦需生活

　　杜甫《羌村》诗云："群鸡正乱叫，客至鸡斗争。驱鸡上树木，始闻叩柴荆。"予幼时读此诗，至"驱鸡上树木"，颇感诧异，惟忆汉魏乐府有"鸡鸣桑树巅"，可资联想，然不明其所以。二十年前，予住终南山下马河滩贫农张保财家，进门见两壁均有悬空之横木，高可一米，两端用木杆直立支起，不知作何用。旁晚群鸡归宿，皆飞立其上，如笼鸟然，始悟此横杆之用。翌晨，放鸡出门，觅食后，皆栖于屋边之矮树上。予忽忆老杜《羌村》诗，乃知鸡栖于树，乃当地风习，时老杜虽在陕北，要之陕北一带亦同此风俗也。窃意此风由来已久，古诗"鸡鸣桑树巅"，当亦如此。

　　李白"解道澄江净如练，令人长忆谢玄晖"。"解"，读如"海"，亦当时口语。今陕西农村仍存，乡民询人懂不懂，或明白不明白，曰"解不解"，对方如懂，则答曰"解"。此即"解道"一语之语源也。

　　若此，亦则解诗亦必须了解作者当时当地之风俗习惯及人民群众习常之口语，否则，遇此等处，便不能确解。

　　　　　　　　　　　1984.8.31、9.1. 于登州友谊饭店
　　　　　　　　　　　1984.9.3. 写定于京华瓜饭楼

结构　描写　风格

——读《项羽本纪》

一、结　构

一部好的文学作品，必须具有一个好的结构。因为好的内容，必须通过优美的形式表现出来。只有内容与形式得到完满统一的作品，才是一件真正的艺术品。当然，作品的形式是被作品的内容所决定的，因此当我们阅读那些优秀的作品的时候，常常能发现与它的内容相一致的优美而独特的结构和形式，它们在展现作品的内容的时候，显得那样舒卷自如，浑然一体，不露一点斧凿痕迹。

司马迁，是我国历史上的一位伟大的散文大师。他的文章，对我国古代散文的发展，有着极为深刻的影响。他的许多人物传记（包括《史记》中的"本纪"、"世家"、"列传"等文章），我们可以把它作为最好的历史散文来读。司马迁不仅在这些人物传记里，生动地塑造了历史上各种类型的人物形象，而且他的这许多人物传记，也具有各自的结构特色，值得我们借鉴。

《项羽本纪》，是《史记》中最杰出的一篇作品。两千多年来，它一直为人们所传诵。这篇文章，生动地塑造了项羽这一历史人物的艺术形象，同时还深刻地反映了秦末农民起义的宏伟气魄和楚汉相争时的历史面貌。司马迁写《史记》时，离开项羽的时代已经一百多年了，秦末农民起义和楚汉相争的历史，是那样的千头万绪、复杂纷纭，但是在司马迁的笔下却安排得脉络分明，有条不紊，而又波澜壮阔，气象万千。读这篇文章，我们只觉得作者的一支笔，左运右转，随意起落，而当日的战争形势，秦与楚、刘与项，前后两家的进退得失，成败利钝，也就宛然如在目前一样；而这些历史人物的声音笑貌：项羽的喑噁叱咤，刘邦的嬉笑谩骂，张良的从容进退，范增的愤慨扼腕，也都一齐涌到了我们的眼前。这种艺术效果，一方面首先依靠作者对这一段历史、对这些人物具有深刻的理解；另一方面，也是作者拥有卓越的描写技巧和善于精心结构的缘故。

　　《项羽本纪》，自然主要是写项羽。作者为了突出这个在历史上具有特殊作用的人物，突出他的拔山盖世、喑噁叱咤的气概和"霸王之业，欲以力征"的刚愎性格，因此在结构上采取了以项羽为主，以当时军事进退的路线为线索的单线发展的结构方式。这篇文章，从结构上看，大致可以分为六个部分。第一部分是从文章开头到项梁在定陶兵败身死止。这一部分是项羽反秦事业的初起阶段。这一时期，项羽还没有处在领导地位，当时主要是由他的叔父项梁在掌握着这支反秦的农民军。所以司马迁在描写的时候，就采用项梁、项羽（即项籍）并起的写法。一开始介绍了项羽以后，立即就介绍项梁，然后采用两人交互穿插描写的方法，即把项梁放在主动的地位，把项羽放在仅次于项梁的重要地位，例如：由项梁安排好杀会稽守殷通的密谋以后，然后由项羽看着项梁的眼色行事，措手不及地一下就杀掉了殷通，并"击杀数十百人"，使所有的人皆"慑伏"，这样，项梁与项羽两个人都得到了突出的描写。然后，作者就写他们率领着江东的八千子弟，从吴中出发，渡江而西，一路上汇合了许多农民起义军，人数由八千人一下扩充到六七万人，在几次击败了秦军以后，因为项梁因胜而骄，终于在定陶被秦军击败，项梁身死。

这一段文字，我们可以看做是项梁与项羽的合传；同时我们又可以看到这支由项梁、项羽率领的农民反秦军，是许多农民起义军中的一个主流。当这支队伍由东而西向前推进的时候，各地纷纷起义的小股农民起义军，就像一条条的支流一样，有如百川之汇大海，迅速地汇合到这条主流里面来，形成一股冲击暴秦统治政权的汹涌澎湃的急流。由于作者采用了这种单线发展的结构方式，所以一开始就使读者突出地感到这支像洪流一样的反秦起义军，具有不可阻挡的威力和气势；同时也鲜明地衬托出两个趁时崛起的历史人物的精神风貌和个性特征。

第二部分，是从章邯率领秦国的反动军队包围巨鹿，怀王命宋义、项羽率兵救赵起，到项羽解巨鹿之围，彻底消灭章邯所率领的二十万反动军队于新安城南为止。

这一部分在《项羽本纪》里是有着重要意义的。因为自项梁死后，这支反秦的农民起义军就由怀王自己来掌握了。怀王把救赵这样一个十分重大的任务交给了宋义，而让项羽接受宋义统率。这样就使项羽与宋义之间的矛盾尖锐化起来，终于项羽趁着宋义畏惧秦军的势力因而驻军安阳四十六日不进的时机，杀死了宋义，夺取了全军的领导权。同时立即率军北上，渡河救巨鹿，以破釜沉舟的决心与秦军展开了决战。终于击败了秦军，解了巨鹿之围，并随即利用了秦统治者与章邯之间的内部矛盾，接受了章邯的投降。

巨鹿之战，是一场惊心动魄的战争，作者的描写十分出色，特别是"已破秦军，项羽召见诸侯将，入辕门，无不膝行而前，莫敢仰视"的这些描写，真有令人须眉皆动的感觉。作者通过这一场空前激烈的战斗，一下就把项羽推上了"威镇楚国，名闻诸侯"的特殊重要的地位。从此以后，项羽在这篇文章中，便以不可一世的气概，活动在读者的心目中。

经过巨鹿之战以后，以项羽为首的这支强大的反秦起义军，趁着胜利形势，更加以不可阻挡的气势向西急进。他们击破函谷关，直至戏西，与先到关中的刘邦军对峙。这时，暴秦的统治已经被推翻，原来的秦、楚（即农民起义军）之间的矛盾，随即转化为刘、项两者之间的矛盾，而文章也就进入了第三部分。

这一部分，就是脍炙人口的"鸿门宴"和分封诸侯的一段。如果起先由项梁后来由项羽率领的这支农民起义军有如一股波涛汹涌的洪流，它从吴中出发，冲向西北，然后又折向西南，它以无敌的姿态，在短短的三年时间，就冲过了广阔的地面，那么，现在这一股汹涌倾泻的急流，却突然停止了下来。

如果说在"鸿门宴"以前，作者所用的文笔，基本上是以叙事为主，具体描写的地方较少的话（描写的部分只有项梁、项羽初起，杀宋义及巨鹿之战等处），那么，"鸿门宴"这一段文字，作者就很自然地变换了一种写法，他在叙事中，进行了生动细致的具体描写。因而使得项羽、刘邦、范增、张良、樊哙、项伯等历史人物的形象和他们的声音笑貌、精神气质，都一齐活跃在纸上，使读者有如闻其声、如见其人的感觉。

这一段文字（包括"分封诸侯"的一段），在全文的结构上，也具有特殊重要的意义，是文章转折的关键。它一方面承接着上文项羽势如破竹的胜利气势，特别是到分封诸侯的时候，项羽走上了"号令天下"的"霸主"地位；但同时，它也是项羽逐步走向失败的开始，因为他的反动的政治理想（违背历史发展的规律，企图恢复封建割据的旧局面）和反动的政治措施（实行分封诸侯的反动措施）都暴露出来了，这样他就要走向灭亡。宋代的李涂说："史记《项籍传》最好，立义帝以后，一日气魄一日；杀义帝以后，一日衰飒一日，是一篇大纲领。其笔力驰骤处，有喑呜叱咤之风。"① 杀义帝正是紧接在"分封诸侯"一节的下面，虽然项羽的失败，并不是由于杀义帝，而是他的政治理想的反动性，但李涂看出"分封诸侯"一节是《项羽本纪》一文前后的转折点，看出了前后文章不同的色泽，还是有一定的道理的。

分封诸侯以后，项羽不仅在政治上改变了方向（不再反秦），并且在军事路线上也改变了方向，他开始由西往东，回到彭城去了。这样，文章就进入了第四部分。

这一部分，是从诸侯各就国起，到项羽与刘邦"鸿沟划界"为止，也就是历史上有名的"楚汉相争"的过程。

这一部分的史事特别复杂，真是千头万绪，变化多端；而司马迁的笔，也似乎格外显得矫健灵活，纵横驰骤。看他放倒一头即拈起一头，拈起一头又放倒一头，有如兔起鹘落，奋迅自如，令人目迷神眩。然而从情节和结构上来看，又是安排得脉络分明，毫无杂乱之感。作者在这一部分里，主要安排了五个重点，即田荣、彭越、陈余等人的反楚，以及彭城大战、荥阳之围、广武相持和鸿沟划界。其中田荣、彭越等人的反楚，是分封以后诸侯叛乱的开始，其余的四件事，则都是楚汉之争。从实力对比来看则是项羽从优势逐渐转向劣势。彭城大战的时候，项羽仍然处在军事上的绝对优势地位，所以这一场战争，也特别写得有声有色；但是经过广武相持的阶段而到鸿沟划界的时候，项羽已经逐渐转向于劣势地位了。作者把楚汉双方军事实力的消长转化过程，写得历历如绘，毫发不爽。从当时战争进退的方向路线来看，则项羽伐齐（田荣），是自西而东，彭城大战至荥阳之围，则又是自东而西；项羽击彭越则又是自西而东，击彭越以后与刘邦广武相持到鸿沟划界，则又是从东而西；鸿沟划界以后，项羽解甲东归，则又是从西而东。总之，在这一段

---

① 李涂《文章精义》。

文字里，项羽战争的路线忽而从西到东，忽而又从东到西，三番五次，反复不定，这样也就有力地显示出项羽在战略上完全陷入了前后受敌、首尾不能相顾的绝对被动的不利地位。这一情况，与他在鸿门宴以前的势如破竹、长驱西进的形势，恰好形成了一个鲜明的对照。所以司马迁在这篇文章里，时时点明东、西的方向，是有深意的，目的是在提醒读者，从项羽军事进退的方向和路线中，看出项羽军事上的处境和实力的消长。同时，这东、西等字眼，也就成为文章脉络结构上的线索和眼目。

经过鸿沟划界以后，项羽相信了刘邦与他签订的"和平协定"，于是就解甲东归了。哪知刘邦却根本没有把这项协定放在眼里，他接受了陈平的建议，立即发起进攻，向东追击项羽。这样文章就进入了第五部分，即"垓下之围"。

"垓下之围"，是《项羽本纪》中最传神的文字。在这节文字里，司马迁把这个迷信武力、至死不悟的末路"霸王"的性格，写得栩栩如生，呼之欲出。他一方面慷慨悲歌，泣数行下，觉得自己的末日已到；另一方面却仍然迷信个人的勇力，死不服输，在灭亡以前，还要"为诸君快战，必三胜之，为诸君溃围，斩将，刈旗，令诸君知天亡我，非战之罪也"。临死以前，还为自己的头颅找好了主顾。司马迁的这些描写，使得项羽这个人物的性格，具有鲜明的个性特征，千载以后读这篇文章，仍能使人感到这个人物凛然如生。

从结构上来看，"垓下之围"这一节文字，是全文的高潮。如果全文可以比作是一座连绵不绝、峰峦起伏的山脉的话，那末"垓下之围"就是这座山脉最后最高的一座主峰；由于它的矗立，使得前面这许多连绵起伏的峰峦，与这座主峰互相呼应，互相映衬，更显示出这座山脉的结构宏伟、气势磅礴，更显示出它的雄壮之美来。

这篇文章的最后一部分"太史公曰"，是司马迁对项羽所作的历史评判，它具有总括全文的意义。同时，它又是全文的一点余波。作者一方面肯定了他"遂将五诸侯灭秦"的功绩，同时又批判了他迷信个人勇力至死不悟的刚愎性格。作者连用"难矣"、"过矣"、"岂不谬哉"等三个感叹句作三层顿挫，使得这一小节文章有一波三折之妙，并且也使读者感到他对项羽的批判，下语是很重的。这三个感叹句，也使这一小节文字具有浓厚的抒情色彩，致使读者仿佛想象到作者为这个身死东城尚不觉悟的历史人物所发出深深的浩叹，从而引起读者对这个历史人物进行深沉的思考。

司马迁是一位精通文章结构艺术的大师，他善于根据文章不同的内容，创造性地安排不同的艺术结构，使得文章的内容得到最完满的表现。所以当我们阅读《史记》中其他各篇人物传记时，又可以发现其他各种不同的结构特色，这里的分析，只是略举一例而已。

二、描　写

司马迁拥有丰富的描写技巧，一部《史记》里活跃着各种各样的历史人物，反映着千头万绪、复杂纷纭的历史事件，而这一切又都被表现得那样完美，那样地历历如绘和动人心魄。这一事实，充分说明了司马迁的描写技巧是卓越的，是值得我们探讨的。

首先，他在处理材料上，十分善于剪裁，他善于从复杂的事件中找出一条线索，找出事物本身的发展规律和内部联系，洞察它的各个方面，然后决定材料的取舍和描写的重点。前面已经说过，司马迁离开项羽、刘邦的时代已经有一百多年了，而秦末农民起义和楚汉相争的史事又是那样的错综复杂，难以下笔，但他却能从许多历史材料中，找出军事进退的线索、兵力消长的过程，作为一篇文章的脉络和结构，这已经可以看出他在研究材料上所下的功夫。

　　然而，这还只是问题的一面，问题的另一面是在这个基础上，还必须正确地决定材料的取舍和描写的主次。

　　从材料取舍的角度来看，《项羽本纪》里的有些事件如"鸿门宴"，不仅对于项羽而且对于刘邦等人也是有重要意义的，但是他却把它详尽地写在《项羽本纪》里，而在《高祖本纪》里，却只简略地叙述一下，因为两者比较起来，这件事对项羽更具有重要的意义：是项羽一生历史的转折点，也是楚汉相争的开始。再如在《淮阴侯列传》里，有一大段韩信对项羽的分析。他指出了项羽在政治上、军事上的许多弱点，明确地指出项羽暂时的优势，必将转化为劣势。这一大段材料，无疑对项羽来说也是重要的，但是比较起来，把这一材料写在韩信的传记里，意义就更大，它可以深刻而生动地突出韩信的政治识力和战略思想，同时这也就是刘邦所以能够重用韩信的原因，因此他在《项羽本纪》里就舍弃了这段材料。可见司马迁在材料的取舍上，是经过精心研究的，他的原则之一就是根据这些材料对人物的重要与否，来决定它的取舍。

　　从描写主次的角度来看，《项羽本纪》里一共写了一百零一个人①。当然这一百零一个人，有许多写得很简单，但是有些人物却是写得相当生动。这样众多的人物一齐出现在《项羽本纪》里，如果不分清主次、不明确重点，那么文章肯定会杂乱无章、眉目不清。然而司马迁却把这些人物安置得十分得当。我们看到在第一部分里，最主要的人物是项梁，项羽则处在仅次于项梁的地位。其他如会稽守殷通、广陵人召平、陈婴、陈婴母、范增、刘邦等人则都是陪衬人物。从第二部分起一直到全文结束，项羽便一直是主要人物，其他所有的人物都只是陪衬的人物。但是在这些陪衬人物中，还有不同的政治集团的区别，其中有的是

---

　　①　这一百零一个人都是在《项羽本纪》里有具体名字的，其他没有具体名字的如"亭长"、"田父"、"鲰生"、"外黄舍人儿"等共有十人。

项羽的对立面，有的却是项羽的部属；另外在这些陪衬人物中，也还有主次之分：如刘邦则是反楚集团中的主要人物，张良、樊哙、纪信等则又是次要人物，是刘邦的陪衬人物；在项羽集团中，范增则是陪衬人物中的主要人物，项伯、项庄等则又是次要人物。当然《史记》是一部史书，《项羽本纪》是一篇历史人物的传记，这里边的主要人物或次要人物，都不是作者凭空想象的，而是根据这些人物的历史活动来安排的。然而，正是由于作者这种根据历史材料所作的精心安排，才使得这许多人物被表现得井然有序，历历如绘，他们对于项羽这一个最最主要的人物来说，起到了"众星之显孤月"的作用。

描写的主次，不仅表现在人物方面，在许多事件的描写上，作者显然也是分清主次、分别轻重的。在全文中，如杀宋义、救赵、降章邯、鸿门宴、分封诸侯、彭城大战、荥阳之围、广武相持、鸿沟划界、垓下之围等，显然都是作者重点描写的地方。而在这几个重要事件的描写中，巨鹿之战、鸿门宴和垓下之围，则更是作者着力描写的篇章，具有很强的感染力。林纾在《春觉斋论文》里说："试观《史记》中列传，一入手便将全盘打算：有宜重言者，有宜简言者，有宜繁言者，经所位置，靡不井井。此惟知得传中人之利病，但前后提挈，出之以轻重，而其人生平，尽力所摄，无复遁隐之迹。此非有定识高见，乌能烛照而不遗？"林纾的这段话，很好地说出了司马迁在描写时注意材料取舍、分别轻重的特点。

在描写人物方面，司马迁最善于抓住人物的性格特征，用精炼的笔墨，从行动中表现人物的思想性格。例如《项羽本纪》一开始就说："项籍少时，学书不成；去，学剑，又不成。项梁怒之。籍曰：'书，足以记名姓而已。剑，一人敌，不足学。学万人敌。'于是项梁乃教籍兵法，籍大喜；略知其意，又不肯竟学。"这里，通过项羽少时学书、学剑都不成，要学兵法，然而又不肯耐心学下去的三件事情，十分生动地

結構　描寫　風格

刻画了他粗豪的性格。又如在"巨鹿之战"中，作者极力描写了他破釜沉舟、决一死战的决心和不可阻挡的锐气。在"垓下之围"中，作者又极力描写了他几番突围冲击，斩将刈旗的勇力。总之，作者抓住他喑呜叱咤、拔山盖世的粗豪刚愎的性格特征，用十分有力的笔触，对他进行了生动的描写。再如刘邦是一个善于斗智，能够屈身待时而又有点流氓习气的人物，因此作者抓住他的这种性格特征，通过一系列的具体事件，对他进行了很好的刻画。例如在鸿门宴时，他的实力与项羽大相悬殊，无法与项羽对抗，因此他就对项羽卑辞厚礼，表现得十分恭顺，对着项羽口口声声自称是"臣"。说："臣与将军勠力而攻秦，将军战河北，臣战河南……今者有小人之言，令将军与臣有隙。"在短短的一段话里，连连三次向对方自称是"臣"，使对方感到他毫没有与自己争霸之心，这样就松懈了项羽对他的戒心，再加上其他一些人的作用，后来终于推迟了楚汉战争的爆发，使自己赢得了准备战争的时间。再如当楚汉相争相持不下的时候，项羽把刘邦的父亲绑起来，威胁刘邦说："今不急下（如果不赶快投降），吾烹太公。"刘邦回答他说："吾与项羽俱北面受命怀王，曰'约为兄弟'，吾翁即若（你）翁，必欲烹而（你）翁，则幸分我一杯羹。"这几句话，充分表现了刘邦机智而又狡猾的性格，他不仅不被项羽的威胁所动，而且还找出了一条"理由"，使得项羽也不好随便杀死他的父亲。总之，在人物描写方面，司马迁是十分善于抓住人物的性格特征来进行刻画的。

在描写人物上，作者的另一个特点，是十分善于描摹各种不同人物的语言。例如当"秦始皇帝游会稽，渡浙江，梁与籍俱观"的时候，项羽脱口就说："彼可取而代也！"这句话，活画出了项羽粗暴轻率的性格。同样在《高祖本纪》里，作者描写刘邦因服役去咸阳，看到了秦始皇，就"喟然太息"说："嗟乎，大丈夫当如此也！"同样的意思，项羽的话，就显得性急粗暴，好像可以手到拿来似的。这样的语言，与他的"霸王之业，欲以力征"的性格是相一致的。但是，刘邦的这句话，就着重描写了他见到秦始皇后在内心产生的无限羡慕之感，这有深厚的心理内容和感情色彩，因此这句话就比项羽的那句话来得深沉，因而它与这个后来终于统一天下、建立大业的汉代开国皇帝的身份和性格，又是很吻合。再如《项羽本纪》里写东阳地方的少年们杀死了东阳令，要推举陈婴起来领导反秦的农民起义军时，陈婴的母亲对陈婴说了下面这一段话："自我为汝家妇，未尝闻汝先古之有贵者。今暴得大名，不祥。不如有所属（不如让别人来领导，自己去附属他），事成犹得封侯，事败易以亡（逃走），非世所指名也。"这几句话的口气，多么像一个胆小怕事、好为自己打算的世俗妇人的口气啊！再如在"鸿门宴"一节中，刘邦的语言，开始是惊惶失措；继而是迫不及待地要求与项伯见面，恨不得一下就能使他与项伯的关系变得格外亲密起来，甚而至于愿以兄事之；最后则是服服帖帖地答应项伯明天亲自到项羽处当面谢罪。这一段语言，表现人物的心理和具体的处境，真是惟妙惟肖，如闻其声。其他如张良的语言从容镇静，樊哙的语言激烈果断，范增的语言愤慨失望，也都表现得各各恰如其分，口角如新。由于这样，所以"鸿门宴"这一节文字，便具有很强的戏剧性和感染力。

总之，司马迁是十分善于通过人物的语言来表现人物的思想和个性的，在他笔下的许多人物的语言，不仅与他们的个性与身份相符合，而且还能密切地结合语言的环境，因此他的人物的语言，具有鲜明的个性色彩和真实感！

三、风　格

司马迁的文章具有独特的风格，这是历来为人们所公认的。唐代的韩愈说司马迁的风格"雄深雅健"，宋代的苏辙则说司马迁的风格"疏荡，颇有奇气"，明代的茅坤则说他的风格"疏荡遒逸"。这些说法，都一致指出了司马迁文章风格的独特性。然而，司马迁文章的风格，不仅具有鲜明的个人特色，而且还丰富多彩、无奇不备。这种风格的独创性和多样性，是辩证统一地存在于司马迁的作品中的，这就是说，从他全部的作品来看，则他具有与别的作家迥然不同的独特的个人风格；从他各篇具体的作品来看，则各篇作品又有各自不同的风格特色。清代的桐城派古文家刘大櫆说："文贵大：道理博大，气脉洪大，邱壑远大；邱壑中，必峰峦高大，波澜阔大，乃可谓之远大。古文之大者莫如史迁。震川论《史记》，谓为'大手笔'，又曰：'起头处来得勇猛。'又曰：'连山断岭，峰头参差。'又曰：'如画长江万里图。'又曰：'如大塘上打纤，千船万船，不相妨碍。'此气脉洪大、邱壑远大之谓也。"① 这段话，拿来概括司马迁风格的总的特色，虽然不一定很全面，但它却概括了他的风格的一个很重要的方面。我们读这篇《项羽本纪》，显然也可以感觉到这篇文章波澜壮阔、雄勇猛健的风格特色；读这篇文章，使我们好像展开了一幅色彩绚烂的历史画卷，真正有如看"长江万里图"的感觉。

　　前面说过，司马迁的文章还具有丰富多彩的特色，这是因为他的许多人物传记，常常能生动深刻地表现出传中人物的精神气质来，因而使得文章的风格与传中人物的思想精神面貌相一致，从而也就显示出他的文章风格的多样性来。例如他写《刺客列传》，文章就显得特别悲壮激烈；他写《孔子世家》，文章就显得典重温雅；他写《屈原列传》，文章就充满着悲愤怨抑的情调；而他写《项羽本纪》，则文章的风格又具有一种拔山盖世、叱咤风云的特色，这种风格特色，与项羽的精神面貌

---

　　① 《论文偶记》。

是相一致的。我们试读这篇文章，特别是这篇文章中的项羽杀殷通、杀宋义救赵、彭城大战、垓下之围诸段，当我们越来越清晰地感到项羽这个人的叱咤风云的气概的时候，不是也同样可以感到这篇文章的雄勇猛健的风格特色吗？宋代的马存说："北过大梁之墟，观楚汉之战场，想见项羽之喑呜，高帝之谩骂，龙跳虎跃，千兵万马，大弓长戟，交集而齐呼；故其文雄勇猛健。"① 清代的吴见思在评《项羽本纪》时也说："项羽力拔山，气盖世，何等英雄，何等力量，太史（指司马迁）亦以全神付之，成此英雄力量之文。如破秦军处，斩宋义处，谢鸿门处，分王诸侯处，会垓下处，精神笔力，直透纸背，静而听之，殷殷阗阗，如有百万之军，藏于觚糜（墨）汗青（原指史册，此处借以指纸）之中，令人神动。"② 上面这些话，对我们理解这篇文章的风格特色，是有用处的。

司马迁文章的艺术特色，自然是多方面的，这里，不过是在读《项羽本纪》以后，略书所感而已。

1978 年 8 月

---

① 《赠盖邦式序》。
② 《史记论文》。

叙事　议论　抒情

——读《张中丞传后叙》

　　《张中丞传后叙》是韩愈的一篇著名的散文，在这篇文章中，作者热烈地歌颂了"安史之乱"时期死守睢阳、坚决抵抗安禄山叛军的张巡、许远、南霁云等爱国将领。

　　公元755年（天宝十四载）11月，安禄山在范阳（今河北省）起兵叛乱，很快就攻下了当时的东都洛阳。第二年又攻陷潼关，玄宗放弃长安逃往四川。757年正月，安禄山为其子安庆绪所杀。此时睢阳危急，张巡即从宁陵移兵睢阳与许远共同抗敌。张、许共有兵六千八百人，抗击敌兵十三万。从正月坚守至10月，大小共经四百余战，杀敌十二万。终因救援不至，睢阳陷落。张巡与南霁云、雷万春及其他三十六人同时被害。许远则被押送到洛阳后亦被害。当时有一些人，对张、许坚贞不屈的爱国精神非但不加赞扬，却反而责备他们不该死守睢阳，弄得许多人家破人亡。后来李翰为张巡作传，虽然写得很详密，但却没有为许远立传，也没有表彰南霁云等人的功绩。韩愈愤慨那些小人们对张、许的诽谤，又觉得李翰的文章还有疏漏，因此写了这篇文章。

　　韩愈写这篇文章时，离开张巡、许远等人的死节，已有五十一年。

这篇文章一方面是为了补李翰所作张巡传的不足，同时也是为了驳斥那些小人们的诽谤，所以他就采用夹叙夹议的方法，一面补叙史实，一面批驳谬论，同时又热烈地表达了自己对张、许的歌颂赞扬。这样就使这篇文章具有叙事、议论、抒情三者紧密结合的特色。文章写得随笔挥洒、舒卷自如，忽而叙事，忽而议论，忽而抒情，参差变化，一气呵成，具有很强的感染力。后来司马光修《资治通鉴》时，就采用了这篇文章的好几段文字，以补李翰张巡传的不足。

　　文章一开头，就叙明自己写这篇文章的原因，是因为感到李翰《张巡传》虽然写得详密，但没有为许远立传，也没有载雷万春事首尾（这里的"雷万春"，宋代的李涂说是"南霁云"三字之误，因为这篇文章里所写的事迹没有涉及雷万春，而对于南霁云却有一段十分生动的描写。我看这个意见是对的），这样文章开头的几句话，就表明要就张巡、许远、南霁云三人的遗闻逸事，作一番补述。下面的文字，就着重从这三个人的事迹上互相穿插，铺叙议论。

　　文章接着就从许远的事迹叙起。但对于许远的事迹如何安排却是颇费斟酌的。如果把许远的事迹原原本本从头叙起，那末就势必写成一篇许远传。这样就与本文开头的格调不合。在这里，作者很恰当地抓住许远与张巡有关的事情进行了描写，而且特别抓住了小人们诬蔑许远怕死、向敌人屈服这一点来进行辩驳；这样文章就有了对立面，就有了争论的焦点。于是有关许远的一些史事的补叙，都紧紧围绕这一焦点展开，因此这一段文章目的性也就十分明确。作者一开始就说："远虽材若不及巡者，开门纳巡，位本在巡上，授之柄而处其下，无所疑忌，竟与巡俱守死，成功名。城陷而虏，与巡死先后异耳。"这是对许远的一个总评，他认为除了许远比张巡后死一些时间外，在坚决抵抗安史叛军、守卫国土这一点上，他的功绩与张巡可以说是一样的，没有什么差别；特别是他"位本在巡上"，却能够"授之柄而处其下"，这种品德是很难得的，因此不应该对许远有所贬抑。在对许远作了这样一个总评以后，于是紧接着就驳斥那些小人们对许远的诬蔑。这一驳斥，一共分三层。首先是从"两家子弟材智下，不能通知二父志"落笔，深深地发抒感慨。因为据史载，代宗李豫大历时，张巡的儿子张去疾，曾上疏说许远曾向敌人屈服，这显然是受了那些小人们的议论的影响，因而引起了作者的无限慨叹。这里作者落笔虽然是在"两家子弟"身上，但目光却注视着那些小人们的议论，说明那些小人们的流言蜚语为害之大。然后作者又设身处地地分析许远不怕死、不会向敌人投降的道理：因为许远面临着外无救兵、内无粮草，而敌人却愈来愈多的形势，是明知睢阳不可久守，不过数日就将陷落的；在这种情况下，他依然坚决不投降，那末岂有在城破以后，眼见着与自己一起守城的人都已慷慨就义了，而自己却"独蒙愧耻求活"，这是决不可能的，以上是就当时的事理，来申明许远不可能投降的道理。这是第一层。

在驳倒了这一点以后，接着就驳斥另外一种诬蔑：即认为睢阳的陷落，完全是由于许远与张巡分城而守，因为城破之处，正是在许远所守的地方。这种攻击，看来要比前一种诬蔑更恶毒，更能起迷惑人们的作用，因此作者对这种论调的批驳也比前面尖锐。他首先指出睢阳的陷落，在外无救援、内无粮草的情况下，是必然的结果，是不可避免的，因为敌我双方的力量悬殊太大了。不顾这种实际的情况，而却从破城的地点去论许远的是非，这完全是不明事理的胡说。在揭穿了这种胡说以后，作者随即就发抒了一番感慨，说"小人之好议论，不乐成人之美如是哉！如巡、远之所成就，如此卓卓，犹不得免，其他则又何说！"这一番慨叹，顿时使这一节文章摇曳生姿。一方面，作者直斥那些造谣生事的人为小人；另一方面，作者又从为国牺牲的巡、远两人尚且免不了要受小人们的诬蔑，推想到其他方面则更不堪设想；言外之意，也就是说那些小人实在可恶可怕可恨！这是第二层。我们应该注意，作者在前面一段里是专论许远，而在这一段里，却很自然地从许远带提到了张巡。于是在下面一段里，作者就直接将张、许二人并论了。

在驳倒了第二种诬蔑后，紧跟着就驳第三种诬蔑，这是第三层。在这一段里，主要驳斥那种认为张、许不应该死守，而应该事先就遁逃的谬论。对于这一种说法，作者驳斥得更加尖锐，因而文章比前一段又深入了一步，在这一段里作者又分三层驳：（你说他不应该死守，应该早些逃跑吗？）第一，当他们初守的时候，根本没有想到别人不肯出兵来救；第二，等到他们发觉别人不肯来救，睢阳已不可守时，那末要逃到别处去也没有用处了，因为别处也同样难以保守得住；第三，到他们因为得不到救援而濒于绝望的境地时，即使要转移阵地，他们也不可能达到目的了。根据以上三层，可见张、许两人是筹划得十分周密的，根本不能用上述"理由"来责备他们。文章写到这里，好像已经说得头头是道、满可搁笔了；然而不然，作者却忽然掉转笔头，对诬蔑者发动了猛烈的攻势。他说："守一城，捍天下，以千百就尽之卒，战百万日滋之师，蔽遮江淮，沮遏其势，天下之不亡，其谁之功也？"这几句话，对张、许的功绩作了大力的肯定，说明张、许不但无罪而且有功。文章从开头到这里，发生了根本的变化：从守势转入了攻势；然而上面这一段话，还只是攻势的第一步，着重点还只是说明张、许有功，还没有直接对那些诬蔑者进行致命的反击。下面这一段话，就是攻势的第二步，就是对那些诬蔑者的致命反击。作者紧接着上面一段话说："当是时，弃城而图存者，不可一二数；擅强兵坐而观者，相环也。不追议此，而责二公以死守，亦见其自比于逆乱，设淫辞而助之攻也。"这一段话像剌刀一样十分锐利地剌向了诬蔑者的要害。他们不去批判那些坐观成败、拥兵不救的人，却去诬蔑张巡、许远，说他们坚守阵地、以身殉国是有罪。实质上他们已经把自己放在那些逆乱者的一边，帮助那些逆乱者来诬蔑好人了。这一反击尖锐有力，一下子就揭穿了那些诬蔑者的阴险面目，使得他们再也无法混淆是非，冒充正人君子。

我们应该注意到，上面的这些文字，作者一直采用那种夹叙夹议的笔法，一方面叙述史实，一方面议论是非。而且又是由浅入深，逐条批驳，因此文章的层次很清楚，说服力很强。宋代的李涂说："《孟子》辩百里奚一段，辞理俱到，健读数过，使人神爽飞越。"我看这篇文章的以上几节，也可以说是"辞理俱到"、虚实相生的好文字。

文章写到这里，还只是补叙了张、许一部分的事迹，至于南霁云，则还没有提到。于是作者即抓住上文辩论张、许困守睢阳的事情，顺手就引出了一段南霁云乞救贺兰进明的可歌可泣的文字：

> 南霁云之乞救于贺兰也，贺兰嫉巡、远之声威功绩出己上，不肯出师救；爱霁云之勇且壮，不听其语，强留之。具食与乐，延霁云坐。霁云慷慨语曰："云来时，睢阳之人不食月余日矣，云虽欲独食，义不忍！虽食且不下咽！"因拔所佩刀断一指，血淋漓，以示贺兰。一座大惊，皆感激为云泣下。云知贺兰终无为云出师意，即驰去；将出城，抽矢射佛寺浮图，矢着其上砖半箭，曰："吾归破贼，必灭贺兰，此矢所以志也！"
>
> 愈贞元中过泗州，船上人犹指以相语。

这段文字在内容上是紧接着上文辩论张、许困守睢阳，其他一些人则坐视不救等情节而来的，所以骤然看来，好像纯然另起一事，与上文没有多少关系，实质上却是金针暗度，貌离神合，依然是一气贯注的。因为这一段事情，恰好是叙述睢阳危急，向临淮求救，贺兰进明拒绝发兵、坐视不救的事实，正好证实了上文"擅强兵坐而观者，相环也"这句话。所以它与上文在脉络上依然是浑然一体，不使你产生什么不相衔接之感。然而在写法上，却又换了一副笔墨，使你有眼目俱新的感觉。因为前面那几节文字，作者主要是叙述事实和议论是非，所用的完全是作者的叙述语言，没有人物形象，更没有人物对话；但在这一段文字里，却突然出现了一位慷慨激昂的爱国将领的形象，他的行动是那样强烈，语言是那样感人，虽然只有短短一百五十余字，但是却写得那样鲜明生动，不可磨灭。特别是末了还加上："愈贞元中过泗州，船上人犹指以相语"两句，这样就愈加使读者感到这个人物如在目前一样，有力地增加了这段文字的亲切感。

我们应该注意到这段文字在全文中起着一种转折的作用，在这以前的文字，主要是议论和叙事，目的是批驳那些谬论。但从这段文字开始，就着重补叙描写张巡、许远、南霁云的生平琐事了。所以下文接着就叙述了张巡、南霁云就义时的对话，张巡的博闻强记，群众对张巡的爱戴，张巡就义时的从容慷慨，以及许远的朴实长厚等等。凡此琐屑细事，看来都是支离散乱的，然而作者信手拈来，却神理一片，自然成文；而这几个历史人物的声音笑貌，也就格外栩栩如生、跃然纸上了；这样，这些在别人看来也许是无法处理的屑碎材料，到了他的笔下，却反而成了传神阿睹。

特别应该注意的是最后一段，交待了于嵩的结局，那结局也是那样悲惨，那样令人不平。作者所以叙出这个人的结局，言外之意，也是在对这种社会现实作批判，因为如巡、远成就之所卓卓，犹免不了被小人们横加诬蔑，而与张巡共事的于嵩，虽然在安史之乱中幸免于难了，但最后却还是不明不白地被人杀死，看来社会对待这些人是太不公平了，真正令人浩叹！这于嵩的结局，是从张籍嘴里说出来的，所以结句说"张籍云"。这样恰好与文章开头："元和二年四月十三日夜，愈与吴郡张籍"云云，形成首尾呼应，这样文章的格调，就显得十分和谐协调，结构上也周密完整。

叙事　议论　抒情

　　韩愈是唐代古文运动的领袖人物，他极力反对六朝以来形式主义的文风，主张运用流利生动的古文来表达自己的思想。他的文章，受司马迁《史记》的影响很深。这篇文章夹叙夹议的特色，以及在叙事中所蕴藏着的浓厚的抒情色彩，显然是继承《史记》的传统。当然，对于韩愈的文章，我们也应该历史地批判学习，不能简单地模仿。

1978 年 10 月

情与景会　情在景中

——读《岳阳楼记》

　　《岳阳楼记》是范仲淹的一篇名作，这篇文章从题目上看，好像是一篇写景文或记叙文，但实际上却是抒情、写景、议论紧密结合的一篇好文章。

　　好的文章，首先应该有好的思想内容，同时又要求不落常套，在结构布局上，有适合于文章内容的精心的安排。《岳阳楼记》这类题目，如果没有好的思想内容、好的构思，是极容易写成一篇琐碎的记叙文或单纯的写景文字的。范仲淹则不然，他一开始就把岳阳楼的重修过程、岳阳楼的大观，用极为简练的两小节文字，一笔带过。这样举凡岳阳楼重修的原因、重修后的规摸、自己写这篇《岳阳楼记》的缘由以及岳阳楼的壮观等等，读者就一目了然，清清楚楚。而这两小节文字，又写得利利落落，层次分明，特别是"予观夫巴陵胜状，在洞庭一湖。衔远山，吞长江，浩浩汤汤，横无际涯；朝晖夕阴，气象万千。此则岳阳楼之大观也"几句，一下就把读者的视线带到岳阳楼上，面对着"浩浩汤汤，横无际涯"的洞庭湖，真是"朝晖夕阴，气象万千"。这样，不仅是作者的"情与景会"，而且也使读者"情与景会"了。

情与景会　情在景中

　　然而，作者写这巴陵胜状，写这岳阳楼之大观，目的并不是为了单纯地写景，更主要的是为了抒发作者的抱负，写出作者独立物表的一番理想；这种理想，不同于一般的"迁客骚人"，而是与"古仁人之心"相通的。作者为了突出"古仁人之心"，因此就先把一般的"迁客骚人"的思想加以描写，以与后文"古仁人之心"相对照，实质上也就是与自己的理想、抱负相对照。

　　面对着"浩浩汤汤，横无际涯"的洞庭湖的风光，如何把自己的一番抱负很自然地表达出来，如何把"迁客骚人"的思想很恰当地表达出来，这是需要作者的巧妙构思，需要作者的艺术技巧的。在这里，作者巧妙地抓住了洞庭湖的"北通巫峡，南极潇湘，迁客骚人，多会于此"的地理上的特点，加以生发。洞庭湖的风光既然如此"朝晖夕阴，气象万千"；洞庭湖的地理既然是南北交会之处，那末到此处来的"迁客骚人"一定很多；而他们所见洞庭湖的景色也一定各有不同，那末他们触景生情所生的"情"也一定各有不同，于是作者巧妙地在这里把洞庭湖的景，与"迁客骚人"的情紧密地结合了起来，使写景和写情达到和谐统一。

　　有各种各样的"迁客骚人"，因此也就有各种各样的"情"。例如孟浩然面对着洞庭湖，发出了"气蒸云梦泽，波撼岳阳城。欲济无舟楫，端居耻圣明"的感叹；杜子美登上岳阳楼，发出了"昔闻洞庭水，今上岳阳楼。吴楚东南坼，乾坤日夜浮。亲朋无一字，老病有孤舟。戎马关山北，凭轩涕泗流"的苦吟；黄庭坚登上岳阳楼则写下了"投荒万死鬓毛斑，生出瞿塘滟滪关，未到江南先一笑，岳阳楼上对君山"的诗句。孟浩然的"情"是政治上无人引荐的感慨和牢骚；杜子美的"情"，是老病无依、孤舟飘泊的身世之悲和伤时感世之苦；黄庭坚的"情"则是投荒万死（谪官），后又能脱险东归的悲喜之感。对于诸如此类的各种各样的"情"，作者显然没有必要去繁琐描写。至于岳阳楼外洞庭湖的景，自然也是"气象万千"、变化不定的，作者也没有必要去一一描摹；于是作者概括集中地描写了两种"景"和两种"情"：

　　若夫霪雨霏霏，连月不开，阴风怒号，浊浪排空；日星隐曜，山岳潜形；商旅不行，樯倾楫摧；薄暮冥冥，虎啸猿啼。登斯楼也，则有去国怀乡，忧谗畏讥，满目萧然，感极而悲者矣。

这里的"景"，是一幅洞庭湖的"阴风怒号，浊浪排空"的险景；这里的"情"，是一种"去国怀乡，忧谗畏讥"的悲苦之情。

　　至若春和景明，波澜不惊，上下天光，一碧万顷；沙鸥翔集，锦鳞游泳；岸芷汀兰，郁郁青青。而或长烟一空，皓月千里，浮光跃金，静影沉璧；渔歌互答，此乐何极！登斯楼也，则有心旷神怡，宠辱皆忘，把酒临风，其喜洋洋者矣。

这里的"景"，又是一幅洞庭湖的"春和景明，波澜不惊"的美景。这里的"情"，又是一种"心旷神怡，宠辱皆忘"的"其喜洋洋"的情。各种不同的景，结合"迁客骚人"各自不同的遭遇，于是产生了或悲或喜的不同的情。作者这里描写的情与景，是交融在一起的，是很自然的，也可以说是情在景中，或情随景生，因而使读者感觉到从文章开头一直到这里的描写，都很自然和谐，如流水宛转曲折，流畅自如，而没有使读者觉得在写景之中，生硬地注入许多不相干的情，发出一些不相干的议论；然而，就在这不知不觉之中，作者已经为下面的议论铺平了道路，安下了线索。

　　尽管上面所写的那两种"景"和两种"情"，都是现实生活的概括，是有它的真实性的，而且"景"与"情"也是描写得和谐统一的，然而，作者的目的，并不是在赞扬它；恰恰相反，作者是为了否定它，否定这两种"情"。因为在作者看起来，这种"情"，都不过是从个人的荣升辱降出发的，与天下的安危无关，因此这都是渺乎其小哉的"情"。于是行文到这里，作者方始很自然地提出了一种更高的"情"，这就是"不以物喜，不以己悲"的"古仁人之心"。他们"居庙堂之高，则忧其民；处江湖之远，则忧其君"。他们"进亦忧，退亦忧"，总之，他们不论是荣升抑或是辱降，终不改其忧国忧民的心情，他们始终在为封建的国家操心，为天下操心，为人民操心。所以他们的忧乐，不是像那些"迁客骚人"一样，随着自身的境遇的顺逆而转移，随着客观景物的变迁而转移，而是随着天下的安危而转移；不仅如此，他们还"先天下之忧而忧，后天下之乐而乐"。在这前后两种不同的忧乐的对照之下，于是作者表示了自己的态度，他对后一种人的忧乐，赞叹地说："噫！微斯人，吾谁与归！"他肯定了后者而否定了前者。自然我们不会不了解，这里的"古仁人之心"，实际上是一种假托，作者不过是借以表达自己的抱负而已，因此作者所肯定的，实际上也就是他自己的抱负。自然，我们更不会忘记，范仲淹在这里所提出的"先天下之忧而忧，后天下之乐而乐"的思想，在当时的历史条件下，虽然是一种崇高的思想，但他毕竟是从巩固封建的统治政权出发的，因此对这两句话，我们也应该批判地对待。

前面说过，一篇好的文章，首先要有好的思想内容，同时还应该有好的结构安排，好的语言。范仲淹的这篇文章，能够从写景中抒情，从抒情中议论，使这三者浑然结合为一体，从而使读者很自然地接受他的感受，这种表现手法，应该说是很高明的。然而范仲淹当初写这篇文章，是有感而发、有的放矢的，并不是单纯为了要使文章万古不朽，单纯为了要给千载以后的人们来读而写的。原来这篇文章，是他应他的朋友滕子京的请求而写的。这时滕子京正是因为被诬告而贬官到岳州，政治上很不得意，颇有点前面所说的"迁客骚人"之感；而这时的范仲淹，也正因为庆历党争的失败而被贬官到河南邓州，政治上的遭遇也不得意。宋代范公偁的《过庭录》中有一段话：

> 滕子京负大才，为众忌嫉。自庆帅谪巴陵，愤郁颇见辞色。文正（范仲淹）与之同年友善，爱其才，恐后贻祸；然滕豪迈自负，罕受人言，正患无隙以规之。子京忽以书抵文正，求岳阳楼记，故《记》中云："不以物喜，不以己悲，先天下之忧而忧，后天下之乐而乐。"其意盖有在矣。

可见范仲淹是借这篇文章，对他的朋友进行婉曲的规劝的；也就是说文中的那些议论，都不是空论，而是意有所指的。所以文中所谓"迁客骚人，多会于此"云云，也不过是一种借以抒发议论的手段而已。然而，文章之妙就妙在这里：分明是一篇《岳阳楼记》，却发了一大套忧国忧民的议论；分明是有感而发，针对滕子京当时的心情而写的，然而却使你感到全是一番堂堂正正的大道理，而且婉而多讽，合情合理，没有使你感到是专门批评滕子京。所以林西仲说："妙在借他方之迁客骚人，闲闲点缀，不即不离。谓之为子京说法可也，谓之自述其怀抱可也，即谓之遍告天下后世君子，俱宜如此存心亦无不可也。"林西仲的这段话，正是说到了这篇文章的妙处。

1978 年 11 月

意 在 言 外

——读《醉翁亭记》

好的文章，往往能够着墨不多而寓意无穷，使人产生一种回味，让人常常去思索它、咀嚼它的意思，从中得到感情上的共鸣或思想上的启示。

好的文章，也往往能够有"言外之意"和"弦外之音"，使人读后，除了从文章的正面叙述和描写中，获得作者所希望告诉读者的一部分意思外，还可以从侧面，或者透过文章的正面叙述和描写，获得作者深藏在文章深处的一层意思；当读者经过反复体会、咀嚼、思索以后捕捉到这一层意思的时候，会产生一种新的认识。这种在文章深处隐藏着的东西，我们有时候就称它作"言外之意"或"弦外之音"。

欧阳修的名作《醉翁亭记》，就是一篇具有这种"言外之意"或"弦外之音"的作品。

从文章的正面意思来看，它完全是一篇山水游记，而且是一篇十分出色的山水游记；然而，文章的意思实在不止于此。

这里，我们且从文章的正面描写来作一些分析，然后再揭示出它隐藏在这些正面描写以外的意思。

　　这篇文章共分四段，第一段总写滁州风景，并写出"醉翁亭"，写出"醉翁"名亭之意；第二段写山中四时不同的景色和不同的游观之乐；第三段则着重描写滁人山游之乐和太守宴宾之欢，这是对第二段四时山游之乐的具体描写，也可以说是第二段的补充；最后一段则是全文的总结，写出太守山游之乐与众人山游之乐的不同，暗寓了一层"言外之意"。

　　文章开头"环滁皆山也"一句，是于滁州全景的一个总括，同时也是滁州给人的初步印象；接着就写出"其西南诸峰，林壑尤美"两句，从一个粗略的全景的概括描写，侧重到滁州西南一角的景色；其中"林壑尤美"一句，初步给人以引人入胜之感。然而这仍然只是一种概括的介绍，究竟如何"美"，读者仍然不得而知。于是作者再接写两句，说："望之蔚然而深秀者，琅琊也。"如何"美"？"蔚然而深秀"，一片葱茏翁郁的景色，远远望去，秀美而又幽深。美在何处？美在琅琊山一带。于是作者又用他的笔尖，把读者的视线，从西南诸峰的一角，指引到西南诸峰中的琅琊山上。上面这几句，一路写来，层次分明，犹如游人初近山水胜境，急于搜奇探幽，目光从全景的纵观逐渐集中到风景最优美的一角；而这一段文字，也写得秀气逼人，使读者仿佛感到眼前一片山色峦光，扑面迎人而来。然而，这一切，总起来说，都还只是概括的描写，都还只是初步的印象；也就是说，都只是"望"中之景。因此，作者紧接着又写了"山行六七里"以下几句，这样，读者一下就如同身历其境，于是山色泉声，纷至沓来，简直如行山阴道上，目不暇给；而指顾之间，忽然峰回路转，眼前突兀地出现了"醉翁亭"。这"醉翁亭"是全景的一个最优胜的地方，也是全文结构上的一个关键。在这以前，文章只是写景，没有写人，更没有提到这篇文章中的"主角"——"醉翁"；在此以后，却是人、景俱写，而且主要是在写人，写"醉翁"这个人。因此作者对这个"醉翁亭"就大书特书，既写出作亭者，又写出名亭者，而且更写出名亭者所以名亭为"醉翁亭"之意。然而尽管作者这样大书特书，到底还是没有向读者说出这个名亭者究竟是谁。他只是告诉读者：名亭者是"太守"，"太守"即"醉翁"，从而使读者产生"太守"、"醉翁"、"醉翁亭"三者紧密相连，甚至可以合而为一的感觉。然而，正是在这种巧妙的安排下，作者使用了"金针暗度"的技巧，不知不觉，把读者的注意力，从对山林景色的赏心悦目，转移到这个"太守"、这个"醉翁"的身上来。

文章下面的一段，用极其简洁的笔墨，描写了山间朝暮四时不断变化的景色。其中"野芳发而幽香，佳木秀而繁荫，风霜高洁，水落而石出"四句，把山间春、夏、秋、冬四时景色的特点，作了十分准确的概括。看起来好像这一段文字，有点离开了对"醉翁"的描写，然而，实际上，它是为下面着力描写"醉翁"和滁人等游宴之乐作了必要的烘托。

第三段写滁人山游之乐和"太守"与宾客们的山游之乐，从表面上看来，好像不分主次，实际上，这是为了突出"太守"这个人。所以这一段的最后三句："苍颜白发，颓然乎其间者，太守醉也。"是这一段文章的主脑。在这几句话里，已经隐隐然包含着下文"人知从太守游而乐，而不知太守之乐其乐也"这几句话的意思在内。同时，这一段文字最后归结到"太守醉也"这句话上，这样，一下就与上面"太守"、"醉翁"、"醉翁亭"贯串了起来，使这个"太守"、这个"醉翁"，隐隐然成为山林风月的主人，成为全篇的"主角"。

于是接着就来了最后一段：

> 已而夕阳在山，人影散乱，太守归而宾客从也。树林阴翳，鸣声上下，游人去而禽鸟乐也。然而禽鸟知山林之乐，而不知人之乐；人知从太守游而乐，而不知太守之乐其乐也。醉

　　能同其乐，醒能述以文者，太守也。太守谓谁？庐陵欧阳修也。

　　在这一段文章里，分两层意思。第一层意思是整天的山游之乐直到"夕阳在山，人影散乱"时结束，可算是尽欢而散；而散的时候，是"太守归而宾客从"。这里，"太守"是主，宾客是从，而游人则更是太守、宾客之从。第二层意思是虽然众人、宾客、太守乃至于禽鸟都能各得其乐，然而他们各自所得的"乐"又不一样。其中以"太守"所得的"乐"为最高，因为他能够使禽鸟、游人、众宾都得到山水之乐，所以在他的"乐"里，不仅包括着他个人欣赏山水之乐，而且还包括着他能够使别人得到欣赏山水之乐的乐，而且他还能把这种乐"述以文"，用文章描写出来。看来，这个"太守"，真是有点"不亦乐乎"了。那末这样一位能够"与民同乐"的"太守"，究竟是谁呢？读者到这时已经迫不及待地需要知道这一点了，于是作者就老实不客气地说：这就是我自己。于是文章最后揭出了"底"。到这时，读者恍然觉得这篇山水游记，从某一种意义上来说，仿佛有点像陶渊明的《五柳先生传》，所不同的陶渊明是在直接写人、直接写他自己，而这位滁州太守，却是通过对山水景色的描写，间接地写了自己。

　　从表面上看来，这篇文章似乎完全是一篇山水游记，它写得有声有色，无限的引人入胜。然而，当我们读完这篇文章后仔细咀嚼一下，就觉得还有一点"言外之意"或"弦外之音"，这就是作者用十分生动活泼的笔墨，描写了一幅封建社会里所谓"官民同乐"的图画，写出了在他治内的滁州，是这样的"物阜民康"，是这样的"太平安乐"。这也就是说，作者用他的笔，歌颂了他那个时代的封建政治，而且这种歌颂，看起来是那样的"自然"，那样的令人不知不觉。

　　从这里，我们可以看到，尽管这是一篇山水游记，它的"政治性"

似乎不强，然而，我们却仍然应该批判地来读，否则就会不知不觉地接受它的影响，似乎封建社会里官民之间的关系，真是那么美妙。

从这里，我们也可以从相反的意义上学到一点东西，即我们对于我们的社会，应该比他们更善于歌颂，因为我们的社会，我们的事业，是真正美妙的，值得歌颂的。

1978 年 12 月

影印贯华堂本《水浒传》赘言

    日本军国主义分子发动侵华战争的时候，我上小学五年级，战争爆发，学校关门，我就失学了。那时书包里有一部学校图书馆的毛宗岗评本《三国演义》，这就成了我的读本，我几乎把它读得能背出不少回目和重要的句子段落来。过了一段时间，我又借到了金圣叹评本《水浒传》，也就是贯华堂本《水浒传》。一开始读就上了瘾，真是如醉如痴，也不去问金圣叹是谁，更不知道还有其他本子的《水浒传》。

    当时我对金圣叹的评语特别感兴趣，觉得经他一评，文章的味道、用字的奥妙就点出来了，所以我喜爱文学是评点本引导我的。就在这时我还读了金批《西厢记》等书，当时《西厢记》的曲文我几乎都能背诵。

    上世纪 50 年代到 60 年代，《水浒传》引起了讨论，特别是对金圣叹的批本《水浒传》，争论得很激烈，多数是持否定态度的，认为金圣叹反对农民起义、反对招安，对农民造反军应该像"恶梦"那样斩尽杀绝。但也有人坚持肯定金批《水浒》的，认为金圣叹并不反对农民起义，金批本《水浒》的作用是好的，否则不会金批本风行天下而其他各本几乎绝迹。

　　我那时没有写文章，但从我的实际体会来说，金批本只有七十一回，到梁山好汉大聚义，也即是农民起义取得大胜利为止。第七十一回"英雄惊恶梦"是后加的，或许正如许多批判金圣叹的专家所说，金圣叹是反对招安，认为其结局应如"恶梦"。但实际阅读的效果却仍觉得老百姓的造反（包括有些官员如林冲等）是被逼出来的，是"逼上梁山"。封建皇朝和官府是腐败而又贪婪狠毒的，是压迫人民的，而上梁山的都是英雄好汉。任何读过贯华堂本《水浒传》的人，决不会产生完全与此相反的感受来。

　　在我当时幼小的心灵里，只觉得这些梁山好汉是真英雄，侠肝义胆，敢作敢为。第七十一回的"恶梦"不是滋味，凄凄惨惨的，读后很难受。但那时水平低，并未意识到它的政治含义。相反还觉得这个尾巴是多余的，与前面轰轰烈烈的情节完全接不上。事实上这样一个虚空的"梦"，是冲淡不了前面惊天动地的起义风云的。把后面受招安、征方腊、征田虎、征王庆，最后自相残杀彻底失败等情节全部删掉，只保留了农民起义的大胜利，其客观效果我认为是好的。我认为后面受招安自相残杀等情节，反映农民起义的惨败，比起一个虚幻的"恶梦"来，分量要重得多。当然，这只是从一般阅读的角度来说的，如是对《水浒》作全面的学术研究，那末后部可能恰好客观地反映了农民起义的一种失败结果，那当然是另一回事了。

　　金批《水浒》可能从上世纪50年代以来一直没有出版过，所以批了半天，读者也不知道金批《水浒》是怎样的一部书。而我自己是受过它的好处的，它确实引导我认真读书，仔细品味，使我懂得用字的讲究等等，而我又没有受它"恶梦"的影响去反对农民起义。特别是到了21世纪了，把它作为《水浒》的一种版本印出来，让大家看看，或者作为一种研究资料也是用得着的，何况愿意批判的话，也正好是为批判提供一份原始资料。

　　我这部贯华堂本《水浒传》并不是我小时读的本子，这是上世纪50年代我在北京买到的，是刘半农的影印缩本。华宝斋想印这部书，我就提供给了他们，并建议恢复到原大。至于如何评价这个本子，那是应由《水浒传》研究专家来做的，我只能做提供资料的工作。

　　世间也许还有像我这样守旧的喜欢阅读评本的人，那末不妨拿来一读，或许也能产生与我当年阅读时一样的作用，引导读者去领略欣赏文字的妙处，养成读书的兴趣。即使不能产生这种作用，那也没有什么关系，多读一种书，有什么不好呢！

2005 年 7 月 13 日夜

12 时于古梅书屋

走自己的路

——王同书《施耐庵研究论集》序

前几年，我曾到江苏大丰、兴化去调查过有关施耐庵的文物和遗迹，前后我去过两次，第一次是带着研究生去的，凡大丰、兴化有关施耐庵的地方我都去了，还坐了船穿行于水乡港汊之间，这种纵横交错，四通八达的水道，确有点水泊梁山的味道。

我在大丰，看到了《施氏家簿谱》原抄本，还看到了"施让地照"、"施奉桥地券"、"施廷佐墓志铭"、"施口桥地券"、"木主牌"、"口子安残碑"以及位于兴化施家桥的施耐庵墓等等。总之，两次的调查，我的收获是很大的，印象十分深刻。

以上这些文物，除了四块砖刻大家没有真伪问题的争论外，其他一些实物，都还有些争论，特别是对施氏家谱，意见颇有分歧，关键是施彦端是否就是施耐庵，颇令人怀疑，因为"字耐庵"三个字是旁加的。

意见有分歧是难免的，而且是正常的。

对于有关施耐庵的争论，我是很关心的，也颇想化点力气来做一些调查和考证的工作，但近年来实在事忙，分不出身来，因为施耐庵的争论，不是一个小问题，牵涉面很广，所以终于至今我还没有参与这场争论。

　　但是，不参加争论不等于自己没有想法。几十年来，我读书治学，自己遵守的一个原则是：一、重视文献资料。凡历史上流传下来的与自己所研究的问题有关的文献资料，都要认真研读，细心探究。我这里所说的文献资料，不仅仅是指历史资料、档案、文书等等，而且包括研究对象的诗文集，以及与之有关的一切文字资料。我认为做研究工作，第一要做的当然是精研有关的文字资料，这是研究工作的根本和基础。二、重视地下发掘。近几十年来，我国的考古工作，取得了震惊世界的辉煌业绩，从原始文化的发掘到先秦两汉魏晋南北朝唐宋元明清各代，都有重大的发现，这无异是打开了一座座埋藏着的地下博物馆。我认为这许多丰富的地下资料，大大开阔了我们的眼界，可以说是闻所未闻，见所未见，知所未知。我认为今天是学术研究的黄金时代、幸福的时代。这许多地下宝藏，不仅仅是补文献之不足，而且是大大丰富和大大开发了文化历史资料。古人常说读"天书"，如《水浒》里就有"还道村受三卷天书"等等的情节。事实上"天书"是不存在的，然而却确实存在着千百万部"地书"——地下发掘出来的无数宝藏。在今天，我认为不读这部"地书"，你的文化历史知识就会显得落后，就会跟不上时代。然而，现在有不少人只知道不学东西方外国的文化是落后，是跟不上时代，而不知道不读我们的"地书"也是大大的落后，大大的跟不上时代。就连外国人研究中国的文化历史，如不读我们的"地书"，他也照样落后，照样大大落后于时代。所以在今天治中国的学问而不知有"地书"，不知去努力读这部"地书"，乃是实实在在的落后，实实在在的跟不上时代。所以我主张既要学习外国的先进的科学文化，更要认真总结我们自己的历史文化遗产，继承其优秀的成分，以作为发展我们新文化的基础。三、重视地面调查。我们中国是一个经济落后的大国，我们中国又是一个文化历史十分悠久的大国，我们全国各地的文化遗迹简直数也数不清，由于我们经济落后，开发得晚，全国绝大部分地方，还保留着原始的或历史的地貌。当你读古史或古书的时候，你会觉得这是十分遥远、十分渺茫的时代，但是当你走出书斋，进行实地的文化历史的考察时，你就会意外地发现那些遥远时代的历史物证，仍然还保存在地面上，面对着这些历史遗存，你会感到遥远的历史就在你的眼前，一下就缩短了距离，增加了感性的知识和感受。我调查过很多处新石器时代的文化遗址，我在陕西王曲地区，还发现过一个规模极大的原始社会遗址，其遗存之丰富实为罕见。我也参观过郑州的商城、新郑附近的郑韩故城，以及位于郑州东面荥阳地区的鸿沟，即楚汉相争划界的地方，在洛阳看过汉魏时期的洛阳城，在盱眙看过项羽起兵的东阳城，在甘肃秦安大地湾除了参观大地湾遗址外，还参观了附近的龙城，据说，这是飞将军李广的故里，汉时故城至今依然存在。在新疆除交河、高昌故城外，还到过轮台、焉耆和库车。库车，即古龟兹国。这些地方的历史遗迹都依然存在。这种情况实在遍及全国，无需一一列举。我国地面遗存的历史遗迹之丰富，实非局外人所能梦想。所以我说地下发掘加地面遗存，我们拥有的地面和地下大书，实在是浩如烟海，所以这地面遗存的历史陈迹，也是必须十分重视的一个方面，是一部必读之"书"。四、要重视民间传说。民间传说，与地下发掘和地面遗存不大一样，它的流动性和变异性比较大，但是尽管如此，它还是包含有重要的因素，往往把它的流动性和变异性排除以后，它却包含着历史真实的成分。譬如，我到天水龙城，就听到关于女娲的传说，当地还有娲王庙，老百姓说女娲是他们村的人。而就在邻近就是大地湾原始社会的遗址，距今五千年左右。在这个遗址里的地面上，发现了我国最早的一幅地画，画的内容是母系社会的生活。那末，这女娲的传说，是否与这个母系社会的遗址有若干联系呢？身临其境以后，很自然地会使人产生联想。

我们有许多处重要的地下发掘，起先都是受到民间传说的启示，例如南京南唐二主陵的发掘就是如此。所以人民的口头传说，在我们的研究过程中，也不容忽视。

我多次讲过，我国的文史研究，或者再扩大一点说，我国的学术研究，已经进入了黄金时代，其中尤其是文史方面的研究。我认为过去的学者如王国维所不能梦想的时代，在我们却成了现实，郭沫若虽沾上了一点边，但还是去世得太早了。近些年来的重大的地下发掘，确实震惊了世界，同时也大大打开了我们的眼界，打开了我们的思路，使我们看到了我国社会科学研究的光辉远景，而且更使我们懂得我们应该如何下手。

我讲上面这些话，似乎与施耐庵及《水浒》的研究离得很远了，但实际上并非如此。

我觉得在大丰、兴化地区，关于施耐庵的资料，以上四个方面都涉及了，当然其规模是不大一样的，但其根本的道理却没有什么不同。我认为已发掘出来的墓志铭、家谱以及大量的民间传说等等，确实应该引起重视，应该作认真的研究，当然，目前已经有一部分同志作了较为认真的探索。

其中一个争论的问题是家谱与施耐庵究竟是否有关的问题。有人认为在"第一世始祖彦端公，元配季氏、申氏，生让"一行内，在"彦端公"三字的右下侧旁加"字耐庵"三个字，这旁加的三个字是不可靠的。原因就是因为它是旁加。我个人认为这旁加的三个字，与原来抄写正文的是一个人的笔迹，只要仔细辨认就可以看出，尤其明显的是那个"字耐庵"的"字"字，与相邻的四个"字"字笔势完全一样，"耐庵"两字虽未找到同样的字，但仔细分析其笔势，与正文抄写者的笔迹也完全一样。这说明这三个字，虽系旁添，实际上是一个人写下来的，很显然是抄漏后补添上去的。这种情况并不难理解，试想我们现在抄写东西，能保证一字不漏吗？如果我们抄漏了又自己补抄在旁边，别人却说这不能算数，因为是旁添，这我们能同意吗？因此，这施谱上抄漏后原笔旁添的三个字，我认为应与正文一样看待，不能因为旁添而不承认它的重大的史料价值。

其次是辨别真伪，要看实质，不是简单地看它是否是原抄正文还是后来的旁添侧出。原抄正文未必无一点差错，旁添侧出也未必一定就不可靠，应该考虑到在封建社会里，宗谱是不能拿来与一般的书一样进行卖买的，因此如无根据，他们也就不会凭空添上，即使凭空添上了，对他们又有什么好处呢？何况在封建社会里，施耐庵是个危险人物，思想带有叛逆性，在这种情况下，如果不是他们的老祖宗，又何必要旁添上这个具有强烈的危险性的人物呢？

前些年，我研究过《五庆堂曹氏宗谱》，写了《曹雪芹家世新考》一书，在研究过程中，首先就碰到了同样的问题。但是研究的结果，却发现谱文正文开始的曹氏始祖曹良臣以及二世祖曹泰、曹义都是与曹雪芹的上世毫无关系的历史人物，但是他们却堂堂皇皇地被谱入曹氏家族，当然是正文书写；而另一方面我们又发现不少旁添旁改和另一种笔迹增添的文字。例如在"十四世天佑"下，就有一行小字"颙子官州同"，笔迹与原抄不同，但是曹天佑是曹颙的儿子，至今并没有被否定。所以，我们决不能认为凡被写入正文的就可靠，凡旁加旁改的文字就不可靠，要如果真是这样的研究方法，那末这种研究，岂不也太容易了吗？因此，我认为对《施氏家谱》不能轻率地采取否定的态度，我们应该深入地认真地研究它。

本书的著者王同书同志，对施氏家谱和施让、施廷佐等人的出土文物以及《水浒传》，作了勤奋的深入的研究，尤其是前者，即对家谱和文物的研究，他花费了很大的精力，可以说，他是目前研究施氏家谱最勤奋的一个，他不顾有不少人对这部家谱持否定的态度，勇往直前地走自己的路，说自己的话。在学术道路上的这种独立不移的精神，是十分难能可贵的。

同书同志的文章，我大部分是读过的，我觉得在地处海滨的大丰，在搜集资料十分困难的情况下，能做出这么显著的成绩来，确是不易的，他的一部分论辨文章，也是写得很有说服力的，我对于他的这种论辨的精神，也是十分赞赏的。

做学问，一方面是要有实事求是的精神，要脚踏实地，刻苦钻研，潜心思索，决不能自以为是，因此一定要谦虚谨慎，戒骄戒躁。因为天地间的学问太大了，穷我们毕生的精力，也不可能包罗一切，穷尽一切和精鉴一切。我们的学问，拿整个宇宙间蕴藏的学问来说，我们所做的一切，只不过是沧海一粟，昆仑一石，没有任何可以值得自大和骄傲的地方。但另一方面，我们又必须敢于争论，敢于直言。敢于争论、敢于直言和谦虚谨慎，闻过则改这两方面是相辅相成的，不是互相排斥的。而且一个做学问的人必须具备这两个方面的品德。

再有，谱牒学原是史学的一科，但是新中国成立以来，却很少人问津，非但很少人问津，而且把它看作是一种不轨之学，如有人要研究宗谱，则似乎可能有点想复辟封建主义的味道，记得十多年前我在研究《五庆堂曹氏宗谱》时，就有朋友怀着好意来劝告我，别再找麻烦了。言念及此，岂不可叹！殊不知谱牒学确是史学的重要一科，古往今来的谱牒中包容了多少珍贵史料，目前，在国外已经有谱牒学会之组织，这真是"礼失而求诸野"了，中国的谱牒，却让国外的学者组成学会来进行研究，我们则仍在瞻前顾后，迟迟不进，这种情况，实在也是落后于形势太多了。

面对以上情况，王同书同志竟然拿出自己多年研究施氏家谱的论文专集来，不畏艰难，不趋时尚，做老老实实的工作，虽然所研究的成果或许有得有失，但这种勤奋为学的精神，追求真理的精神确是可贵的。

同书同志书来催我作序，我只好随感式的写上一些，虽是随感，却是真话，是实感！

1986 年 12 月 11 日

关于《水浒》的几个问题

一、关于历史上的宋江

宋江是历史上实有其人的，无论是"正史"和"野史"，都有关于他的记载，如《宋史·徽宗本纪》说：

> 宣和三年二月，淮南盗宋江等犯淮阳军，遣将讨捕；又犯京东、江北。入楚、海州界，命知州张叔夜招降之。

这段材料里提到了宋江活动的时间和地点，还提到了统治阶级命张叔夜去招降，但招降的结果是什么？没有提。再有《宋史·侯蒙列传》说：

> 宋江寇京东，蒙上书，言："江以三十六人横行齐魏，官军数万，无敢抗者，其才必过人。今青溪盗起，不若赦江，使讨方腊以自赎。"帝曰："蒙居外不忘君，忠臣也。"命知东平府，未赴而卒。

这段材料里提到封建统治阶级中有人提议招安宋江和使讨方腊的问题，但实行了没有，材料没有具体说明。再有《宋史·张叔夜列传》说：

> 叔夜……再知海州。宋江起河朔，转略十郡，官兵莫敢婴其锋。声言将至，叔夜使间者觇所向。贼迳趋海濒，劫巨舟十余，载卤获。于是募死士，得千人。设伏近城。而出轻兵距海，诱之战；先匿壮卒海旁，伺兵合，举火焚其舟。贼闻之，皆无斗志。伏兵乘之，擒其副贼，江乃降。

这段材料具体地讲到了宋江投降的情况，是在经过战斗失败后投降的，而那个封建统治者派去征讨宋江这支农民起义队伍的，就是前面《徽宗本纪》里提到的张叔夜。但却未提招安和征方腊的事。

以上是《宋史》里的关于宋江的材料。这些材料说明封建统治者当时企图招降宋江并企图让宋江去讨方腊，宋江最后在战斗失败后投降了，但后来是否去讨方腊，这些材料没有提到。

除了上面这些所谓"正史"的材料外，在一些"野史"里，也保留着一些关于宋江的材料，如李埴《十朝纲要》说：

> （宣和）三年六月辛丑，辛兴宗与宋江破贼上苑洞。

杨仲良《通鉴长编纪事本末》说：

> 三年四月戊子，初，童贯与王禀、刘镇两路，预约会于睦、歙间，分兵四围，包帮源洞于中，……杨可世将后军，王涣统领马公直并裨将赵明、赵许、宋江，既次洞后。

关于《水浒》的几个问题

徐梦莘《三朝北盟会编》卷五十二，（靖康中帙二十七）引《中兴姓氏奸邪录》说：

> 宣和二年，方腊反睦州，陷温、台、婺、处、杭、秀等州，东南震动。以贯为江浙宣抚使，领刘延庆、刘光世、辛企宗、宋江等军，二十余万往讨之。

同书卷二百十二，（炎兴下帙一百十二）引《林泉野记》说：

> 宣和二年方腊反于睦州，光世别将一军，自饶趋衢、婺，……腊败走，入清溪洞。光世遣谍察知其要险，与杨可世遣宋江并进，擒其伪将相。

根据以上这些野史来看，宋江似乎不仅投降了，而且是参加了讨方腊的战争。但据研究者们指出，这些野史的可靠性很成问题，如第三条材料（徐梦莘《三朝北盟会编》）里说"方腊反睦州，陷温、台、婺、处、杭、秀等州。"事实上方腊根本没有占领过温、台、秀三州，童贯出兵讨方腊时，宋江还在山东一带活动，不可能为童贯"领"了去讨方腊。

1939 年在陕西府谷县出土了一块"宋故武功大夫河东第二将折公墓志铭"，铭文说：

> 公讳可存，……宣和初元……方腊之叛，用第四将从军。诸人藉才，互以推公，公遂兼率三将兵，奋然先登，士皆用命。腊贼就擒，迁武节大夫。班师过国门，奉御笔捕草寇宋江，不逾月，继获，迁武功大夫。

这段材料看起来好像与上面这些"正史"和"野史"的说法都不同：宋江既没有投降，更没有征方腊，宋江还是在方腊被俘以后被"获"的。但是这段墓志铭的文字也不大可信，第一，方腊的被俘是韩世忠的事（参见云川著《方腊起义》一书第十三节及其所引大量史料），不是折可存的事。据《宋史·杨震传》说：

> 杨震……从折可存讨方腊，自浙东转击至三界镇，斩首八千级。追袭至黄岩，贼帅吕师囊扼断头之险拒守，……可存问计，……生得师囊及杀首领三十人。

根据这段材料，折可存只是屠杀并俘获了方腊的余部吕师囊。第二，吕师囊的被俘是在宣和四年（1122年）三月间（见方勺《泊宅编》卷五），折可存班师的时间最早也只能是这个时候，从浙东黄岩到开封，最快也要在宣和四年的五六月间。按前面《徽宗本纪》里说宋徽宗命张叔夜招降宋江是在宣和三年二月，可见宋江已经在一年多前就被招降了，怎么还可能"奉御笔捕草寇宋江"呢？可见这是不确实的。实际上他只是屠杀并俘获了方腊的余部吕师囊。

以上就是历史上有关宋江的材料，历史上的宋江也还有统治阶级"命人招降"、宋江"战败投降"、投降后参加征方腊等不同的说法，并未完全统一。

可见历史上的宋江与后来《水浒传》里的宋江，存在着巨大的差别，并且，后来《水浒传》里的宋江的定型，也是经过较长的历史过程的，并不是由一人一气写成的。所以，后来《水浒传》宋江形象的形成和定型，更饱和着历史社会思想的内涵，须要作更深入的研究。

二、水浒故事的流传

历史上宋江这支农民起义军被反动派扑灭，宋江向封建统治者投降，是在北宋徽宗末年，离开南渡只有四五年。关于宋江和水浒故事的流传，大概始于南宋。我们知道在北宋的开封已流行着"说话"（即"说书"）的技艺。到南宋时的杭州，"说话"的艺术更为发达。宋高宗就是一个爱听"说话"的人。据《三朝北盟会编》炎兴下帙四十九说：

> 绍兴元年十二月八日辛未，邵青受招安为枢密院水军总制。先是杜充守建康时，有秉义郎赵祥者，监水门，金人渡江，邵青聚众，而祥为青所得。青受招安，祥始得脱身归，乃依于内侍纲。纲善小说，上喜听之。纲思得新事编小说，乃令祥具说青自聚众以后踪迹，并其徒党忠诈及强弱之将（状），本末甚详，编缀次序，侍上则说之。故上知青可用，而喜单德忠之忠义。

这段材料说明两点。一，宋高宗喜听"小说"，二，邵青聚众抗金后受招安的事迹被编为"小说"在宫廷里讲述。这与《古今小说》叙里的下面这段话是一致的：

> ……若通俗演义，不知何昉。按南宋供奉局有说话人，如今说书之流，其文必通俗，其作者莫可考。泥马倦勤，以太上享天下之养，仁寿清暇，喜阅话本，命……内珰辈广求先代奇迹及间里新闻，倩人敷演进御，以怡天颜。……暨施、罗两公

鼓吹胡元，而"三国志"、"水浒"、"平妖"诸传，遂成巨观。

由此可见，宋江和水浒的故事，在南宋通过"说话"人的活动就已流传开来了。

较早地记述到水浒故事的主要有下面三种：

（一）《醉翁谈录》

此书作者名罗烨，是什么时期的人，无可查考。但据书中的记述可能是南宋中期（也有人认为此书刻于元代）。在此书卷一《小说开辟》内叙述当时"说话"人"只凭三寸舌，褒贬是非，略嘅万余言，讲论古今。说收拾寻常有百万套，谈话头动辄是数千回。""自然使席上风生，不枉教坐间星拱。"可见当时"说话"的艺术已发展得相当可观了。就在这一栏内，记述了当时不少"说话"的目录，其中提到了"石头孙立"、"青面兽"、"花和尚"、"武行者"等等，还有"戴嗣宗"是否就是戴宗则不可知。这些目录说明水浒故事在南宋已以几个人物或一个人物为故事中心在民间流传发展了，但这些故事的思想倾向，仅从这几个存目里，我们还无从窥知。

（二）龚开《三十六人赞》

龚开《三十六人赞》是由周密的《癸辛杂识续集》转载的。周密生于公元 1232 年，南宋亡时他 48 岁，他是由宋入元的。龚开的时代，可能要比他略早一些或约略同时，总之是南宋末年的人。《三十六人赞》评赞了宋江、吴用等三十六人，并在序里说："宋江事见于街谈巷语。"可见此时对宋江及水浒的故事流传已很普遍了。龚《赞》中的三十六人，基本上就是后来《水浒传》里的三十六天罡，所不同的是龚《赞》三十六人中有晁盖、孙立而无林冲和公孙胜，《水浒传》的三十六天罡则有林冲、公孙胜而无晁盖和孙立。另外还有几个人的绰号和名字稍稍有些出入。

值得注意的是在龚《赞》的"序"里说："余尝以江之所为，……立号既不僭侈，名称俨然犹循轨辙。""不僭侈"、"循轨辙"，这就是说不反皇帝，不破坏统治阶级的统治秩序，所以这个龚开，才为之作《赞》，把他"托之记载"的。从这里我们可以开始看到后来《水浒》受招安，宋江只反贪官、不反皇帝的一点思想苗头。

（三）《大宋宣和遗事》

此书没有作者的名字，一般认为是宋末元初的作品。在这部书里保留了较完整的水浒故事的轮廓，主要有五个方面的内容：一，关于杨志、李进义、林冲、王雄、花荣、柴进等十二人押送花石纲的故事，其中还包括着杨志卖刀的情节；二，关于晁盖、吴加亮等八人劫生辰纲的故事，其中包括着宋江送信、晁盖拒捕往太行山梁山泊落草的情节；三，关于宋江杀阎婆惜的故事，其中包括着宋江逃避官府捉拿，躲在屋后九天玄女庙里因而得到一卷"天书"，上有三十六人名单（按"天书"中三十六人名单与龚开《赞》中三十六人名单基本上相同，不同处是龚《赞》中有宋江、解珍、解宝而无林冲、公孙胜、杜千，"天书"则有后者而无前者，另外还有少数名字或绰号小有差异），宋江即带领朱仝、雷横、李逵、戴宗、李海等人上梁山，宋江上梁山时晁盖已死等等的情节；四，封建统治阶级命张叔夜招安宋江；五，宋江征方腊有功，封节度使。后面两个情节即受招安和征方腊，写得极简单。《宣和遗事》关于水浒的故事描写虽然很简单，但却包括了今本《水浒》的基本情节。

特别是在《宣和遗事》里就提出了："一朝充将领，海内耸威风"、"广行忠义，珍灭奸邪"、"助行忠义，卫护国家"等思想，把这些思想，与书中写到的受招安、征方腊等情节联系起来看，可以看到《宣和遗事》不仅在《水浒》的故事情节上已经基本上确立，而且在思想倾向上，它的接受招安（"一朝充将领"）和"替天行道"的思想也已经基本形成了。

上面这三种书所反映的情况，说明宋江和水浒的故事，从南宋到元代一直在流传和发展，而它的等待招安、只反贪官、不反皇帝的思想倾向，在这个流传过程中，在封建统治阶级的思想影响下，也在逐步形成和发展。

反映水浒故事的除上面这几种书外，在元代还有元人杂剧。据研究，在元曲中有二十五个剧目是水浒戏，现在这些剧目已大部分失传了。现有保留下来的六种，这就是高文秀的《黑旋风双献功》，李文蔚的《同乐院燕青博鱼》，康进之的《梁山伯黑旋风负荆》，李致远的《大妇小妻还牢末》，无名氏的《争报恩三虎下山》，无名氏的《鲁智深喜赏黄花峪》等六个杂剧。在这六个杂剧中，只有康进之的《李逵负荆》的情节与《水浒传》的情节一致，其他五个戏的情节与《水浒传》的情节却很不一样，可以说没有多大关系。这说明在民间流传的水浒故事这时还没有完全定型。但值得我们注意的是，在这六个戏里有通过宋江的自白介绍出来的关于水浒故事情节。如高文秀的《黑旋风双献功》杂剧宋江上场时的自白说：

幼小为司吏，结识英雄辈。某姓宋名江字公明，绰名顺天呼保义。幼年曾为郓州郓城县把笔司吏，因带酒杀了阎婆惜，一脚踢翻蜡烛台，沿烧了官房，致伤了人命，被官军捕盗，捉拿的某紧，我自首到官，脊杖六十，迭配江州牢城去。因打此梁山过，有我八拜交的哥哥晁盖，知某有难，领喽啰下山，将押解人打死，救某上山，就让某第二把交椅坐。哥哥晁盖，三

打祝家庄身亡,众兄弟拜某为头领。某聚三十六大伙,七十二
小伙,半坎来小喽啰,威镇梁山。寨名水浒,泊号梁山。纵横
河港一千条,四下方圆八百里。东连大海,西接济阳,南通钜
野、金乡,北靠青、齐、兖、郓。有七十二道深河港,屯数百
只战舰艨艟;三十六座宴楼台,聚百万军粮马草。声传宇宙,
五千铁骑敢争先;名达天庭,聚三十六员英雄将。风高敢放连
天火,月黑提刀去杀人。……

现存六个元人水浒杂剧里宋江的自白,基本上都是这样,只是有的稍稍
简化些,情节上稍稍有些出入,但文字大体上都是相同的。根据上面这
一大段宋江的自白来看,在元代水浒故事虽未最后定型,但已发展得相
当庞大了。拿这段自白与今本《水浒》对照,仍然可以看出情节上的重
大区别:一,这里没有提到宋江给晁盖送信的问题;二,宋江杀阎婆惜
的原因不明,只说是带酒杀了;三,宋江上梁山是第一次经过梁山就上
去的,没有浔阳楼题诗、闹江州劫法场小聚义等等的情节;四,晁盖是
在打祝家庄时死的,没有打曾头市的情节;五,对梁山的描写规模已极
宏大;六,还没有明确地提出希望朝廷招安。

从上面这些情况来看,可见水浒故事在元代已大大发展丰富了,它
已经逐步接近于后来的《水浒传》的描写。

关于《水浒》的思想倾向方面,值得注意的是,在康进之的《李逵
负荆》里,已经明确提出了"替天行道"的口号,在无名氏的《争报恩三
虎下山》里,在宋江的自白中也说:"忠义堂高搁杏黄旗一面,上写着替
天行道宋公明。"后一个杂剧,有可能是明初的作品,但《李逵负荆》确
是元人的作品,可见这种"替天行道"的思想,在元代的《水浒》戏里也
是流行的,这与上面提到的宋元以来话本里《水浒》故事的思想倾向也是
一致的。"替天行道"就是一种造反的思想和造反的口号。

《水浒》一书，就是在上述正史、野史和话本、杂剧等民间传说的基础上，经过封建文人们的加工，又大大发展了它的投降主义的主题思想，大大歌颂了宋江这个接受招安的梁山首领的形象，把它描写成正面的英雄，以达到统治阶级用以分化瓦解农民起义军的目的。宋江在原始的"水浒"故事里一直是正面英雄，但在原始故事里，宋江接受招安的思想并不鲜明突出，主要是写他仗义，写他支持反朝廷的江湖好汉，宋江的受招安的思想是逐渐加重的，直到后来接受招安奉诏征方腊，实际上宋江已背叛了农民起义队伍，但书中宋江却仍是"水浒"英雄的领袖，仍是正面形象。宋江从正面形象到反面形象，是经过长时期的潜移默化，在读者的不知不觉中逐步形成的，是移花接木，利用读者对宋江早期的仗义、敢于反抗等的印象，渐次暗暗转换的。这个过程，也可以看出封建道德教育的潜化作用。

从《水浒》所极力歌颂的宋江这个形象及其投降主义路线来看，可以看到封建统治阶级是如何利用历史人物来夸大宣传其封建正统的"忠"、"义"道德思想的。

三、关于金圣叹腰斩《水浒》的问题

《水浒传》的版本很多，除了有简本繁本的区别外，还有百回本、百十五回本、百二十回本、百二十四回本、七十一回即金圣叹批改的贯华堂本等等的区别；而同一种百回本或百二十回本也有多种刻本。但是最主要的是百回本、百二十回本和七十一回本三种。

百回本的基本内容是：洪太尉误走妖魔，史进、鲁智深、林冲等人的故事，晁盖等劫生辰纲，宋江杀阎婆惜，闹江州宋江上山，三打祝家庄，晁盖曾头市中箭，梁山泊英雄排座次，闹东京，二败童贯，三败高俅，全伙受招安，征辽，征方腊，遇害，魂聚蓼儿洼。百二十回本就是在这个基础上，在征辽以后征方腊以前，又加入征田虎、王庆的二十回，金圣叹的七十一回本则是删去七十回以后的部分，把第一回改作楔子，他自己又重写了一回"梁山泊英雄惊恶梦"作为第七十回。自从金圣叹的七十一回本出来后，以前所有的各种本子就很少见到了，从清初直到解放前，人们基本上都是读的金批本《水浒传》，全本《水浒传》只有少数研究者们进行阅读。

那末，金圣叹为什么要腰斩《水浒》呢？这要从历来封建统治者对待农民起义的基本策略说起。历代的封建统治者对待农民起义，基本上是"剿"（镇压、消灭）和"招"（招安）两种，或者是"剿"、"抚"两种策略交互运用。在封建朝廷里，往往有人主张"剿"而坚决反对"抚"的；当然在对待某次具体的农民起义上，当统治阶级感到自己力量不够，"剿"不了农民起义军的时候，也会有人出来主张"抚"。实际上主张"抚"的目的，与主张"剿"的目的是完全一样的，目的都是为了巩固封建统治而反对农民起义。

金圣叹是明末清初的一个封建正统文人，他对待农民起义是主张"剿"的，他反对"招抚"，他的腰斩《水浒》，就是认为对待这些造反者，只能消灭，决不能"招抚"。这种观点，他在《水浒》的《序》及他改写的第七十回里，表达得非常清楚。首先，他主张凡是造反者就应该消灭，他说：

> 杀人者死，造反者族，法也。劫掠至于十郡，肆毒实惟不小而轻与议赦，坏国家之法。[1]

---

[1]　本节所引材料均见《贯华堂本水浒传》。

他还说梁山上的这些造反者：

> 其幼皆豺狼虎豹之姿也，其壮皆杀人夺货之行也，其后皆敲朴劓刖之余也，其卒皆揭竿斩木之贼也。有王者作，比而诛之，则千人亦快，万人亦快者也。

最后，他在他自己动手改写的第七十回末尾，假托嵇康之口大骂农民起义军说：

> 万死狂贼，你等造下弥天大罪，朝廷屡次前来收捕，你等公然拒杀无数官军，今日却来摇尾乞怜，希图逃脱刀斧，我若今日赦免你们时，后日再以何法去治天下。况且狼子野心，正自信你不得。我那刽子手何在？说时迟，那时快，只见一声令下，壁衣里蜂拥出行刑刽子二百一十六人，两个伏侍一个，将宋江、卢俊义等一百单八个好汉在于堂下草里一齐处斩。

在这段文字下面，他还写下了双行批注，他自赞自评地说这是"真正吉祥文字"。请看，金圣叹对待农民起义军的反动立场是何等鲜明。基于这种反动立场，所以他反对对农民起义军实行招安。他说：

> 彼一百八人而得幸免于宋朝（之斧锧）者，恶知不将有若干百千万人思得复试于后世者乎？

> 有罪者可赦，无罪者生心，从此无治天下之术。

他认为如果对农民起义军实行招安，则后果不堪设想，将会有千百万的农民起义军起来造反，这样封建统治者将"无治天下之术"。

特别应该指出的是，金圣叹通过对《水浒》的评论发表的对待农民起义军的态度，并不是简单地评论小说，他是有他现实的政治目的的，这一点是他自己一再表明了的，他说：

> 所以诛前人既死之心者，所以防后人未然之心也。

他还说：

> 虽在稗官，有当世之忧焉。

那末，他的当世之忧究竟是什么呢？我们知道，他评点删改《水浒》和写《序》是在崇祯十四年，他的《序》文就是在崇祯十四年（1641年）二月十五日完成的。这个时代正是明末农民大起义的时代，在金圣叹写《序》以后三年，李自成的农民起义军就推翻了腐朽的明皇朝，进入北京，不久张献忠也统一了四川，在成都称帝。所以金圣叹在这时批点《水浒》并大骂农民起义军，反对招安，这都是针对当时的农民起义军而发的，决不是什么简单的文艺评论。

那末，金圣叹既然对农民起义军如此仇视，他为什么不采取禁止《水浒》的办法，而要砍去七十回以后的部分，让前七十回流行呢？这是因为他认为《水浒》这部书无法禁止，倒不如用他的批、删、改、评的方法来得有效。他说：

> 人生十岁，耳目渐吐，如日在东，光明发挥。如此书，吾
> 即便禁汝（指他的儿子释弓）不见，亦岂可得。

他还说：

> 其人（指《水浒》里的农民起义军）真不足诛，其书真
> 不足烧也。夫身为庶人（指他自己），无力以禁天下之人作书，
> 而忽取牧猪奴手中之一编，条分而节解之，而反能令未作之书
> 不敢复作，已作之书一旦尽废，是则圣叹廓清天下之功为更奇
> 于秦人之火。

这两段话，不是把他所以不主张禁《水浒》，所以要腰斩《水浒》而又评点《水浒》的目的说得一清二楚了吗？值得注意的是他批点《水浒》前七十回然后让它通行，是为了"令未作之书不敢复作，已作之书一旦尽废"，他的这种手段，在他看来，比下令把《水浒》烧掉还要有效。而且，他认为他的这个"批改"的办法是"更奇于秦人之火"，比秦始皇的"焚书"还要厉害神奇。

但我个人觉得金圣叹批删《水浒传》的实际效果，并没有他想像的那样"神奇"，凡读金批《水浒》的人，并没有根本改变对《水浒》的看法，即"逼上梁山"。认为封建时代上梁山造反是被官方逼的，上梁山是去造反而不是去准备接受招安投降。在老百姓眼里，金批《水浒》里的许多英雄，如李逵、武松、林冲、鲁智深等等，到最后英雄排坐次的这一百零八名人物，个个都是英雄好汉，是反朝廷的豪杰。实际上金圣叹续貂的"英雄惊恶梦"，只是一场虚假的梦，而前面这些轰轰烈烈的战斗，反封建政权的壮举却是活生生的现实。一个虚幻不实的梦，怎能抵消前面那些轰轰烈烈的战斗现实呢？

我倒觉得金圣叹删去后边宋江接受招安、平方腊、平田虎、平王庆等等使农民起义军自相残杀，终至凄惨失败的结局，使梁山起义保持在大起义、大胜利的高潮，其结果是完全与金圣叹的主观意图相反的，是

一个农民起义大胜利的结果，不是投降，不是大失败的结果。我认为用一个虚幻的"恶梦"来替代后面这些凄惨的失败，也没有了招安投降等情节，其客观效果要比保留这些悲惨情节好得多，这一点恰好是金圣叹所没有想到的。但"实践是检验真理的标准"，由于金批《水浒》出，其他各种投降的、自相残杀以至于自灭的《水浒》都不再通行了，这说明老百姓还是喜欢农民起义大胜利的结局的！金圣叹幻想用一个梦来消除全部真实的反封建斗争，真是有点白日做梦！①

四、《水浒》故事衍变过程中所反映的
"忠"、"义"道德观念

在全部《水浒》故事的衍变过程中，值得特别注意的是它所反映的"忠"、"义"道德观念的内涵。

实际上仔细分析《水浒》的"忠"、"义"道德观念，存在着两种完全对立的思想内涵，一种内涵是忠于和义于封建皇帝及其政权，接受招安，为皇帝效忠去镇压起义农民；另一种内涵是与此完全相反，是忠于和义于梁山的起义集体，去坚决反朝廷，反皇帝，甚至要取而代之。第一种内涵首先是封建皇帝的思想，他要求人人都忠于和义于他，其次是宋江的思想。但宋江的思想是有先后的区别的。在宋江的前期，从私放晁盖到英雄排坐次，这一阶段是以忠于和义于梁山兄弟为主，但也不断地流露出不反皇帝、只反贪官的思想，露出希望朝廷招安的思想，尤其是宋太公是绝不允许宋江走上反朝廷的道路的。但从整个故事情节发

---

① 按金圣叹还不止是补写了一个虚幻的恶梦，以示对农民起义军的斩尽杀绝，还对《水浒》书中文字作了篡改，特别是对宋江的形象篡改较多，此处不及细论。

展来看，从大处来看，他还是走上了上梁山起义的道路。但是由于它忠于义于皇帝、不反皇帝的思想根子一直存在，所以后来终于走上了接受招安，投降统治阶级，转过来成为镇压另一支起义农民的刽子手。这前后"忠"、"义"内涵的截然对立、截然相反是很明显的，但"忠"、"义"两个字，两个道德名词却前后都是一样。甚至两种对立的内涵都先后发生在一个人身上。

"只反贪官，不反皇帝"这句话，用来指宋江是很确切的，但不能用来指整个梁山英雄，尤其是李逵、武松等。李逵是一直怒吼着要"杀上东京"，要"杀了鸟皇帝"的，所以整个梁山英雄，还是既反贪官，也反皇帝的。正是因为这种思想，所以会有改朝换代的历史，所以从历史的长流来看，农民起义的最终结果，是既反贪官，也反皇帝的。只不过是只反当时的皇帝，不反封建帝制，所以反成以后，自己仍是做皇帝而已。

为什么《水浒》故事里一直贯注着接受招安、忠于朝廷的思想呢？我认为这是统治阶级长期进行忠于封建皇帝的道德教育的结果。维护统治阶级利益的道德思想，一直不懈地灌输给人民。经过几千年的延续不变，自然被愚化的人民也都以统治阶级的道德内涵来约束自己的行为，甚至以它来作为自身的行为准则了。

封建统治阶级的道德教育，自然不可能作阶级的区分的，自然是天经地义地以它自身的利益为全民的利益来鼓吹宣传的，被愚化的人民怎么可能不受它的麻醉呢？金圣叹在《水浒》序里就明确地表述了这种封建正统的"忠"、"义"思想，他只承认封建正统的"忠"、"义"，而不承认《水浒》的"忠"、"义"。

但是阶级社会里，阶级压迫和对立都是客观地、历史地存在着，《水浒》就是这种客观历史存在的反映，而《水浒》里由李逵、武松、鲁智深、林冲等人所反映的完全忠于起义集体，坚决造反到底的这种具有被压迫阶级利益内涵的"忠"、"义"道德思想（不杂有丝毫统治阶级利益），也终于由《水浒》这部书鲜明地反映出来了。所以我们从《水浒》这部书里可以看到同一种道德名词，实际存在着两种对立的内涵的现实。

宋江的走上招安投降的道路，从思想意识的角度来看，也是封建统治阶级长期道德教育的作用。所以《水浒》这部书，又是我们历史地认识封建社会道德内涵的非常生动直观的道德教材，它还是帮助我们历史地认识农民起义发展规律的一部生动形象的教科书（包括后部失败内容在内），这一点，当然更不是金圣叹所能理解的了。

1975 年 10 月 2 日初稿

2010 年 4 月 12 日改定

校注《金瓶梅词话》序

　　《金瓶梅》一书，初以抄本流传于世，据现有的记载，是在万历二十四年（1596 年）前后。此书最早的刻本是万历四十五年（1617 年）《金瓶梅词话》本。抄本与刻本前后相距二十一年，但这只是一个参数，因为抄本真正最早流传的时代，估计还可能早得多。自从《金瓶梅》一书在社会上开始流传以后，便产生了强烈的反响，而且是截然不同的反响：

　　　　《金瓶梅》从何得来，伏枕略观，云霞满纸，胜于枚生
　　《七发》多矣。

　　　　　　　　　　　　　　　　　——袁宏道《与董思白书》

这是完全赞扬的一种反响。

　　　　万历四十三年乙卯，（正月）五日，伯远携其伯景倩所藏
　　《金瓶梅》小说来，大抵市浑之极秽者，而烽焰远逊《水浒
　　传》，袁中郎极口赞之，亦好奇之过。

　　　　　　　　　　　　　　　　　——李日华《味水轩日记》

这是完全否定的一种反响。

还有一种情况是同一个人，既赞赏它，又反对它。袁中道在《游居柿录》里说：

> 往晤董太史思白，共说小说之佳者。思白曰："近有一小说，名《金瓶梅》，极佳。"

这是称赞《金瓶梅》。但这段文字接着又说：

> 追忆思白言及此书曰：决当焚之。此书诲淫，有名教之思者，何必务为新奇以惊愚而蠹俗乎？

董其昌始而称赞《金瓶梅》"极佳"，继而又说"决当焚之"，其原因也就是袁中道说的"此书诲淫"。

比较具有一些近代人的文艺意识的是清代的刘廷玑，他在《在园杂志》里说：

> 深切人情世务，无如《金瓶梅》，真称奇书。欲要止淫，以淫说法；欲要破迷，引迷入悟。其中家常日用，应酬世务，奸诈贪狡，诸恶皆作，果报昭然。而文心细如牛毛茧丝，凡写一人，始终口吻酷肖到底，掩卷读之，但道数语，便能默会为何人。结构铺张，针线缜密，一字不漏，又岂寻常笔墨可到者哉！

刘廷玑能使自己的眼光扩大到全局，不囿于"淫书"、"秽书"之一点，这确实是很不容易的。至于现当代国际国内的研究家们把研究的重点放在历史的、社会的、文学的、民俗的、语言的种种方面，更是理所当然的了。

《金瓶梅》的绣像评批本早在清代初年就有了，但全校全注本，则还是近年来的事。数年前，刘辉、卜键两君与我谈起《金瓶梅》研究的情况，深感急需有一个认认真真的全校全注本，方能进一步促使"金学"研究的发展，否则"学"无所"本"，就变成舍"本"逐"末"。于是我们就起草报告，呼吁有关领导的批准。同时又决定分头进行工作，由卜键、白维国两位负责"词话"本的校注工作，由刘辉负责评批本的汇校汇评工作。荏苒之间，忽已寒暑数易，评批本的汇校汇评固已先期完稿付梓，而词话本的校注工作亦已克服重重困难，认真完成并已交岳麓书社付排。回思数年间的奔走呼吁，终成硕果，实足为两君贺也。

予因而有感曰：世之"金学"，俟"词话"全校全注本出、汇校汇评本出，必将飞越，而此两书之出，本亦"金学"飞越之实证也。

夫然则世之斤斤于"诲淫"之论者，当亦跨园池而涉汪洋乎！至于嗜痂逐臭之夫，固不足与言"学"矣！

是为序。

1994 年 11 月 17 日夜 1 时于京华瓜饭楼

读《〈金瓶梅〉及小说戏曲
比较研究》随想

　　《金瓶梅》写定的时间，如果姑依"嘉靖间大名士"之说，则此书流传至今，已经有四百多年的历史了。再退一步说，如果以现存最早的万历四十五年（1617 年）刻本《金瓶梅词话》算起，流传至今，也已经有三百七十一年的历史了。

　　在这四个世纪的流传过程中，对此书的研究，恐怕要算《新刻绣像金瓶梅》一书的作者为最早，因为这个刻本不仅对文字进行了加工整理，而且已有了评语。从"词话"本到"批评"本，无论是正文的加工整理还是评论，都应该看作是一个研究过程。那末，要说《金瓶梅》的研究史，理应从这部书开始。此书的刊刻年代，有的研究者主崇祯说，刘辉同志认为此书的加工写定者是自称"回道人"的李渔，其刊刻年代，"最早不能超过顺治十五年"（1658 年）。我们姑且从这个年份算起，那末，《金瓶梅》的研究，也已经有三百三十年的历史了。

　　在这三个多世纪的《金瓶梅》研究史上，这个"批评本"的批评者，应该就是《金瓶梅》研究的开端者。而其后三十七年，康熙乙亥（康熙三十四年，1699 年），第一奇书本的评者张竹坡，则应该说是此书的第一个大批评家，也就是《金瓶梅》一书的大研究家。第一奇书本的流传，是远远超过词话本的，《金瓶梅》之所以能得到广泛的流布，则不得不归功于第一奇书的评者张竹坡。

在张竹坡以后，虽然还有评者，但毕竟寂寞下来了。一直到本世纪的 30 年代，鲁迅、郑振铎、吴晗等人，才又开始了对《金瓶梅》的新的研究。鲁迅在他的名著《中国小说史略》里对《金瓶梅》作了长篇论述，称它为"世情小说"，说作者之于世情，"盖诚极洞达，凡所形容，或条畅，或曲折，或刻露而尽相，或幽伏而含讥……同时说部，无以上之，著此一家，即骂尽诸色，盖非独描摹下流言行，加以笔伐而已"。吴晗的《金瓶梅的著作时代及其社会背景》和郑振铎的《谈金瓶梅词话》，都是当时的力作，今天重读，仍不失其学术价值，可惜当时对《金瓶梅》的研究，由于日本帝国主义的侵略，就自然地中止了。

全国解放以后，50 年代，在郑振铎先生的主持下，又重新影印出版了《金瓶梅词话》，但印数甚少，发行极严格，加之当时的政治形势和思想界的趋势，根本不可能开展对《金瓶梅》的研究，一直到了今天，在"四人帮"垮台，十一届三中全会以后，我国的形势发生了根本性的变化，正可以说是"政通人和，百废俱兴"，因此数年来，《金瓶梅》的研究，重新得到了学术界的重视，过去的那些忌讳的心理，逐渐被学术空气代替了。近几年来，在《金瓶梅》的研究上，取得了突出的成就，其中以徐朔方先生所作出的贡献更为引人注目，还有吴敢同志对张竹坡的研究，可以说是一个突破。我并不研究《金瓶梅》，对这方面的研究现状所知甚少，上述这些情况，只是窥豹一斑而已。因此这样的举例，只能反映我自己阅读的情况，而不是对整个《金瓶梅》的研究妄加甲乙。

在《金瓶梅》研究的学术队伍中，刘辉同志在这方面所作的努力，不仅是卓有成效的，而且他的成就也是很突出的，我读过他的《金瓶成书与版本研究》这本专著，感到他在《金瓶梅》版本问题的研究上，是下了功夫的，他的《从词话本到说散本》、《屠本畯的〈山林经济籍〉与〈金瓶梅〉》、《金瓶梅版本考》、《〈金瓶梅〉主要版本所见录》等文章以及收在这本书里的其他几篇文章，都可以称得上是他的力作，可以称得上是考证精详，辨析烛幽显微，判断下语斩截，毫无犹豫疑似之词，这要不是在《金瓶梅》的版本问题上下过一番真实功夫，亲自审慎地研读过这些本子的话，是写不出这样的文章来的。譬如《山林经济籍》，一向就搞不清楚究竟是有两种本子，即二十四卷本和不分卷本，还是记载有误，刘辉同志的文章，对此讲得一清二楚，把多年的疑团一下澄清了，这样的文章要不是亲自去辛勤爬梳，验看原书，是根本无从下笔的。所以读他的这部《金瓶梅》版本论著，可以感到他的用力之勤和学风之踏实。

刘辉同志收在本书里的几篇有关《金瓶梅》的文章，同样可以感受到他的这种踏踏实实的学风，例如《〈如意君传〉的刊刻年代及其与〈金瓶梅〉之关系》这篇文章，他从嘉靖本《读书一得》中之《读如意君传》追索到黄训其人，从而弄清楚了黄训的生平，因此也就断定《如意君传》必然刊刻于嘉靖四年（1525年）之前。求出了《如意君传》刊刻的比较确切的下限，那末，也就令人信服地确认《如意君传》是在《金瓶梅》之前，其中两书有相同的文字，是《如意君传》影响了《金瓶梅》而不是相反。再如《论新刻绣像批评金瓶梅》一文，他论述《金瓶梅词话》较多地保留了说唱艺人"底本"的原始形态，考证"回道人"就是李渔，从而论定《新刻绣像批评金瓶梅》里李渔对《词话》本的删节修改本，进而论定它的刊刻时代的上限应在明代，或清初顺治年间。我感到刘辉同志所下的这些结论，都是相当严谨的，没有任何臆测或悬拟的成分。

收在本书里的另一组文章，是小说与戏曲比较研究的文章，刘辉同志把宋元话本小说与宋元南戏、元杂剧联系起来作总体性的研究，这无论是在话本小说的研究上或是宋元南戏、元杂剧等戏曲的研究上，都具有新的意义，无疑是把这两方面的研究领域扩展了，把研究的方法也更新了。

刘辉同志指出："小说是否具有又说又唱的艺术形式，是区分民间集体创作与文人自创小说的重要分界。"这个判断，大体上我认为是准确的。说"大体上"是就其主要方面而论，也就是说只要不把这个论断绝对化，他所提出的这个分界标志是有道理的。我提出的不把这个论断绝对化，是因为在话本小说的长期流传、发展过程中，有些话本小说渐渐减弱了它的唱的部分，例如长篇巨著《水浒传》，显然是从民间的说话发展而来的，到后来才被写定为现在所能见到的形式，所以就其渊源来说，我们不能否定它是从民间的说话艺术发展而来的。然而，就其现貌来说，它的唱的痕迹，已经泯灭了，与现在我们所见到的宋元话本如《快嘴李翠莲》、《菩萨蛮》等明显地留有唱的痕迹的作品不同了。实际上在宋元话本的发展过程中，有的话本是偏重于"说"的，有的则是又说又唱、说唱并重的，这两种，当然都属于民间集体创作。

刘辉同志对并存于戏曲和小说之中楔子、引首和入话等的分析也是卓有见解的。过去人们读宋元话本中的"楔子"，只是注意解释"楔子"的含义，很少与元剧的四折一楔子的"楔子"联系起来看，刘辉同志却指出了它们两者之间的渊源关系。刘辉同志对"灯花婆婆"的考释，对长篇小说的回目与南戏和元杂剧的题目正名的考释，尤其是对戏曲和小说中通用的"留文"，都作了周密而详细的调查，揭示了"留文"在戏曲和小说中广泛运用的情况，更加说明了中国戏曲和小说在发展中的密切关系。

特别是刘辉同志又进一步提出了戏曲与小说的关系中的两种情况：一种是小说被戏曲利用，小说被改编为戏曲，另一种是戏曲又转过来被改写为小说。以上两种情况，确实是客观的存在，它说明小说和戏曲或者戏曲与小说是存在着非常密切的关系的。对小说和戏曲中存在的上述这种情况，我在《从绿衣人传到李慧娘》① 和《论罗贯中的时代》②这两篇文章中，也曾分别叙述过。在前一篇文章中，我曾指出关于李慧娘的故事，最初见于徐渭《南词叙录》中的"宋元旧篇"，其中著录有《贾似道木绵庵记》一本，显然其时代有可能是南宋，也有可能是元代，其形式当然是戏曲。但是到了元末明初人瞿佑的《剪灯新话》里，又有了小说《绿衣人传》。《剪灯新话》成书于明洪武十一年（1378 年），也即是明代开国后的第十一年，那末，这篇小说的时代，有可能是元末或明初。总之，比之宋元旧篇的《贾似道木绵庵记》，其时代要晚。之后，又有了传奇《红梅记》的产生，作者是周朝俊。在《红梅记》里，不仅保留了《绿衣人传》的故事情节，而且还多处转录了小说的原文，使之成为人物的对话。到了晚明，又有冯梦龙编的《古今小说》中的《木绵庵郑虎报冤》，其中贾似道片言杀妾的故事，连同它的文字，又从《绿衣人传》里转了过来。这样，同一个故事，最先出现是戏剧的形式，第二次出现就改为小说，第三次出现又成为另一种戏曲，而第四次出现又成了小说。当然，每一次变化，都是一次发展，而不是简单的重复。然而，就这些变化来说，也就可以看出两者的关系来了。

我在后一篇文章里，指出了元代的三国戏其情节来源是《三国志平话》，后来的《三国志演义》是在丰富元代三国戏的基础上发展、创作、改写而成的，所以用元杂剧的三国戏来对照明代的《三国志演义》小说，很多情节都对不上。然而，在罗贯中《三国志演义》之后的三国戏，它的情节就主要是来源于《三国志演义》了。这同样是经历了从话

① 见拙著《春草集》，上海文艺出版社，1979 年版。
② 见拙著《逝川集》，陕西人民出版社，1980 年版。

本小说到戏曲、再从戏曲到小说的过程。

刘辉同志所揭示的这种小说和戏曲相互吸收的情况，确是中国小说史和中国戏曲史不容忽视的事实，我虽然在上述拙文中提出了这个问题，但意不在揭示这种小说和戏曲共同发展中的关系，而是为了论证别的问题。所以作为小说和戏曲共同发展中这两者的关系来探讨，那是刘辉同志文章的正题、主旨，是他揭示出来的这一种重要的历史观念，是一点不能模糊的。

刘辉同志另一个重要的意见，是从小说中勾稽戏曲的资料，用他自己的话来说，就是"一部小说史，就是一部活的戏曲史"，这句话，是为了要引起人们的重视，而不是说要人们把小说史就当作戏曲史，刘辉同志当然不是这个意思。说清楚了这一点，那末，我们应该承认，他的这个看法是很重要的，值得治戏曲史的同志重视。刘辉同志在文章里引用了不少很有说服力的例证，这里就无需重复了。

读刘辉同志的文章所给我的另一个深刻的印象，是他的学风和治学的态度、方法。我一直认为理论是从实践中来的，没有实践，也就不可能有理论。对于一个古典文学的研究者来说，实践就是切切实实地读书，切切实实地查清楚所读的书的各种版本，切切实实地查清楚作者的时代、身世经历和作者的思想，从而进一步调查验证书中所写的内容。到以上各个环节都认真做过了（当然每部书、每个作家的情况不同，不能都是千篇一律地去做，上述这些也无非是举例而已），那末，也就是做了一半或一小半的研究工作了。我自己所做的研究工作，是一步也不敢离开调查、实践的，否则就实在不敢说话。而且就是实践了、调查了、书也读了，也是不断发现读书的疏忽，调查的疏忽，所以我还常常感到书要读几遍，有时调查也得反复几次。

读刘辉同志的文章，我感到他读书认真而又细心，是用功夫的读书，而不是泛览式的读书。而且真正能够读书得"间"，也就是能够看出问题，发人之所未发，道人之所未道。

刘辉同志的文章，还喜欢引用大量的资料来作为自己的论据，这一点，可以说也是深得我心的，我自己也是喜欢这样做的。为什么？因为你所论证的问题，如果希望得到读者的理解和支持，靠强词夺理是没有任何用处的，诡辩于辩明真理也毫无用处，只有老老实实地将材料摆出来，并且说明你作出结论的根据，读者自会辨别这些根据是否可靠可信。我一直认为，理论之能否说服别人，不在于大声疾呼，也不在于不断重复，更不在于你坚守"阵地"，永不认账。归根结蒂，还是要靠实事求是，要靠摆事实、讲道理。因此，该引的材料一定要引，该全引的材料一定要全引，否则断章取义，让读者如何敢相信？

如果说以上种种，可以说就是学风的话，那末，我愿意赞成以上这种学风，而不赞成说空话、放空炮的虚浮的学风。

读书问题，学风问题，我感到实在是个大问题，对于一个认真做学问的人，必须解决好这两个大问题。从刘辉同志的文章，使我看到了这样笃实的读书态度和学风，因此情不自禁地说了这样的一些话。也可能有的同志感到这样的读书和这样的学风，似乎太陈旧了，已经过时了。那末，我也只好自认是落后者，连刘辉同志，看来也只好归入这个落后者的行列里了。

如果真是这样，那也不能怨我，只能怨刘辉自己，因为是他三番两次，催着我写这篇"叙"的！

1994 年 12 月

龙腾虎跃　波谲云诡

——读长篇系列小说《康熙大帝》

二月河所著的长篇系列小说《康熙大帝》第一卷《夺宫》，由黄河文艺出版社出版后即寄到我的案头。展卷一读，但觉郁郁拂拂，满纸历史风云扑面而来。作者我是认识的，是一位业余的红学研究者，我曾经看过一些他的稿子，信中也曾说过他的论文，想象丰富，用笔细腻，是小说的笔法。前几年，我到南阳，他热情地接待我，却知道他真的在写小说了，而且是长篇小说《康熙大帝》，这使我大为惊奇。我虽然说过他的论文像写小说，但我却不知道他真有这样的才能。大至帝皇之家、天潢贵胄、纷乱繁复的朝局政务，小至京华物情、市井屠沽以及儿女子媳细碎嘲谑、家庭杂事，纵横跌宕，起伏波澜，无不形声绘色，笔笔俱到。而且于刀剑齐鸣中又杂以啸吟咏唱，凡此种种，皆能开阖自如，斐然成章。我用了四个晚上一气读完了它，兴奋之余，为他泼墨作画，题曰"实大如斗"，寄赠了二月河。——说实在的，这些年因忙于杂事，很少能有时间读这样的长篇小说，有时才一把卷，即俗务纷来，只得废卷而叹，而这一回我竟能把卷不释，一读再读，终于一气读完，而且兴趣盎然，这正说明这部小说深深地吸引了我。报载去岁北京书展，此书当日上架当日售空，可见我的兴趣还是有代表性的。

康熙这个人我不必多说。他八岁登基，十五岁"庙谟运独"智擒鳌拜，十九岁力排众议，决策撤藩，不数年间气焰熏天的吴三桂等三藩便冰消瓦解，接着又收复了郑经手里的台湾，北扼强俄，西征准噶尔。不仅以上这些伟伟烈烈之功，从个人的智慧和修养来说，他在数学、天文、地理、音乐、律历、书法、医学诸方面的学识，也颇足称道。他这一时期组织编辑的《古今图书集成》一万卷，出版的《康熙字典》、《佩文韵府》、《大清会典》等，至今仍是治学不可缺少的重要典籍。他下令测量全国土地，制成全国地图《皇舆全览图》，对研究我国的疆域沿革，那价值也是不言而喻的。

康熙，确实是一位划时代的人物，是一位全才的政治家，他的文才武略足以照耀史册，彪炳后世，我觉得在历史上也只有秦皇、汉武、唐宗、宋祖等少数几个人的功业可以与他并论。所以作者二月河用"大帝"二字来概括他一生的功业，我认为十分恰当，十分贴切。

《康熙大帝·夺宫》这一集的故事，是围绕着清初四大弊政之一的圈地来开展的。作家准确地把握了这一阶段的历史状况，以废止圈地这一绝大弊政为焦点，运用艺术手段，刻画了爱新觉罗·玄烨（即康熙）和辅政大臣鳌拜之间极其尖锐复杂的斗争画面，同时也顾及了当时的民族矛盾和阶级矛盾，描绘、塑造了一幅幅波澜壮阔的历史画面和一群生气勃勃的生动形象。

圈占民田"分给东来诸王"是顺治元年二月颁布的朝廷法令——将清政府原在关外实行的战争经济政策，强行在高度封建化了的关内推行。据查史料，仅密云一县，至顺治九年，圈占之地即达二千一百五十一顷四十一亩，农民手中仅留下六百余顷，玉田县原额民地五千二百一十六顷八十八亩，仅余民田六百一十七顷五十一亩（见郭蕴静所著《清代经济史简编》第11—12页）。土地高度集中于少数满洲贵族之手，农民只好背井离乡，流离失所，造成严重的社会问题，整个社会经济濒于崩溃。顺治皇帝在顺治十六年（1659年）也不得不承认，全国各地生理未复，室庐残毁，田园荒芜，俯仰无资，百姓衣食艰窘。这就是作品一开始所勾勒的当时北京阴惨凄凉的画面的历史依据。

玄烨的对手鳌拜是满洲瓜尔佳氏人，入关前作战很有功劳，顺治登帝位，他有参赞密勿之功。所以在顺治遗诏中他虽然位列四个辅政大臣的最后，但以他京畿卫戍的实权，专横跋扈的强梁性格，很快就夺得了操纵政权的权力。据晚清陈康祺说：

> 明季士大夫投刺，率称"某某拜"，开国犹然。近人多易"顿首"二字。或曰，康熙初鳌拜专权，朝臣献媚，避其名也。
> （见陈康祺所著《朗潜斋纪闻初笔、二笔、三笔》第104页）

陈康祺是道、咸同时人，这个鳌拜犹自余威不尽，据称鳌拜浑身除了帽结之外，通体上下穿戴与皇帝无二，纵然或是传说，但于此也可见其骄横的热焰，举目一望，左右前后，尽是鳌党，人尽可疑。康熙虽有治国平天下的大志，却毫无实权，康熙八年前废除圈地的诏令，全都成了一纸空文。从史实看，康熙即便仅想做一个普通皇帝，也必须清除鳌拜这个庞大的集团。

在大的事件上，作品情节剪裁基本上是依据史实。开始，年幼的玄烨只是试图限制鳌拜的权力，结果发生了"鳌拜逞蛮闹金殿"一场激烈的冲突。忠于玄烨的苏纳海、王登联、朱昌祚三大臣惨遭屠戮；在这样情势下，玄烨又试图以辅臣苏克萨哈请求离职为引，兴狱除掉鳌拜，由于议政王杰书的倒戈又归失败，反而使苏克萨哈蒙冤而死。屡次的失败促使玄烨清醒过来，开始实行宫廷夺权的计划。他一方面通过大臣索额图、侍卫魏东亭组织自己的近卫，从武装上保护自己，窥测夺权机会；

一方面又拜汉族知识分子伍次友为师，学习统治术，研究对付权奸的谋略，从文事武备两个方面争取人心，打击鳌拜。这就是历史上所谓"庙谟运独"的艺术再现了。从总的方面看，作品还是尊重历史实际的。

　　玄烨的老师伍次友是个值得注意的人物。关于康熙私拜落第举人，隐瞒身份投师的故事，民间历来多有传说，清人笔记上、野史上都有记载。手头的《朗潜斋纪闻初笔、二笔、三笔》中有一则《圣祖惓念林师》中云：

　　　　康熙甲戌，特旨令礼部取霸州廪生林佳荫充内官教习汉学。谕廷臣曰"是朕教书林师之孙，其子甚贫也"。时上御极已三十余年，佳荫方为诸生。林师何人，而圣祖惓惓乃尔。录此以谂熟于国故者。

据该条小注《文献征存录》、《海岛录》均有记载，均未详出处。如果记载不妄，康熙就确曾有过一个不为人知的"林师"（或名字就叫"林师"了），似也并非全然向空虚造。二月河为他更名伍次友，或即"胡此友"、"无此友"之寓？这个人物和苏麻喇姑及九门提督吴六一等，是最为成功的形象，也许寄托着作家本人的一些思想情绪和感情趣味吧。

　　真事不隐、假语村言亦复不少。作为文学艺术作品，《夺宫》中也有大量虚构情节，如悦朋店、白云观、山沽居的遇合聚会，或低吟浅酌，或刀光剑影，给人物形象的碰撞提供了机会，对于情节演进起了艺术渲染、推波助澜的作用。作品之所以有魅力，恐怕没有这些"假的"也不行。

　　从语言风格上看，作者显然受《红楼梦》、《聊斋志异》和《三国演义》很大影响。他尽可能回避使用现代词语，读起来历史韵味较浓。书中从皇帝、士大夫到市井小民、三教九流，声气口吻极少艰涩，文白运用得心应手，格调典雅庄重，干净明朗。日常口语和宫廷用语都掌握得颇具火候，不难看出作者在古文学方面所下的功夫。尤其出色的我看是细节上的白描。如康熙第一次在悦朋店见到伍次友，伍次友正煮酒高谈文人应试的七种丑态：

> 众人听得入神，先是觉得好笑，后来却又不知怎的笑不出来，半晌，魏东亭才笑道："先生为此等人画像，真可谓惟妙惟肖，入木三分。"龙儿（康熙）也笑道："听先生此语，倒令人大失所望，从这'七似'里要寻出周公、伊尹来，岂不是天大笑话？"众人听了，不禁大笑起来。明珠一边笑一边对伍次友说道："这位小哥儿，不过十岁吧？竟这等敏捷！真是妙语解颐，算是为大哥的话下了注解。"伍次友却没有笑，只瞧着龙儿，若有所思地点点头。

这里康熙只有短短一句话，他性格中亦庄亦谐的风趣，求贤若渴的心理便跃然纸上，无怪机灵的明珠马上两面讨好，博学多才的伍次友要刮目相看了。当魏东亭奉旨从天牢里释放了吴六一的恩人查伊璜，二人联袂去九门提督府时又有一段精彩的文字：

> 按照康熙的旨意，他（魏）悄悄取出人来，雇了轿直送九门提督府，门上的人只睨视了他一眼，便傲慢地说道："提台在正庭签押房召诸将议事，二位尊驾改日再来罢。"便坐下不理。
>
> 久闻九门提督府里的人架子大，今日一见果然如此！魏东亭虽然未著公服，穿的是内务府的便衣，等闲衙门直出直入，从未受到过阻拦。他想了想，换了笑脸，从怀中取了一锭小银

递上，说道："劳烦门官禀一声，就说内务府魏东亭求见。"

"我早看出你是内务府的了。"那人也不接银，只瞅着他们笑道，"你大概头一回来吧？我们衙门不兴这个！提台赏赐多，罚得也重，为你这点银子吃一顿毛板子，不上算！"

"甭传了！"魏东亭还待要说，查伊璜在旁开了口，"我寻姓吴的也没甚么事，我也不去您那儿，京里我还有朋友！"说着拔脚便走。

"查先生！"魏东亭几步赶上，赔笑道，"何必跟他一般见识，头里咱们说得好好的，就先到舍下盘桓几日再说吧！"

不料这戈什哈一听"查先生"三字，像被电击一般跳了起来，连跨几步赶过来打了一揖，问道："您姓查？查伊璜老先生是您甚么人？"查伊璜兀自倨着不答话。魏东亭忙接上去说："这位便是查伊璜老先生，刚刚被特赦从天牢里出来！"

"啊？"话音一落，那戈什哈大惊失色，倒身下拜道："小的不知，有眼不识泰山，老爷您得包涵着点！"起身又打了个千儿，飞也似地进去了……片刻之间，只听咚咚咚三声炮响，提督府中门哗然洞开，几十名亲兵墨线般排成两行疾趋而出……

这里"京华怪人"吴六一并没有出场，但他严于治军、刚直不阿、强悍专断、恩怨分明的性格特征，已经使读者受到了强烈的感染。

作者通过大量这样的细节描写，推动故事起伏波动地发展，不断创造心理悬念。康熙的一计不成，再施一计，鳌拜由狂妄自大到孤注一掷，使故事愈演愈烈。对于斗争的深化，主题的开掘，都起到了好的作用。

不是三个两个，作者是塑造了一群个性鲜明有血有肉的人物。康熙的豁达大度、通情达理、疑忌多变；鳌拜的骄纵狂妄、野心勃勃；班布尔善的阴险狡诈、老谋深算；伍次友的倜傥气概、书生意气；苏麻喇姑的机智刚毅、伶牙利齿；魏东亭的忠诚厚道；吴六一的勇决多谋；胡宫山的外刚内柔；小毛子的无赖聪明；明珠的阴柔多智……都很见颜色。如康熙聘师，伍次友初会苏麻喇姑一段：

改名婉娘的苏麻喇姑低头应了一声，大大方方走过来深深福了一福，直起身来打量着伍次友，伍次友受不了她那目光的逼视，旁过脸去招呼魏东亭吃酒。那婉娘嫣然一笑，并不退下，反而进前一步道："早就听我们太老爷和老爷说过，伍先生才高八斗，名满大江南北——奴婢听人家说了几个对子，想请教先生该怎么对。"

伍次友万不料她竟讲出这样一番话，不禁愕然，将箸放在桌上，笑道："不敢，谬承夸奖，请讲。"

"孟浪了，"婉娘笑道，"先是五位古女子，请对以男子姓名。"见伍次友微笑着点头，婉娘脱口而出："小青！"

"太白。"伍次友不加思索，应口而答。

"莫愁！"

"无咎。"

"漂母！"

"灌夫。"

"文君！"

"武子。"

"西施！"

"好——东野！"

众人不及思量，伍次友已信口对出，无不叹服他才思敏捷。众人正发愣间，婉娘口风一转，又道："王瓜！"

伍次友不禁一怔，忙问："这是哪位女子？"婉娘笑道："五位女子已完，现说王瓜，对什么好？"

"这个却难，"伍次友低头寻思片刻，迟疑道，"对是有的，只怕不恭了——用'后稷'可好？"

……

苏麻喇姑兀自不肯罢休，又道："先生学富五车，名不虚传！敢问您最喜爱古圣先贤的哪一句话？"

伍次友心想，如不开一个小小玩笑，怕她仍要纠缠，于是笑道："唯女子与小人为难养也。"

一句话惹得哄堂大笑……

这段文字可以说是全篇最漂亮的，化腐朽为神奇，明知是假，偏写得声情并茂，仿佛我们置身其中了。

性格鲜明而不单一，表现了作家对社会对人情的观察力。明珠坑陷了救命恩人伍次友，似乎品质很坏，但在书末二人分手时他也心情黯然，杀贪官一节虽不无沽名钓誉之处，也由其正义感激发而成。犟驴子生性残忍，对朋友、对伍次友却也不无温情。康熙是极信任魏东亭的，但也留着一手，在魏东亭左右安置了钉子。即如康熙下诏给吴六一一段，他写了将宫外防卫全权交吴六一指挥的密诏，苏麻喇姑正要接：

"慢！"康熙的语气忽然变得十分浊重。苏麻喇姑瞧着他长大，从不曾听到他有这种口气，"这道诏旨到他手里，大内之外就全是吴六一的了！朕的身家性命，太皇太后还有你们的命运全系于此人，不可不慎！"

苏麻喇姑先是一怔，恍然间已经大悟，不能不惊佩康熙用

273

心之工，遂低声道："万岁爷所虑极是，只是……如何办呢？"

"这样，"康熙沉吟片刻，压低嗓子道，"婉娘，这道诏旨就这样给他。朕再给小魏子一道亲诏，叫他视吴六一动势便中行事，以防变中之变。小魏子素秉忠孝，决不会有二心，况且孙阿姆（康熙乳母、魏之母亲）……"他忽然顿住，不再往下说了。

不再往下说，苏麻喇姑也已完全明白，孙阿姆是在康熙掌握之中……不由打了一个寒噤，勉强笑道："小魏子只是个三等虾，品秩只怕压不住……"

"这有何难！"康熙冷冷地道，"朕明日即颁旨，晋他为一等侍卫！"

康熙的猜忌多疑，谋事用心之工，可谓描画尽致了。

正如任何一部好书一样，《康熙大帝·夺宫》也有它的缺憾。首先，我觉得它的社会画面展示得不够广阔，过分着重了宫廷倾轧的具体情节，整个社会的历史状貌、玄烨夺取胜利的社会基础表现不足。比如小群英会魏东亭所歌颂的"义民边大有"如能插进书中就是很好的情节。加强吴翠姑与胡宫山的描写，满汉之间的民族矛盾（这是贯穿全清历史的大矛盾）即能得到更形象的艺术体现。索额图、史鉴梅等人物用的笔墨不少，但形象仍有苍白无力之感。大醇小疵不得谓无疵。好在下面还有三部，要一直写到康熙之死。听说第二部《康熙大帝·惊风密语》已付梓，这一卷未能处理好的还有机会补救。

我怀着欣慰之情盼能早日读到后边的书。

1987 年 4 月 30 日北京

（原载 1987 年 9 月《奔流》）

《评点本金庸武侠全集》序

　　金庸的出现，是当代文化的一个奇迹。他是一座高原，同时又是高原上突出的高峰。说是高原，是因为他的作品所孕含的文化、历史、民族、民俗、宗教、艺术、山川、地理等等的内涵十分深厚丰富，可以说是胸含天地，腹藏万卷。他对历史哲学、佛教哲学尤有深刻的认识和领悟。而对于中国的传统文学、诗词、散文、小说、戏曲，以至于艺术都有高深的修养。他的小说，是以以上这些文化、历史、文学、艺术、哲学修养为基础的——这就是他所拥有的在他胸中含藏的一座文化高原。而他的十五部小说，就是在这广阔高原上排列着的十五座高峰。当然高峰并不是一般高，有的高一点，有的低一点，但总的来说，是高原上的高峰而不是丘岭。

　　金庸小说思想内容非常丰富，作品的主旨也非常明显，这就是爱国主义、民族精神和中国人几千年形成的传统美德：强烈的正义感，疾恶如仇，言必有信，大公无私，见义勇为，舍己救人，济困扶危等等。这些传统美德，是我们以往历史发展的思想和精神的纽带，到今天它仍然有作用。特别是爱国主义和民族精神，这是做一个中国人所必不可少的品德。抗日战争的胜利，从精神和思想来说，是爱国主义的胜利，是民族精神的胜利，是人民的胜利；是汉奸卖国主义的失败，是民族虚无主义的失败。在今天我们更需要爱国主义和民族精神。民族精神中的一个重要内容就是民族平等和民族团结。

金庸的小说是歌颂民族团结的，萧峰的生身父母是辽人，但抚养他长大的是汉人，而传授他绝顶武功的又是汉人。这位顶天立地的英雄、义薄云天的侠士，恰好是民族结合的结晶。但由于历史的局限，当时还不能真正做到民族的平等和民族的大团结，因此萧峰找不到自己的出路了。这个故事生动地说明民族团结有多么重要，爱国主义有多么重要。

金庸小说的文学成就是非常之高的。我称他的小说是高原上的高峰，其中十分重要的一面，就是因为他的小说既是武侠的内容情节，又有很高的文学素质，他把武侠小说这种文体，发展到了前所有未有的高度，发展到了文学巨著的高度。所以他被评为"20世纪中国文学大师"是当之无愧的。

作为小说的叙述文字是散文，而金庸的叙述文字如行云流水，既优美且雅洁。在此基础上金庸塑造了一批具有典型意义的人物，让人们永远传诵。当然他的典型人物，有的有点夸张而涉于怪诞，但都不失其为有血有肉的活生生的个性。当然如萧峰、段誉、虚竹、文泰来、霍青桐、陈家洛、张无忌、令狐冲、郭靖、黄蓉等等，就较多的是平易朴实的一面。

金庸小说的情节奇丽壮观而又严丝合缝，奇峰突起而又峰回路转，有时是幽谷云生，有时是奇花初胎；有时是巫峡猿啼，有时是深林虎啸；有时是险峰林立，有时是中宵皓月；有时是昆阳大战，有时是空城琴韵；有时是长江大河，波浪滔天，奔腾万里，有时是幽涧细流，涓涓无尽，清韵欲绝。他的小说情节奇幻莫测而又合情合理，有时虽遥隔千里终能首尾呼应，伏于此而应于彼，这种种匪夷所思的变幻，正是金庸小说动人心魄、令人爱不释卷的主要原因之一。古往今来，情节之离奇变幻若此，而又真实可信引人入胜若此，创作之长篇巨论而又精警出尘若此，恕我见闻鄙陋，觉得就中国古今小说来说，还无第二人。

金庸小说所拥有的读者，恐怕更是任何作品所不能及的，过去说有井水处皆歌柳词，现在可以说有华人处皆读金书，不仅如此，金庸的小说已有多种译成外文，那末在华人世界以外，也开始形成了金庸的读者天地，这应该说是中国文化的骄傲，是中国文学的骄傲！

我是金庸小说的忠实读者，我常以他的小说为精神支持，一读他的小说，就豪气顿生，意气风发，似乎眼前就没有什么困难可以阻拦我了。我曾有诗云："雄才如海不可量。健笔凌云森剑芒。我读金庸新小说，酒酣豪气比天长。"所以我常通宵达旦读金庸，最近我又一次读完了他的《天龙八部》、《倚天屠龙记》、《鹿鼎记》、《笑傲江湖》，并且还评点完了他的《书剑恩仇录》、《笑傲江湖》。我在评点《书剑恩仇录》的过程中，结合我作玄奘取经之路的调查，丝绸之路的调查，曾六次到了新疆，前年上了海拔 4900 公尺的红旗拉甫，我还到了塔克拉玛干大沙漠和塔里木盆地深处，特别是还去了莎车、叶尔羌河、黑水营遗址和棋盘乡，再往前走就是《书剑恩仇录》里写到的玉山（密尔岱山）了，这是小说里写得十分动人的地方，我越调查越钦佩金庸的盘盘巨才，真是天挺此才，伟我中华！

所以我认为必须研究金庸，因为金庸是一种文化现象，金庸是不世出的奇才，面对着金庸及其文化现象而不能认识，这是莫大的遗憾。所以当前金庸研究的蓬勃发展，它标志着金庸精神的胜利，金庸精神的发扬光大。

金庸小说，我认为除了写专著、写论文研究外，还可以用传统的方式进行评点。因为金庸的小说是文学的小说，他的语言文字功夫极高，作品的文学性极强，是文学的武侠小说，所以只有用评点的方式，才可以把小说的文学性一一阐发，把他的语言文字上的精妙之处一一加以抉剔，把它的思想深刻之处一一加以发扬，把它的旁敲侧击、手挥目送之处一一加以点醒，并加以字斟句酌的品味！窃以为中国语言文字之精妙，是举世无双的。这种文字上的深奥精妙之处、耐人寻味之处用传统的评批方式最为适宜，且又并不妨碍它与长篇大论的结合。然而，世移时异，此调无人能弹久矣！且当世之小说，几人能经此敲筋剔骨之评批乎？有之，则金庸的小说当属首选。

是以文化艺术出版社遂有邀集名家评点金庸武侠全集之举，我认为这是金庸研究的一大突破，一大前进。

我希望当世之李卓吾、金圣叹、脂砚斋能来一试你的干将莫邪之利！

最后，我以我的拙诗《赠金庸》作为这篇短序的结束。

诗曰：

奇才天下说金庸。帕米东来第一峰。

九曲黄河波浪阔，千层雪岭烟霞重。

幻情壮采文变豹，豪气干云笔屠龙。

昔日韩生歌石鼓，今朝寰宇唱金镛。

1997 年 2 月 3 日夜 2 时于京华瓜饭楼

《书剑恩仇录》 总论

一

　　《书剑恩仇录》是金庸的第一部武侠小说。他创作这部小说时，还只有三十岁，恰好是曹雪芹创作《红楼梦》的年纪。《书剑恩仇录》的题材是采用他家乡海宁最为流传的一个民间传说：乾隆皇帝是海宁陈阁老的儿子。雍正使用调包计把自己的女儿换了陈阁老的儿子，后来这个儿子做了皇帝，就是乾隆。这个传说，在民国四年（1915 年）元月中华书局出版的日本稻叶君山著《清朝全史》里有记载：

　　　　一说又云：乾隆非那拉氏所出，实浙江海宁陈氏之子也，未知孰是。

　　民国十七年（1928 年）商务印书馆出版的萧一山的《清代通史》中卷里也有记述：

　　　　或曰："弘历为海宁陈氏子，非世宗子也。陈氏自明季衣

279

冠鹊起，渐闻于时，至之遴始降清，位大学士，厥后陈诜、陈世倌、陈元龙父子叔侄，并位极人臣，遭际最盛。康熙间，雍正与陈氏尤相善。会两家各生子，其岁月时日皆同，王闻而喜，命抱之来。久之送归，则竟非己子，且易男为女矣。陈氏惧，不敢辨，遂力密之。未几，雍正即位，特擢陈氏数人至显位。迨乾隆时，其优礼于陈氏者尤厚。尝南巡至海宁，即日幸陈氏家，升堂垂询家世。将出至中门，命即封之，谕：'厥后非天子临幸，勿轻启此门也。'由是陈氏永键此门，盖乾隆事实自疑，将欲亲加访问耳。"又或曰："雍正之子实非男，入宫比视，妃窃易之，雍正实不知也。"二说见《清史要略》及《清秘史》，然无确证，注此以备异说而已。

民国二十四年（1935 年）开明书店出版的金兆丰著的《清史大纲》则非常明确地说：

玉牒彰彰可考，稗史所云，绝无确证，不足辨也。

到了民国二十六年（1937 年），上海申报馆又出版冯柳堂著《乾隆与海宁陈阁老》一书，对这一传说进行了考证，洋洋洒洒，写了一本书，但考证的结果用他自己的话说："有谓你唠唠叨叨，拉拉扯扯，写上一大套，到末了，事之为真为假，仍没有一个解决，说他做甚。……本书的著作，原以消遣，事之真假，只可由读者自得之了！"可见这件事纯属民间传说，毫无历史事实根据。这种情况，如果历史学家硬要把它当作历史事实来看，那是毫无结果的，但小说家们以此为题材来创作小说，那是绝好的题材，金庸就是选取了这个绝好的题材。因之我们来读和评这部小说，也就自然不能把它当作历史小说来看待。明确了这一点，我们才可以来阅读和评批这部小说，而不至于造成误会。

二

不能把它当作历史小说来看，是说不能把这部书里所写的人和事当作真人和真事来看，至于小说所写的生活时代和历史背景，当然仍然只能按那个时代的历史环境和生活条件来阅读和评论。

这部小说的主题是写以陈家洛为首的红花会群雄联合江湖上的侠士举行驱满复汉的斗争，而且他们掌握了乾隆个人的秘史，即乾隆是海宁陈阁老的妻子徐潮生所生，被雍正用调包计把同年同月同日所生的雍正的女儿调换了陈阁老的儿子，后来当了皇帝即乾隆皇帝，而陈家洛即是乾隆的亲弟弟，红花会陈家洛等人想凭借这一秘史来劝说和要挟乾隆驱满复汉，能过来做汉人的皇帝。

这样一个重大的政治图谋，作为红花会的首领，这件事的惟一领导者陈家洛，必须考虑两个问题：一是当时的社会历史条件有没有可能使这样的活动得以成功；二是乾隆本人有没有可能放弃已经做稳了的皇帝不做，再来一番冒险，重做汉人的皇帝。这两个问题是明摆着的、不可回避的。这两个问题，书里没有交待，小说一开始就直接表现驱满复汉的活动，这就是说书中人物早已考虑过了，而且考虑的结果是肯定的，如是否定的，当然他们就不可能有这一场波澜壮阔的斗争了。

然而，他们的考虑和决策是不正确的。

先说第一点，当时的社会环境和历史条件。在清代初年，顺治到康熙前期，社会确实很不稳定，清代统治者的统治基础很不牢固。一方面有南明的势力存在，例如顺治九年（1652年）七月，李定国就攻破了桂林城，定南王孔有德放火自焚而死，这说明当时南明还有一定的力量。再有明朝的降臣还拥有相当的势力，人心未定，时思反复，康熙十二年（1674 年）终于爆发了三藩之乱。当时天下震动，连清廷许多大臣都觉得形势可危。就是到了康熙中期，也还不时出现明皇室后裔朱三太子反清复明的活动。但以上这些事件，都次第被清朝统治者镇压了。到了乾隆时期，虽有零星的社会骚动，但清政权经过了"康熙盛世"，已经十分稳固了。按书中所写的回部黑水营大战，是在乾隆二十三年到二十四年，那就是说，乾隆上台，也已经过了二十多年的统治，这样的社会历史环境，已经根本不具备推翻清政权，重建原先就腐败不堪的汉政权的条件了。

再说第二点，从乾隆这方面来说，他已经现现成成的做了二十多年的皇帝，应该说他的地位是稳固的，没有什么危及他帝位的威胁。他的身世问题，他自己虽在疑信之间，但皇太后是十分清楚的。第二十回皇太后与乾隆的一段对话，特别是：

> 太后厉声道："是海宁陈家的是不是？"
> ……
> 太后冷冷地问道："你连日召那姓陈的进宫干什么？在海宁又干了些什么事？"乾隆垂头不语。太后厉声喝道："你真要恢复汉家衣冠么？要把我们满洲人灭尽杀绝么？"

从这些对话里，太后对乾隆的身世是一清二楚的，因为当年的调包计她应该是当事人，否则就不可能调包。太后所忌讳的不是乾隆的陈家身世，而是忌讳乾隆知道了自己的陈家身世后与海宁陈家勾结起来不利于满清，所以当乾隆说要把红花会（包括陈家洛）"一网打尽"时，太后听了就"容色稍霁"。所以说真正威胁乾隆帝位的，是乾隆与陈家洛联手以图谋不轨，只要他没有这个事，他的帝位就很稳固。

万一有人把于万亭留下的材料抛出去作为驱满复汉的号召，是否可能危及乾隆及整个清政权？这纯粹是一种设想，但既然有这样的问题，自然也可以作设想性的分析。我的看法是基本无效。其道理很简单，如果有效，为什么于万亭、陈家洛等红花会的反清复汉群雄，不采取这个直接有效的办法而偏要让乾隆出来叛清再当汉人的皇帝呢？

再从皇权内部这方面来说，正如书中所写的，最高权力在太后手里，连乾隆都忌惮她，其次才是乾隆自己。在这种情况下，于万亭手里的材料究竟能起多大的作用呢？

综上所述，第一，当时的社会环境不具备驱满复汉的条件，没有群众基础；第二，乾隆皇帝早已做稳了皇帝，好端端的他为什么要做一次冒险游戏，到头来还是做皇帝，弄得不好，这个冒险会把现成的皇帝丢了，甚至还要丢掉性命。要知道乾隆是刚出娘胎就入宫当皇孙的，受的是满族皇家的教育，在他的思想意识里，没有多少汉人的传统，"反清"，等于叫他反自己，当汉人的皇帝，等于叫他去当外族的皇帝。所谓大明衣冠，对他来说完全是不相干的，所以六和塔上的汉装，"虽觉不惯，倒也另有一股潇洒之感"。"不惯"是真的，"潇洒"就未必了。

在以上这种内部和外部的条件下，陈家洛驱满复汉的计划注定是要失败的，结果也确实是失败了，而且败得很惨！小说写他的失败，才是真正符合当时的历史环境的。

三

在《书剑恩仇录》里，作者创造了一系列的艺术形象，而首当其冲的当然是陈家洛。陈家洛作为艺术形象的创作是很成功的，作为社会的人来评论是有很多缺陷的。也就是说金庸创造了一个带有多种缺陷而又才华出众、武功卓绝、领袖群英的艺术形象。

这样带有缺陷的英雄形象，在我们以往的长篇小说的人物画廊里还绝无仅有。而且金庸在这部小说里成功地创作的其他一些英雄形象，有一些也是有明显缺点的，如余鱼同的缺陷就很突出，但仍不失其为红花会中一位数得上的英雄。仅从这一点来说，金庸这部小说在人物的艺术形象创造上，就有突出的贡献，他打破了过去传统长篇小说中人物创作的好人一切都好、坏人一切都坏的老格局，而使小说人物的创造走向更生活和更真实。

作为英雄形象的陈家洛，人未出场，在读者心目中已造成了强烈的悬念，这就是千里接龙头的描写。陈家洛第一次出场是在安西的玉虚道院，他正在与师父袁士霄下棋，"只见板壁上刻着一只大围棋盘，三丈外两人坐在炕上，手拈棋子，向那竖立的棋局投去，一颗颗棋子都嵌在棋道之上。""持白子的是个青年公子，身穿白色长衫，脸如冠玉，似是个贵介子弟。"这就是对陈家洛的看似极为平淡的介绍，但实际上已是超一流的介绍了，因为连陆菲青都没有见过用打暗器的手法来下棋的这种本领。

陈家洛正式出场，是在铁胆庄激斗中，当时大厅中烛光全被打灭，在一片漆黑、一片寂静之中：

> 忽然厅外脚步声响，厅门打开，众人眼前一亮，只见一人手执火把走了进来。那人书生打扮，另一手拿着一枝金笛。他一进门便向旁一站，火把高举，火光照耀中又进来三人。一个是独臂道人，背负长剑。另一个轻袍缓带，面如冠玉，服饰俨然是个贵介公子，身后跟着个十多岁的少年，手捧包裹。这四人正是"金笛秀才"余鱼同，"追魂夺命剑"无尘道人，以及新任红花会总舵主的陈家洛，那少年是陈家洛的书僮心砚。

这样的出场是够突出的了，接着他于一举手之间就制住了万庆澜，逼他说出文泰来的情况，继而又以百花错拳挫败了周仲英，于是陈家洛的形象在读者心目中就不同凡响地树立起来了。此后，他领导群英，一路抢救文泰来，直到杭州，冒险亲入地牢，冒险亲入火药库，终于救出了文泰来。然后又用计劫持乾隆，禁闭在六和塔上，迫使乾隆歃血为盟，共同驱满复汉。之后陈家洛即入疆为乾隆取证，又值乾隆派兵征剿回部，遂有黑水营之战。

最后，陈家洛在玉峰迷城与张召重大战，由余鱼同吹《十面埋伏》：

> 余鱼同越吹越急，只听笛中铁骑奔腾，金鼓齐鸣，一片横戈跃马之声。陈家洛拳法初时还感生疏滞涩，这时越来越顺，到后来犹如行云流水，进退趋止，莫不中节，打到一百余招之后，张召重全身大汗淋漓，衣服湿透。忽然间笛声突然拔高，犹如一个流星飞入半空，轻轻一爆，满天花雨，笛声紧处，张召重一声急叫，右腕已被双指点中，宝剑脱手。陈家洛随手两掌，打在他背心之上，纵声长笑，垂手退开。这两掌可是含劲蓄力，厉害异常。张召重低下了头，脚步踉跄，就如喝醉酒一般。

这样的描写是金庸的独创，他把武术描写成为最高境界的艺术，从而也使陈家洛这个艺术形象达到了至美的境界。

然而，陈家洛是有缺陷的，他一出场就天经地义地接受了义父所嘱咐的驱满复汉的任务，而不计其成败，结果使人感到有点盲目。他一误于义父的嘱咐，二误于兄弟手足的伦理观念，他把革命（推翻一个政权，另立一个皇帝）与兄弟关系纠缠在一起了，他以为有了兄弟关系，就可以用劝说再加上挟制来达到改政权、换皇帝的目的了，结果是落得惨败！

陈家洛在爱情上也是一个迷茫者、游移不定者。他最早对霍青桐一见倾心，这并没有错，霍青桐向他赠剑，更明白地表明了自己的心意。但中间来了个男装的李沅芷，他就犯迷糊了。初时有点怀疑，有点醋意，也是可以理解的，但陈家洛与李沅芷接触的次数并不太少，特别是在西湖月夜，还曾交过手，那"娇叱一声：'看剑！'"难道还听不出来？特别是当陈家洛左手向她胸部捺来时，李沅芷羞骂："还亏你是总舵主呢，使这般下流招数！"难道还不能有所悟？陈家洛是一流高手，高手过招，只需一二招就可觉察对方，李沅芷与陈家洛在湖面不仅交手，而且还彼此交谈，岂能连对方是男是女还分不清楚？所以我无以名之，只好称他是"情盲"，就像当年梁山伯与祝英台一样，凭你怎么比喻，梁山伯就是不悟！你奈他何？

其实霍青桐临别的几句话是说得够明白的了：

> 你不要我跟你去救文四爷，为了什么，我心中明白。你昨日见了那少年对待我的模样，便瞧我不起。这人是陆菲青陆老前辈的徒弟，是怎么样的人，你可以去问陆老前辈，瞧我是不是不知自重的女子！

在封建时代，一个女子，对一个陌生的男子，既以宝剑相赠，并说明宝剑是"爹爹所赐"，"公子慧人，或能解得剑中奥妙"。惟恐这样的双关语还不明白，又说了上面这样一大段倾心相许的话，陈家洛却始终是聪明一世，糊涂一时。但是后来他一见喀丝丽的时候，却一点也不糊涂，立即倾心相爱了。香香公主确实是绝世丽人，而且天真无邪，纯洁得似仙露明珠，任何人见了都会爱的。问题是陈家洛此前已倾心于霍青桐并接受了她的赠剑，现在到回部来也是为了找霍青桐，怎么可以一见到喀丝丽就把前书完全忘却，真正是"见了妹妹就忘了姊姊"。陈家洛对自己的感情行为这样缺少责任感，这未免令人遗憾，虽然到后来他跳出了情网，但事实是不可能跳出的，何况喀丝丽已整个身心地投入！

特别令人不能接受的是他竟然将喀丝丽作为政治筹码送给了乾隆，以换取自己的政治图谋的成功，这从陈家洛个人来说是不可原谅的重大罪过。一个纯洁无瑕的少女，对他以身相许，性命相托，他非但不能尽力地爱她、保护她，反而还拿她作为交换条件，这不要说是纯真的爱情，就连江湖的侠义也说不上了！何况用女人来换取政治利益，是中国封建政治上的老一套，但陈家洛所舍弃的是自己为之神魂颠倒的心上人，不是貂蝉之类的家伎或小妾，因此陈家洛此举，实在是既无情又无义，惜哉陈家洛！

《书剑恩仇录》里另一个令人难忘的人物就是霍青桐。她一出场就是一个承受困难、甘挑重担的角色。她以小小的年纪就承担着夺回经书的艰巨任务。她的命运似乎不好，经书快要夺回的时候，受到了李沅芷无端的干扰而失败了。她爱上了陈家洛，陈家洛也爱上了她，本来爱情可以圆满顺利地发展，想不到又受到李沅芷的干扰。特别是陈家洛先是欢迎她一起帮助去救文泰来，忽而又不要她去救文泰来，这个反复来得那么突然，这对霍青桐是一种抛弃，这实在是叫人难以承受的。但霍青桐还是承受了，并且说"不论公子如何待我，都决不怨你"。这是多大的承受啊！尤其使她难以承受的是忽然在偎郎大会上发现陈家洛已是妹子的情郎，这是一个晴天霹雳。不是已经接受她的宝剑——定情之物了吗？不是告诉他那个男装的是谁只要问问陆老前辈就清楚了吗？不是说过了"不论公子如何待我，都决不怨你"吗？在霍青桐以为这点小小的误会只要一问陆菲青就解决了，她与陈家洛出于两心相爱是不会有什么麻烦的，谁知麻烦竟从天而降，特别是来自自己的妹妹，而妹妹又并不知道她与陈家洛的相爱。这一切无处可诉，只有自己默默忍受。特别是当这个晴天霹雳从天而降的时候，也正是大敌当前、全族面临生死存亡的关键时刻，她肩负着全族存亡的大责，她只有把自己的悲苦和泪水吞下去，咬紧牙关抗击暴敌。但偏偏是在抗暴用兵上老父及其他人短见，不理解她的深谋远略，反而以小人之心度君子之腹，误以为她挟私报复，不救妹子和陈家洛。这样重重的苦难都压在她的双肩，稍一不忍和不慎，就有灭顶之祸，她终于咬紧牙关忍下来了，背负着别人特别是老父的误解和压力，坚持以原计划抗敌，终于获得大胜而她自己却真的心力交瘁了！

最后她还要忍受眼看着自己心爱的妹子的牺牲和心上人陈家洛的彻底失败！可以说我们自始至终没有见到霍青桐的欢乐，只看到她的眼泪、忧愁和负担，只看到她为别人、为全族所作的付出！

论外貌，她是大漠中出众的美人，仅次于她的妹子；论才智，她是女诸葛一流的大才，能指挥全族军队打败兆惠的大军；论武艺，她是天山双鹰的高足，有第一流的武功；论命运，她却是悲剧的命运！

张召重，是金庸在本书里创造的一个极恶的典型。这个人武艺高强而心肠毒辣，他一出场，就是奉皇帝之命来追捕文泰来的，终于在铁胆庄将文泰来抓走，以后就是红花会群雄一路营救文泰来而与张召重展开的斗争。直到杭州狮峰与王维扬的比武，在被王维扬打倒以后他使用奸诈，趁王维扬好意来扶他的时候，反而将王维扬打伤活埋，结果为红花会群雄制伏。本当将他除去，看在他师兄马真的面子，交马真带回武当山管教，结果他反把师兄的双目剜去，又削断他的左脚，致使马真撞墙自杀。之后他又奉命到回疆来取香香公主，再度与群雄搏斗，被陈家洛以庖丁解牛掌击败，将他抛入沙城狼群，正要被群狼吞噬的时候，师兄陆菲青一念之仁，冒死跳入狼群去救他，他反抱住陆菲青要与他同归于尽。

张召重不仅仅是一般的奸诈狠毒，而是灭绝人性。这个人物对读者具有很深刻的反面意义。本书里还有一些人，如香香公主喀丝丽、陆菲青、文泰来、骆冰、余鱼同、李沅芷、周仲英等都是写得很成功的，需要有较多的篇幅来分析，此处只好从略。

四

本书写了多种不同类型的爱情以及不同情况的感情生活，值得我们重视。因为婚姻和爱情是社会生活的最基本的一面，认识社会和反映社会都离不了这一点。

书中文泰来与骆冰这一对夫妻的婚姻算是最美满的。其次是徐天宏和周绮，先是周绮一直瞧不起徐天宏，经常与他抬杠，后来通过共同的战斗终于结成了夫妇。余鱼同是一个单恋的角色，他一直暗中单恋骆冰，而骆冰又是他的义嫂，文泰来是他的义兄，这种单恋为情理所不容，但他控制不住自己，终于在铁胆庄大战，他与骆冰单独逃出后，趁骆冰心力交瘁夜里睡着的时候，他抱吻了骆冰，结果被骆冰"反手重重在他脸上打了一掌"，并以红花会戒条严词惩责。当余鱼同一门心思苦恋骆冰的时候，李沅芷却苦苦恋上了余鱼同，余鱼同反倒置之不理，甚至宁可当和尚，而李沅芷却偏偏死缠住余鱼同不放，苦心孤诣、真心真意、出生入死地追求余鱼同，并帮助余鱼同报了师门大仇，终于感动了余鱼同而与她结婚了。

至于陈家洛则起初喜欢霍青桐，霍青桐也明确向他表示了心许，并赠以父亲所赐的宝剑，但后来因为李沅芷的干扰，产生了小小的误会，陈家洛却又喜欢上了喀丝丽，喀丝丽也当着父亲、姊姊和全族族人偎郎相许，明有所属，但最后陈家洛在喀丝丽为乾隆所掳的情况下，又帮助乾隆劝说喀丝丽顺从，表面上是陈家洛自己作出了牺牲，实质上是牺牲了喀丝丽，把喀丝丽当作了政治的交换物。最后喀丝丽牺牲了，保持了这一绝世美人的纯洁，而陈家洛则既失去了爱情，又失去了政治。

书中另一对夫妇是天山双鹰陈正德和关明梅。关明梅原来与天池怪侠袁士霄"青梅竹马，一起长大，互生情愫"，后来因小事争执，一言不合，袁士霄就远走漠北，十多年不通信息。关明梅只道他永不归来，才嫁了陈正德。后来不久袁士霄忽然又回来了，两人相见，黯然神伤，而又引起了陈正德的疑忌。从此夫妻龃龉，永无了结。直到大漠之夜，听喀丝丽安排的儿童游戏，遂顿悟人生情爱，前嫌尽释，夫妇到老才得到真正的爱情。但后来在清宫宝月楼上，陈正德受伤垂死，嘱咐关明梅："我对不住你……累得你几十年心中不快活，你回到回部之后，和袁……袁大哥去成为夫妻……我在九泉，也心安了。陆兄弟，你帮我成就了这桩美事……"其实这已经是陈正德情悟以后的心里话，关明梅却仍旧误解了他的好意，立时横剑自刎而死。

本书中关于爱情以及感情生活的描写还有一些，如阿凡提的家庭是一个美满的家庭，但作者没有多写，无尘道长的爱情是一次残酷的受骗，以致他失去了一条手臂，后来索性出了家。文光镇上的恶霸糖里砒霜是色盗，关东六魔中的顾金标则是色狼，临死还要咬一口，这些都与"爱情"无涉，甚至与"情"字也无涉，只是一个"性"字。

以上这许多婚姻、爱情、感情以及有关"性"的描写，就构成了本书反映社会生活的另一视角的深刻性和独到性。

五

本书是一部武侠小说，当然离不开"武"和"打"，但是本书的武和打却有它非常独特的特色。

首先作者把武侠小说文学化和社会化。金庸笔下的武侠小说，并非单纯的武和打，而是有它具体的历史背景和社会背景的。就以《书剑恩仇录》来说，虽然乾隆皇帝只是借用一个名字，但历史时代，乃是确定的历史时代。书中明确写到李可秀"乾隆二十三年在平定伊犁一役中有功"，这就是指平定准噶尔部阿睦尔撒纳叛乱事。又黑水营之围，其具体时间也是在乾隆二十三年到二十四年。以此为坐标，可知书中所写的历史生活，就是乾隆二十年以后一段时间的历史生活，书中对社会生活的反映，是比较广的，可以说上自皇帝，下至平民百姓，都有生动的描写。

特别应该指出，金庸是把武侠小说文学化了，这具体体现在：第一，塑造了众多的令人难忘的艺术形象。在《书剑恩仇录》里，就有陈家洛、文泰来、余鱼同、李沅芷、霍青桐、喀丝丽、骆冰、陆菲青、周仲英、周绮、徐天宏、无尘、陈正德、关明梅、袁士霄、阿凡提、张召重等等。文学的典型形象，是小说的灵魂。古往今来的著名小说，都是借着它的艺术形象而保有自己永久的生命力的。金庸在他的全部小说里创造了那么多的艺术形象，有一些小说人物的名字已经成了共名。第二，金庸小说的语言，是非常文学化的语言。他的语言不仅雅洁，而且文化品位高。他的环境语言有意境，他的人物语言有个性，他的叙述语言不仅简洁生动，而且有状感，有时代感，有地域感。金庸还经常在人物的内心独白、人物的对话和环境描写里恰当地引用古人的诗词，这样就自然地提高了作品的文化层次。第三，金庸小说的结构艺术，我认为达到了古今小说结构艺术的高峰。凡是读过金庸小说的人，都会有不忍释手的感觉。"通宵达旦读金庸"，决不是个别现象，这就是因为他的小说情节结构紧密而又合理，悬念性强。最后，金庸小说武打的文学性描写，或者称之为武打文写，是非常有特色的，非常有创造性的。他写单打独斗时双方的一招一式，一来一往，能让你如同亲睹，能让你明白对方这一招来，此方为什么要用这一招去，这就让人们读起来饶有兴趣而不感枯燥乏味了。

尤其难得的是，金庸突破了以往武侠小说的单打独斗、飞檐走壁的老框框，创造了大规模的群斗甚至对抗大军的战场作战、阵地作战以及水战、泥淖战、雪战、火战、船战等等多种的作战形式。更为奇特的是西湖船上的斗争、六和塔上的斗争，甚而至于与狼群作战的狼战，真是别开生面，闻所未闻。

还值得一提的是天池怪侠与张召重的口战，用口述来较量武功和对方应变的能力。这是新中之新，奇中之奇。过去有口弈、盲弈，已经是超乎寻常了，口弈我未曾见过，盲弈则曾见过，叹为观止。现在在金庸的笔下竟然出现了口战，用口述来搏武功，这既可信而又新鲜，说可信是因为有口弈、盲弈的先例，说新奇是因为这事前所未有。在这样种种新奇的突破性的而又合乎生活、合乎情理的描写下，金庸的小说，自然不同凡响，具有阶段性的划时代的意义了。

我们如何来认识和评价金庸的这种创作呢？我认为金庸是有意识有目的地把武侠小说作为一种艺术形式，用它来全面地反映社会，反映生活，特别是各式各样的人物和个性。巴尔扎克的《人间喜剧》是对整个法国社会的精确描写；曹雪芹的《红楼梦》是对乾隆时代的社会生活、时代风习和各色人等的精神面貌的精确描写。我认为金庸与他们是异曲而同工，不过前者都是现实主义，而金庸在现实主义的基础上又注入了相当多的浪漫主义精神！

本书第十七回写陈家洛在玉宫获得《庄子·庖丁解牛》武功秘籍，书中写道：

　　《庄子》这部书烂熟于胸，想到时已丝毫不觉新鲜，这时忽被一个从未读过此书的人一提，真所谓茅塞顿开。"庖丁解牛"那一段中的章句，一字字在心中流过："'方今之时，臣以神遇，而不以目视，官知止而神欲行，依乎天理，批大郤，

导大窾，因其固然。'……"再想到"'行为迟，动刀甚微，
谍然已解，如土委地，提刀而立，为之四顾，为之踌躇满
志。'"心想："要是真能如此，我眼睛也不瞧，刀子微微一
动，就把张召重那奸贼杀了……'"

陈家洛由此解悟，精研了竹简上的"庖丁解牛"拳法，因此在与张
召重决斗时，由余鱼同用金笛吹"十面埋伏"曲，他以"庖丁解牛"
拳法，打得张召重"低下了头，脚步踉跄，就如喝醉酒一般"，"终于站
立不稳，扑地倒了"。

这一段文字，对我们读金庸的书大有启示。"庖丁解牛"的主要精
神，是以神遇而不以目视，我看金庸写小说，也是以神遇而不以目视，
他淋漓尽致地发挥了庄周汪洋恣肆的浪漫主义精神，而且从陈家洛开始
的这种精神，一直贯穿了他的全部著作，到后来只有更加的汪洋恣肆，
更加的瑰奇壮丽。所以我认为读金庸，应该如读《南华经》一样，赏其
含义富赡的寓言，赏其神游六合的文笔，或者也如读《红楼梦》，不仅
要看它的正面，还要作透过一层想，还要看它的反面。

《书剑恩仇录》是金庸最早的一部小说，但它却是一部成功的小说。
金庸后来的十四部小说，达到了更高的成就，如他的现实主义基础上的
浪漫主义精神，大写意的手法，重在神遇，注意塑造人物的精神气质。
总之，庄周式的汪洋恣肆，浩瀚无际的气质，已经在这第一部书里都有
所显示了。所以我认为，《书剑恩仇录》是金庸的一个伟大的起步！

（原载 1997 年第 5 期《北京师范大学学报》）

《书剑恩仇录》回后评

第 一 回

此回重点写陆菲青，同时带出李沅芷。写陆菲青起笔即不同凡响，金针刺蝇，神乎其技矣，然稍露点滴，即欲隐去。何等高蹈，无奈鹰犬之嗅，已获行藏，遂有夜深荒山一场恶斗，力杀三贼，非好杀也，乃不得已也。

写陆菲青力敌三贼，偏写其负伤甚重，势将不支，却忽而陡生奇变，以点穴手、大摔碑手、芙蓉金针，立诛三敌，至此陆菲青此人已跃然于纸上矣。

由于李可秀调任，遂引出甘凉道上一番风光。甘凉道上，李可秀家眷一行，镖行王维扬一行，回人木卓伦一行，红花会千里接龙头一行，最后宿店遇文泰来一行，共五行人马。交叉写来，令人眼花缭乱而又有条不紊。

写千里接龙头，何等声势。红花会少舵主未出场而已写尽威风。

最后写骆冰双刀及文泰来一掌，俱见神妙。骆冰双刀，不仅写骆冰，是写骆元通也。文泰来掌击童兆和飞跌院心，只一击，已显奔雷手

294

之神威。写骆冰是双刀翻飞，写文泰来是一击而止，行文各有妙处。

第 二 回

此回先写李沅芷与霍青桐一段胡闹瞎缠文字，写李沅芷是调皮笔墨，写霍青桐是庄重笔墨。两个女孩，两种性格，两副笔墨，各各恰如其分。

李沅芷计夺红包，何等不易，岂知一掷之间，即被张召重接去，行文如游龙，来去无迹。后来李沅芷计骗张召重，张召重居然受骗，未读时不可置信，既读后又不得不信，是行文妙处，是大手笔。

金笛秀才余鱼同店堂恶斗，力敌群奸，而满口子曰诗云，真是秀才酸气，实则以此争取时间，以便房中骆冰、文泰来有所准备，非真秀才酸腐也。

张召重来势汹汹，满以为闯进房里，文泰来、骆冰必受其擒。岂知却是一个空房，反而收取两具自己同伴的尸体，大出张召重之意外，亦大出读者之意外。是作者行文变化跳脱处，此文章宜曲不宜直也。

陆菲青计救文泰来一段，在事后叙明，更见行文之妙。亦见陆菲青久历江湖，处事周密，张召重着着在其算中，愈见陆菲青之深沉。

文泰来投庄去而复来，不遇而复遇，亦行文变化处，如俗手写来，则无此曲折，亦无此好看之文矣。

孟雄健一眼看出童兆和是奸细，故将他计擒。童兆和却一味装假到底，终将孟雄健瞒过，是孟雄健虽看破童兆和而实未看破，虽计擒而实未擒也。关键在搜身时只是假装治伤，因此未及其靴，至被瞒过，遂引起铁胆庄被毁、周英杰殒身等一场惨变，惜哉惜哉！然若无此一错，则以后便无文章可做矣。故论情节是大可惜，论文章是大手笔也。

陈家洛出场，写得何等儒雅，吾虽于以往江湖豪侠书中未曾见过，然谁谓豪侠中无儒雅，儒雅不能成豪侠哉！天下之大，固无奇而不有也。

第 三 回

本回自始至终皆是激斗，然写得有变化、有层次、有人物，无一笔雷同重复。写文泰来出地窖，是一种打法。文泰来用一根绳子，打出多少威风。写红花会四拨进庄，四种写法，笔笔精警，令人目不暇接。直至陈家洛出场，始悟以前这些激斗场面，都是为此人出场增加声势。

本回错综复杂，千头万绪，但根本一点是错中错、误中误。一场激斗，但大半是误会。然误会得有理，误打得有理，读者虽知其误打，而又确知其不可不打，不打反不成文矣。则作者虽写误会，亦是合乎生活情节也。

余鱼同默爱骆冰，一直自我克制，情痴之极！然到激斗后二人出庄，荒郊野外，又是黑夜，余鱼同已情不自禁矣。余鱼同抱吻骆冰一段，在骆冰是梦里情怀，在余鱼同是痴心妄作。骆冰醒来严责，自是正理。不严责则不成其为骆冰，亦不成其为上等文字矣！余鱼同自是情痴，痴于情而远于理、背于礼者也。然过而能自责自罚，且此后更能奋身大业，则余鱼同实非下流之徒，仍不失为红花会中英雄。夫人谁无过，余鱼同过而能改，亦难矣！

中间夹入童兆和、万庆澜敲诈一事，使文章又见波澜，而两恶徒嘴脸愈画愈真矣。无此一笔，则不见官府公差之贼心罪心。张召重虽是同伙，但毕竟身份不同，可见坏人亦有各自身份，坏得各各不同，不能混而为一也。

张召重哄出周英杰真话，是从童兆和看到周英杰的戴珍珠这一细节上来，而珍珠恰是骆冰所赠，童兆和之所以记住骆冰有此珍珠，是因他的淫心贼眼。童兆和、万庆澜敲诈周仲英，是从陆菲青的一封信来，无此信则无敲诈之资。则作者写此两细节，早已预及后文矣，是作者思入毫芒处。

最后由陈家洛与周仲英比斗，周仲英实已百战之余，加之子死妻走，伤心之极，复闻走火之警，分神疏防，终至被点，是虽败而实未败也。然就此逼出下文同去找周英杰，终于真相大白，误会尽消，此一结笔力千钧，直贯下文，是真大手笔！

第 四 回

前回一场群斗，逼出陈家洛单斗周仲英。周仲英身受奇冤，心痛爱子，稍一疏神，遂至落败。然后逼出后堂周英杰灵柩，红花会群雄误会尽释。文章用反跌法，比斗时双方各怀愤激，各有怨情，各有气头，自各生色。释嫌后豪情一往，惺惺相惜，回归一路。此深得文章之三昧，深知人物形象塑造之法也。若使红花会群雄误会逼问，铁胆庄众人惶恐谢罪，则文章不成文章，人物亦不成人物矣！

周仲英问及陈家洛武功师承，兼及于万亭、文泰来、骆冰夜闯皇宫，更及乾隆血统之秘、排满复汉之大业等，恰如云龙初露，渐及主题，更见文泰来身系重任，乾隆非得之而甘心，群雄必救之而方可成大业也。

中间写骆冰夺马，身手不凡，写白马神骏，自是化工之笔，极尽龙马精神，非俗笔所能写也。

回部夺经，群雄夺人（救文泰来）两事合写，回部夺得假经，群雄夺得假人，事极凑巧，然非故作安排，实出事势之必然，故读者一路读来，只觉其真，未见其假耳。

陈家洛帮回部夺经，又救霍青桐，实于回部有大德，霍青桐于陈家洛亦深感仰慕，临别赠剑，已见真情，而陈家洛仍耿耿于男装之李沅芷，何陈家洛如此之懵懂也！陈家洛深负霍青桐，亦深负读者，盖读者之心亦愿成此良缘也。然世间固有不能尽如人意者，昔祝英台之于梁山伯，暗喻明喻亦已至矣，而山伯仍懵懂，岂陈家洛因爱之极深，至反成懵懂乎？惜哉陈家洛！

周绮一路与徐天宏抬杠，岂知后来终成眷属，此亦相反而相成乎？然两人抬杠笔墨，实使文情为之一快，读者亦借此而得调剂，实深通文章之道也。

第 五 回

陈家洛与霍青桐临别依依，情有不舍，令读者无限惋惜，实亦令读者无限悬念也。

陆菲青及红花会诸人将韩文冲的独门武器铁琵琶玩弄如湿泥，语言又复戏耍笑谑，庄谐并陈，实令韩文冲无地自容，更何敢反抗！

余鱼同于凉州酒楼无意中得获机密，竟然深夜独闯凉州府，独斗张召重，舍命救文泰来，虽被擒而无所惧，无所悔，是真英雄，其于骆冰之单恋，虽是痴情悖理，不足为训，然与小人之无赖无行断然有别。

乌鞘岭上一场恶斗，写得特别新奇，特别精彩，虽是双方棋逢敌手，然若非作者之妙笔，何能生此妙文。予读新旧武侠小说，实未有此奇文，读者以为如何？

赤套渡大战，又开武斗新场面，是大阵作战，已非单打独斗。文泰来竟然在车中观战,且是耳闻,并非目睹。但作者写来,笔笔是闻而不是见,笔笔是武学高手文泰来之闻,而不是其他俗人庸人之闻也。此种隔墙摩写法,亦为他书所无。

张召重绝处用计,复夺文泰来,使文情顿时反复,所谓战场如棋局,一子之下,能令死活改观。作者文章变化无穷,亦令读者掩卷不得,真是大手笔。

铁甲军长驱而来,居然是千军万马之阵战,非武侠之斗,此等写法,早已溢出武侠小说之藩篱,然实是发展和丰富了武侠小说。作者是全面开创新武侠小说之泰斗,于中国文学性武侠小说奠不朽之伟基,必将功垂百世。

得朝廷进攻回部消息后,红花会星夜驰送,又开后部不少情节,是文章大开大阖处,读者不可不知。

第 六 回

激战之后,忽然出现周绮、徐天宏一段情节,事虽凑巧,却非偶然。作者文章水到渠成,自然真切。两人投宿一段,又引出糖里砒霜、曹司朋,天下恶人何其多也;因唐、曹二人又逼出金笛秀才余鱼同和李沅芷,然只是云龙半爪,未得影踪,令读者想煞。

潼关宿店巧遇周母,徐天宏计救周母,除童兆和。前回铁胆庄周母出走后,至此始得交待,杀童兆和,亦是了结烧铁胆庄一案。作者行文事事有头绪,件件有交待。虽千头万绪而一笔不乱,是为巨笔。

周母对周绮、徐天宏起疑,遂使徐天宏先走,是文章背面敷粉法,因徐天宏之走,遂知周绮于徐天宏情深,而后终成眷属。此不独了却周、徐二人终身大事,亦了却周老英雄失手伤子后无可弥补之悲痛,今徐天宏入赘周家，亦稍慰周老夫妇，亦稍慰读者也。

　　写黄河决堤，万民流离，是一幅封建社会的流民图，昔郑侠有图，予未之见，今乃于作者小说中见之，是史笔也，不独小说也。读者若但以小说目之，则失作者之深意，亦失文章之深心也。

　　兰封破敌救灾之举，既救灾民，又援回族，复惩贪官，诚一举而三得也。

　　石双英说霍青桐只是"细问救四哥的详情"，则自是尽在不言中矣，陈家洛闻言以手抚霍青桐所赠短剑，则亦情在不言中也。奈何终不得通心曲而成眷属，读者实深惜之。

第 七 回

　　杭州抚台戒备森严，先下伏笔。然后天竺奇遇，文章似无照应而实有照应，只不过尚未点明耳。

　　天竺听琴与东方耳相遇一段，别开新境，弹雀题诗，赠琴留别，何等深情，然而已伏后文无限情节矣。

　　徐天宏寻踪，陈家洛、无尘夜探，才明底细，虽事已挑明，双方仍以假相相遇。文章假中有真，真中有假，才生无限波澜。

　　乾隆月夜游湖，玉如意歌喉婉转，令乾隆心醉。玉如意两支曲子，调笑诙谐，连讽带骂，令乾隆哭笑不得，而文章随景生情，自然得体，作者确是叙事圣手。

　　陈家洛引《贞观政要》载舟覆舟一段，合情合景，自然贴切，既非威胁，亦具威胁，而又不露威胁，文章之妙，一至如此！

　　湖上比武，别开生面，令读者耳目一新。论情节是虽比实斗，论文章是虽斗似比，柔中有刚，刚里含柔。一场比试，使三位大内高手出尽洋相，范中恩落水，龙骏用尽阴贼狠毒之计，最后以求饶告终，褚圆则被无尘如削哀梨，衣衫片片飞舞，最后连裤子也挂不住，尤其是当着乾隆和玉如意；此非特褚圆丢丑也，实乾隆丢丑也，作者注彼而写此，一声而两鸣，吾于古之小说中尚不多见。

试问读此回书当于何处浮一大白，友人答曰：天竺听琴题诗也，湖上乾隆听玉如意唱曲也，湖上比武无尘削尽褚圆衣衫、须眉、发辫也，此三处皆可浮白。子曰：褚圆一节是喷饭也，玉如意唱曲是击节也，天竺听琴是品著也，惟陈家洛游湖独坐第一桥一段文字，当可浮一大白。

第 八 回

红花会与御林军对峙，势成壁垒，乃忽然御林军中走出不少红花会成员，向陈家洛欢呼膜拜，而且此去彼来，络绎不绝，使御林军阵容大乱，于是乾隆不得不婉言收场。此不特写红花会声势，亦写乾隆善于审时度势，随机变化耳。本书自上回乾隆以东方耳身份出场后，处处描写皆合乾隆身份气度，确有帝皇高华之质，非他书所可及也。

陈家洛在湖上与李沅芷相遇，李沅芷实怀好意，欲报文泰来、余鱼同消息。乃陈家洛出于儿女之情，误以为李沅芷是男性，心中忌恨，语言落寞，竟使大好之机失去，遂有以下一系列激斗。且李沅芷已与陈家洛数次觌面，并已交手，岂有红花会首领而竟长期不察李沅芷是女子者，如此眼力，何以称雄江湖。惜哉陈家洛，情之所蔽深矣哉！

陈家洛回家一节，历叙往事，见到老妪婢女，温情如昔，柔情哀思，又是另一副笔墨。

雨诗一段悲剧，可见普天下官绅尽皆如此，虽在陈世倌家，亦无例外。令人为普天下奴婢愤极痛极，亦见作者虽写陈家洛家，亦不稍加宽贷。作者之笔，其利如刀，其明如镜，遂使物无遁形。

陈家洛拜坟，忽遇乾隆，奇情陡生，令读者万万意想不到，文章贵新，如鲜露明珠，此之谓也。

写海潮夜来，数处皆不同而皆合情景，盖初起闻潮是一种情状，潮涨汹涌又是一种情状，潮退浪平、月色如银又是一种情状，读此数段，差如海宁观潮矣。

地道救文泰来，又是一种笔墨，与铁胆庄一丝不重，而惊险过之。作者才富，于此可见。

徐天宏派兵，宛若军师用兵，不愧武诸葛之号，而后来智取玉瓶，种种变幻，令人一时眼花缭乱，竟连读者亦皆瞒过，堪称生花之笔。

玉瓶美女，为后文预留不少情节。

第 九 回

以李可秀小妾作人质，借玉瓶沟通李可秀，逼其放人入地道探视文泰来，情节巧妙曲折而周密。

写二次劫牢，又是一番计划，又是一番笔墨，又是一次新的失败，而与上回一丝不重。

正待出地道时，忽又插入乾隆要亲问文泰来，令读者急煞。乾隆与文泰来的对话，或松或紧，时松时紧，丝丝入扣，使乾隆奈何不得。如此精彩文字，读之令人难忘。

二次劫狱失败，归结到张召重之阻，归结到张召重的凝碧剑，故定计除张召重。然张召重实不易除也，因而想到利用镇远镖局王维扬激怒张召重；然王维扬与张召重实无冤仇，因此再用张召重激怒王维扬，遂定狮峰比武，实则二人皆入红花会圈套。

狮峰比武，双方武功招式，写得历历如绘，紧张处如千钧一发，而倏忽变化，形势互易，至王维扬掷刀投镖，张召重剑落倒地，皆在一瞬之间，而作者写来，绘声绘形，一笔而写数事，使读者如身经目睹，是为叙事圣手。

马善均挖地道一事，又为下回情节伏下线索，又为第三次劫牢留下伏线，使读者不忍释卷也。

红花会释放张召重，于情于理，均有未妥。乃为后部情节故也，始终是未尽妥帖。

第 十 回

两次劫狱都未成功，皆因有张召重及其凝碧剑，现狮峰比武已除却张召重，取得凝碧剑，满以为只要挖通地道，即可救出文泰来，岂知地道挖通后，文泰来的囚室已空无一人，不仅骆冰因失望而痛哭，即读者也为之扼腕唏嘘。

徐天宏发现文泰来禁闭所在后，又谁知四周已布满火圈炸药，令群雄不得下手，千钧一发之际，陆菲青仗剑将李可秀劫入火圈，迫使敌人不敢点燃炸药，此擒贼先擒王、以毒攻毒之法。

范中恩欲抢头功，欲泄私愤，竟不顾李可秀死活，点燃药线，令双方急煞，乃忽出现蒙面人，以身堵火圈药线，遂使群雄得脱火圈，文泰来终于得救，连李可秀亦一并救出。岂知侍卫范中恩等复来追劫。遂使陈家洛施展绝技，反将范中恩投入火圈，复又点燃药线，使范中恩身受烤炸，终于粉身。情节倏忽变化，主客互易。作者笔如游龙，文如泻水，笔之所至，无不尽意，吾欲请天下才子共来一赏。

本来是文泰来被劫囚禁，李可秀对文泰来严加看守，岂知反成文泰来获救、李可秀被劫，文情变化，一至于此！

湖上名妓点魁，乾隆竟当嫖客，作者写湖光灯影，脂粉竞艳，诗人捧角，皇帝争胜，又是一番热闹，又是一番笔墨。烟火剧斗之余，忽而波光钗影，粉香脂腻，丝竹管弦，娇音销魂，作者之笔，神矣奇矣！

本来是文泰来入地道，忽而又变为皇帝入地道；本来是文泰来被囚，皇帝审问，忽而又变为皇帝被囚，群雄审问。文章倏忽变化，奇极、幻极、妙极！

因乾隆寝宫侍卫被杀，玉如意妓院侍卫被杀，才悟出用猎犬寻踪，终于找到乾隆踪迹，历历写来，一笔不乱，令读者亦深信不疑。

六和塔上群雄谈论官暴民困之种种情状，令人骇目惊心，加上前面所写黄河决口、灾民流离饥寒之苦，文光镇糖里砒霜等地主恶霸狠暴肆虐，徐天宏全家遭恶富迫害家破人亡等等情节，皆社会真实写照，故此书不得单作武侠看，实亦具有深刻社会内容也。

第十一回

乾隆于六和塔受饿，使其略知人间饥寒，然皇帝之尊，岂易为一二日挨饿移其性哉。

陈家洛说乾隆反满复汉，作者顺势补叙于万亭入宫及雍正与陈世倌掉包等往事，并及乾隆杀奶妈灭口。奶妈而可杀，背父母亦无不可矣。只此一笔，预知陈家洛等希望成空。

天山双鹰突如其来，一场狠斗，使读者不知所措。红花会以为来者是御前侍卫，双鹰则以为对方是御前侍卫，乾隆则以为来者是来救驾。一场误斗，煞是紧急，幸得霍青桐短剑释疑，常赫志一语点明真相。然作者文笔，能紧能松，紧时则风雨不透，松时则见微知著。陈家洛用短剑，惊急处应急之举也，岂知短剑一露，关明梅惊觉，从此文情转松矣。紧时紧得有理，松时松得有因。

无尘与陈正德比剑，亏作者写得出，如此境界，可谓出神入化矣，然如何收笔，却是难题，今得陆菲青解围，最是得体，亏作者想得周到。

无尘与陈正德二次比剑，种种身手，令人目眩心迷，岂他书所能及哉！吾以为即古今小说亦无此壮观。谁谓金庸不是文学大师，吾请其先读《书剑恩仇录》，再读《天龙八部》、《笑傲江湖》、《鹿鼎记》等全部著作。

陈家洛与乾隆歃血为盟，驱满复汉，陈家洛此时之见识，不及天山双鹰远甚。

第 十 二 回

此回收结上文，开启下文，是全书转折过渡文字。在此以前，文泰来被捕，乾隆欲杀之灭口，红花会群雄必欲救文泰来，并欲迫乾隆反满复汉，作汉人之皇帝，于是才有种种千奇百怪情节。至上回，则文泰来被救，乾隆被劫持而与红花会群雄歃血发誓反满复汉，是则文章已结束前段矣，是为全书之合。至此回，群雄在天目山稍事整顿，文泰来、余鱼同伤势转愈，徐天宏、周绮喜结良缘，然后陈家洛部署，派遣群雄作四方联络之举，于是文章由阖而开，又启以下无数情节。此文章大开大阖法。文如看山不喜平，文章如无开阖起伏，一味平铺直叙，则必令人昏昏。金庸之小说波澜横生，奇峰突起，有开有阖，有动有静，热闹时令读者惊心怵目，不可释卷；闲静时如秋夜闻琴，春朝莺啭，故读者通宵达旦，终不释手也。予每至处事劳倦、昏昏欲睡时，必读金庸小说，读则气旺神健，豪情满怀，不复知其疲倦矣。读者曷不一试之？

李沅芷追踪余鱼同，泣诉情怀，誓将与从，是与余鱼同同一痴情，可惜所痴不同也。余鱼同虽因情痴而毁容，然更为大义而毁容也，故不可以单一之情痴目之，故其人可敬也，是英雄也。李沅芷因情痴而愿弃官家小姐身份，愿终生飘泊江湖，愿与红花会反满复汉，于余鱼同生死之际，又几番舍命相救，是知情亦可以移人也。金庸之写情深矣哉，于《红楼梦》外，吾又见另一种情深之笔墨。

徐天宏、周绮花烛，骆冰夜半盗衣一段，文字欢悦轻松，与前数回截然不同，宛然另一副笔墨。

余鱼同黄河遇敌，故欲隐身，乃忽逢清兵残民，乃不顾自身安危，仗义而出，终于遇险被擒，而复大义凛然，不假辞色，是真大丈夫，是知情痴是其小者也，英雄是其大者也。论余鱼同，当论其大者。

醉仙楼余鱼同计脱敌手，是余鱼同之聪明机变处，别人不可同也。下文李沅芷救出余鱼同，客房易女妆，笑吟吟走出，敌人虽见而不疑，是李沅芷聪明狡狯处也，亦无人可同也，可见金庸性格描写之精妙，他书不可及也。

此回写余鱼同被劫与陈家洛寻踪，两条线索一紧一慢，互相穿插，又是一种叙述笔法。

第十三回

文泰来夜探宝相寺，原是无目的的行动，初以为与己无关，不过欲惩恶救弱而已。岂知竟在此处发现余鱼同，是意外之文、意外之笔，然实合情合理。就余鱼同而论，溺于情、痴于情、苦于情而不得脱者久矣，当此苦海无边、心潮郁结之际，忽闻邻曲，忽聆钟声，忽见菩萨，则不得不午夜自省，立地顿悟，自求解脱也，故余鱼同之求剃度，入空门，自有一番心历，自然之理也。而红花会诸人自失余鱼同后，时刻在寻求之中，未尝一日或懈。李沅芷自失余鱼同后，芳心一片，真情满腔，更无时或释也。故至宝相寺而三者聚会，合情合理也，情节之紧密，事理之妥帖，无隙可寻矣。作者文思之密，人情之达，吾惟浮白赏之。

文泰来出场即负重伤，后即被捕，三道沟店中一掌，威震群凶。铁胆庄出地道以绳索为武器，使群敌却步，已略见神威，然犹未大施身手也，至宝相寺遇仇，则已无所束缚，观其一人力敌群凶，以霹雳掌震毙言伯乾，以覃天丞、宋天保两人为武器，双手一合而两贼头盖并裂，倒提彭三春犹如力士打桩，立毙地下，以点穴法擒哈合台掷击巨钟，而又飞身救回，其身法之矫捷，拳势之神威，加之其喝声如雷震，掌风如电扫，所向披靡，信乎奔雷手矣。

宝相寺退敌之后，李沅芷再寻余鱼同，并为夺回金笛，其情真，其心苦，其爱笃，其志坚，而余鱼同依旧冷然木然，李沅芷不禁掩面痛哭，非惟李沅芷哭也，读者亦欲为其伤心痛哭也！

陈家洛孤身入疆，经肃州过星星峡、哈密，一路荒漠景象，气象辽阔，道路奇险，凡经过此地者读之，当叹作者写生妙手。

陈家洛大漠奇遇，得见香香公主，竟至心移神摇，不可自制，此固因喀丝丽之美，令人心醉，然其入疆却是念翠羽黄衫也，而至此翠羽黄衫已暂置矣。读至此不觉废书浩叹！然作者之文是绝妙好文，人物之情是自然真情。

陈家洛获清廷紧急公文，且知是送张召重而仍信其是乾隆下达收兵之命。陈家洛以红花会之首而深信皇帝不疑，惜哉陈家洛，其源终因陈家洛与乾隆是一脉亲情乎。

第十四回

两军开战，香香公主忽现于敌阵之前，而众兵一见，皆弃戟抛戈，收弓回矢，将官忘情，统师收兵，是则香香公主真是白衣天使、和平之神，使邪魔恶煞不得不敛其戾气也。事虽是不可有之事，文却是不可无之文，以见天地终以祥和为福也。

喀丝丽于初阳之下徐行于众军之前，白衣飘飘，长发萧萧，朝阳灿灿，和风袅袅，其绝世丽容，使万众心灵净化。昔庄周云："藐姑射之山，有神人居焉。肌肤若冰雪，绰约若处子，不食五谷，吸风饮露，乘云气，御飞龙，而游乎四海之外，其神凝，使物不疵疠而年谷熟。"今喀丝丽肌肤冰雪，绰约处子，餐露食英，吹气如兰，神凝而万物祥和，此非人间之姑射仙乎？

于两军对阵之际，乃回部忽举行偎郎大会，而喀丝丽得以定情，此时此际，霍青桐情何以堪！甚矣，李沅芷之捣乱也。陈家洛，初时之情盲，后时之情迷也、情痴也，情而违其初者也。霍青桐则情伤也！老子云："天地不仁，以万物为刍狗。"今喀丝丽也，陈家洛也，霍青桐也，皆万物之刍狗也。故造物之弄人不可逃也。生活中失意错位，亦不可逆料也，故人生有幸有不幸也。

陈家洛力战四虎，是智也，是勇也，四虎虽败而悦服，是诚也，是朴也，宜其陈家洛侮之而有悔意也，盖诚朴终胜机巧也。

霍青桐忽见陈家洛已是阿妹情郎，其惊愕，其苦涩，其千回百转柔肠，实无可言语矣。当此之时，读者亦欲为其一哭！

陈家洛送喀丝丽下山，是护喀丝丽也，实亦为情节接线也。在此之前，仅清廷与回部之争也。在此之后，清廷、回部、红花会、霍青桐、喀丝丽、陈家洛、张召重重新合成一矛盾之总体矣！

兆惠士兵见喀丝丽而忘情丧命，行刑者竟至自杀以殉。古诗云："北方有佳人，遗世而独立，一顾倾人城，再顾倾人国。"其此之谓乎？盖倾者，动也。犹今言轰动也。兆惠士兵及行刑者则是因倾动而失其命也。

红花会诸豪杰沙坑御敌，虽处死地而豪气干云，视死如归，余鱼同竟复还俗，以求同入地狱，且复坦诚忏过，其襟怀之磊落，可使鄙吝文过者愧死。

张召重抉去师兄马真双目，剑断马真之腿，其心肠之狠毒，非常人之可及，亦非常人所可替也，是恶之极也！故其个性跃然纸上，其形象读者亦万不能忘也。

霍青桐部勒诸军，而不落敌人圈套，至遭老父严谴并诸人之误解，然终不乱其思，是真智慧、真英雄也。吾于霍青桐之智、忍、勇，决无间言矣！然翠羽黄衫实苦心人也，自始至终，吾只见其苦，未见其乐，吾欲为其一掬同情之泪。

周绮虽鲁莽而于霍青桐坚信不疑，是以坦诚之心，度坦诚之人也，故能独得其真。

第十五回

四虎在紧急关头按住张召重，使陈家洛、喀丝丽得以脱险，四虎是出于情、出于理而复激于义也，非有他图也。于此亦可见张召重之辈为情理所不容也。然而，若非四虎援手，陈家洛恐一时难脱其厄，则事势将危及全局。故万不能低估四虎之义行也。非四虎则陈家洛、喀丝丽危矣！回部亦危矣！故后来陈家洛求情遣四虎回乡，行猎以终，固其宜矣。

兆惠欲以陈家洛、喀丝丽为饵，诱使回部入其包围，此计固甚毒，幸霍青桐巨眼卓识，力排众议，遂使兆惠之计落空，而反入霍青桐之罗网，致令兆惠全军覆没。霍青桐诚回部之救星、兆惠之克星也。然木卓伦激于父女、朋友之情，误解霍青桐之意，竟毅然往救，至陷重围，始悟霍青桐之先见。自当时军情而言，木卓伦是失计也，为将者万不可意气用事也。然自小说情节创作而言，若非木卓伦之鲁莽被困，则不足证霍青桐之远见，亦复不足引兆惠之军来合围，以入霍青桐之牢笼也。故用兵之道，相生相克，变化无穷也，唯知机者能趁时以变化耳。

张召重贪功邀赏，欲独擒喀丝丽、陈家洛，遂有一场沙坑大战，红花会群雄轮番上阵，文泰来大展雄风，张召重势将落败，乃忽木卓伦突如其来，反而使张召重得以脱身，此变中之变、意外之意外也。情节变化微妙至此，作者之笔，真是化工之笔也。

观霍青桐部勒诸军，至斩将发兵，其威令何减诸葛用兵，设使遇此辈犟不可使者而不敢断然以军法徇，则军不可律，亦不复有取胜之望矣。

霍青桐部署大战，最后完成黑水营之围，作者层层写来，有条不紊，始而铁甲大军被陷泥淖，全军覆没；继而清兵过河，桥断军绝；三而清军入瓮城，中伏火焚；四而入夜见回营灯火无际，兆惠心惊而仓皇出逃；五而经炮轰而雪崩军陷，兆惠仅以身免；六而兆惠四万大军被霍青桐数次分割，围歼殆尽。作者写黑水大战，其场面之壮阔新奇，吾实未见他书有此。

李沅芷侮弄三魔，极尽调皮捣乱之能事，读者至此无不捧腹，文情为之一舒，读者亦借此稍得轻松也。

霍青桐于心力交瘁之际，忽遇三魔，其险极矣，乃终以智脱而复引出天山双鹰，是绝处而逢生、文章变化而生新也。

袁士霄驱赶狼群，其势凶险恐怖，闻所未闻，然深可信也。予尝在西北，闻友人驾车而遇狼群，为数百恶狼包围，相持一日，至夜，友人开汽车强灯照射，群狼始骇然而退。由是观之，袁士霄驱赶狼群，未为无据也。

第十六回

天山双鹰，误以为陈家洛负心改恋，故欲杀陈家洛、喀丝丽，乃忽途遇。喀丝丽良宵游戏，至双鹰童心忽复，旧爱重温，一场凶险，于悄悄中化去。文章初如潮来，其势汹涌；继如潮止，余波回旋；终而悄然潮去，惟留沙痕。

陈家洛、喀丝丽以火御狼，已极狼狈，乃忽来强敌张召重，真意外之变，然张召重已重伤晕倒，而陈家洛、喀丝丽反为救护，岂知张召重复苏之后，却思如何算计二人，张召重乃人性恶极之典型。由此可知，固非人人可得感化从善者也。

月夜狼嗥，其情惨怖，亏作者写得出。

霍青桐为三魔所擒，几遭不测。乃被陈家洛所焚狼烟意外引来，遂以得救。并由此而感知陈家洛对己之深情，因之前怨顿释，霍青桐自此而苦情自甘，至此读者亦为之欣然。

陈家洛以短剑刺狼，而意外发现短剑奥秘，并得古城地图，此幻中之幻，读者万万想不及此也。作者奇思妙想，吾为之拍案叫绝。

陈家洛四望不见玉峰，乃香香公主意外见天空黑点移动，方知确有玉峰，后验之日影而确然。吾深叹作者格物之细，想象之富，非常人之所可及也。

张召重以香香公主逼陈家洛出火圈引狼，乃因此而三人同时脱险，文章变化无尽，作者之笔，固如云龙雾豹也。

玉峰中复藏宫殿，而宫殿中种种怪异，令人惊心怵目，匪夷所思，小说而瑰奇至此，吾如读《南华经》矣。

第 十 七 回

古人云：情可以移性。今观关明梅之于陈正德，信然。

天池怪侠与张召重以口述较武功，奇绝！吾知古有口弈，亦有盲弈，而未闻有以口述较武功也。作者奇思妙想，往往令人目迷心醉，此亦令人心醉之章也。

七人同追狼群，至玉峰而引出群狼，引入沙城，无意中遂解陈家洛三人之危，否则陈家洛等自玉峰出，则仍遇狼困，危矣！作者文笔之细，及于毫发，故读金庸之书，宜前后反复观也，如草草读过，则失作者之匠心矣。

以沙城困群狼，煞是奇观，作者必有所本，惜批者学不至此也，为之汗颜！

关明梅因袁士霄欲找陈家洛对质，证其是否负心，欲当面说明白，而遂悟陈正德、袁士霄与自己长期未当面说明，憋在心里，半生龃龉，进而竟悟人生缘法，并知怜取眼前人。此亦一番情悟也，可与《红楼梦》"情悟梨香院"回对看。

张召重与三魔追赶陈家洛、喀丝丽欲加施害，乃途遇阿凡提，竟将其官帽戴于驴头，是绝妙讽刺之笔。然吾知官帽戴于驴头者，何止张召重，读二十五史，何世无之，吾不禁为之掷笔三叹！

陈家洛在玉峰中，对双姝而心意不定，后因读玛米儿遗书，遂决然割断情网，跳出爱河，无复以儿女之情为恋，决心献身于复汉大业，是亦参透情禅也。然与关明梅、余鱼同皆非一途。关明梅是悟人生而爱人生，余鱼同是苦人生而出红尘，陈家洛是悟儿女之情而出情网，入世途，以复汉为己任，是悟虽一理，而各悟所悟也。

玛米儿遗书，是故事中之故事，绝好之一短章也。玛米儿之遭遇，实后来喀丝丽之缩影也，读者当能心会。

陈家洛得《南华经·养生主·庖丁解牛》，遂悟绝世拳法，其要在神遇而非目视。神遇者悟也，目视者见也，见有限而悟无穷也。且悟而后可以通也。能臻悟通，则无间矣！此岂仅武功而已，世间万事无不如此也，故吾谓庖丁解牛也，亦解世也。吾视大千世界亦一牛耳。

第十八回

李沅芷情热、情痴，偏遇余鱼同情冷、情呆。余鱼同非冷非呆也，是情系骆冰，一时尚未得解也。故视李沅芷如不见也。人之情也，固不可皆以常理测也。骆冰，情之正也，故虽知余鱼同之情而不为所动也。因骆冰已身情俱属文泰来矣！然余鱼同非情之邪也、呆也，是尚未悟缘也，是有待于种种失意磨炼也。待到恩师遇害，报仇心切，而李沅芷又得阿凡提指点，以情之真而得情之窍，且为助余鱼同报恩师之仇而几至丧命，于是余鱼同之情化矣！是知情之遇合，亦非一途也，作者写情亦深矣哉！

李沅芷与阿凡提比速，竟使阿凡提认输，非输于足也，是输于机巧也。李沅芷之机巧能使阿凡提笑认，足见李沅芷聪明机智极矣。作者写李沅芷的是一活泼泼的个性。读者千万不可以一般女侠形象目之也。

阿凡提评理一段故事，平添一番热闹，也亦藉现漠南风情。

李沅芷急救张召重，假作被张召重擒住，引张召重逃出重围，是伪也。众人皆不知其伪，张召重更不识其伪，因而被引入迷道，坐以待缚。作者笔下活生生画出一聪明灵脱之李沅芷，吾叹作者之笔灵秀独钟也。

顾金标临死尚欲亲霍青桐，非痴情也，是色狼也，故临死尚欲噬人也。吾观作者笔下诸色人等各各俱全，故着此以色为噬之狼也。

余鱼同以金笛吹蒙古草原之曲送哈合台行，哈合台以号角相和，声情呜呜，文极悲壮，然哈合台是好人而非烈士也，故终非易水之调。

陈家洛与张召重比武，余鱼同为吹《十面埋伏》曲，张召重先受两记耳光，继又被割去辫子，再又肩头中掌，已极不堪其狼狈矣。乃笛声越急，如铁骑奔腾，金鼓齐鸣，而陈家洛拳法如行云流水，进退趋止，莫不中节。最后笛声突然拔高，犹如流星飞入半空，轻轻一爆，满天花雨。当笛声紧处，张召重已被点中，宝剑脱手，陈家洛随手击张召重两掌，纵声长笑，垂手退开。张召重则始如醉酒，终而跌倒。此段描写，与《老残游记》"明湖居听书"可以媲美。然其源出于《庄子·养生主·庖丁解牛》篇。文云："庖丁为文惠君解牛，手之所触，肩之所倚，足之所履，膝之所踦，砉然响然，奏刀騞然，莫不中音，合于桑林之舞，乃中经首之会。"又云："始臣之解牛之时，所见无非全牛者。三年之后，未尝见全牛也。方今之时，臣以神遇而不以目视。"又云："虽然，每至于族，吾见其难为，怵然为戒，视为止，行为迟，动刀甚微，謋然已解，如土委地，提刀而立，为之四顾，为之踌躇满志。"今陈家洛之斗张召重，其艺亦"合于桑林之舞"而"目无全牛"也，"动刀甚微，謋然已解，如土委地"也。作者将武术写到如此神化境界，可谓前无古人矣。然武术实亦艺术也，臻此神化之境亦非绝无可能也。然吾非赏武术也，乃赏作者神化之笔也。

张召重被抛入狼群，本已将其了结矣。而陆菲青忽发仁心，跃身相救，乃反被张召重死死抱住，欲令同归于尽。作者写张召重恶之极矣，至矣最矣，而此恶之典型个性，亦已跃然纸上，淋漓尽致矣。

袁士霄将于万亭所留包裹交陈家洛，其中二书，一书是雍正亲笔向陈世倌借子观看；另一书是陈家洛之母向于万亭诀别托子。第一书是回应第九回文泰来在地牢中告诉陈家洛乾隆是其胞兄之事，第二书又引出陈家洛南下福建少林寺之情节。一是回结上文，一是再启下文。

第 十 九 回

章进、骆冰等因救人，意外得知徐天宏仇人方有德踪迹，遂由李沅芷定计：余鱼同巧扮新娘，于洞房中除却方有德。本是十全十稳之计，岂知却来了瑞大林、成璜，于是一场大斗，方有德不知去向，瑞大林、成璜逃走。文泰来追瑞大林、成璜不着，却无意中在酒店相遇。文泰来酒店豪饮，力杀三贼，而成、瑞仍逃逸，文泰来连夜紧追，竟意外至少林寺，遂与周仲英相会，红花会诸人亦在此小聚。以上情节虽多偶然，而事理却是必然，故读者虽觉其曲折而不觉其妄诞也。

陈家洛少林寺过五殿，写得郑重，读者深为其担心。第一二两殿是力战取胜，第三殿是比暗器用智取胜，第四殿以玉峰中所学奇招取胜，第五殿竟以讲禅取胜。五殿写法各各不同，令人意想不到。

陈家洛过殿后取得于万亭亲笔手书，始将往事历历叙明：第一，陈家洛生母徐潮生与于万亭爱情的悲惨遭遇；第二，雍正换子后将初生亲女送还陈家时于万亭之目见经过；第三，雍正派血滴子杀陈家洛父母为于万亭所救，并获雍正亲笔“武威”小柬物证。作者将此书全部案情线索放在末回叙明，使读者得以贯穿全书，洞察因果，深得叙事秘要。如过早叙述，则读者无悬念，如最后无此案由叙述，则不得将全书情节贯穿，故必如此，方能将全书之血脉经络贯通成一体也。

作者于此回中将黑水营之围收结，以了却此案，不使读者悬之。

喀丝丽与陈家洛的长城一日游，文极凄婉，令人不忍卒读。

第 二 十 回

本回写太后一段，声色俱厉，且已将兵权分归宗室八大臣分管，藉知形势之严重，读者阅此，亦知乾隆之上有太后，乾隆不得自专也。则乾隆之于陈家洛背约，为事理之必然矣。

绥成殿之火，烧陈家洛也，亦是烧太后权力之所凭——先帝遗诏也。乃陈家洛等未烧而先帝遗诏、百名亲兵俱付一炬矣，可知权力之争，虽父子骨肉亦不免兵火也。

香香公主知乾隆之阴谋，欲至清真寺报警，而又为侍卫识破，乃不惜以死报警；香香公主至情也，至侠也，可谓之不武之侠。

陈家洛至清真寺，初未料能见香香公主示警之文字也，更未料能遇霍青桐也，乃事有凑巧而理所必然也，作者构思之巧密，往往出人意料而又入情入理。

雍和宫赐宴阴谋，幸得喀丝丽以死报警，群雄始得事先准备，喀丝丽实大仁大勇也，亦大智也。无喀丝丽则红花会诸人皆一网打尽矣。

雍和宫大战，于千头万绪中抓住福康安，则叙事有主线矣！宝月楼大战，则初以劫持乾隆为主线，后则以方有德劫持周绮婴儿为主线，再则以红花会劫持福康安为主线，叙事始见层次，次第衔接，虽繁不乱。

喀丝丽碧血香冢，是文之终也，然蝴蝶翩翩，不忍离去，是犹梁山伯、祝英台之有余恨也，是犹不知蝶之梦周、周之梦蝶之迷离也，总之，文虽终而意无穷也。

1997 年 1 月至 4 月

既是武侠的　更是文学的

——评批《书剑恩仇录》后记

　　我最初读金庸的小说，是 1981 年在美国斯坦福大学。我的房东陈治利先生夫妇是一对金庸迷，藏有全部金庸的小说。我的课程很少，只讲几次，其余时间可以全部拿来读金庸的小说，所以我除了白天读金庸外，晚饭后往往一读就是一个通宵，"卧读金庸未终卷，邻鸡忽报已天明"，这种滋味，现在回忆起来依旧令人神往。

　　我当时不仅叹赏金庸小说的瑰奇壮丽、奇思幻想，而且还特别欣赏他的文笔。动人的情节是不可没有动人的文笔来表达的，试看古往今来的名著，哪一部不是情文相生的？"言之不文，行而不远"，这话是完全正确的。金庸的小说，无论是情，无论是文，都是第一流的，所以金庸的小说，既是武侠的，更是文学的，或者说是文学的武侠小说。从他的小说的文化素质来看，首先是文学的，是文学创作。就其题材和表现方式来看，则是武侠的。但就是说武侠的，也与过去的武侠大大不同了，金庸把武侠的故事情节扩大到了描写社会生活，塑造典型人物，重视故事环境的文学描写，因此他的创作就具有划时代的意义，严家炎教授称之为"一场静悄悄的文学革命"，这是最恰当的评价。说是"静悄悄的",只是说金庸自己并没有声称自己要搞什么文学革命,连同世人也没有注意到这一点,起初只把它当作武侠小说来读,哪知现在来看他的十五部小说的创作,却真正是形成了一次文学革命。说它是"文学革命"既是从现实的创作来看,更是一种历史评价,而不是普通的赞美之词。

从小说的轰动效应来看,当然不是"静悄悄的",相反却是"滚雷"式的,而且是持久的。四十年来响彻了亚洲、美洲和欧洲,难道还不够轰动么?难道还能找到第二种这样的轰动么?

我初读金庸的小说,就有一种想法,觉得除了写研究论文来阐述它外,另一种方式,就是采用传统文学评论的方式——"评批"或叫做"评点"。中国传统的文学评点方式是一种适合于中国文字的非常有效的方式。中国文字的特色是以单字为词的,所以写文章的时候要字斟句酌,而文学作品也可以从字句到篇章进行评批和圈点。所谓"圈点"实际上就是用简便的符号来表述意思,凡文章精彩的字或句,用字旁加"·"和字旁加"〇"的方式表示,"〇"比"·"则更高一级。再高就是用文字在天头、行间、行下进行批注式的评论,因为是随文的,所以读者可以随读随得到阅读的指导和欣赏,中国有许多著名的评点大家和评点作品,明代的李卓吾和清代的金圣叹就是最著名的两位。

一部作品要经得起评点是不容易的,它必须是内容好、文笔好,值得人们欣赏品味。评点也就是欣赏品味,好比吃菜,不是囫囵吞而是细细咀嚼,在嘴里含咂品味。金庸的小说是非常值得评批的,我甚至认为经过认真评批,必将帮助读者对金庸小说的精妙之处,有更深入的认识。

这部《书剑恩仇录》我是几年前就开始评批了,我原计划评点金庸的全部小说,所以第一部先从《书剑恩仇录》开始。要评批金庸的小说,不是一件容易的事,是一门博大的学问,我自己觉得学问不够,不一定能评好，也许还有体会错的。

《书剑恩仇录》涉及西北，主要是甘肃和新疆的地方特别多，我自1986年起，一直在作丝绸之路和玄奘取经之路的调查，前几年我开始作本书的评批工作后，就增加了一项对本书涉及甘肃和新疆的地理的调查。这是饶有兴味的事情，书中所涉及的甘、新两省区的主要地方，我差不多都调查到了，在本书的评批中我择要地都作了批注，以增加读者的兴味。特别是有关黑水营之围的当年古战场，叶尔羌城（今莎车）等我也亲至其地。更有意思的那座神秘的玉山，还真有其地，正式的名字叫"密尔岱山"，老百姓叫它玉山。其山的中段产玉，至今仍留有当年采玉时用的玉砧。那个英奇盘山，现在叫棋盘乡，位置在今叶城西南，从棋盘乡往南就是玉山。我到了棋盘乡，也看了奇特的英奇盘山，往玉山去也不算太远，但只能步行，所以就没有去。我之所以调查这些地方，并不是要去刻舟求剑，而是我要亲自感受一下我们的作者的奇妙而伟大的想象力。我站在苍茫的黑水南岸，遥望对岸黑水营当年的旧址，真是感到金庸的伟大，他把这一场战斗写得多么有声有色，多么动人啊！可惜我找不到翠羽黄衫的踪迹，我真想为她一掬同情之泪！

当然尽管这些遗址或地址还可以找到，但金庸写的并不是当年历史事件的翻版，而是一次并非写真实历史的文学创作。

我的车子过星星峡进入哈密地区再进而进入吐鲁番地区时，我一直在留心找当年陈家洛遇见香香公主的地方，但我没有找到，估计当是从吐鲁番往库车的途中。不过当我从库车出发去塔里木盆地越过原始森林寻找塔里木河的时候，在原始胡杨林的边上，曾碰到了五六位维族青年，他们抬着大锅，请我吃了一顿极鲜极美的羊肉。那时天空一碧如洗，月亮高高地挂在原始胡杨树的树梢，那情景也是够令人回味的了。

我现在总算把这部书评完了，其中的得失，只有请读者，特别是请金庸先生来批评了。不过我要声明，凡是我说错的地方，不符合金庸先生原意的地方，统应由我负责，不能反过来以我的谬见来绳金庸先生的大著。

我评批金庸先生大著的计划，是个长期的计划，我希望尽我今后的时间，我能完成我的计划。

我与金庸先生同岁，我与金庸先生的令兄从抗战时起就在一起，是相交了大半生的好朋友，特别是曾经共同经历了50年代到60年代的灾难，现在他已经不在了，所以我读金庸先生的书，还"别有一番滋味在心头"！前年金庸先生心脏病突发，消息传来，我为他十分担心，幸而吉人天相，最近我在海宁，竟在海神庙里与金庸先生意外相遇，而且正是我将要评完此书的时候，这是巧合，更是因缘。金庸先生告诉我说手术后身体很好，这使我非常兴奋。我只有一个愿望：

但愿人长久，千里共婵娟！

1997 年 4 月 4 日夜 12 时于京华瓜饭楼

人性的展示

——论《笑傲江湖》

金庸在《笑傲江湖》的《后记》里说：

> 我写武侠小说是想写人性，就像大多数小说一样……
>
> 这部小说并非有意的影射"文革"，而是通过书中一些人物，企图刻画中国三千多年来政治生活中的若干普遍现象。影射性的小说并无多大意义，政治情况很快就会改变，只有刻画人性，才有较长期的价值。不顾一切地夺取权力，是古今中外政治生活的基本情况，过去几千年是这样，今后几千年恐怕仍会是这样。任我行、东方不败、岳不群、左冷禅这些人，在我设想时主要不是武林高手，而是政治人物。林平之、向问天、方证大师、冲虚道人、定闲师太、莫大先生、余沧海等人也是政治人物。这种形形色色的人物，每一个朝代中都有，大概在别的国家中也都有。
>
> "千秋万载，一统江湖"的口号，在60年代时就写在书中了。任我行因掌握大权而腐化，那是人性的普遍现象。这些都

不是书成后的增添或改作。

　　以上这段话，是理解《笑傲江湖》乃至于全部金庸作品的钥匙。金庸这里所说的政治生活和政治人物，当然是从本质上讲的，并非说《笑傲江湖》是一部政治斗争书，方证大师、东方不败等都是政界的领袖。《笑傲江湖》所写的当然还是武林争霸的故事，只是这种不择手段的权力的争夺，本质上与政治权力的争夺是一样的。所以读者读《笑傲江湖》所见的武林争霸，亦可以概见历史上的政治争霸的情况。

　　金庸着重说明，他所描写的是人性而不是影射"文革"，我读《笑傲江湖》（包括金庸的其他作品）所深切感受到的，与金庸所说的是一致的。可以说在《笑傲江湖》里，继他以往已出的十多部小说，继续充分展现了各色各样的人性。

人性的光辉

　　在《笑傲江湖》里，给人以心灵的震撼的，首先是刘正风、曲洋的故事。刘正风、曲洋是音乐上的知音，两人的音乐造诣已达到登峰造极的地步，而且相互引为生死知己。但两人却分别属于不同的门派，刘正风是衡山派的第二把高手，而曲洋却是魔教的长老。按衡山派是江湖上的名门正派，而魔教却是邪教，为正派所不容。而衡山派又隶属于五岳剑派，五岳剑派的盟主是左冷禅，此人心机深而野心大，企图合泰山、衡山、恒山、华山、嵩山为一派，实则是以自己的嵩山派并吞消灭其他各派，由他为惟一的武林霸主，然后再企图消灭少林、武当各派以及魔教，实现其武林一统、惟我独尊的野心。因此，他利用所谓正、邪不容的借口，逼刘正风诛灭曲洋，屈服听命于自己。

刘正风是一位大义凛然、正直高尚的侠士，又是音乐上的第一流的高手、品箫的专家，他对音乐的爱好，已同他的生命融成一体，可以说音乐就是他的生命，因此，他与曲洋结为音乐上的生死知己，而曲洋则是第一流的琴手，品格高尚，悠然世外，惟愿以音乐终其一生，而尤其视刘正风为第二生命。而他们俩的琴箫合奏，是他们的生命的融合，精神和意志的融合，也可以说是天地间自然合成的天籁。

刘正风预感到江湖门派之争的不可避免，特别是五岳剑派与魔教之间的生死搏斗已迫在眉睫，而他与曲洋早已心在音乐的天国而看穿并厌弃了这种江湖门派之间的杀戮，甚至连一般的世俗名利都早已不屑一顾，惟愿以音乐终其一生。他为了躲避这不可避免的浩劫，故想出了一个逃避之计，买一个小官，作为自己热衷于俗而又俗的当官"美梦"，以避世人的眼目。实际上是想永远脱离此江湖门派，以隐于市，以隐于官。如此庶几得与曲洋尽其音乐之天年。岂知他的这种避世的想法也无法实现，因为一入门派，便终身难逃。特别是左冷禅野心弥天，嫉贤妒能，务必消灭异己，以遂其独霸的野心，恰好刘正风结交的曲洋是属于与五岳派对立的魔教，所以，以此为借口欲加诛灭。刘正风此时所面临的形势是要么出卖朋友以自保，要么甘愿全家杀身以全友情。刘正风面对这生死抉择，却毫无犹豫、毫无畏缩退避，昂然地说：

> 费师兄不妨就此动手，杀了刘某全家！
> 刘某结交朋友，贵在肝胆相照，岂能杀害朋友，以求自保……要动手便即动手，又等何时？

当岳不群劝他说魔教是妖人邪派，作恶多端，"不要因为一时琴箫投缘，便将全副身家性命都交给了他"，受他的骗，刘正风却说：

岳师兄，你不喜音律，不明白小弟的意思。言语文字可以撒谎作伪，琴箫之音却是心声，万万装不得假。小弟和曲大哥相交，以琴箫唱和，心意互通。小弟愿意以全副身家性命担保，曲大哥是魔教中人，却无一点一毫魔教的邪恶之气。

刘正风的弟子向大年也朗声说：

我们受师门重恩，义不相负，刘门弟子，和恩师同生共死。

实际上这是一场正义与邪恶的斗争，不过正义恰恰属于刘正风、曲洋一边，而向以正派自居的五岳剑派恰恰是属于邪恶，结果在一场血腥的屠杀之下，刘正风全家被杀，刘正风则被曲洋所救，但在脱险之时，刘、曲二人均是身受重伤，命已垂危。他们在临终前，还合奏一曲《笑傲江湖》，在奏完这一曲后，他们有一段对话：

只听得一人缓缓说道："刘贤弟，你我今日毕命于此，那也是大数使然，只是愚兄未能及早出手，累得你家眷弟子尽数殉难，愚兄心下实是不安。"另一人道："你我肝胆相照，还说这些话干吗……"
只听刘正风续道："人生莫不有死，得一知己，死亦无憾。"另一人道："刘贤弟，听你箫中之意，却犹有遗恨，莫不是为了令郎临危之际，贪生怕死，羞辱了你的令名？"刘正风长叹一声，道："曲大哥猜得不错，芹儿这孩子我平日太过溺爱，少了教诲，没想到竟是个没半点气节的软骨头。"曲洋道："有气节也好，没气节也好，百年之后，均归黄土，又有什么分别？愚兄早已伏在屋顶，本该及早出手，只是料想贤弟不愿为我之故，与五岳剑派的故人伤了和气，又想到愚兄曾为贤弟立下重誓，决不伤害侠义道中人士，是以迟迟不发，又谁知嵩山派为五岳盟主，下手竟如此毒辣。"

刘正风半晌不语，长长叹了口气，说道："<u>此辈俗人，怎懂得你我以音律相交的高情雅致</u>？他们的常情猜度，自是料定你我结交，将大不利于五岳剑派与侠义道。唉，<u>他们不懂，须也怪他们不得</u>。曲大哥，你是大椎穴受伤，震动了心脉？"曲洋道："正是，嵩山派内功果然厉害，没料到我背上挺受了这一击，内力所及，居然将你的心脉也震断了。早知贤弟也是不免，那一丛黑血神针倒也不必再发了，多伤无辜，于事无补，幸好针上并没喂毒。"

……

刘正风轻轻一笑，说道："<u>但你我却也因此而得再合奏一曲，从今而后，世上再也无此琴箫之音了</u>。"曲洋一声长叹，说道："昔日嵇康临刑，抚琴一曲，叹息《广陵散》从此绝响。嘿嘿，《广陵散》虽然精妙，又怎及得上咱们这一曲《笑傲江湖》？只是当年嵇康的心情，却也和你我一般。"刘正风笑道："曲大哥刚才还甚达观，却又如何执著起来？你我今晚合奏，将这一曲《笑傲江湖》发挥得淋漓尽致。<u>世上已有过了这一曲，你我已奏过了这一曲，人生于世，夫复何恨</u>？"

上面所引这一大段话，是这个故事里最为精彩的地方，尤其是我加着重点的句子，可以说是作者思想的火花，读后令人无比感动。真是亏作者写得出，可以说是直抉人们的心灵。

按关于音乐知音的故事，最著名的莫过于俞伯牙、钟子期的故事。此故事最早出于《列子·汤问》，说：

伯牙善鼓琴，钟子期善听。伯牙鼓琴，志在高山。钟子期曰，"善哉！峨峨兮若泰山。"志在流水。钟子期曰："善哉！洋洋兮者江河！"

后来到了《警世通言》里就成为《俞伯牙摔琴谢知音》一个短篇小说，之后又被选入《今古奇观》，但故事内容，仍不出《列子·汤问》，不过小说加上了俞伯牙与钟子期结为兄弟，第二年俞伯牙往访钟子期，子期已死，伯牙乃哭祭其坟，抚琴一曲，摔琴而归的情节。从故事的意义来说，仍是知音难遇的意思，并未增加新的思想内容。但是这个故事到了金庸的《笑傲江湖》里，不但是人物和故事情节都完全不同了，更重要的是它的内涵大大丰富了，除了原先的知音难遇以外，更增加了共同反抗强暴，共同不屈于压力，宁可牺牲全家的性命，也不肯出卖朋友，真正是肝胆相照，义薄云天。而且在音乐上，亦只但求知音共赏，无复有世俗名利之思。从品质上来说，两位更是高人一等的高人。尽管敌人如此凶残，灭了他的全家还杀了他自己，但刘正风却只是淡淡地说："此辈俗人，怎懂得你我以音律相交的高情雅致？他们不懂，须也怪他们不得。"曲洋则说："早知贤弟也是不免，那一丛黑血神针倒也不必再发了，多伤无辜，于事无补，幸好针上并没喂毒。"而他们自己呢，却说："人生莫不有死，得一知己，死亦无憾。""结交朋友，贵在肝胆相照。""你我今晚合奏，将这一曲《笑傲江湖》发挥得淋漓尽致。世上已有过了这一曲，你我已奏过了这一曲，人生于世，夫复何恨？"这是他们两人被敌人重伤后临终前在荒山月夜的私自对话，并不是对众演讲。把这些话与前面那批刽子手杀人的凶残行径相对照，人性的善恶自然十分分明了。

不仅如此，刘正风的弟子，以向大年、米为义为代表，"受师门重恩，义不相负"，"和恩师同生共死"。向、米两人的言行，读之催人泪下。要知道这是一场正义与邪恶的生死斗争，并不是私人恩怨的仇杀。读这段故事，我自己就激动万分。我觉得金庸把这个故事升华了，把这个故事的思想内涵升华了。宁可自己杀身，决不肯出卖朋友，师门重恩，义不相负，得一知己，可以无恨，这是何等高尚的品质！对照着有些人为了自己的升官发财，不择手段地陷害人、诬蔑人，更显得这个故事的思想光辉和讽世的意义太丰富太适时了！这个故事单独的思想意义，我认为甚至超过后来令狐冲与盈盈的"曲谐""归隐"。

从这个故事，金庸把人性的光辉，发挥到了极致，发挥到了淋漓尽致的程度！

人性的展示

在《笑傲江湖》里，金庸确实展现了一大批各色各样的人性。

其中岳不群是描写得最为饱满充分的一个。岳不群现在已经成为伪君子的代名词，文学上的典型。在中国古典文学中，假仁假义，虚伪奸诈的典型，莫过于《三国演义》里的曹操，但曹操的虚伪和假仁假义，时时不免露出马脚，而且有时显得做作，有时还不免暴露真相，他的"宁可我负天下人，不可天下人负我"，就是他的不加掩饰的本质暴露。但是岳不群却不是这样。他虚伪得彻底，虚伪得到家，虚伪得不露任何一点痕迹，虚伪得连他的夫人都看不透他。读《笑傲江湖》如果不读到底，是会以为岳不群是真君子，是大好人，不是连少林寺的方证大师、武当山的冲虚道长等等都把他作为正人君子看待的吗？其实他是一个虚伪透顶的卑鄙小人：《辟邪剑谱》明明是他趁令狐冲昏迷之际从他身上搜去的，他却硬诬赖令狐冲，并把他逐出门派，这样让人看来，令狐冲再也无从洗刷了。他明知劳德诺是嵩山派左冷禅派进来的卧底坐探，却不揭露他，故意让他把已经改过了的《辟邪剑谱》偷去，让他们上当。在嵩山比剑之时，他故意让女儿岳灵珊露几手华山石洞中的武功秘密，以诱使左冷禅上当，诱使举世武林高手进洞观看，以实现其一网打尽的毒计。在少林寺与令狐冲比剑的时候，又用剑招迷惑他，示意他可以重归华山派，并以女儿相许，借此使令狐冲意乱情迷，当他足踢令狐冲的时候，故意用内劲将自己的腿骨震断，借此可让左冷禅等轻视他，使他们失于防范。特别是在少林寺中杀死定静、定逸师太，令狐冲、盈盈等都以为是左冷禅所杀，读者当然也作如是想，殊不知却是岳不群所杀，岳不群窃取了《辟邪剑谱》，自宫偷学，与东方不败一样他的最厉害的武器是一枚绣花针，定静、定逸就是死在绣花针上的，这当然无人能料到是他所为了。他对令狐冲，也曾想拉拢利用，但更主要的是想消灭他，特别是到最后是必欲诛之而甘心。明明岳灵珊是林平之所杀，他却硬诬令狐冲逼奸不遂，才杀岳灵珊。岳不群之所以必欲杀令狐冲，一则是自己明明偷了《辟邪剑谱》，却诬陷令狐冲，令狐冲自然要追查到底，这就总有一天被彻底揭露；二则是自己偷学辟邪剑法而自宫等等，已为盈盈揭穿，则如果不诛杀令狐冲和盈盈，必然事情败露，为武林所不容。所以为了自己的虚伪面目不被揭穿，他必须杀令狐冲。终于他在追杀令狐冲的过程中，种种恶行彻底败露，而且为宁女侠所亲见，于是这个伪君子的假面才彻底被撕掉，宁女侠在伤心之余最后拔剑自杀。宁女侠的自杀，是对岳不群的彻底抛弃、彻底揭露。

总观岳不群的形象，我看在中国文学史上，还没有第二个虚伪得如此彻底、如此严密的艺术形象。这无疑是金庸的一大贡献，是金庸对人性认识和描写的突出成就。

任我行是另一个具有特殊意义的形象，作为性格来看，也是一个特殊的个性。读者初见他时是在西湖地室牢底，加上向问天用计见他的一套特殊设计，令人对他既感到神秘而又有几分同情。任我行之所以被囚牢底，是被他的部下东方不败篡权以后囚禁的，他因为精研武功，心无旁骛，才使东方不败得以趁隙篡权。但任我行是一个有特殊心机的人，他获得了武功秘笈《葵花宝典》之后，深知练《葵花宝典》必将陷入邪魔而不可自拔。他竟将这一秘笈赐给了东方不败，从表面来看，是他对这个自己选定的后继者的器重和绝对信任，而暗底里是为了将他引向迷路，陷入迷阱。后来东方不败虽然夺得了权位，但终于败在学习《葵花宝典》上，使任我行最后夺回了权位。这样的城府比岳不群又深了一层，令人感到其心可怕。

更令人可怕的是他在得势以后的"千秋万载，一统江湖"的野心和天下独尊的威风和排场，真正是气焰薰天，不可一世，顺我者昌，逆我者亡。特别具有讽刺意义的是当他在华山朝阳峰上接受五岳派朝拜的时候，却已是各派的首领死灭殆尽，无人可来了。能来的只是一些名不见经传的三四流角色。惟一一位顶天立地、武功盖世的人物是恒山派掌门令狐冲，但偏偏是他和他的恒山派弟子，既不朝拜更不屈服，以至令狐冲和他的恒山派弟子当场与任我行决绝，痛饮绝交酒以备日后的一场生死决战。

这是对任我行的最最辛辣的讽刺，实际上也是对世上一切迷信权力、作威作福、迷信个人的一种深刻、无情的讽刺。这个形象既具有认识意义也具有现实意义，每一个读者看到这个形象和他后来的排场、口号，自然会有所领悟的，尤其是最后一段，可说是"春秋"之笔：

> 上官云大声说道："圣教主智珠在握，天下大事，都早在他老人家的算计之中。他老人家说什么，大伙儿就干什么，再也没有错的。"鲍大楚道："圣教主只要小指头儿抬一抬，咱们水里水里去，火里火里去，万死不辞。"秦伟邦道："为圣教主

办事，就算死十万次，也比胡里胡涂地活着快活得多。"又一人道："众兄弟都说，一生之中，最有意思的就是这几天了，咱们每天都能见到圣教主。见圣教主一次，浑身有劲，心头火热，胜于苦练内功十年。"另一人道："圣教主光照天下，犹似我日月神教泽被苍生，又如大旱天降下的甘霖，人人见了欢喜，心中感恩不尽。"又有一人道："古往今来的大英雄、大豪杰、大圣贤中，没一个能及得上圣教主的。孔夫子的武功哪有圣教主高强？关王爷是匹夫之勇，哪有圣教主的智谋？诸葛亮计策虽高，叫他提一把剑来，跟咱们圣教主比比剑法看？"

诸教众齐声喝彩，叫道："孔夫子、关王爷、诸葛亮，谁都比不上我们圣教主！"

鲍大楚道："咱们神教一统江湖之后，把天下文庙中的孔夫子神像搬出来，再把天下武庙中关王爷的神像请出来，请他们两位让让位，供上咱们圣教主的长生禄位！"

上官云道："圣教主活一千岁、一万岁！咱们的子子孙孙，十八代的灰孙子，都在圣教主麾下听由他老人家驱策。"

众人齐声高叫："圣教主千秋万载，一统江湖！千秋万载，一统江湖！"

任我行听着属下教众谀词如潮，虽然有些言语未免荒诞不经，但听在耳中，着实受用，心想："这些话其实也没错。诸葛亮武功固然非我敌手，他六出祁山，未建尺寸之功，说明智谋难道又及得上我了？关云长过五关、斩六将，固是神勇，可是若和我单打独斗，又怎能胜得我的'吸星大法'？孔夫子弟子不过三千，我属下教众何止三万？他率领三千弟子，恓恓惶惶地东奔西走，绝粮在陈，束手无策。我率数万之众，横行天下，从心所欲，一无阻难。孔夫子的才智和我任我行相比，却又差得远了。"

但听得"千秋万载，一统江湖！千秋万载，一统江湖！"之声震动天地，站在峰腰的江湖豪士跟着齐声呐喊，四周群山均有回声。任我行踌躇满志，站起身来。

教众见他站起，一齐拜伏在地。霎时之间，朝阳峰上一片寂静，更无半点声息。

阳光照射在任我行脸上、身上，这日月神教教主威风凛凛，宛若天神。

任我行哈哈大笑，说道，"但愿千秋万载，永如今……"说到那"今"字，突然声音哑了。他一运气，要将下面那个"日"字说了出来，只觉胸口抽搐，那"日"字无论如何说不出口。他右手按胸，要将一股涌上喉头的热血压将下去，只觉头脑晕眩，阳光耀眼。

上面这一大段文字，是金庸的神来之笔，也是对任我行的最后的最淋漓尽致的刻画。从个性来说，任我行又是另一种独特的个性，也是完全独立的个性，与岳不群一样，古今中外，找不到重复的形象，这完全是独创！当然，这个形象是有生活依据的，也正是因为有生活依据，才能有此独创，如果失去了生活依据，那这个形象必然站立不起来，那也就无所谓独创了！

在《笑傲江湖》里，另一个值得一谈的是左冷禅。左冷禅有岳不群的虚伪的一面，但却十分表面化，易被识破；有余沧海的残暴的一面，但却又时时想掩盖其残暴，不像余沧海那样赤裸裸的残暴。

左冷禅第一件令人惊心怵目的事就是他派人杀刘正风全家以及刘正风、曲洋两人，一开始还假仁假义，说什么是为刘正风好等等，紧接着就是一场预先布置好的大屠杀。虽然刘正风全家是被杀害了，但其结果是连正派的定逸师太都骂他们是"禽兽!"刘正风的女儿刘菁则"怒骂,奸贼,你嵩山派比魔教奸恶万倍!"左冷禅的第二件事就是派陆柏、鲁连荣、封不平、成不忧等到华山夺权,结果以成不忧被裂尸而告终,接着就有药王庙的夜袭,虽然岳不群已被擒,宁中则重伤,危在顷刻,却又以令狐冲破封不平的"狂风快剑",以破箭式刺瞎十五个蒙面客的眼睛而告终。左冷禅的第三件事就是仙霞岭伪装魔教伏击恒山派,二十八铺镇用迷药俘获恒山派,然后胁逼定静同意将恒山派合并入五岳派,在遭定静严拒之下,又在铸剑谷围困恒山派及定静师太,致定静师太伤重而死。左冷禅的第四件事,就是派乐厚等人奉五岳派的令旗不准令狐冲就任恒山派的掌门,并派上官云、贾布等在恒山后面的翠屏山悬空寺天桥上设计害死令狐冲、方证大师、冲虚道长等,虽然事先布置得很周密,但最终还是被盈盈识破,杀掉贾布,上官云投降,乐厚则铩羽而去。左冷禅的第五件事就是嵩山封禅台上五派合并为五岳派,由他来当五岳派的掌门以实现他的武林争霸的最终目的。他事先的准备工作已经做得相当周密了,此时,恒山三定已然在他和岳不群的阴谋下被杀害,泰山派的天门道长又在封禅台比武时被激上当遭到惨死,令狐冲又在与岳灵珊比武中堕岳不群的奸计中剑受伤,潇湘夜雨莫大先生虽在与岳灵珊比武中击败了岳灵珊,却在他好意搀扶岳灵珊的时候为岳灵珊偷袭受伤,岳不群又当场表示他赞成五派合并,此时封禅台上似乎只有左冷禅是当然的掌门了,你看:

　　左冷禅纵起身子,轻飘飘落在封禅台上。他身穿杏黄色布袍,其时夕阳即将下山,日光斜照,映射其身,显得金光灿烂,大增堂皇气象。他抱拳转身,向台下众人作了个四方揖,说道:"既承众位朋友推爱,在下倘若再不答允,出任艰巨,倒显得过于保身自爱,不肯为武林同道尽力了。"嵩山门下数

人性的展示

百人欢声雷动，大力鼓掌。

这一番姿态何等得意，显然已是胜券在握，大功告成，却不料想还有岳不群出来比武。岳不群不是明明已经赞成五派合并成五岳剑派了吗？这一点不错，但狡猾的岳不群只是赞成五派合并，并未赞成左冷禅当五岳派的掌门。至于掌门，当然还要以比武来定。至于左冷禅之胜岳灵珊，那当然不等于胜岳不群，所以最后岳不群出来与左冷禅比武，是顺理成章的事。论武功，左冷禅原也不怕岳不群，但岳不群却早埋下伏笔，在少林寺比剑时故意在足踢令狐冲时自己以内力震断腿骨，使左冷禅轻视于他；在封禅台上比剑时又故意让岳灵珊尽露嵩山派武功秘学十三招，使左冷禅更觉得已尽知对方的底细。正式比剑时，在紧要关头又使出辟邪剑法以诱使对方也用此法，其实左冷禅所使，已是经岳不群篡改过的辟邪剑法，当然经不起岳不群正宗的辟邪剑法，特别是到生死关头，岳不群故意将长剑让左冷禅震飞，然后使出葵花宝典中之绝招，以绣花针刺瞎左冷禅双目。于是左冷禅十年经营，半生阴谋并败，却成为为人作嫁，只落得拱手让岳不群当五岳派的掌门。

综观左冷禅一生，为人阴险狠毒，时时刻刻在阴谋算计人，为了实现他武林争霸的野心，用各种阴谋手段，收买党羽，暗派坐探，布置杀手，剪除敌手，有时表面上也装一点虚伪的仁义，但这只是一层薄薄的面纱，很快就自动揭去，露出凶恶的本相。封禅台比武失败，是他完全意想不到的，但客观上与他争夺霸主的对手是比他更阴险、更毒辣的岳不群，岳不群之所以能战胜他，从武功上说是他学到了真正的辟邪剑法而左冷禅只是学到了经过篡改的假辟邪剑法；从阴谋来说，他自以为布置得很巧妙，而实际上岳不群的阴谋比他高出多多，如果说武功上他可以是岳不群的对手甚至胜过岳不群（不计后来岳不群秘密学到的辟邪剑法）的话，在阴谋上他远远不是岳不群的对手，大概也只是蒋干与周瑜之比。但作为一个独立的性格，左冷禅却是完整无缺的一个性格，在华山山洞中的最后被杀，是他的性格完满的最后一笔，这就是这个性格是到死也不知自己已输了，到死也仍然要阴谋害人！

这样的性格是深刻的，是足以警世的，这样的性格在现实生活中也是存在的，所以人们还是要警惕！

《笑傲江湖》中另一个值得一谈的是衡山派的掌门潇湘夜雨莫大先生。莫大先生第一次露脸是在衡山城中的茶馆里，有人胡说刘正风金盆洗手是因为他们师兄弟不和，言辞颇失分寸，所以有一位"身材瘦长的老者，脸色枯槁，披着一件青布长衫"，手中拉着胡琴的人说："你胡说八道！""忽然眼前青光一闪，一柄细细的长剑幌向桌上，叮叮叮地响了几下"，桌上的七只茶杯，"每一只都被削去了半寸来高的一圈，七个瓷圈跌在茶杯之旁，茶杯却一只也没有倾倒。"这就是莫大先生。

莫大先生第二次出现时，是在衡山城外荒山之中，正当刘正风、曲洋绝命前奏完一曲《笑傲江湖》的时候，嵩山派的杀手大嵩阳手费彬到了，费彬残忍地杀死曲非烟之后，企图一手杀死刘正风、曲洋、令狐冲、仪琳四人，以灭活口，忽然间：

> 耳中传入几下幽幽的胡琴声，琴声凄凉，似是叹息，又似哭泣，跟着琴声颤抖，发出瑟瑟瑟断续之音，如是一滴滴小雨落上树叶。
>
> ……
>
> 费彬心头一震："潇湘夜雨莫大先生到了……"
>
> 费彬见他并无恶意，又素知他和刘正风不睦，便道："多谢莫大先生，俺师哥好。贵派的刘正风和魔教妖人结交，意欲不利我五岳剑派。莫大先生，你说该当如何处置？"
>
> 莫大先生向刘正风走近两步，森然道："该杀！"这"杀"

字刚出口，寒光陡闪，手中已多了一柄又薄又窄的长剑，猛地反刺，直指费彬胸口。这一下出招快极，抑且如梦如幻，正是"百变千幻衡山云雾十三式"中的绝招。费彬在刘府曾着了刘正风这门武功的道儿，此刻再度中计，大骇之下，急向后退，嗤地一声，胸口已给利剑割了一道长长的口子，衣衫尽裂，胸口肌肉也给割伤了，受伤虽然不重，却已惊怒交集，锐气大失。

费彬立即还剑相刺，但莫大先生一剑既占先机，后着绵绵而至，一柄薄剑犹如灵蛇，颤动不绝，在费彬的剑光中穿来插去，只逼得费彬连连倒退，半句喝骂也叫不出口。

曲洋、刘正风、令狐冲三人眼见莫大先生剑招变幻，犹如鬼魅，无不心惊神眩。刘正风和他同门学艺，做了数十年师兄弟，却也万万料不到师兄的剑术竟一精至斯。

一点点鲜血从两柄长剑间溅了出来，费彬腾挪闪跃，竭力招架，始终脱不出莫大先生的剑光笼罩，鲜血渐渐在二人身周溅成了一个红圈。猛听得费彬长声惨呼，高跃而起。莫大先生退后两步，将长剑插入胡琴，转身便走，一曲"潇湘夜雨"在松树后响起，渐渐远去。

费彬跃起后便即摔倒，胸口一道血箭如涌泉般向上喷出，适才激战，似运起了嵩山派内力，胸口中剑后内力未消，将鲜血逼得从伤口中急喷而出，既诡异，又可怖。

第一次出场，莫大先生只说了一句话："你胡说八道！"第二次出场，莫大先生说了两句话，第一句是："费师兄，左盟主好。"第二句是："该杀！"这第二句话刚说出，费彬已身受剑伤，终于死在莫大先生的剑下，莫大先生的"该杀"两字，无异是对这个刽子手的宣判。

　　莫大先生的第三次出现，是在夏口附近，汉水以北的小镇鸡鸣渡的小酒店里。这回他与令狐冲促膝长谈，他极口称赞令狐冲"不但不是无行浪子，实是一位守礼君子"。"似你这般男子汉、大丈夫，当真是古今罕有，我莫大好生佩服。""来来来，我莫大敬你一杯。""你后来助我刘正风师弟，我心中对你生了好感，只想赶将上来，善言相劝，不料却见到后一辈英侠之中，竟有你老弟这样了不起的少年英雄，很好，很好！来来来，咱们同干三杯！"几碗酒一下肚，一个寒酸落拓的莫大先生突然显得逸兴遄飞，连连呼酒，只是他酒量和令狐冲差得甚远，喝得几碗后，已是满脸通红，说道："令狐老弟，我知你最喜喝酒。莫大无以为敬，只好陪你多喝几碗。嘿嘿，武林之中，莫大肯陪他喝酒的，却也没有几人。那日嵩山大会，座上有个大嵩阳手费彬。此人飞扬跋扈，不可一世，莫大越瞧越不顺眼，当时便一滴不饮。""魔教虽毒，却也未必毒得过左冷禅。令狐兄弟，你现下已不在华山派门下，闲云野鹤，无拘无束，也不必管他什么正教魔教。我劝你和尚倒也不必做，也不用为此伤心，尽管去将那位任大小姐救了出来，娶他为妻便是。别人不来喝你的喜酒，我莫大偏来喝你三杯。"莫大先生叹道："这位任大小姐虽然出身魔教，但待你的至诚至情，却令人好生相敬。少林派中，辛国梁、易国梓、黄国柏、觉月禅师四名大弟子命丧她手。她去到少林，自无生还之望，但为了救你，她……她是全不顾自己了。"这一席谈话，莫大先生的是非正义之感十分鲜明，他心中没有正教与魔教的僵死界限，只有正义与非正义的标准。他认为魔教未必毒得过左冷禅，他劝令狐冲娶任大小姐为妻，不能辜负任大小姐的至诚至情。凡此种种，可见莫大先生不但是非分明，见解开阔，而且确是性情中人。后来嵩山封禅台比武，他遭岳灵珊暗算受伤，也只是说了"将门虎女，果然不凡"一句，并未与岳灵珊计较。足见其性格之深沉宽容，确是高贤风范。到最后令狐冲与盈盈新婚之夜，莫大先生还以琴声祝贺，实现前诺，足见其行止，决不受世俗门派之所羁縻。所以莫大先生，实是武林中的隐逸，世外之高人。当然在音乐上他与刘正风似是两途。刘正风应是雅乐，是嵇康之遗，而莫大先生是民乐俗乐。昔我乡有二胡圣手瞎子阿炳华彦钧，以琴声街头乞食，而琴语如诉，一曲《二泉映月》令人泣下，余青年时数数与之相接，其心胸境界之高，为世人之所难识，所以贫病呕血而死。莫大先生除武功神超外，其外观其乐趣其行止亦阿炳之流亚乎？

《笑傲江湖》中如方证大师、冲虚道长、定逸、定静、定用师太、不戒大师、田伯光、向问天以及孤山梅庄四隐等这些人物，也都是个性凸出，令人读后难忘的人物，惜乎篇幅，不能纵谈。

《笑傲江湖》中的余沧海、木高峰之流，自是武林之枭雄恶霸，其等次又低于左冷禅多矣。

《笑傲江湖》中另一类人物，如鲍大楚、桑三娘，原先是奉东方不败之命去查西湖梅庄地牢里任我行的行踪的，初到梅庄，气焰薰天，但任我行一出现，一举手即被制住，立即俯首帖耳，忠心不二，此类人物，实为见风使舵、惟权势是从的武林棍徒。还有一种如游迅、仇松军、严三星之流，都是翻云覆雨、两面三刀、尔虞我诈之徒，他们结伙为恶，惟利是从，谁也信不过谁，到时候就可以随时出卖同伙，此类人实为武林中之蟊贼，社会上的下三流角色，书中也把他们写得活灵活现，实际上此类人物，实为历史社会的现实写照，每个时代都有，读后令人百感丛生。

令狐冲的道路

令狐冲是《笑傲江湖》的主角，但直到第五回才正式出场。以前关于令狐冲的种种，一部分是他师弟陆大有、劳德诺、师妹岳灵珊等人讲出来的，关于他舍命救仪琳、智斗田伯光的事则是由仪琳口述的，到了第五回，令狐冲重伤后为曲洋所救，才正面出场。但在此之前由于种种介绍，令狐冲其人早已呼之欲出了。

令狐冲的道路，是一条充满着艰难曲折的道路，是一条充满着误解、诽谤、陷害和蒙冤的道路，令狐冲就是在这样的一条世途上走过来的，令狐冲的道路，具有特殊的社会内涵和认识价值。

令狐冲是一个连自己的父母都不知道是谁的孤儿，他是由岳不群、宁中则收养长大并收为首徒的。所以他对师父和师娘具有特殊深厚的感情，可以说是父母加师父的感情。

他是一个至性仁厚、心胸开朗、放浪形骸、不拘小节的人物。他好酒如命，有时行为任情所至，少加检点，以至招来非议。但他却心无半点邪念，是一个豪情高义、杀身成仁、舍身取义的侠士，又是一个厌恶权力，厌恶名利，崇尚自由闲散、不受拘束、向往于隐逸的逸士。这《笑傲江湖》一曲，无异是他个人的主题歌。

令狐冲一开始由于救恒山小尼姑仪琳而蒙受许多怨毒诽谤和误解。实则若非他舍身拼命，仪琳就势必遭田伯光之强暴。而他却为救仪琳而身负重伤，复受青城派罗人杰的重创至于垂死，幸得魔教长老曲洋相救，又得仪琳所敷恒山派治伤圣药天香断续膏才得以复活。然而，这件事给令狐冲带来的却是岳不群责令他在华山思过崖山洞中面壁思过一年。原因是他在与田伯光搏斗时出言无状，损害了恒山派。其实这完全是小题大做，他救下了仪琳这件大功偏偏不计，却计较他在救人时为逼仪琳先逃而说见尼姑不利、逢赌必输等等的小节。

但是，思过崖山洞中的一年，却是令狐冲毕生道路上具有决定性意义的一年。

在这一年中，他失去了岳灵珊。初时他与岳灵珊热恋，岳灵珊对他更是不能一日不见，但后来岳灵珊移情别恋林平之，抛弃了令狐冲，这对令狐冲的打击是十分沉重而持久的。但客观来看并不是坏事，对令狐冲的未来减去了一份羁绊。

在这一年中，他看到了思过崖山洞中的武功秘图，并且通晓破解各派武功的秘法，这使他在武学道路上大开眼界，无异是进入了武学的新天地。从此深知华山派也好，别派也好，并不是武学的顶峰。更重要的是他得知华山派气宗战胜剑宗是靠的阴谋而不是武功，这对他心灵中的华山派形象是严重的一击。

但是在这一年中最根本的收获，是他得到了华山派前辈风清扬的真传，并学到了"独孤九剑"，领会了独孤剑法的精义："无招胜有招"，"如行云流水，任意所之"。"做到出手无招，那才真是踏入了高手的境界"。"一切须当顺其自然。行乎其不得不行，止乎其不得不止"。要把学到的剑招"全部将他忘了，忘得干干净净，一招也不可留在心中"。"独孤大侠是绝顶聪明之人，学他的剑法，要旨是在一个'悟'字，决不在死记硬记。等到通晓了这九剑的剑意，则无所施而不可，便是将全部变化尽数忘记，也不相干，临敌之际，更是忘记得越干净彻底，越不受原来剑法的拘束"。这许多言论，确是武学的精华，其实何止武学，施之于其他方面，又何尝不是要言妙义。

令狐冲一年中的这三件事，都紧关着他毕生的前途，而且对他来说全是好事。失去岳灵珊在他心灵创伤甚巨，但其实却是至关重要的一环，如岳灵珊不弃他而去，则令狐冲始终摆脱不了岳不群的牢笼和羁绊，则"独孤九剑"的妙义便不可能真正领会和学到，也就不可能有后来的令狐冲。

令狐冲蒙受的冤枉可谓多矣。第一是诬他藏匿岳不群的"紫霞秘笈"和杀害师弟陆大有。第二是诬陷他偷了林震南家的《辟邪剑谱》，他后来的出神入化的剑术，就是偷学《辟邪剑谱》得来。这真正是"千古奇冤"！由于这种诬陷，致使令狐冲在药王庙一剑刺瞎十五个蒙面客的眼睛，救了岳不群、岳夫人及华山派同伙，却反被岳不群认为其剑术就是从《辟邪剑谱》而来，就是偷《辟邪剑谱》的证据，以至到了洛阳王元霸家，会径被王家骏质问："我姑丈有一部《辟邪剑谱》，托你交给平之表弟，你怎地至今未交出？"随即趁令狐冲内力全失之际，竟压断他的手肘，扭脱他左臂齐肩的关节，使他无法反抗，然后对他进行搜身，结果竟错把他怀中藏的《笑傲江湖》的曲谱当做了《辟邪剑谱》，以为拿到了赃证。这真正是令狐冲毕生的奇耻大辱。而且这桩冤案望不到头，虽然经绿竹翁和"婆婆"演奏后，已知这确是琴箫谱而不是剑谱。但不久令狐冲到福州向阳巷林家老宅调查《辟邪剑谱》时，恰遇嵩山派白头仙翁卜沉，秃鹰沙天江点倒了林平之、岳灵珊，获取了写着《辟邪剑谱》的袈裟。令狐冲跟踪追击，杀死两人，夺回了袈裟剑谱，又因伤重晕死过去，为岳夫人所救，袈裟即被岳不群取去。岳不群却反诬袈裟是令狐冲隐匿不交，并当着众弟子宣布，令狐冲结交魔教妖人，是华山派的"死敌"，致使令狐冲冤上加冤。令狐冲第一桩冤案的昭雪，是在第二十五回由于偷窃《紫霞秘笈》的劳德诺自己不小心将《紫霞秘笈》掉了出来而败露了，随之陆大有的被杀也就真相大白，立即清楚是劳德诺所为，于是案情才得清楚。令狐冲隐匿《辟邪剑谱》的冤案，则一直死死地缠住了他。直到最后在嵩山封禅台上比武，岳不群使出了辟邪剑法，用绣花针刺瞎了左冷禅双目，才被令狐冲、盈盈等人看出了是他偷学了辟邪剑法，因此真相得以大白，岳不群确是贼喊捉贼的伪君子。

但是更使真相得以大白的还有岳灵珊与林平之的一大段夫妻对话：

只听得林平之说道："我的剑谱早已尽数交给你爹爹了，自己没私自留下一招半式，你又何必苦苦地跟着我？"岳灵珊道："你老是疑心我爹爹图你的剑谱，当真好没来由。"……

林平之道："我林家的辟邪剑法天下知名，余沧海、木高峰他们在我爹爹身上搜查不得，便来找我。我怎知你不是受了爹爹、妈妈的嘱咐，故意来向我卖好？"

……

林平之恨恨地道："他要杀我，不是为我待你不好，而是为我学了辟邪剑法。"

岳灵珊道："这件事我可真不明白了。你和爹爹这几日来所使的剑法古怪之极，可是威力却又强大无比。爹爹打败左冷禅，夺得五岳派掌门，你杀了余沧海、木高峰，难道……难道这当真便是辟邪剑法吗？"

林平之道："正是！这便是我福州林家的辟邪剑法！……"

岳灵珊道："可是，你一直没跟我说已学会了这套剑法。"林平之道："我怎么敢说？令狐冲在福州抢到了那件袈裟，毕竟还是拿不去，只不过录着剑谱的这件袈裟，却落入了你爹爹手中……"岳灵珊尖声叫道："不，不会的！爹爹说，剑谱给大师哥拿了去，我曾求他还给你，他说什么也不肯。"林平之哼地一声冷笑。岳灵珊又道："大师哥剑法厉害，连爹爹也敌他不过，难道他所使的不是辟邪剑法？不是从你家的辟邪剑谱学的？"

林平之又是一声冷笑，说道："令狐冲虽然奸猾，但比起你爹爹来，可又差得远了。再说，他的剑法乱七八糟，怎能和我家的辟邪剑法相比？"

……

岳灵珊道："原来大师哥所使的不是辟邪剑法，那为什么爹爹一直怪他偷了你家的辟邪剑谱？那日爹爹将他逐出华山门墙，宣布他罪名之时，那也是一条大罪。这么说来，我……我可错怪他了。"林平之冷笑道："有什么错怪，令狐冲又不是不想夺我的剑谱，实则他确已夺去了。只不过强盗遇着贼爷爷，他重伤之后，晕了过去，你爹爹从他身上搜了出来，乘机赖他偷了去，以便掩人耳目，这叫做贼喊捉贼……"岳灵珊怒道："什么贼不贼的，说得这么难听！"林平之道："你爹爹做这种事，就不难听？他做得，我便说不得？"

岳灵珊叹了口气，说道："那日在向阳巷中，这件袈裟是给嵩山派的坏人夺了去的。大师哥杀了这二人，将袈裟夺回，未必是想据为己有。大师哥气量大得很，从小就不贪图旁人的物事。爹爹说他取了你的剑谱，我一直有些怀疑，只是爹爹既这么说，又见大师哥剑法突然大进，连爹爹也及不上，这才不由得不信。"

……

只听林平之续道："你妈说道：'他和魔教中人结交，自是没冤枉他。我说你冤枉他偷了平儿的辟邪剑谱。'你爹说：'难道剑谱不是他偷的？他剑术突飞猛进，比你比我还要高明，你又不是没见过。'你妈道：'那定是他另有际遇。我断定他决计没拿辟邪剑谱。冲儿任性胡闹，不听你我的教训，那是有的。但他自小光明磊落，决不做偷偷摸摸的事。自从珊儿跟平儿要好，将他撇下之后，他这等傲性之人，便是平儿双手将剑谱奉送给他，他也决计不收。'"……

林平之续道："你爹哼了一声，道：'你这么说，咱们将令狐冲这小子逐出门墙，你倒似好生后悔。'你妈道：'他犯了门规，你执行祖训，清理门户，无人可以非议。但你说他结交左道，罪名已经够了，何必再冤枉他偷盗剑谱？其实你比我还明白得多。你明知他没拿平儿的辟邪剑谱。'你爹叫了起来：

'我怎么知道？我怎么知道'？"……

隔了一会，才听他续道："你妈妈缓缓地道：'你自然知道，只因为这部剑谱，是你取了去的。'你爹怨声吼叫：'你……你说……是我？'但只说了几个字，突然住口。你妈声音十分平静，说道：'那日冲儿受伤昏迷，我替他止血治伤之时，见到他身上有件袈裟，写满了字，似乎是剑法之类。第二次替他换药，那件袈裟已经不见了，其时冲儿仍然昏迷未醒。这段时候之中，除了你我二人，并无别人进房。这件袈裟可不是我拿的。'"

这一大段对话把事情的前前后后说得清清楚楚，令狐冲的冤案在读者的心目中才得以彻底昭雪。

对令狐冲构成压力的还有魔教。

压力有三种：一是社会舆论的压力，因为魔教名声不好，为正派之所不齿，非但不齿而且都引以为仇。而令狐冲却交了魔教的朋友，还承魔教长老曲洋救了自己的性命。盈盈则更是多次舍命相救自己的红颜知己，曲非烟是曲洋的孙女儿，也是为搭救自己出了大力的。另一个是向问天，是令狐冲的把兄弟，向问天的为人也是令狐冲深为钦佩的。更为重要的是他还直接与魔教的教主任我行有来往，这样从正派这面构成的社会舆论就造成了对他的强大压力。他被岳不群逐出华山派，这就是他的主要罪状。第二种是这种社会舆论的压力转过来形成了令狐冲内心的心理压力，这个问题经常在他的心里打鼓，形成交战，使他陷于困惑，原因是魔教固然有坏人，甚至有极坏的人，但也有好人乃至极好的人，这两种人他都亲自见过，要将这两种人一律看做是坏人，举刀便杀，他思想上就想不通。第三种是魔教教主任我行坚持要令狐冲入魔教，并希望他将来继承魔教的教主。这在令狐冲是绝对不干的，但逼他就范的形势明摆着，自然就形成了对他的一种压力。

面对着这样的压力，令狐冲毫不屈服，当任我行在朝阳峰上宣称一个月内杀得恒山见性峰鸡犬不留时，令狐冲却哈哈一笑说："令狐冲在见性峰上，恭候诸位大驾！"

令狐冲就是在这样的重重冤枉，种种诽谤、陷害、误解中走过来的。

当然令狐冲也有爱。师母宁中则，是一个真正爱他的人，她代替了他的慈母的爱，所以到宁女侠临将自杀前，还为令狐冲裹伤。令狐冲所受的冤屈，宁女侠心里是雪亮的，她始终爱抚和信赖这个像儿子一样的徒弟。

魔教的"圣姑"，任我行的女儿盈盈，是真正全身心地爱令狐冲的，她为着令狐冲，宁可自己去少林寺送死，只要少林寺能治好令狐冲的伤。当岳不群来杀令狐冲时，她冒着自身立即被杀的危险，出声呼叫令狐冲，告诉他岳不群要杀他。当着令狐冲拒绝加入日月神教，眼看着一场血洗恒山的大屠杀不可避免，眼看着令狐冲终究在劫难逃的时候，她已悄悄作好与令狐冲同归于尽的准备。她爱令狐冲胜于爱自己。所以只要是令狐冲想做的，她总是尽力去做，让令狐冲得到安慰。应该说令狐冲从盈盈那里得到的爱是纯金的，没有丝毫杂质的，是纯晶的，是通体透亮的，是纯玉的，虽亿万年而不变的！

恒山派的小尼姑仪琳，外貌非常美丽，心地非常纯洁善良，她是在危难中得到令狐冲的舍命相救的。她也是非常爱令狐冲的，她也曾冒着生命危险去救令狐冲，当人们在诬陷令狐冲时，她极力为令狐冲辩解，称颂令狐冲是大好人。当着令狐冲的生命受到威胁时，她默诵经文以求保佑令狐冲。当她的父母不戒大师和恒山"哑婆"得知她爱令狐冲因而要迫使令狐冲娶她时，她坚决反对，为的是不让令狐冲为难。总之，她的爱是圣洁的爱，是超凡脱俗的爱。

岳灵珊对令狐冲也曾有过爱，也曾爱得炽热过，但当令狐冲在思过崖受禁时，没有经多久，她就从原来的炽热渐渐冷却了，冰冻了，甚而至于反目成仇了。只要读一读第二十四回岳灵珊逼着令狐冲交出《辟邪剑谱》的一大段对话时，就可以知道她已把令狐冲恨到何等程度了，读这一大段文字，令人对岳灵珊其人寒心。我个人认为岳灵珊离开令狐冲是好事，岳灵珊很快就爱上了林平之可能有岳不群的作用在，这从后来林平之与岳灵珊的谈话里可以证实。岳灵珊后来向林平之解释说她对令狐冲只是把他当"亲哥哥"看，没有男女之间的爱情，这是不符合事实的，只要看看令狐冲初上思过崖时岳灵珊送饭的情景就能明白了。总之，岳灵珊是一个娇骄二气都较重的一位小姐，由于她是岳不群的女儿，所以她的地位特殊。她的爱情是要别人对她奉献和供养的。她的自尊心比别人强得多，损伤了她的自尊心也就损伤了一切。她对林平之的服从，也是她的自尊心的辐射。

令狐冲还有一批与他惺惺相惜的武林同道和前辈，也是令狐冲成长过程中不可忽视的一种重要社会因素，老一辈或两辈的如风清扬、莫大先生、方证、方生、冲虚、恒山三定，都是对他能另眼相看的，有的则是在经过误会后才得到正确的认识的，风清扬则更是他的实际上的恩师，无怪方生大师等会觉得他是风清扬的传人。与他同辈的则有向问天，也不失是一位磊落英豪，其杯酒自酌、睥睨群凶的气概，足以压倒一切。就是那位行为不检、污名周知的田伯光，当其能以打赌而不犯仪琳，复能担酒上华山与令狐冲痛饮而后比剑，令狐冲比剑不赢而竟能让令狐冲再学再比以至于反而自己输了，最后能弃恶从善、皈依佛门、得证善果的人物，在令狐冲的生活道路上，也是留下一定的影响的。

总之，令狐冲就是在这样一条艰难曲折的道路上成长的，在他的身上凝聚着爱与恨、苦与甜，凝聚着社会的种种印记。

脉络与结构

《笑傲江湖》是一部百余万字的大书，人物众多，头绪纷繁，而文笔又如行云流水，一气读下，无复滞碍，及至读完，掩卷细想，要掌握其脉络结构，却颇费思索。幸而金庸在书后有后记，虽未述及脉络结构，但其命意大致可知，我归结为"武林争霸"。以此为故事核心，一切都围绕此点而来。

争霸有两起，一起是以左冷禅为首的嵩山派，企图兼并华山派、衡山派、恒山派、泰山派而成为五岳剑派，而后再行消灭少林、武当各派。左冷禅派人制止刘正风金盆洗手，杀害刘正风全家，派人伪装魔教，袭击恒山派，致定静师太战死，派人阻止令狐冲任恒山掌门，企图暗害令狐冲、方证大师、冲虚道长等都是为了这个目的。而为了同样的目的，华山派岳不群派人去福州窥视林家《辟邪剑谱》，青城派余沧海则直接屠杀林震南全家以图抢到《辟邪剑谱》，因为获得了《辟邪剑谱》就可以称霸武林，达到争霸的目的。

争霸的另一起，是日月神教教主任我行，企图一举消灭武林各派，实现其"千秋万载，一统江湖"的野心，所以以日月神教即魔教任我行为一方，以武林其他各派为另一方的一场争霸和反争霸的斗争也在广阔展开。其高潮就是任我行在朝阳峰会见五岳各派掌门的大会。但是那时原五岳各派的掌门已死伤殆尽，五岳剑派的新掌门岳不群亦已死亡，就连任我行虽然当时还巍然独存，但连这个会还未开完，也就病发倒下再也不起了。这个日月神教就由任盈盈接掌，任盈盈一反其父所行，实行和平方针，继而又将教主之位传给了向问天，向问天也非野心分子，因此这一场争霸斗争才算自然终止，而令狐冲与任盈盈也终遂隐居之乐。

以上是全书的大结构、总脉络。

在此大结构、总脉络之下，又有小结构、小脉络。

例如华山派内部气宗与剑宗之争。华山思过崖山洞中所反映的一场大斗争，就是以往斗争的记录。而鲁连荣、封不平、成不忧等公然前来逼令岳不群退位，让出掌门，这就是现实的华山派剑宗与气宗之争。实际上封不平等已不属华山派，不过是借原有的名义以实现其夺权的野心而已。而这次夺权行动的背景，仍是左冷禅的指挥。

再如泰山派天门道人在嵩山封禅台上与玉玑子、玉磬子、玉音子之争，又是本派内部之争。天门道人反对五派合并成五岳剑派，玉玑子等则主张并派，实则仍是权力之争。背景是左冷禅买通玉玑子等，制造泰山派的内部分裂，以实现其夺权的野心。结果天门道人固然被他们的阴谋活活害死，连刚抢到权的玉玑子也成了独脚废人。

至于日月神教这一面，也存在着内部夺权的斗争。任我行一时被东方不败篡权，自己被囚于西湖地牢，终身监禁。但任我行在被夺权之前，已预感到东方不败的权力野心，因而将《葵花宝典》赐给了他，表面上对他亲密有加，实际上是让他上当。果然东方不败上当，学了《葵花宝典》，将大权交给了杨莲亭，杨莲亭又借此剪除异己，削弱东方不败的力量。最后任我行被向问天、令狐冲救出，复夺了日月神教的教权，并杀死了东方不败和杨莲亭。

总之，《笑傲江湖》情节结构的中心是武林争霸夺权，为了达到目的，又夺取《辟邪剑谱》和《葵花宝典》，最后两派都败在《辟邪剑谱》和《葵花宝典》上。而主人公令狐冲则是一个志在放浪隐逸之人，经过千回百折的斗争，终于实现了刘正风、曲洋所未能实现的夙愿——笑傲江湖。

行云流水之文

"剑术之道，讲究如行云流水，任意所之。"

"一切当顺其自然。行乎其不得不行，止乎其不得不止。"

以上是风清扬传授令狐冲的剑术的要言妙义，其实这就是文章的最高境界，昔东坡论文，就指出文章如行云流水，当行乎所当行，止乎所不可不止。东坡的文论，源于庄子，庄子文章，浩无涯际，要渺无穷，我认为金庸的文章，近得之于东坡，远得之于庄子。

金庸文章之妙，状物写景叙事，皆能得其神理，尤其是塑造人物，不仅外形刻画得如目见亲睹，更重要的是能栩栩如生。金庸的笔下，没有刻板呆滞的人物，读他的书，一些主要人物，皆可闭目即得，如多年老友。

《笑傲江湖》是金庸的后期作品，其叙事状物，已臻炉火纯青、出神入化的境界，所谓文有余思，笔无滞碍，信笔所至，皆成妙谛。

《笑傲江湖》里所涉及的场景、人物以及各类武林人物交手搏斗的场面不可胜数，但历历写来，景随情转，变化无穷而皆能贴合生活，让你如同身历其境。例如第五回仪琳抱着重伤的令狐冲从群玉院逃出来到荒山里，为令狐冲摘瓜，又听令狐冲讲《百喻经》故事一段，简直如读第一流的回忆童年的散文，到第七回捉萤火虫的一段，更是文如秋水，情如童梦：

> 这日傍晚，两人背倚石壁，望着草丛间流萤飞来飞去，点点星火，煞是好看。
> 令狐冲道："前年夏天，我曾捉了几千只萤火虫儿，装在

十几只纱囊之中，挂在房里，当真有趣。"仪琳心想，凭他的性子，决不会去缝制十几只纱囊，问道："你小师妹叫你捉的，是不是？"令狐冲笑道："你真聪明，猜得好准，怎么知道是小师妹叫我捉的？"仪琳微笑道："你性子这么急，又不是小孩子了，怎会这般好耐心，去捉几千只萤火虫来玩。"又问："后来怎样？"令狐冲笑道："师妹拿来挂在她帐子里，说道满床晶光闪烁，她像是睡在天上云端里，一睁眼，前后左右都是星星。"仪琳道："小师妹真会玩，偏你这个师哥也真肯凑趣，她就是要你去捉天上的星星，只怕你也肯。"

令狐冲笑道："捉萤火虫儿，原是为捉天上的星星而起。那天晚上我跟她一起乘凉，看到天上星星灿烂，小师妹忽然叹了一口气，说道：'可惜过一会儿，便要去睡了，我真想睡在露天，半夜里醒来，见到满天星星都在向我眨眼，那多有趣。但妈妈一定不会答应。'我就说：'咱们捉些萤火虫来，放在你蚊帐里，不是像星星一样吗？'"

这一段文章，就是放在最上等的散文集里也毫不逊色。这一段文章下面还有很长的文字，限于篇幅，不能全录。

再看刘正风、曲洋临终前在荒山月夜弹琴的一段：

忽听得远处传来铮铮几声，似乎有人弹琴。令狐冲和仪琳对望了一眼，都是大感奇怪："怎地这荒山野岭之中有人弹琴？"琴声不断传来，甚是优雅，过得片刻，有几下柔和的箫声夹入琴韵之中。七弦琴的琴音和平中正，夹着清幽的洞箫，更是动人，琴韵箫声似在一问一答，同时渐渐移近。令狐冲凑身过去，在仪琳耳边低声道："这音乐来得古怪，只怕于我们不利，不论有什么事，你千万别出声。"仪琳点了点头，只听琴音渐渐高亢，箫声却慢慢低沉下去，但箫声低而不断，有如游丝随风飘荡，却连绵不绝，更增回肠荡气之意。

只见山石后转出三个人影，其时月亮被一片浮云遮住了，夜色朦胧，依稀可见三人二高一矮，高的是两个男子，矮的是个女子。两个男子缓步走到一块大岩石旁，坐了下来，一个抚琴，一个吹箫，那女子站在抚琴者的身侧。令狐冲缩身石壁之后，不敢再看，生恐给那三个人发现。只听琴箫悠扬，甚是和谐。令狐冲心道："瀑布便在旁边，但流水轰轰，竟然掩不住柔和的琴箫之音，看来抚琴吹箫的二人内功着实不浅。嗯，是了，他们所以到这里吹奏，正是为了这里有瀑布声响，那么跟我们是不相干的。"当下便放宽了心。

忽听瑶琴中突然发出锵铿之音，似有杀伐之意，但箫声仍是温雅婉转。过了一会，琴声也转柔和，两音忽高忽低，蓦地琴韵箫声陡变，便如七八具瑶琴、七八枝洞箫同时在奏乐一般。琴箫之声虽然极尽繁复变幻，每个声音却又抑扬顿挫，悦耳动心。令狐冲只听得血脉贲张，忍不住便要站起身来，又听了一会，琴箫之声又是一变，箫声变了主调，那七弦琴只是玎玎珰珰的伴奏，但箫声却越来越高。令狐冲心中莫名其妙地感到一阵酸楚，侧头看仪琳时，只见她泪水正涔涔而下。突然间铮地一声急响，琴音立止，箫声也即住了。霎时间四下里一片寂静，惟见明月当空，树影在地。

只听一人缓缓说道："刘贤弟，你我今日毕命于此，那也是大数使然，只是愚兄未能及早出手，累得你家眷弟子尽数殉难，愚兄心下实是不安。"另一个道："你我肝胆相照，还说这些话干吗……"

人性的展示

再看后来洛阳绿竹巷中"婆婆"演奏的这曲《笑傲江湖》：

> 令狐冲又惊又喜，依稀记得便是那天晚上所听到曲洋所奏的琴韵。
>
> 这一曲时而慷慨激昂，时而温柔雅致，令狐冲虽不明乐理，但觉这位婆婆所奏，和曲洋所奏的曲调虽同，意趣却大有差别。这婆婆所奏的曲调平和中正，令人听着只觉音乐之美，却无曲洋所奏热血如沸的激奋。奏了良久，琴韵渐缓，似乎乐音在不住远去，倒像奏琴之人走出了数十丈之遥，又走到数里之外，细微几不可再闻。
>
> 琴音似止未止之际，却有一二下极低极细的箫声在琴音旁响了起来。回旋婉转，箫声渐响，恰似吹箫人一面吹，一面慢慢走近，箫声清丽，忽高忽低，忽轻忽响，低到极处之际，几个盘旋之后，又再低沉下去，虽极低极细，每个音节仍清晰可闻。渐渐低音中偶有珠玉跳跃，清脆短促，此伏彼起，繁音渐增，先如鸣泉飞溅，继而如群卉争艳，花团锦簇，更夹着间关鸟语，彼鸣我和，渐渐的百鸟离去，春残花落，但闻雨声箫箫，一片凄凉肃杀之象，细雨绵绵，若有若无，终于万籁俱寂。
>
> 箫声停顿良久，众人这才如梦初醒。王元霸、岳不群等虽都不懂音律，却也不禁心驰神醉。易师爷更是犹如丧魂落魄一般。

古今写琴箫的文章多矣，但是能写到如此深入细微而贴切的，恐不多见，特别是写到同一曲子，不同的人演奏出来有不同的效果，刘正风、曲洋合奏此曲，自然是生命之曲的回荡，其内涵和效果自然不同，到绿

351

竹巷的"婆婆"演奏，自然又是一种纯正的音乐之美，截然不同。这种情景并不难理解，记得我当年听吾乡瞎子阿炳拉《二泉映月》时，琴语如泣如诉，催人泪下，中间又有几次顿挫，弦语如咽，令人凄然欲绝。后来此曲改编成管弦乐合奏，虽然还是那个旋律，但已是一支轻柔悦耳的轻音乐，无复当年阿炳的生命之曲的生死之感了。现在阿炳的原奏录音和改编成管弦乐合奏的录音俱在，有心的读者不妨一比，以领略其中的妙谛。

当然，绿竹巷中"婆婆"所奏《笑傲江湖》应视作是此曲的正乐，故这一大段描写神妙至于极点，而刘正风、曲洋所奏，因为变故在前，且临命之际心情可知，我以为他们二人所奏，虽极平生之怀，可以无恨，但却反而是带有变徵之音，不可作为此曲的正调。

所以绿竹巷"婆婆"所奏《笑傲江湖》之曲，至珍至贵，非后来改编瞎子阿炳《二泉映月》之可比也。

《笑傲江湖》里这种绝世妙文，连篇都是，再看一段祖千秋论酒杯的妙文，本人也是酒友，故读此顿增豪情：

祖千秋见令狐冲递过酒碗，却不便接，说道："令狐兄虽有好酒，却无好器皿，可惜啊可惜。"令狐冲道："旅途之中，只有些粗碗粗盏，祖先生将就着喝些。"祖千秋摇头道："万万不可，万万不可。你对酒具如此马虎，于饮酒之道，显是未明其中三昧。饮酒须得讲究酒具，喝什么酒，便用什么酒杯。喝汾酒当用玉杯，唐人有诗云：'玉碗盛来琥珀光。'可见玉碗玉杯，能增酒色。"令狐冲道："正是。"

祖千秋指着一罍酒，说道："这一罍关外白酒，酒味是极好的，只可惜少了一股芳冽之气，最好是用犀角杯盛之而饮，那就醇美无比，须知玉杯增酒之色，犀角杯增酒之香，古人诚不我欺。"

令狐冲在洛阳听绿竹翁谈论讲解，于天下美酒的来历、气味、酿酒之道、窖藏之法，已十知八九，但对酒具一道却一窍不通，此刻听得祖千秋侃侃而谈，大有茅塞顿开之感。

只听他又道："至于饮葡萄酒嘛，当然要用夜光杯了。古人诗云："葡萄美酒夜光杯，欲饮琵琶马上催。"要知葡萄美酒作艳红之色，我辈须眉男儿饮之，未免豪气不足。葡萄美酒盛入夜光杯之后，酒色便与鲜血一般无异，饮酒有如饮血。岳武穆词云：'壮志饥餐胡虏肉，笑谈渴饮匈奴血'，岂不壮哉！"

令狐冲连连点头，他读书甚少，听得祖千秋引证诗词，于文义不甚了了，只是'笑谈渴饮匈奴血'一句，确是豪气干云，令人胸怀大畅。

祖千秋指着一坛酒道："至于这高粱美酒，乃是最古之酒。夏禹时仪狄作酒，禹饮而甘之，那便是高粱酒了。令狐兄，世人眼光短浅，只道大禹治水，造福后世，殊不知治水什么的，那也罢了，大禹真正的大功，你可知道么？"

令狐冲和桃谷六仙齐声道："造酒！"祖千秋道："正是！"八人一齐大笑。

祖千秋又道："饮这高粱酒，须用青铜酒爵，始有古意。至于那米酒呢，上佳米酒，其味虽美，失之于甘，略稍淡薄，当用大斗饮之，方显气概。"

令狐冲道："在下草莽之人，不明白这酒浆和酒具之间，竟有这许多讲究。"

祖千秋拍着一只写道"百草美酒"字样的酒罍，说道："这百草美酒，乃采集百草，浸入美酒，故酒气清香，如行春郊，令人未饮先醉。饮这百草酒须用古藤杯。百年古藤雕而成杯，以饮百草酒则大增芳香之气。"令狐冲道："百年古藤，倒是很难得的。"祖千秋正色道："令狐兄言之差矣，百年美酒比之百年古藤，可更为难得。你想，百年古藤，尽可求之于深山野岭，但百年美酒，人人想饮，一饮之后，就没有了。一只古藤杯，就算饮上千次万次，还是好端端的一只古藤杯。"令狐冲道："正是。在下无知，承先生指教。"

岳不群一直在留神听那祖千秋说话，听他言辞夸张，却又非无理，眼见桃枝仙、桃干仙等捧起了那罎百草美酒，倒得满桌淋漓，全没当是十分珍贵的美酒。岳不群虽不嗜饮，却闻到酒香扑鼻，甚是醇美，情知那确是上佳好酒，桃谷六仙如此糟蹋，未免可惜。

祖千秋又道："饮这绍兴状元红须用古瓷杯，最好是北宋瓷杯，南宋瓷杯勉强可用，但已有衰败气象，至于元瓷，则不免粗俗了。饮这罎梨花酒呢？那该用翡翠杯。白乐天杭州春望诗云：'红袖织绫夸柿叶，青旗沽酒趁梨花。'你想，杭州酒家卖这梨花酒，挂的是滴翠似的青旗，映得那梨花酒分外精神，饮这梨花酒，自然也当是翡翠杯了。饮这玉露酒，当用琉璃杯。玉露酒中有如珠细泡，盛在透明的琉璃杯中而饮，方可见其佳处。"

古人饮酒，讲究酒具，故至今出土文物中还有唐代的犀角形玛瑙杯，也有翡翠杯、白玉杯，至于金碗银盏，那就不足为奇了。但在小说里，这样地讲论酒杯与酒的关系，而且具有这么高的文化色彩，实在是前所未有。

在本书里，还有一段论酒的，也可以作为奇文，引出来供大家一赏：

人性的展示

令狐冲自幼嗜酒，只是师父、师娘没给他多少钱零花，自来有酒便喝，也不容他辨选好恶，自从在洛阳听绿竹翁细论酒道，又得他示以各样美酒，一来天性相投，二来得了名师指点，此后便赏鉴甚精，一闻到这酒香，便道："好啊，这儿有三锅头的陈年汾酒。唔，这百草酒只怕已有七十五年，那猴儿酒更是难得。"他闻到猴儿酒的酒香，登时想起六师弟陆大有来，忍不住心中一酸。

丹青生拊掌大笑，叫道："妙极，妙极！风兄弟一进我酒室，便将我所藏三种最佳名酿报了出来，当真是大名家，了不起！了不起！"

令狐冲见室中琳琅满目，到处都是酒罐、酒瓶、酒葫芦、酒杯，说道："前辈所藏，岂止名酿三种而已。这绍兴女儿红固是极品，这西域吐鲁番的葡萄酒，四蒸四酿，在当世也是首屈一指的了。"丹青生又惊又喜，问道："我这吐鲁番四蒸四酿葡萄酒密封于木桶之中，老弟怎地也嗅得出来。"令狐冲微笑道："这等好酒，即使是藏于地下数丈的地窖之中，也掩不住它的酒香。"

丹青生叫道："来来来，咱们便来喝这四蒸四酿葡萄酒。"将屋角落中一只大木桶搬了出来。那木桶已然旧得发黑，上面弯弯曲曲地写着许多西域文字，木塞上用火漆封住，火漆上盖了印，显得极为郑重。丹青生握住木塞，轻轻拔开，登时满室酒香。

施令威向来滴酒不沾唇，闻到这股浓烈的酒气，不禁便有醺醺之意。

丹青生挥手笑道："你出去，你出去，可别醉倒了你。"

将三只酒杯并排放了，抱起酒桶往杯中斟去。那酒殷红如血，酒高于杯沿，却不溢出半点。令狐冲心中喝一声彩："此人武功了得，抱住这百来斤的大木桶向小小酒杯中倒酒，居然齐口而止，实是难能。"

丹青生将木桶挟在胁下，左手举杯，道："请，请！"双目凝视令狐冲的脸色，瞧他尝酒之后的神情。令狐冲举杯喝了半杯，大声辨味，只是他脸上涂了厚粉，瞧上去一片漠然，似乎不甚喜欢。丹青生神色惴惴，似乎生怕这位酒中行家觉得他这桶酒平平无奇。

令狐冲闭目半晌，睁开眼来，说道："奇怪，奇怪！"丹青生问道："什么奇怪？"令狐冲道："此事难以索解，晚辈可当真不明白了。"丹青生眼中闪动着十分喜悦的光芒，道："你问的是……"令狐冲道："这酒晚辈生平只在洛阳城中喝过一次，虽然醇美之极，酒中却有微微的酸味。据一位酒国前辈言道，那是由于运来之时沿途颠动之故。这四蒸四酿的吐鲁番葡萄酒，多搬一次，便减色一次。从吐鲁番来到杭州，不知有几万里路，可是前辈此酒，竟然绝无酸味，这个……"

丹青生哈哈大笑，得意之极，说道："这是我的不传之秘。我是用三招剑法向西域剑豪莫花尔彻换来的秘诀，你想不想知道？"

令狐冲摇头道："晚辈得尝此酒，已是心满意足，前辈这秘诀，却不敢多问了。"

丹青生道："喝酒，喝酒。"又倒了三杯，他见令狐冲不问这秘诀，不禁心痒难搔，说道："其实这秘诀说出来不值一文，可说毫无稀奇。"令狐冲知道自己越不想听，他越是要说，忙摇手道："前辈千万别说，你这三招剑招，定然非同小可。

以如此重大代价换来的秘诀，晚辈轻轻易易地便学了去，于心何安？常言道：无功不受禄……"丹青生道："你陪我喝酒，说得出此酒的来历，便是大大的功劳了。这秘诀你非听不可。"

令狐冲道："晚辈蒙前辈接见，又赐以极品美酒，已是感激之至，怎可……"丹青生道："我愿意说，你就听好了。"向问天劝道："四庄主一番美意，风兄弟不用推辞了。"

丹青生道："对，对！"笑眯眯地道："我再考你一考，你可知道这酒已有多少年份？"

令狐冲将杯中酒喝干，辨味多时，说道："这酒另有一个怪处，似乎已有一百二十年，又似只有十二三年。新中有陈，陈中有新，比之寻常百年以上的美酒，另有一股风味。"

向问天眉头微蹙，心道："这一下可献丑了。一百二十年和十二三年相差百年以上，怎可相提并论。"他生怕丹青生听了不愉，却见这老儿哈哈大笑，一部大胡子吹得笔直，笑道："好兄弟，果然厉害。我这秘诀便在于此。我跟你说，那西域剑豪莫花尔彻送了我十桶三蒸三酿的一百二十年吐鲁番美酒，用五匹大宛良马驮到杭州来，然后我依法再加一蒸一酿，十桶美酒，酿成一桶。屈指算来，正是十二年半以前之事。这美酒历关山万里而不酸，酒味陈中有新，新中有陈，便在于此。"

以上这段"酒话"，可说是酒国的绝世妙品。昔年我曾到过通化葡萄酒厂的酒窖，看过储藏葡萄酒的大木桶，木桶甚大，决非丹青生所能搬动，也都是陈年老窖，可惜我没有令狐冲的品酒本领，所以未能领略其殊美，我也曾喝过一瓶真正的乾隆陈绍，其味芳香醇厚而温雅，所以读这段文章，真是逸兴遄飞。但我知道金庸并不能喝酒，至少他多次请我喝酒时他自己不饮。不管他自己喝不喝酒，这段"酒活"，无论如何是酒文化的极品。

金庸小说里，特别是《笑傲江湖》里，这样的逸趣横生的"绝妙好辞"实在太多了，可说是举不胜举。这恐怕也是金庸的文章百读不厌的原因之一。

要品评金庸的文章，那可谈的问题太多了。总而言之，我认为他的文章，发源于庄周，也得力于东坡。他是我们时代的文章大师，是我们时代的光荣和骄傲。去年我曾有诗赠金庸，现在写在下面，以作本文的收尾：

奇才天下说金庸。帕米东来第一峰。九曲黄河波浪阔，千层雪岭烟霞重。幻情壮采文变豹，豪气干云笔屠龙。昔日韩生歌石鼓，今朝寰宇唱金镛。

1997 年 8 月 27 日夜 11 时
于京东且住草堂

《笑傲江湖》回后评

第 一 回

福威镖局于喜气洋溢之时却忽降灭门大祸，事情从何而起尚不知底细，读者亦摸不着头脑。

青城派杀人如割草，如此暴虐，令人如遇恶鬼。

林平之一派骄矜纨绔之气，忽遇凶人，从此易途矣。

写福威镖局破家灭门，是为写青城派余沧海之出场，非独立之一小故事也。此书人物出场，另是一种手法，是大写法不是小写法。

青城派余沧海出场，实为《辟邪剑谱》而来也，岳不群派劳德诺、岳灵珊在福州开酒店，亦为此也。林震南全家被毁，为有《辟邪剑谱》也。而岳不群、余沧海等觅取《辟邪剑谱》实又为武林争霸也。以后种种争端，大抵归根于此。

第 二 回

此回先结上回福威镖局被灭，林震南夫妇被掳，然后因林平之得救，遂开以后情节，是文章过脉处。福威镖局被灭，实是为余沧海出场先作一烘托，亦为《辟邪剑谱》作渲染也。

五岳各派掌门人云集衡山，非为金盆洗手也，实各有所图也。

岳不群派劳德诺到青城山，只是为察看其动向耳，谢罪是其名也，窥测是其实也。

令狐冲人未出场，已略得其风采。

第 三 回

余沧海破灭福威镖局擒林震南一家，非为报上代之仇，实为夺《辟邪剑谱》，其不择手段，毒辣残忍，令人惊心骇目。夺一《辟邪剑谱》尚且如此，则其他可知。吾故曰：此书非仅武侠也，实亦数千年政治、历史之寓言也。

令狐冲仗义救仪琳，不顾自身安危，于自己与仪琳独处之时，宁可自己负伤忍痛，而不让仪琳解衣取药，其心正，其行仁，其气豪，其胆壮。然而因与田伯光同桌，而竟以田伯光目之，汹汹拳拳，已成定势，若非仪琳亲来讲述，则三人成虎已不可改矣。吾于此而知世事大抵耳食者多也，为之三叹！

令狐冲骂尼姑云云，盖缘仪琳不知事，不肯走也。设仪琳早走，则令狐冲何至骂人？乃定逸等不取其意，而徒计其言，是得言而忘意耳，去左周之意远矣！令狐冲亦从此遭非议矣，难哉令狐冲！然口不择言，亦易招谤，可以为戒也！

第 四 回

令狐冲为救仪琳，不惜自身重伤，想尽种种方法，终于使田伯光止手，仪琳得保清白。或曰是令狐冲智取也。予曰：其实非智取也，是令狐冲诚取也、仁取也、义取也、勇取也。如非令狐冲之诚、仁、义、勇，何能使田伯光退却。然田伯光实尚存一丝人性也。非如此，田伯光满可以以暴力攫仪琳，不理令狐冲之种种，甚或即杀令狐冲以遂己欲，有何不可？是田伯光有感于令狐冲之诚、仁、义、勇，遂而自退耳。以此返视青城派罗人杰，田伯光尚高于罗人杰也。何则，当令狐冲为救仪琳已重伤垂危，而罗人杰反乘危下手，欲杀令狐冲，岂非能不如田伯光乎？

因青城派弟子被跌，遂使林平之被误认为木高峰，又引出真的木高峰，情节愈出愈奇。

曲非烟捉弄余沧海，使读者心神一快，亦见公理自在人心也。

仪琳一段回忆，补出令狐冲中剑以后情况，更补出仪琳于令狐冲情苗悄长，令狐冲"尸体"失踪，又引出离奇情节，令人不能释怀。

第 五 回

令狐冲死而复生皆亏曲非烟祖孙之力，然无天香断续膏，仍不能获救，此必须仪琳来救也。岂意令狐冲竟在妓院，而仪琳亦终于为得令狐冲"尸体"而竟入妓院，则仪琳视令狐冲"尸体"为重而视出家人法规为轻也，然则此时仪琳实已情有所属矣。

仪琳救活令狐冲并抱其至山间隐蔽处，言笑晏晏，实是人间至福，然此景不可久持，因二人皆不可能遗世而独立也！

仪琳为令狐冲诵经祈祷，其精诚足以动鬼神，是人间至高境界。

第 六 回

刘正风为摆脱江湖帮派的斗杀，以求与知音共乐，聊尽余年，亦不可得，欲求永辞故土，远避海外，亦不可得，只许卖友以求活。刘正风秉天地正气，宁可全家被杀，自己自刭，亦不卖友求活，此等风骨，吾于《史记》、《汉书》中见之，不意又于金庸书中见之，其快为何如哉！

读此回，如读《正气歌》。刘正风之言，秉天地正气之言也。其铮铮铁骨，令卖友求荣、贪生怕死之辈读之，当冷汗直冒也。

刘正风幼子刘芳，经不起威胁，自是不足为奇，亦非刘正风之耻。可耻者，威逼刘芳之人耳！因威胁不倒刘正风，而折磨他的儿子，令他说逆父之话，从表面上看，五岳剑派胜了，然从实质上看，五岳剑派是败了，因为他们始终未能让刘正风卖友求活。

令儿子反对他自己的父亲，说父亲有罪该杀等等怪异现象，实实有过，并非杜撰，故读此书，又如读三十年前旧报章杂志，特别如读红卫兵小报也，可胜浩叹！

第 七 回

刘正风、曲洋于临终前合奏《笑傲江湖》一曲，其涵义远远超出俞伯牙、钟子期的"高山流水"。俞、钟之事，只是知音难遇，人生得一知己可以无恨，甚至肝胆相照的襟怀亦可包涵。但刘正风、曲洋的故事，是出于两个门派之争，而刘正风为坚持真理，宁可全家被杀，自己死也不肯出卖朋友，不肯说一句违心之话，不受门派之缚，是何等勇气！何等心胸！这个故事的内涵就大大地被丰富和被升华了。回顾"文革"中和"文革"前，我们一直生活在政治运动中，只要一个人被整，就累及全家，亦就无人敢为他说话，无人敢挺身而出仗义执言，于是友道丧矣！今往事云烟已过，益觉今日承平之可贵也。读此回不觉废书而叹！

刘正风与曲洋在谈到五岳剑派认定刘、曲的相交是阴谋，是另有企图而不相信是音乐的知音时，刘正风说："此辈俗人，怎懂得你我以音律相交的高情雅致？""他们不懂，须也怪他们不得。"读此段话，可知刘正风、曲洋的境界与此辈真有霄壤之别。在五岳剑派看来，一切俱是门派之争，人生没有超乎此者。在刘正风、曲洋看来，艺术就是生命，门派之争毫不足道，故想退出门派，然终究没有能退出，并且还牺牲全家，使人有一入门派便永无摆脱之望。

刘正风说："你我今晚合奏，将这一曲《笑傲江湖》发挥得淋漓尽致。世上已有过了这一曲，你我已奏过了这一曲，人生于世，夫复何恨？"可见他们所追求的是精神上和艺术上的高度满足，高度发挥，此外更无所求。此种境界，今人几人能到？

刘正风、曲洋的故事所歌颂的是"知音难遇，肝胆相照"八个字。

或问：艺术、知音、生命此三者何者为重？曰：皆重也，缺一不可也！有艺术而无知音则孤芳谁赏？有知音而无艺术则更无所谓知音矣！有生命而无艺术则亦无知音，于是生命亦同草木也。然世上从事艺术者少，岂艺术之外之生命皆无意义乎？曰：非也。此就艺术而言也。艺术之外固各有各知音也，岂可概而论之乎？要之人生贵有知音也，知音贵以肝胆相照也，死生相托也，轻个人之利而重朋友之义也！

深山月夜，刘正风、曲洋琴箫合奏《笑傲江湖》，以尽平生之交，此艺术中之第一流人物也。悠然琴韵，飘然而至，铿然而诛恶徒费彬之莫大先生，武林中之第一流人物也。费彬者假门派之名以肆恶之恶徒也。刘、曲二人难能也，莫大先生亦难能也，惟费彬之流举世滔滔，诛不胜诛，奈何奈何！

岳不群假君子之名而阴贼其心，世人皆未之察，连其夫人亦未之察，则知其心之深矣。此等人最可怕也，因不易识其真面也。此时之岳不群，一彬彬君子耳，愿读者细察之，无为其欺也！

田伯光快刀，艺林之一绝，虽其行不端而其性格豁朗，亦自具个性者，故与令狐冲尚有可通之一点。然亦仅此一点而已，故二人正邪判然不相混也！

令狐冲面壁思过，似居绝处，却开以后无限情节，此文章绝处逢生，柳暗花明处也。

第 八 回

令狐冲受罚于思过崖面壁，遂开后来情节之重大变化。此文章换笔处，亦是大阖大开处。

因令狐冲面壁思过一年，岳灵珊遂移情别恋林平之，初时岳灵珊与令狐冲两情正浓，文笔如蜜。中间逐渐变化，文笔如水。后来岳灵珊竟视令狐冲如仇如敌，则文笔如荼。作者逐步写来，如水流花开，只见其自然而然，不见其用笔着力，确是大手笔！

令狐冲因失恋愤激，遂使意外发现秘密石洞，更进而发现五岳剑法一——被尽破之画迹，遂使其得知天外有天，并非华山剑法独步天下，此情节之大开处也。不有此，便无后来种种妙文。

第 九 回

令狐冲与岳夫人比剑，慌急中使出石壁图像破解之法，竟破了宁氏一剑，可见石壁图像确是武林秘本，亦可见图像所记五岳派阴谋亦是事实，然此时尚不能洞见耳。

风清扬其人已开始露形，其行动飘忽，此时尚不能获其真相。

田伯光担酒上华山，与令狐冲痛饮比剑，又坐待令狐冲一再重比，虽因其得令狐冲方能得解药，然其人生性疏宕，非如青城派余沧海、大漠木高峰之流也。

华山同门两派之争，竟至自相残杀如此之惨，令人骇异。然此等写法，作者要非无据也。

第 十 回

令狐冲与田伯光比剑，由败而胜，实是令狐冲学剑过程，田伯光能为令狐冲喂招练剑，文章好看煞人。

风清扬授独孤九剑给令狐冲，实因其有悟性也，可传其绝技也。孤独之人，能得天下英才而教之，亦一幸事也。

风清扬实为天下第一奇人，其所传剑理：在于悟，在于活，在于熟极而忘，在于行云流水，行于所当行，止于不可不止。此庄周得意忘言、得鱼忘筌之义也，此天下万物之至理也，岂仅剑术而已。吾故曰：金庸之书，当作《南华经》读也。

桃谷六仙，一段奇文，一段趣事，是金庸行云流水之文信手拈来，落花水面皆文章也。亦庄周寓言也。

第十一回

左冷禅逼令岳不群让出华山派掌门之位，以封不平、成不忧等前来逼让，其蛮不讲理，亦如逼刘正风、曲洋。岳不群抗命不遵，自是正理。乃成不忧气势逼人，明明被令狐冲击败，却施毒招，终至自己被分尸。此自招之祸也。

桃谷六仙之来，是一大创造，一大奇迹，此等人他书未见。一段无伦无理的瞎辩，亦亏作者写得出。吾故曰：此书可作《南华经》读也。

岳不群明为避敌，乃曰上嵩山评理，此人心机之深，不可测也。亏作者写得出，写得深。

令狐冲宁死不要学《紫霞秘笈》，固因岳灵珊情变之激，亦实由其本性兀傲，不受人怜也。其人铮铮傲骨，可以讽世。

第十二回

令狐冲与田伯光各在生死之际，乃田伯光竟能听令狐冲之劝诤，答应改过迁善，可见田伯光尚非恶极不可救也。令狐冲之与田伯光握手，感其宁死不泄风清扬也。

不戒大师，名为不戒，实即真人也，故其言句句是真。世俗人听之，自是惊世骇俗耳。

陆大有忽然被害，《紫霞秘笈》忽然失踪，遂使令狐冲身蒙奇冤，百口莫辩，又开以后无限情节，又令读者无穷悬念。

途中忽遇蒙面客，竟使华山派全部被制，却又来左冷禅所派封不平诸人，凶上加险，眼见华山派岳不群等已决然无救矣，乃忽得令狐冲于危急中以独孤九剑败此巨敌，出人意料，而又令人信服。其所以信服者，以作者叙事之逼真而又合情合理也。

令狐冲以破箭式一击而败十五人，是作者神来之笔，然十五人已蒙住头面，只露炯炯双目，则恰为一击之的耳。

第 十 三 回

令狐冲因功而反受冤，世事往往如此。此书写尽世途崎岖！

金刀王氏一门，实地方一霸耳。忽于令狐冲蒙奇冤、受奇辱之际，特出绿竹翁、琴姑另一世外天地，与金刀王氏恰成对比。令狐冲于极度孤愤中忽得知音，读者亦为之一快。

琴姑指出陆大有非令狐冲所杀，为令狐冲一洗心中之冤，亦为以后情节变化安一伏线。

绿竹翁飞跌王家子弟，是略施惩戒也！王元霸不敢追究，是其久历江湖，识时务也！

第十四回

平一指医道高明，身怀绝艺而救一人杀一人，闻所未闻，亦见世界之大，无奇不有也。

岳不群为避桃谷六仙之难而到开封，不意偏偏遇上桃谷六仙，非巧也，乃桃谷五仙要为桃实仙治病也。

岳不群为华山掌门，平一指却视之如无物。令狐冲一弟子耳，平一指却亲来治病，一路有人送酒送礼，而不闻有人拜及岳不群者，可见君子剑并未得江湖侠士之心，而令狐冲已为武林所重矣！是以君子在德不在位也，在实不在名也！

令狐冲之为江湖所重，乃因琴姑之力也。然令狐冲若无德无能，又安能入任大小姐之心哉！

祖千秋论杯亦是一奇，然其意在为令狐冲治病，非真论杯也。

令狐冲自分必死，故不再有别想，虽毒酒亦不惧，竟尔获服神药，此亦置之死地而后生也。若一味谨小慎微，则无缘饮此圣药矣！然令狐冲之不计生死，非为求服圣药也，是其本性之呈露也。故人之可贵者本性也。令狐冲倜傥江湖而其本性仁厚，故与岳不群非惟道不同也，更是质不同也。相反，岳夫人秉心仁慈，略无虚饰，故连岳不群之虚伪不识也。故仁厚人与奸诈人终不可同调也。

第十五回

岳灵珊、林平之一番私下议论，不仅证明《辟邪剑谱》非令狐冲所拿，更借岳灵珊点出林平之与岳不群是一类人物。

令狐冲割血医人，其胸怀有如佛家舍身饲虎，其仁厚之心罕见罕闻。

第 十 六 回

蓝凤凰为令狐冲注血，其法闻所未闻，亏作者想得出。水蛭吸血，确是如此，予少年时在家种地，每至插秧季节，下田插秧，每次双腿总有水蛭，多至七八条，少则二三条，一无知觉，以手除去亦无害，然水蛭只是吸血，未闻吐血，是作者异想。又水蛭着盐即死，故予每次从腿上取下水蛭后，即稍着盐，片时即死，而所吸之血亦吐出矣！

蓝凤凰之毒酒，亦为治令狐冲之病而来，故称人不能受也。

与余沧海一场激斗，又是为《辟邪剑谱》，则《辟邪剑谱》不是令狐冲所得亦已判然，再加游迅明说在另一人手里，则与令狐冲无关，更不待言矣，令狐冲之冤借此稍稍得伸。

第 十 七 回

五霸冈群豪聚会，是为治令狐冲之病，为令狐冲治病，又是为博盈盈之欢。然则盈盈何时悦令狐冲，又如何为外人所知乎？答曰：于开封绿竹巷弹琴时也，是由绿竹翁知盈盈心意而传之外人也。其有意乎？其无意乎？则思之可得也。

平一指竟因医不好人而自杀，其于医道之自负可知矣，其于医事之尽心可知矣！惜当世之医无人能及也。可知作者写其医不好人则自杀，亦是讽世也。切不可以为真要人自杀也。

五霸冈上之琴声，亦绿竹巷内之琴声也。令狐冲为护弹琴之人，竟舍命相救，则其为道义也，亦是为绿竹巷中之情意也。

少林方生大师，确是大师风范。斗而不伤，伤而即救，则其斗其伤皆不得已也，其后复以内力为令狐冲治伤，引见方证大师，则更见其佛心也！

第十八回

令狐冲失去恋人，身受重伤，又被逐出华山派，举步艰难，已无生路。难得少林高僧方证大师愿收作门徒，且可以授以《易筋经》以治重伤，以练绝世武功。但令狐冲却宁可伤重不治而死，亦不愿在此艰难之际，托庇于少林。此等气概何等豪迈！人若无此气概，则终不能成事也。

令狐冲在正邪两派围攻向问天，向问天孤立无援之际，却挺身而出，帮助向问天力战群雄，其济困扶危之侠义心肠，皎若日月。然令狐冲此时所激者是“义”也，非“理”也。以“义”视之，数千百人围攻一人，以强凌弱，即为不义。至于向问天究竟何罪，抑或无罪，令狐冲实不知也。

向问天身陷重围，而小亭独坐，杯酒自酌，意气洋洋，旁若无人，睥睨群凶，其豪气已压倒群凶矣！而出手之疾，众人俱不堪其一击。向问天固亦一豪杰也哉！

第十九回

江南四友，四痴也。丹青生痴于酒、痴于画，黑白子痴于弈，秃笔翁痴于书，黄钟公痴于琴。此回写酒，写弈，各具神妙。向问天所携之物，皆绝世奇珍，北宋范宽画，今所存无几，故有"千金难以买范宽"之称。张旭之书更为名贵，今传有狂草《古诗四帖》墨迹，藏辽宁省博物馆，予曾目见，真赝尚在讨论中。余《肚痛帖》，狂草。《朗官厅壁记》，楷书。皆是拓本。至于神仙棋局，广陵琴谱，皆神鬼之物，故四友闻之而动心也！

向问天之来有备也，观其所携之物，皆四友之所痴也，难怪四友皆入其彀中矣。然入其彀中者岂止四友也，天下读者亦皆入其彀中矣！

第 二 十 回

令狐冲、向问天去而复来，文章才入高潮，而亦才入向问天的算中。设使不复来，则前算尽失矣，然所以能复来者，因有范宽、张旭也，有神仙谱、广陵散也。可见向问天携此数事，俱见其算无遗策也。

令狐冲与任我行比剑，是武林之最高比剑，然实亦在向问天算中。任我行一声狂啸，令狐冲晕倒在地，其余诸人当亦晕倒，故任我行得以趁此脱险，而江南四友竟不知觉。故事情节虽极险极奇，然细按则文理依然严密，合情合理。此点实为他书所难至。

第二十一回

此回写令狐冲被囚地牢到脱险，其情节之离奇，之匪夷所思，但细思却又合情合理。令狐冲初时暴怒欲狂，渐即逐一细思以往，最后因奇热，解衣去带而卧，遂发现铁板上之武学秘笈，遂得化去体内各道真气而为己用，才使武功剧增，超越自己以往。作者历历写来，如同目见亲闻，读者亦不能释手。

孟子云："天将降大任于斯人也，必先苦其心志，劳其筋骨，饿其体肤，空乏其身，行拂乱其所为。所以动心忍性，增益其所不能。"（《孟子·告子》）令狐冲自出场起，历受种种磨难，直至被恋人所弃，被逐出师门，身受重伤而至于不治，最后又陷入地牢，人生之苦厄备尝之矣。然而重重苦难，都从痛苦中度过，且每过一难，必长一智，此天之所以欲成令狐冲也。此次地牢脱险，病已得治，武功又高于以往，此后之令狐冲前途又将如何？读者试掩卷思之。

第二十二回

令狐冲于脱身后再回梅庄以查明原因，相救任我行，是其秉心仁厚处。如他脱身后一走了之，则不成其为令狐冲矣！而此一完满之性格亦复不能成立矣！作者写其再回梅庄，固是从情节出发，亦是从性格出发也。

鲍大楚等人在逼问黄钟公时，威而且狠，无人可挡。及遇任我行，一招之下，即说："自今而后，效忠于你。"且自动服三尸丸，更不迟疑。桑三娘则出手立逼秦伟邦服三尸丸，手法利索，一如练就。此等反复小人，处处都有，借金庸之笔写出，好让世人看清耳！

令狐冲不与任我行结拜，不入魔教，更不受威逼，与任我行举手而别，不畏种种后患，其凛凛一丈夫，磊落胸怀，肝胆可以照人，此是令狐冲也，非他人也。

令狐冲至今仍念念不忘华山派、岳不群、岳灵珊，则其所受挫折，尚未能促其彻底醒悟也，故其尚需更受挫折以受教也！于此可知人才之成岂容易哉！

第二十三回

定静师太于上山前尚在责备弟子不能识破令狐冲的小恩小惠，认定令狐冲是魔教任我行一类人物，是正派的死敌。岂知一上山后，就与敌人交手，自己几乎全军覆没，幸得令狐冲相救，始能转败为胜。然令狐冲当时假扮军官，恒山众人故不知是令狐冲也。

敌人前后两次袭击恒山派，一次是在仙霞岭上山夹道，一次是在二十八铺。仙霞岭埋伏之敌自称魔教，二十八铺之敌则未知姓名，只是在定静骂魔教时敌人出现。另外，钟镇说他们是魔教七星使者，然究竟是与不是，尚难论定，以予观之，前后两批敌人，均非魔教，而是嵩山派的伪装，欲嫁祸于魔教。何以言之？第一，恒山派秘密南下，魔教根本不知。恒山派的南下，是奉左盟主之命，则知此事者，只有左盟主。第二，对方都是蒙面人。既是魔教，双方均是世仇，何须蒙面？只有不能照面的人才须蒙面，故越是蒙面，越不是魔教。第三，敌方为首的称："魔教任教主在此……"，此种称谓，非魔教自称，令狐冲亦已觉察说："决不是魔教中人"，此语实际是作者的交待。故更可信这些蒙面客决非魔教中人。第四，那么是何许人呢？我认为是嵩山派左冷禅所遣。何以见得？恒山派南下，前面已说过，别人不知，现在嵩山派来了，而且是趁恒山派危难之际逼定静同意将五岳各派合并成五岳派，取消原有各派。嵩山派确是趁人之危，那么，他们何以得知恒山派会遇难呢？只有一个道理，他们先派一批人蒙面伪装魔教对恒山派施以袭击，在恒山派危难之际，再有一批不蒙面的嵩山派即钟镇等人出来施以威胁，以达目的。只有如此，才能顺理成章，故可以断定，确是嵩山派贼喊捉贼，以加害于人而达其目的。

　　定静原来说令狐冲救仪琳是小恩小惠，及至经仙霞岭一战后，竟感吴将军大恩大德，最后还要朝夕以清香一炷，祷祝将军福体康健，万事如意。最后定静临终时竟以恒山派诸人托付吴将军令狐冲，则可知定静已确认这位吴将军是大大的好人了。其最后听到是令狐冲的名字时，竟在惊奇中逝去，临终时定静虽未能说话，但她"啊！你！"两字，当然包含无穷深意。其中最主要的当然是惊奇令狐冲竟是大好人、大侠士而不是坏人！

第二十四回

　　令狐冲眼见岳灵珊、林平之热恋之状，自是伤心欲绝。然此时之岳灵珊尚以令狐冲为师兄也。乃至劳德诺被"杀"，林平之被伤，《辟邪剑谱》得而复失，岳灵珊竟以为皆是令狐冲所为，于是才连师兄亦不认，直以为是敌人矣。于是令狐冲之伤心无过于此矣！盖令狐冲于岳灵珊一片真诚始终不二，岳灵珊何以移情别恋，令狐冲始终不得其解，始终犹冀重续旧好也，乃至岳灵珊亲口认定令狐冲杀劳德诺、伤林平之、匿《辟邪剑谱》并直斥其为卑鄙无耻之人，至此岳灵珊视令狐冲是仇人，令狐冲再无可望矣！

　　劳德诺窃《紫霞秘笈》，终于暴露于令狐冲、岳不群、岳灵珊之前，则是大快人心之事，方以为令狐冲之被冤将次第洗清，岂知复有劳德诺之"死"、林平之之伤，《辟邪剑谱》在令狐冲身上因令狐冲昏迷为岳不群等所救而事后才失《辟邪剑谱》，于是令狐冲更负匿谱之罪嫌矣！呜呼！令狐冲一冤方白而二冤又至，几乎无可辩解，此最使英雄扼腕、壮士锥心者也。

　　岳不群于本回几次宣布与令狐冲断绝师生之谊，以后再见便是仇敌。且岳不群举手竟欲杀令狐冲，则其视令狐冲为敌人已众目昭彰矣！岳不群何以恨令狐冲至此？是令狐冲放纵不羁乎？是结交魔教乎？此当皆是其因，然吾以为更有一根本之利害冲突，即《辟邪剑谱》之下落。若令狐冲在，此谱下落必将查明，而岳不群之种种阴谋必将暴露，故岳不群非除之而后甘心也！

第二十五回

铸剑谷大战，令狐冲独奋神威，救出定逸、定闲及恒山派诸人，令定逸、定闲认识令狐冲是大侠，是大好人真英雄。定逸、定闲是五岳派的主要人物，足见从此正派中人已有了解令狐冲者矣，并非都如岳不群一类也！铸剑谷大战之另一重要作用，是彻底揭穿了嵩山派伪装魔教胁逼恒山派甚至突袭恒山派，欲加消灭之。从此嵩山派左冷禅之用心已昭然若揭矣。

定逸说嵩山派狼子野心，比魔教更不如，正教中人未必一定比魔教好。定闲说："敝派教遭大难，均蒙令狐少侠援手，这番大恩大德……"，恒山派两位前辈对魔教和正派的评论和对令狐冲的评论卓尔不群，与岳不群判然有别。盖是非好坏自有公论也。要之，魔教未必尽坏，正派未必都好也，万事均须实事求是，不可一概而论也。

令狐冲遇莫大先生，可谓得知己之交。莫大亦以令狐冲为知音，故脱略形迹，逸兴遄飞，连向令狐冲敬酒。令狐冲半生蹉跎抑郁，受扼于岳不群门下，又被岳不群除名，而今连得定逸、定闲、莫大先生倾心赞赏，则令狐冲抑郁不平之气得稍伸矣。当为令狐冲浮一大白！然世途中都有以困人扬己为能者，令狐冲之遇，岂仅令狐冲一人也哉！

盈盈为救令狐冲，竟舍身去少林寺，宁可被少林寺将自己处死亦要救令狐冲，其诚可铄金石，其情可泣鬼神，比之岳灵珊，犹美玉之于泥土，侠士之于市侩也，是令狐冲情悟之时矣！

第二十六回

数千人围寺却围一空寺，真是出人意表。而山下众人反围群雄，群雄似已无可逃遁，乃忽于暗道中逸出。一场铺天盖地热闹文字，却于无声无息中结束，真是文章豹变，不可捉摸。

定逸、定闲两位师太之死，盈盈之被禁，是两大线索，紧系人心，而山下围困群豪之人，究系何人？读者不得而知，以此种种悬念，读者更不能释手矣！

令狐冲单独探少林寺，是事情发展之必然，亦令狐冲性格发展之必然，作者能顺此而写，足见作者乃驾驭情节、掌握性格之巨才！

第二十七回

方证大师与任我行比，双方均是高招，任我行用智点倒方证，虽然有行诈之嫌，然双方都是比试，未存杀意。至左冷禅与任我行比，已是取巧，已落第二流矣！其后双方各自用诈，左冷禅侥幸取胜，而其实自身内力已大耗，而任我行却未受损，可见真正输的是左冷禅也。至岳不群与令狐冲比剑，真是无赖，所谓君子剑，实乃伪君子剑、无赖剑也，已为众所共见矣。冲虚道长未比剑而即认输，不隐瞒自己两日前比输之事，是乃真正有德高人！

岳不群于剑招上用心机，以扰乱令狐冲的心意，原是最毒之招。岂意事出意料，令狐冲之所以只守不攻者，因有他的理智控制也，岳不群使其理智受迷惑，则令狐冲无法再控制自己矣，于是令狐冲熟习之独孤九剑随手而出，岳不群立即受伤。羞怒之下，举足猛踢令狐冲，犹欲置其于死地。岂知令狐冲内力深厚，岳不群踢足之时，反被令狐冲内力震断其腿，则真是恶有恶报也。或曰：岳不群诈也，意在骗左冷禅也，真乎？假乎？读者当可自思也。

第二十八回

令狐冲、任盈盈一段细腻文字，包涵多少坎坷往事，回首前尘，更增知己之感；与前面岳灵珊与林平之在向阳巷之情话，判然有别。令狐冲、任盈盈之经历，是历尽人间沧桑，岳灵珊、林平之只是儿女情长耳。

任我行、向问天、令狐冲、任盈盈，因任我行之驱散寒毒至成为雪人，奇情妙想，笔可生花。更因此而使令狐冲听到岳不群、宁女侠的一番谈话，真相大明。岳不群果是欲投嵩山派，定逸、定闲果是左冷禅所杀（此点仍是岳不群的假话），岳不群与令狐冲比剑果是以剑招相诱，以岳灵珊为饵。其后更见到岳灵珊、林平之海枯石烂、两情不渝之刻辞。此等言语，此等情节，欲令令狐冲亲身经历，实不可能，乃忽创此雪人奇想，才使种种不可能亲闻亲见之事，一一亲闻亲见，而且合情合理。作者笔如游龙，文如粲花，令人拍案叫绝。

令狐冲断然拒绝入日月神教，决定担当恒山派掌门，以完对定闲、定逸之宿诺。令狐冲依旧独往独来，独行其是，威武不屈，令狐冲真丈夫也！

第二十九回

令狐冲出掌恒山派，原拟典礼日未必有人来贺，岂意邪派高手、江湖豪客以及少林高僧方证、方生、武当掌门冲虚道长等亲自来贺，另是一番热闹。

五岳剑派不准令狐冲接任恒山掌门，横加干涉，终于被盈盈夺旗、扫尽威风。蓝凤凰还旗，又令其立中剧毒，不得不哀求令狐掌门。先是气势汹汹，后是狼狈不堪，前后判若两人，此恶有恶报、当场即报也。

第 三 十 回

方证、冲虚之说服令狐冲反对左冷禅，是为武林全局计，非为一己一派之私也，故其辞正而诚，令狐冲亦深受其教。

贾布、上官云奉东方不败之命，策划周密，似已万无一失。方证、冲虚、令狐冲身在悬空索道，似已入绝地，乃忽来任盈盈，局面为之一转。而楼下失火，更使对方心神慌乱，才使令狐冲等能趁机脱难，制敌死命。情节已至山穷水尽，而作者文笔一转，忽见柳暗花明。作者之笔，神乎奇矣！

任盈盈收服上官云，是为后来上黑木崖关键一着，作者写得周到。

用令狐冲当诱饵，以上黑木崖见东方不败，最是得体。非如此不可能上黑木崖也。作者文心细如毫发，一笔不疏，才令人百看不厌。

杨莲亭之类近宠，千秋万岁之类谀词，皆取败之兆也，岂独东方不败而已，历史上亦多有其人其事，可慨也夫！

第三十一回

杨莲亭，一近宠耳，而专权擅杀一至于此，令人可惊可恨。然杨莲亭此类人何世无之，杨莲亭不得除，是千百年历史现象，有其深刻的历史背景，并非简单的个别现象。

东方不败，其武功如鬼如魅，所向无敌，是称"不败"，然"不败"是其技，已败是其人。虽任我行不杀东方不败，东方不败实已败矣。东方不败之所以败，是其习《葵花宝典》，其所以习，是任我行所予。故东方不败，其始即败于任我行也。任我行可谓奸中之奸。

令狐冲能坚拒任我行，不入魔教，独行其是，不畏于强力所压，不迷于美色，是真大丈夫也！

第三十二回

在嵩山顶上，岳不群对令狐冲忽然改容，并示意可重入门下。此岳不群之深谋也，令狐冲始终未摆脱对岳不群及华山派之羁绊，此时则更入迷阵矣！

天门道人，一直性正派人也。终被小人捉弄，至于同归于尽。惜哉！小人之死，固不足惜，奈何以天门道人殉之？是以君子遇事当三思而行，毋堕奸计、毋逞意气也！

五派合并自是左冷禅一手策划之好戏。乃左冷禅反装模作样，似随别人之意，实则捧场者、杀人者两手俱已充分准备。更有甚者，为此事早已密谋有年：杀刘正风、曲洋为此事也；令岳不群让出华山掌门，药王庙伏击岳不群，为此事也；仙霞岭杀定静，铸剑谷火焚定闲、定逸，为此事也；恒山悬空寺索道谋杀方证、方生、令狐冲，亦为此事也。可见左冷禅阴阳两手，交替使用，阳是冠冕堂皇，一派正论，阴则暗杀、收买、挑拨无所不用其极。故着一左冷禅，便如着千百阴谋家矣，是以此书好看之极也。

左冷禅是书中弄阴谋之枭雄也，种种阴谋手法，皆已大备矣，然此阴谋之露者也。书中更有阴谋而不露，非但不露，且被公认为是君子者则岳不群也。左冷禅处心积虑，种种策划，岳不群皆了然于胸。只待左冷禅暴露，群情反对，则岳不群伺机而俯拾之，且更得君子之名，此阴谋之更深者。此回岳不群已渐露其志矣，是以看岳不群更可醒世也！

第三十三回

桃谷六仙一阵瞎缠，却切中对方要害，使左冷禅之预计大受干扰，其实六仙只是一仙，一仙者，任盈盈也。

六仙不断激怒左冷禅，终于使左冷禅剑断玉玑子双手一腿，左冷禅惯使奸诈以借剑杀人，此次却是着了六仙的道儿，自己乱了心志，背上了心狠手辣之恶名。

岳灵珊出手破泰山派、衡山派并一语道破岳不群欲当五岳派掌门，看似女孩儿家不受管教，其实均是岳不群以此为测试也。至岳灵珊、令狐冲比剑，双方内心各有所思，遂至出现冲灵剑法，遂至遭林平之冷笑，更因之令狐冲失手弹去岳灵珊长剑，而复以身受剑负伤，种种变幻，皆与内心相应，故已非岳不群所预料。然岳不群欲取五岳派掌门亦已昭然若揭矣。

当左冷禅阴谋渐次得逞之际，桃谷六仙却妙语如珠，不断干扰，并欲趁势提出令狐冲当五岳派掌门。当令狐冲比剑受伤，盈盈急出救护，盖桃谷六仙种种辩驳，皆出盈盈之口，当令狐冲上山之际，盈盈亦已乔装上山矣，其目的即为护令狐冲也。吾观盈盈爱令狐冲之心，胜于爱己，且出于纯情，非有其他利害计也。盈盈实乃令狐冲之爱神也，惜令狐冲至今尚不识也，可叹！可叹！

第三十四回

岳不群让岳灵珊演嵩山派十三招，诱敌之计也。左冷禅见此十三招以为岳不群尽于此矣，其实岳不群取胜左冷禅，尽靠《辟邪剑谱》之秘技，自从他从令狐冲身上获得《辟邪剑谱》后即秘密修炼，不露于人，至此方快然一击，击败左冷禅，夺得五岳派掌门之位。左冷禅十多年处心积虑，全部落空，至此岳不群伪君子面目大露，故在其下峰时，有人叱曰："伪君子！"

以左冷禅与岳不群相较，左冷禅奸而露者也，岳不群奸而隐、奸而伪善者也。奸而露者易识易防也，奸而隐者难测也亦难防也。故岳不群至今尚未为人识透也。然而，左冷禅、岳不群，皆鉴人之镜也，天下固不仅一左冷禅、一岳不群也。

第三十五回

此回写林平之复仇，一是复青城派余沧海当年灭门之仇。余沧海为夺林家《辟邪剑谱》，派杀手屠杀林震南全家及数处镖局，其手段之毒辣，骇人听闻。然今日林平之复仇，屠戮余沧海门人，如屠鸡犬，刺瞎余沧海双目，割去余沧海双手而不杀，其手段之残忍，不下于余沧海。此冤冤相报也，可见此辈灭绝人性，非真侠义之士也，双方均无正义可言也。二是复木高峰当年杀父母之仇。木高峰为夺《辟邪剑谱》，向林震南夫妇酷刑逼供，终至林氏夫妇被折磨而死。故木高峰为林平之杀父母之仇人。此次途中邂逅，且林平之已习辟邪剑法，武功无敌，故木高峰必死无疑。然在木高峰、余沧海联手斗林平之时，林平之于已败二敌之后，不小心竟为木高峰抱住双脚，林平之剑砍驼背，误中毒囊，遂至双目失明。故林平之虽报大仇，而自身亦已残废。更有甚者，林平之为习《辟邪剑谱》而自宫，是已为残废变性之人矣，故其复仇之举，亦异常人而为复仇狂也。其对妻子岳灵珊亦无半丝夫妻情意，盖究其实，实非夫妻也。故林平之实是在特殊条件下之一畸形变性人也。

令狐冲身蒙盗窃《辟邪剑谱》之奇冤，无可洗雪，此回却借岳灵珊、林平之夫妻夜间私语，又借岳不群、宁女侠夫妻夜间私语，道出事实真相：偷《辟邪剑谱》者实是岳不群。岳不群以贼喊捉贼的手法，生诬令狐冲，并将其逐出华山派，实则是借此虚张声势，让人以为《辟邪剑谱》是令狐冲所得也。即此可见岳不群之阴险狠毒，从此岳不群伪君子面目已越来越暴露矣。

宁女侠对令狐冲始终爱护有加，而且始终明白《辟邪剑谱》决非令狐冲所取，而确知是岳不群所窃。故谈话中直揭其事。

宁女侠与岳不群恰为一天然对照，一以奸邪，一以正直；一以阴狠，一以宽厚仁慈。作者于岳不群身边着一宁女侠，实为作鲜明对照也。

第三十六回

此回借劳德诺之出现，澄清并了结以前几桩疑案：

陆大有确是劳德诺所杀，《紫霞秘笈》也是劳德诺所窃，英白罗则是岳不群所杀，林平之背上一剑也是岳不群所砍。至左冷禅所学之辟邪剑法，则是劳德诺窃岳不群的《辟邪剑谱》后所传，其所以左冷禅、劳德诺所使辟邪剑法似是而非，是因为劳德诺所窃得之剑谱是经岳不群改动后故意让劳德诺窃去的。故归根结蒂，是左冷禅等都上了岳不群的当。岳不群实为奸中之奸。

岳灵珊于此回中死去，由岳灵珊自己所述，他对令狐冲只是师兄妹之情，他对林平之则是男女的爱情。其实这只是岳灵珊掩饰自己情变之词，从衡山城小茶馆里岳灵珊对大师兄的关切，一直到思过崖上岳灵珊为令狐冲送饭这种种描写，两人都沉浸在爱情之中。岳灵珊之情变，其中亦可能有岳不群的作用，读者可以细按。

宁女侠在被俘后亲眼看到岳不群种种恶行，其君子剑的虚伪面纱已被揭穿，又知道女儿是被女婿林平之所杀，从此世间已无亲人，故亦无复生趣，因为爱徒令狐冲裹伤以后，遂引刃自杀。宁女侠之死是痛心疾首之死，是无复生趣之死，是羞与岳不群为伍之死！

岳不群是典型的伪君子，是此书塑造最成功的典型之一。左冷禅狠而毒，亦伪亦露，露中有伪，伪而时露者也。余沧海狠毒而不伪者也。任我行，顺我者昌，逆我者亡，机心深藏者也。此数者皆不敌岳不群也。岳不群之伪，使方证大师、冲虚道长、莫大先生等高人皆信其为真君子，则可见其伪之极矣！岳不群之虚伪面目至此回而全部揭穿，若无此回，岳不群之伪人仍不识也。古诗云："周公恐惧流言日，王莽谦恭未篡时，向使当时身便死，一生真伪复谁知？"岳不群如在以前几回死去，则几成真君子矣！故此书写岳不群深有助于识世也。

林平之初时是一纨绔青年，当其误杀余沧海之子时，尚有正义之心。此后即遭破家，则一以复仇为念，待投入岳不群之门，渐露其巧伪之本性，陆大有对其时生反感，其证一也。岳灵珊说其与岳不群是一流人物，皆肚子里做文章，其证二也。最终成为一狠毒忍心之人，此可见人在社会，亦不断变化也。作者写人物性格之发展变化，林平之是其一也，田伯光是其二也。林平之是由好变恶也，田伯光是由坏变好也。

第三十七回

不戒大师已是怪绝之人，岂知他的妻子更比他怪，为女儿择婿，竟用强迫手段，世所罕闻。

用哑婆强迫法，却使令狐冲、盈盈其情更纯，足见作者非为写此哑婆也，是为写令狐冲、盈盈也，亦是为写仪琳也。作者让仪琳向哑婆倾诉心曲，而又使令狐冲权代哑婆听到，非如此仪琳向何处去诉？是知作者情节设计之巧妙，真妙笔生花也！

仪琳之爱令狐冲，是纯净圣洁之爱，是自我牺牲之爱。爱的目的，是使被爱者幸福，而不是自己的满足。或者说自己的满足就是使被爱者幸福。

第三十八回

此回写游迅、仇松年等一群尔虞我诈、色厉内荏之状活灵活现，画尽小人之态，此亦世间之一相也。其中张夫人尚存江湖义气，桐柏双奇则又恩爱情重，又是各存特殊，可见作者行文之细。

令狐冲虽然急中生智，终以《辟邪剑谱》促使敌人自相残杀，最后得脱凶险。然亦因敌人利令智昏，且互疑互忌也。如遇左冷禅一流，则令狐冲此计无效矣。

令狐冲制伏仪琳之母"哑婆",并书"天下第一醋坛子",且教不戒大师解救之法,是一段随机而生的旁插文字。有此一段文字,可以交待哑婆不戒一段情节,而文章亦迭生波澜,妙趣横生。

山洞中观画聚歼,原是岳不群之毒计,左冷禅欲乘机杀令狐冲,是劫中之劫。山洞一段始则观画而寂然,继则因别派偷看而争吵,再则因封闭洞口而引起大乱大杀,终因左冷禅想杀令狐冲而作竭泽而渔之举,遂使除令狐冲、盈盈两人外全部被歼,最后左冷禅、林平之及十五瞎人一起被歼。然以上种种,原在岳不群算中,故岳不群张网于洞口坐待也。原以为最后令狐冲、盈盈入网,则已达目的矣,岂知稍一不慎,自己内力被吸而仪琳之剑又从后心插入,遂使此巨恶被歼。设使仪琳从正面看见则必难下手矣!是天网恢恢,天使仪琳得报杀师之仇也。作者情节设计巧妙至此,令人叹为观止矣!

作者让仪琳杀岳不群,是令其报杀师之仇也,盖定逸、定闲是岳不群所杀也。另外,以一至善、至柔、至弱之女子杀一至凶、至恶、至强之巨凶,此亦善能制恶、柔可克刚之义也。是以为人之道,在德不在力,在善不在恶也,不在巧也!

第三十九回

岳不群处心积虑,欲消灭群雄,尤其欲灭左冷禅等人,以后便及少林、武当,其计亦已初遂。但万不料令狐冲亦在洞中,更不意竟能活着出来,故急以渔网张之,而渔网之计亦已遂矣,然天网恢恢,终着令狐冲之吸星大法。此渔网终不如天网也,"机关算尽太聪明,反算了卿卿性命"也!

岳不群此一形象,具有丰富的认识价值:状若圣贤君子,而实乃虚伪狠毒阴险残忍之大奸巨恶，此认识之一也。费尽心机算计别人，别人亦尽入其算矣，乃忽来仪琳之剑，终于被歼，此为恶终有尽也，此天诛而人诛也，此认识之二也。岳不群此类伪君子，无处无之，无世无之，人人当警惕也，此认识之三也。

任我行在华山朝阳峰摆尽排场威风，欲灭五岳各派而统一天下武林，惟我独尊，于是此野心家之面目毕露无遗矣，读者亦认识其阴贼险恶之心，较岳不群有过之而无不及矣！当其威风独盛之时，天下英雄尽受其辱，其自我崇拜亦已登峰造极。当此之时任我行已无半丝侠义之心，实已完全成为奴役人群之魔头。任我行遂亦成为鉴人之一镜，其认识意义亦大矣哉！

令狐冲面对凶险死亡，竟不顾任我行之淫威，而坚不入魔教，且堂堂正正，绝无犹豫含乎，此真大丈夫也！

当令狐冲拒绝任我行之要盟，举步下山之时，向问天为之酾酒送别，老头子、祖千秋、蓝凤凰、黄伯流等都纷纷前来举碗痛饮作生死之别，此种豪情，不减易水悲歌，渐离哀筑！

第四十回

此回前半写恒山备战，行文笔笔紧张，后半写"任教主"鼓乐上山，赠礼致谦，令人捉摸不定。盖上回任我行已发誓一月后要杀尽恒山生灵，至鸡犬不留，何以忽作笙箫鼓乐之吹，行文奇谲，不可捉摸。

一部长篇至此回而曲终，故文字至此回笔笔作收缩，如风清扬、莫大先生，乃至林平之、劳德诺皆一一交待，令读者释然。

《笑傲江湖》之曲，刘正风、曲洋是悲奏，其深刻意义在于两人为追求音乐之至高境界，坚持正义，不顾门户藩篱，不惧生死威逼，终于为此曲亦为正义而全家牺牲，其艺术至上、友情至上、正义至上之精神，照耀全书，使种种江湖门派之争、虚伪说教，黯然无光。

此书结尾，则是令狐冲、盈盈各自跳出门派、放弃门派过无拘无束、自由自在的隐居生活。故令狐冲、盈盈所奏《笑傲江湖》之曲，是和鸣也，是谐奏也，是天地之正声天籁也！

天地终当以和为贵也！

1997 年 5 月至 10 月

评批《笑傲江湖》后记

1981 年我在斯坦福大学讲学时，与友人们讨论金庸的小说，友人极力推崇《笑傲江湖》，那时我却偏偏找不到这部书。直到回来后由香港的朋友给我寄来了这部书，我才得以阅读。

《笑傲江湖》在金庸的作品中确是一部十分突出的书，我读后就一直没有能放下。十多年来读过了不少遍，这次在评批此书时又反复阅读了多遍。每次阅读，始终保持着初读时的激动。

《笑傲江湖》的文字与《书剑恩仇录》有很大的不同。《书剑恩仇录》的语言中较多的是文言，《笑傲江湖》则较为口语化。所以我在评批的时候，也稍稍改变了评《书剑恩仇录》的语言，口语的成分略为加重了一些，以适应《笑傲江湖》的文字。另外，《笑傲江湖》的故事情节跨度比较大。所以我在加眉评的时候，跨度也适当地加大，不像《书剑恩仇录》那样眉评比较密集。当然如果有从容的时间，我的评语还可能要增加的，但现在迫于时间，不可能再作二评和三评了。

书中写到的五岳我都游览过，其中华山、泰山还曾去过几次，但当时我还未读到金庸的小说，现在据小说略加回味，也是很有意思的。至少我在理解这些情节时直观性就增强很多了。例如令狐冲被禁闭的玉女

388

峰思过崖，思过崖我倒没有注意，但玉女峰离山下就很远了，无论是岳灵珊送饭来还是田伯光担酒上山，都不是容易的事。还有那座朝阳峰，我也曾攀登过，登上去实在也非易事，由于到过这些地方，所以读金庸此书，种种情节如在目前，备觉亲切。

恒山的悬空寺，也是一处有名的古建筑，其奇险可说天下无双，许多人到了悬空寺都不敢登临。我是凭理智去登临的，我想千百年来此寺巍然独存，则登临有何可惧，所以我就放胆直上，但如果只凭直观的话，确是会裹足不前的。可惜我没有能把我登临五岳及书中其他名山如青城山等的实感一一写进去，为的是怕喧宾夺主，冲淡书中的情节。如果读者能在读过此书后再登临五岳，恐怕会"别有一番滋味在心头"的。

我在这本书里，有些回眉评和回后评比较多，有些回则比较少，这也是很自然的。一个大故事在开初叙述时，当然可评的不会太多，但到故事高潮时当然可评的就大大增加了，遗憾的是太密集了书的上端排不下，又只好删去，这是无可奈何的事。如果能有行间评，正文下双行小字评，那么这个矛盾就好解决了。按旧时的直排本是没有这个矛盾的，现在的横排本就存在这些问题了。

还有人认为行间评和正文下小字评会有碍阅读。这实在是不在理的话。读评批本其目的就是要读批语，然后来体会正文，怎么会妨碍阅读正文呢？只有急于想看故事而不想仔细品味的人才会觉得评批碍读，如果能耐心细读的人，肯定会觉得批语有助于阅读的。当然，我的评语未必有味，但我读金圣叹、脂砚斋、毛宗岗等人的评，还有李卓吾、钟惺、谭元春等人的评，是常常觉得其味无穷，妙悟顿生的。

评书也要细评，如品奇茗，如尝佳酿，性急不得，可惜我迫于时间，不能得此雅兴，但读者阅读时，尽可以从容评赏，以补我的评语的不足甚至差错，是为万幸！

1997 年国庆之夜于京华宽堂

读 金 庸

赠 金 庸

千奇百怪集君肠。巨笔如椽挟雪霜。

世路崎岖难走马，人情反复易亡羊。

英雄事业春①千斛，烈士豪情剑一双。

谁谓穷途无侠笔，依然青史要评量。

1981 年秋，我应美国斯坦福大学之邀，赴美讲学，住 Palo Alto。居停主人陈治利先生和他的夫人王肖梅女士，都是金庸迷，家中藏金庸小说甚富，我因得以一一取读，这也是我读金庸小说的开头。

我每读金庸小说，只要一开卷，就无法释手，经常是上午上完了课，下午就开始读金庸的小说，往往到晚饭时，匆匆吃完，仍继续读，

---

① 《洛阳伽蓝记》卷四：市西："不畏张弓拔刀，唯畏白堕春醪。"又李白诗："纪叟黄泉里，还应酿老春。"皆以"春"名酒，此处即用此意。

通宵达旦，直到第二天早晨吃早饭，才不得已暂停。如早饭后无事，则稍稍闭目偃卧一回，又继续读下去，直至终卷而止。记得第一部读的是《碧血剑》，我读了一个通宵，第二天白天，稍稍处理了一些事情，就将此书读完。以后每部书的开读，大抵都是如此。虽然书的卷数有多有少，读的时间也不完全相同，但通宵不寐地读金庸的小说，成了我的最大的乐趣。后来我到耶鲁大学，与朋友畅谈的内容之一，就有金庸的小说。我在斯坦福大学图书馆，也遇见不少金庸迷，他们有的竟能背诵金庸小说里的诗词，有的还模仿着小说里人物的语气作歌唱。

我后来碰到许多香港的朋友，他们也给我讲述金庸小说席卷欧美的情况，用过去的老典故"洛阳纸贵"来形容这种盛况，是远远不够的。我在美国，一直读到把陈先生所藏的金庸小说统统读完，大约已占金庸小说的三分之二，才不得不暂时停止。但是，隔了些时候，就觉得当初读得太快，来不及品味，所以又回过头来重读了几部。

1982年回国后，一因事忙，二因无书（原先1980年我从美国参加国际《红楼梦》研讨会路过香港时，曾承金庸先生赠《天龙八部》一部，当时未及展卷，不久即再赴美国，故寒斋仅此一书），故虽在美时得快读金庸小说，归后仍无缘再读，前岁，复得金庸先生惠寄《鹿鼎记》一部，乃急发而读之，虽在美时已读过一遍，此时重读，如逢故友，颇有别来无恙之感。从此，我读金庸小说之积癖又大发作而不可复止矣。幸友人马力兄知我此癖，次第为我罗致馈赠，乃得重温在加州时卧读金书通宵不寐之乐，虽于金庸小说尚不能得其全，且不及在加州所读之富，然亦已得其泰半，差堪告慰矣。

有的朋友问我，为何对金庸小说如此入迷？我简单地答复，那就是一个字：好。或者说，它对我有强烈的吸引力。如果要我详细回答，那就不是简单的谈话，而是对我进行考试了。说句老实话，我对金庸小说，也还没有能力做到看了一遍两遍就能作出像样的评论来，就我已经读过的将近三分之二以上的金庸小说来说，我认为金庸小说所包含的历史的、社会的内容太广泛了，也就是说金庸小说所包含的学问太广泛了，没有一定的历史的、社会的知识，不认真地当做做学问来读他的书，当做做学问来评论他的书，仅仅从传奇性、强烈的故事情节性来读他的书和评论他的书，恐怕是很难中的的。或者，企图简单地搬用几条文艺学的理论来评论他的书，合乎条文的就认为好，不合条文的就不好，那也很难对金庸的小说作出中肯的评论。我自己既没有做到用做学问的态度来读他的书，自然也就做不到用做学问的态度来评论他的书了。

但是，我先说点读后的印象，当然也是可以的。因为印象有深有浅，它不算学问，说错了也无关紧要。

我认为：第一，金庸小说所包含的历史的、社会的内容的深度和广度，在当代的侠义小说作家中，是极为突出、极为罕见的。当然，他的作品并不是历史小说，而是侠义小说。其故事情节和人物主要是虚构的，即使有些确是历史人物，但他也并不是按照正史的传记资料亦步亦趋地来写的，而是重新虚构创造的。——但是尽管如此，他的小说仍然涉及历史和涉及广泛的社会。一位小说家具备如此丰富的历史、社会知识，而且文章如行云流水，情节似千寻铁链环环相扣，不可断绝，而且不掉书袋，不弄玄虚，平平叙来，而语语引人，不可或已，这已是十分难得的了。何况他十多年来，所写小说之富，实在惊人，这在中国古今小说史上，恐怕也是不多见的。而这许多小说，虽然故事有的有连续性，但却无一雷同，无一复笔，这需要何等大的学问，何等大的才气，何等大的历史的、社会的和文学的修养？把他的小说加在一起看看，难道不感到是一个奇迹式的现实么？难道不感到这许多卷帙，是一座艺术的丰碑么！

第二，金庸小说所涉及的思想，可以说是诸子百家，九流三教，几乎包罗一切，而在文学方面，则诗、词、歌、赋、对联、谜语、小曲应有尽有，而且都十分妥帖得体，毫无勉强做作或捉襟见肘之感，相反却使人感到游刃有余，长才未尽。然而其中最重要之一点，我感到他书中贯串始终的思想，是一种浩然正气，是强烈的正义感和是非感！作为侠义小说，当然离不开侠和义，但是，他不是旧式的江湖帮会之间的恩恩怨怨，或者个人的路见不平、拔刀相助，也不是忠臣义士、清官廉吏与奸党邪恶之间的矛盾斗争，我感到他的小说所要表达的主要的思想，即处于主导地位的思想，远远高出于以上这些旧式的侠义小说所习惯于表达的思想。读他的小说，常常使人感到他笔下的一些英雄人物，具有一种豪气干云、一往无前的气概，他给人以激励，给人以一种巨大的力量，一种要竭尽全力去为正义事业奋斗的崇高精神！并且，他笔下的人物，也使人感到有浓厚的民族感情和爱国思想。

第三，从艺术上看来，金庸所创造的一些人物，就其主要者来说，并不乏有血有肉的成功的形象，例如萧峰、陈家洛、文泰来、霍青桐、郭靖、黄蓉等这些艺术形象，都是令人难忘的，具有很强的感人力量的，有谁读过这几部小说而不被这些艺术形象感动的么？我看，对这些艺术形象竟会无动于衷的读者，恐怕即使有也毕竟是极少数。当然就金庸所创造的全部小说人物来说，具有较强的感人力量的，决不止上面所提到的几个，这里只是略举一二而已。一个小说家，能够留下若干个艺术形象在读者心目中不会忘记，能够在小说艺术形象的人物画廊里占有几席位置，这就是十分难得的了，这就是一个小说家的成功的标志。

第四，我特别感到印象深刻的是金庸小说的文学性，它与一般旧式的和时行的侠义小说有显著的不同，它不仅是小说的语言雅洁，文学性高，行文流畅婉转；也不仅是有诗有词，而且都不是凑数之作，而是相当令人耐读的，更重要的是作品中时时展现出一种诗的境界，一种特别美好的境界。用习惯的话来说，就是有各种各样的意境，读后令人犹如身历其境，感到是一种艺术的享受，一种令人陶醉的感觉。这标志着他的小说的文学素质，而不是仅仅如一般侠义小说之以情节的紧张给人以吸引力。尤其应该指出的是金庸小说场面之阔大，意境之奇丽，是远远超越于以往的同类小说的。特别是金庸极善于写一个个的大场面的斗争。如《书剑恩仇录》中写铁胆庄、写劫狱、写游湖、写霍青桐破敌等场面，《天龙八部》中写萧峰大战聚贤庄等等的场面，都是惊心动魄、虎虎有生气的。我们读《水浒》至闹江州，已经感到文章花团锦簇、热闹非凡，而又井井有序、好看煞人了，我读金庸小说中的许多大的斗争场面，时时感到作者的笔下虽然在驱遣着千军万马，但却运笔如椽，头绪井然，实不让古人。

第五，金庸小说情节的柳暗花明，绝处逢生，或天外奇峰飞来，这种令人拍案叫绝的地方，往往随处可见，在未往下读时，已觉山穷水尽，既往下读后，又觉路转峰回，情随景移，合情合理。正是由于这些，常常令人手不能释卷，总让你要一看究竟。这一点，可以说金庸的小说大大发展了侠义小说的传奇性。传奇性，这本来是侠义小说本身应有的不可或缺的特点，如侠义小说而不带某种传奇性，反倒令人不满足，甚或失去其特色。问题是在于这种奇峰天外飞来之笔的可信程度，前后情节连接的合理程度，也即是传奇性与可信性的一致，从这一点来说，金庸小说，常常又使你感到奇而不奇，甚至读而忘记其奇。

当然，我并不是说，金庸小说里所描写的，都是现实的可能的而不是超现实的想象的虚幻的。我当然不是这个意思。我只是说，他的小说，从情节的发展来讲，虽然奇峰突起，意外之至，但却又使你感到来去有自，合情合理，并非信笔乱写，因之他能令人身临其境而忘记其奇。

有的朋友对我说，金庸小说，好则好矣，只是太奇太怪，荒诞不经。有一些读者有这样的意见，我认为是可以理解的，并没有必要强求一致。问题是对这类小说的要求，应与《水浒》、《三国》、《儒林外史》、《红楼梦》区别开来。就说是《红楼梦》吧，也还有太虚幻境之类的描写，侠义小说之有一定程度的或较大程度的超现实性或幻想式的神奇性，我认为是可以的，我们不能用评价现实主义小说的眼光去评价侠义小说。

以上这几点，或者可以算我读金庸小说的一点简单的概括吧。当然，这样的概括，必有很多的疏漏，何况我临文之际，又无时间再稍稍检读，只能凭印象，因此，我并不敢希望自己的意见条条都对，充其量，只希望我的主要的意见，不要违背广大读者的共同感受，这就已经算是我的奢望了。——我相信我的这一点希望是实际的。

不过，我倒想说说我读金庸小说的一点点粗浅的体会：尽管金庸小说写得那么富于传奇性，带有较为浓厚的神奇色彩，但我在读他的小说时，第一步当然是进入小说的情节、为他的小说情节紧紧吸引，甚或常常担心小说中某些人物的命运，被小说人物的喜怒哀乐感染。在经过了这一步后，在已经熟悉了小说的人物情节和作者所发抒的基本的思想以后，第二步我就常常试从这些人物、故事情节中跳出来，所谓"得意而忘言"，"得鱼而忘筌"，换一个角度，从人生的哲理，从历史的哲理，从生活的哲理来咀嚼其意味。曹雪芹说："满纸荒唐言，一把辛酸泪。都云作者痴，谁解其中味。"金庸的小说，当然更是"满纸荒唐言"了，那么，究竟"其中味"是什么呢？难道不可以深长思之么？我前面说过，他在小说里贯穿的那种浩然正气，那种强烈的正义感、是非感，那些英雄人物的磅礴的豪气，那种民族感、爱国心，不正是通过这些故事情节和人物行为所传布给读者的么？但是，我感到我所感受到的，还只是小说的思想、感情的部分内容，这是容易被我们感受到的内容，而金庸小说的思想内涵，我感到还有更值得探索的东西在，需要我们作认真的努力。而这，我当然不是从消极的方面来讲的，而是指小说的积极意义。

　　文艺作品的社会作用当然是极为复杂的，如果认为一部好的作品，其社会效果只能起好的作用，那未免把复杂的事物看得简单化了。事实上，世界上恐怕从来就没有只起单纯作用的文艺作品，尤其是小说。当然如果作品主要的方面是积极的，那么，其所起的积极作用也会超过其消极作用，因此对于作家来说，我们希望他们多创作出好的作品来。但是，我们决不应该要求作者的作品只能起单一的好作用，这是作者所无力做到的，就是施耐庵、罗贯中、曹雪芹，或者王实甫、关汉卿、汤显祖，也都不能保证他们的作品只起好的单一的作用，因为作品的社会作用问题，作品本身只是一个方面，另一方面，还有读作品的人的动机、目的和他的文化素养等等因素在，而这同样是十分重要的不容忽视的一面。

　　金庸的小说所反映的历史生活面、社会生活面如此之广阔，在他的作品里，各色各样的人物都有，而且也确实不乏穷凶极恶之人，因为他所要写的是社会，而社会是复杂的而不是单一的，由此，他的小说所起的作用，当然也不是单一的，因此我赞成应该对他的小说作认真的研究，很好地来分析他的作品，引导人们来理解他的小说的积极的思想内容和艺术成就。前些时候，看到一篇文章，提倡要研究金庸的小说，而且作者称关于研究金庸小说的学问，叫做"金学"。我想这位朋友的见解，是有道理的，不应该仅仅把它作为谈资。

1986 年 2 月 11 日凌晨于京华宽堂

《金庸研究》序

　　金庸的出现，是当代文化的一个奇迹。他是一座高原，同时又是高原上突出的高峰。说是高原，是因为他的作品所蕴含的文化、历史、民族、民俗、宗教、艺术、山川、地理等等的内涵十分深厚丰富，可以说是胸含天地、腹藏万卷。他对历史哲学、佛教哲学尤有深刻的认识和领悟。而对于中国的传统文学、诗词、散文、小说、戏曲，以至于艺术都有高深的修养。他的小说，是以上这些文化、历史、文学、艺术、哲学修养为基础的——这就是他所拥有的在他胸中含藏的一座文化高原。而他的十五部小说，就是在这广阔高原上排列着的十五座高峰。当然高峰并不是一般高，有的高一点，有的低一点，但总的来说，是高原上的高峰而不是丘陵。

　　金庸小说思想内容非常丰富，但作品的主旨非常明显，这就是爱国主义、民族精神和中国人几千年形成的传统美德：强烈的正义感，嫉恶如仇，言必有信，大公无私，见义勇为，舍己救人，济困扶危等等。这些传统美德，是我们已往历史发展的思想和精神的纽带。到今天它们仍然有作用。特别是爱国主义和民族精神，这是做一个中国人的必不可少的品德。抗日战争的胜利，从精神和思想来说，是爱国主义的胜利，是民族精神的胜利，是人民的胜利，是汉奸卖国主义的失败，是民族虚无主义的失败。在今天我们更需要爱国主义和民族精神。民族精神中的一个重要内容就是民族平等和民族团结。

金庸的小说是歌颂民族团结的。萧峰的生身父母是辽人，但抚养他长大的是汉人，而传授他绝顶武功的又是汉人。这位顶天立地的英雄、义薄云天的侠士，恰好是民族团结的结晶。但由于历史的局限，当时还不能真正做到民族的平等和民族的大团结，因此萧峰找不到自己的出路了。这个故事生动地说明民族团结有多么重要，爱国主义有多么重要。

金庸小说的文学成就是非常之高的。我称他的小说是高原上的高峰，其中十分重要的一面，就是因为他的小说既有武侠的内容情节，又有很高的文学素质，他把武侠小说这种文体，发展到了前所未有的高度，发展到了文学巨著的高度。所以他被评为"20世纪中国文学大师"是当之无愧的。

作为小说的叙述文字是散文，而金庸的叙述文字如行云流水，既优美且雅洁。在此基础上金庸塑造了一批具有典型意义的人物，让人们永远传诵。当然他的典型人物，有的有点夸张而涉于怪诞，但都不失其为独特的有血有肉的活生生的个性。当然如萧峰、段誉、虚竹、文泰来、霍青桐、陈家洛、张无忌、令狐冲、郭靖、黄蓉等等，就较多的是平易朴实的一面。

金庸小说的情节奇丽壮观而又严丝合缝，奇峰突起而又峰回路转，有时是幽谷云生，有时是奇花初胎，有时是巫峡猿啼，有时是深林虎啸，有时是险峰林立，有时是中宵皓月，有时是昆阳大战，有时是空城琴韵，有时是长江大河、波浪滔天、奔腾万里，有时是幽涧细流、涓涓无尽、清韵欲绝。他的小说情节奇幻莫测而又合情合理，有时虽遥隔千里终能首尾呼应，伏于此而应于彼，这种种匪夷所思的变幻，正是金庸小说动人心魄、令人爱不释卷的主要原因之一。古往今来，情节之离奇变幻若此，而又真实可信引人入胜若此，创作之长篇巨论而又精警出尘若此，恕我见闻鄙陋，觉得就中国古今小说来说，还无第二人。

金庸小说所拥有的读者，恐怕更是任何作品所不能及的，过去说有井水处皆歌柳词，现在可以说有华人处皆读金书，不仅如此，金庸的小说已有多种译成外文，那末在华人世界以外，也开始形成了金庸的读者天地，这应该说是中国文化的骄傲，是中国文学的骄傲！

我是金庸小说的忠实读者，我常以他的小说为精神支撑，一读他的小说，就豪气顿生，意气风发，似乎眼前就没有什么困难可以阻挡我了。我曾有诗云："雄才如海不可量。健笔凌云森剑芒。我读金庸新小说，酒酣豪气比天长。"所以我常通宵达旦读金庸，最近我又一次读完了他的《天龙八部》、《倚天屠龙记》、《鹿鼎记》、《笑傲江湖》，并且还评点完了他的《书剑恩仇录》。我在评点《书剑恩仇录》的过程中，结合我作玄奘取经之路的调查，丝绸之路的调查。我曾五次到了新疆，去年上了海拔四千九百米高的红旗拉甫，我还到了塔克拉玛干大沙漠和塔里木盆地深处，特别是还去了莎车、叶尔羌河、黑水营遗址和棋盘乡，再往前走就是《书剑恩仇录》里写到的玉山（密尔岱山）了，这是小说里写得十分动人的地方，我越调查越钦佩金庸的盘盘巨才，真是天挺此才，伟我中华！

所以我认为必须研究金庸，因为金庸是一种文化现象，金庸是不世出的奇才，面对着金庸及其文化现象而不能认识，这是莫大的遗憾。所以《金庸研究》这本学术季刊的创刊，真是应运而生，是非常适时的。它也象征着金庸精神的胜利，金庸精神的发扬光大。

金庸小说，我认为除了写专著、写论文研究外，还可以用传统的方式进行评点。因为金庸的小说是文学的小说，他的语言文字功夫极高，作品的文学性极强，是文学的武侠小说，所以只有用评点的方式，才可以把小说的文学性一一阐发，把他的语言文字上的精妙之处一一加以抉剔，把它的思想深刻之处一一加以发扬，把它的旁敲侧击、手挥目送之处一一加以点醒，并加以字斟句酌的品味！窃以为中国语言文字之精妙，是举世无双的。这种文字上的深奥精妙之处、耐人寻味之处用传统的评批方式最为适宜，且又并不妨碍它与长篇大论的结合。然而，世移时异，此调无人能弹久矣！且当世之小说，几人能经此敲筋剔骨之评批乎？有之，则金庸的小说当属首选。

我希望当世之李卓吾、金圣叹、脂砚斋能来一试你的干将莫邪之利！

最后，我以拙诗《题金庸研究》作为这篇短序的结束。

诗曰：

> 奇才天下说金庸。帕米东来第一峰。
> 九曲黄河波浪阔，千层雪岭烟霞重。
> 幻情壮采文变豹，豪气干云笔屠龙。
> 昔日韩生歌石鼓，今朝寰宇唱金镛。

1996 年 9 月 30 日夜 12 时于京华瓜饭楼

关于侠文化*

"侠"文化,是中国传统文化的一个组成部分。

"侠"的历史已经很久了。韩非子在《五蠹》篇里说:"儒以文乱法,侠以武犯禁。"他把"侠"与"儒"对举,足见当时"侠"在社会上已有相当的影响。司马迁在《史记·游侠列传》里说:"今游侠,其行虽不轨于正义,然其言必信,其行必果,已诺必诚,不爱其躯,赴士之厄困,既已存亡死生矣,而不矜其能,羞伐其德,盖亦有足多者焉。"他在《太史公自序》里还说:"救人于厄,振人不赡,仁者有乎;不既信,不背言,义者有取焉。作《游侠列传》。"

司马迁在他用生命和鲜血写成的《史记》里居然为"游侠"立传,这一方面反映了司马迁卓越的历史观和社会道德观,另一方面也反映了"游侠"的社会作用和社会影响越来越大了。司马迁对"游侠"是赞扬的,他特别指出了"游侠"的品德:仁、义、诚、信,不爱其躯,存亡死生,救人于厄,振人不赡。用现在通俗的话来说,就是济困扶危,伸张正义,舍己为人,抱打不平。由于司马迁的《游侠列传》,"侠"这

---

* 本文为《中国现代武侠小说鉴赏辞典》序。

种社会力量就进入了史传记载，也在韩非子之后进一步促进了"侠"文化的发展。此后，"游侠"这个主题，就不断见之于歌咏。西晋张华有《游侠篇》，东晋陶渊明有《咏荆轲》，北周王褒也有《游侠篇》。之后，"游侠"便成为诗歌的一种常见的题材。

"侠"进入小说，大概要首推《燕丹子》。此书成书年代众说纷纭，近人以为是东汉末年之作。故事写荆轲刺秦皇。这个故事实际上在《史记》里已有相当生动的描写了，当然到了《燕丹子》里，更具有了小说的规模。

以侠义为题材的小说，到了唐代就有了更大的进展，可以说进入了初步繁荣的时期。据罗立群《中国武侠小说史》的统计，唐人传奇里写"侠"的就有四十篇之多。武侠小说，再经宋元明清各代的发展，自然也就洋洋大观了。其中长篇小说《水浒传》，应该说是此类作品的杰出代表，由于它在思想方面和文学方面的高度成就，此书已成为公认的古典名著，也是"侠"文化的一个高峰。实际上《水浒传》已经大大突破了旧有的武侠小说的范围，就其社会内容来说，已经是大规模的农民集体起义，目的是夺取和建立政权。就其反抗的方式来说已从初期的个人反抗、少数人反抗发展到千军万马的战阵反抗、攻城掠地的反抗了。所以，《水浒传》一方面确是侠义小说，是侠义小说的巨大发展；另一方面，它已大大突破了武侠小说的范围，具有更深的历史内涵和社会内涵了。

武侠小说依其内容，当然还有种种的区分。但是不论它有多少的差别，其中有一点是共有的，这就是思想内容上的正义感。可以说正义感是一切侠义小说的灵魂。如果没有了正义感，那么不论它写了多么高超的武艺，它也决不能称为武侠小说。因为凡是武侠小说，矛盾的双方，必定有一方是代表正义的，而且经常还占主要的地位。"侠"与"盗"及其他的区分，也就是在正义与非正义上。所谓正义，那就是保卫人民，保卫弱者（即被压迫者），反抗强暴，反抗压迫，舍己为人，颂扬爱国精神、民族精神等等。

由于以上的内涵，所以武侠小说是具有积极的社会作用的。我感到长期以来，我们的文艺理论界对这一点认识不足，因而对武侠小说重视不够。当然，所有的武侠小说，都必定要写到"武"，写到个人反抗或少数人的反抗；而且所有的武侠小说，都必定要写到与正义一方处在对立面的非正义的一方，而这一方的行为必然是凶残的、非道德的。因之，如果不能正确地阅读武侠小说，对武侠小说不加强理论上的指导和评论的话，也可能会产生某种副作用。但是，世间任何事物，都不可能是单一的作用。即使是人参，吃多了也能致病。文艺作品则更不可能只起一种单一的作用，世界上决不可能找到一部只能起一种单一作用的作品，因为作品对人的思想起作用，主导的方面还是在人，而不是在书。人的思想端正、正确，那么，对作品就能具有分析和批判的能力，人的思想不好，那么往往他就会到优秀作品里去找消极的东西。所以对武侠小说里所具有的为作品所否定的一面，也应该作如是观。当然，就是作品肯定的一面，也需要用历史的眼光、分析的眼光来看，即使是正面人物，其行为和处事的方式等等，也决不是今人的模仿对象。武侠小说，带有相当浓厚的幻想色彩，所以有人又称它为成人童话，这是有一定道理的。所以对于武侠小说，关键是加强理论的指导。

封建社会里的武侠小说之所以繁荣，很显然是因为它具有对封建统治的反抗的一面（当然后来也出现了维护封建统治、维护清官的作品，实质上这类作品，已是武侠小说的衍化了）。人们在封建政权的压迫下，除了用暴力的集体反抗、农民起义外，就只能寄希望于这种个人的侠义行为的反抗了，尽管这种反抗不能解决根本的社会矛盾，不能改变阶级压迫的现实，但人们还是同意借此类小说以抒发自己的愤郁，作为不平遭遇的精神补偿和弱者的精神慰藉，所以武侠小说能够长期地延续和不断地发展。

武侠小说作为一种社会文化现象，它既是一种文化传统，又是人民群众所喜闻乐见的一种大众化的文学形式，它是小说中最为大众化的一种品种，因此对武侠小说只能采取指导和引导的办法，而不能采取绝对禁止的办法，因为禁是禁不止的。

自民国以来，武侠小说得到了特殊的发展，平江不肖生向恺然的《江湖奇侠传》，赵焕亭的《奇侠精忠传》，顾明道的《荒江女侠》，还珠楼主李寿民的《蜀山剑侠传》，宫白羽的《十二金钱镖》等等，都是轰动一时之作，特别是50年代以来，港台及海外新派武侠小说勃兴，梁羽生、金庸、古龙、萧逸等的作品风靡一时，尤其是梁羽生、金庸，影响更大。在台湾已经出版了一套《金学研究丛书》，研究金庸的武侠小说而成为"金学"，这并不是偶然的。金庸的小说，我全部读过，其中有一些如《书剑恩仇录》、《天龙八部》、《鹿鼎记》、《笑傲江湖》、《射雕英雄传》、《神雕侠侣》等等，我读过两遍到三遍，而且现在还在读。我认为金庸的武侠小说，是小说史上的一个奇迹，是对武侠小说的大大的飞跃，无论是他的小说的思想主流还是文学描写，都是超一流的，不仅如此，他的小说蕴藏着深厚的爱国精神和民族精神，蕴藏着渊深的哲学思想和博大精深的佛学思想。总之，他的小说内涵，历史的、哲学的、文学的、民族的、传统的、民俗的以及历史地理的等各方面，在在都有，称得上是博大精深，所以，无怪乎他的书要举世皆读、洛阳纸贵了。

关于武侠小说的研究，近来也有发展，去年辽宁人民出版社出版的罗立群著的《中国武侠小说史》，是一部下了很大功夫的著作，对于阅读和研究武侠小说、了解武侠小说的发展史，是极为有用的。

现在，刘新风、陈墨等同志又撰写了《中国现代武侠小说鉴赏辞典》，收1919年以来的武侠小说共四百零八个条目。我在本文前面已说过，对于武侠小说，应该加强阅读和指导，目前的现实情况是武侠小说已大量出版，但却很少有指导性的读物问世，这种情况应该尽快改变。这部《鉴赏辞典》的问世，是非常及时的，是对广大读者阅读武侠小说所提供的一部指导性的著作。从此可以稍稍改变以前那种盲目阅读的状况了，所以我认为刘新风、陈墨及参加撰写本辞典的同志，是对社会、对文化事业作出了一件非常及时的有益的事。罗立群的《中国武侠小说史》是从纵的方面来讲的，读者可以了解中国武侠小说发展的一个脉络；而这部辞典，则是从横的方面来讲的，可以让读者得知每部作品内容梗概和如何去欣赏。这后一部分，对于具体阅读武侠小说，尤其具有指导作用，其重要性就自然可想而知了。

我并没有专门研究武侠小说，只是爱读，80 年代以后，我一直在反复读金庸的作品，我当然还希望能读其他各家的作品，那么这部辞典对于我自然也是极为有用的，我非常感谢辞典编撰者们的辛劳。他们再三希望我为本书写序，我坚辞不获，只好把我的一点极粗浅的想法写出来，我相信这部辞典会得到大家的欢迎。

1991 年 6 月 9 日于京华瓜饭楼

读《金庸笔下的一百零八将》

近三四十年的文坛上，可以说没有一种文体，能风靡如金庸、梁羽生、古龙等人的新武侠小说，其中尤以金庸的小说最受读者的欢迎。大陆上由于种种原因，新武侠小说的热潮起来得要晚一些，但自 70 年代末一直至今，读者的热忱始终未衰。特别要注意的是大陆的幅员广大、人口众多，它所拥有的武侠小说的读者，决不是港台等地所能比拟的。

这样一种文化现象，我认为已经足够引起人们的重视和深思了。

曹正文兄最近写成了《金庸笔下的一百零八将》，要我作序。我是金庸小说的热烈读者，十多年来，我读金庸小说尽管重复了三四遍，但至今仍如初读时的热忱。我一边研究《石头记》，一边却酷爱金庸的武侠小说，我曾戏称这叫做"金石姻缘"。

正文兄的这本书是专门分析金庸小说里的人物的，我曾读过他一部分文章，包括他写的《古龙小说艺术谈》（学林出版社），我觉得他的分析中肯而精要，能引人入胜，也能发人深思，可以说是阅读金庸小说时十分有用的辅助读物。

我认为贯穿在金庸小说里的思想主流，是爱国主义和民族思想，尽管他并不是浅显的表面的爱国主义，但他的作品的思想深处，却蕴含着很深的爱国主义的思想和民族精神。他的作品里的正面人物，都有大义凛然的英雄本色，他所鞭笞的是那些背叛人民、背叛祖国的叛徒和残害人民的凶暴之徒。所以读金庸的小说，会使你产生强烈的爱憎观念，并不是离开了正义和非正义，离开了爱憎的单纯的故事情节。所以，我认为金庸的小说的思想内涵，是有着明显的积极意义的，当然，如能对读者有所引导、分析，那这种积极作用就更易为读者所认识、理解和接受。

金庸小说的情节结构，是非常具有创造性的，我敢说，在古往今来的小说结构上，金庸达到了登峰造极的境界。他的小说结构，第一是庞大，他的小说，往往洋洋洒洒，一泻千里，而又纵横交错，形成一个庞大的完整的故事结构，可以说是体大而思精。第二是紧张。金庸小说情节之紧张、紧密，是人所共知的。我第一次读他的小说时，经常是通宵达旦，夜以继日。为什么？就是因为情节紧张到使你无法释手。他的书，有的我已是读第四遍了，但是仍旧没有失去这种紧张感。可见他的小说有强大的吸引力。第三，是波澜壮阔，奇峰突起。他的小说，决不是平平的叙述，而是旋风式的狂飙突起，他的作品里，虽然不乏幽美的境界，但更多的是壮美，是伟大崇高的美。第四，是前后呼应，细针密线，因果相连而又相隔，叙事无意而实有意。读他的小说，使你觉得情节的发展如流水般自然，有时奇情顿起，绝处逢生，而又使你觉得并非做作，实乃天成。第五，是奇情壮采，瑰思幻想。武侠小说，天然带有幻想成分和传奇色彩，如果缺少了这一点，也就缺少了武侠小说的本质特色。金庸的小说，往往在写实中，不知不觉地将你引到了奇思妙想的境界，如入童话，如进仙境，使你目不暇给。

金庸的小说，正是由于有以上这许多结构上的特色，所以使你读他的洋洋数百万言的一部巨著，往往仍能手不释卷地读完而不觉其长。

金庸小说中的人物，尤其有一种吸引人的力量。正如曹正文在此书中指出的，他的全部小说，创造了不下数百号甚至更多的人物。可以说社会各色人等，差不多都被写到了。写恶人是穷凶极恶，恶到了极点，然而又是各有各的恶德，决不是千人一面。写好人又是好到了极处，大仁大义，英雄本色，然而又各有各的好处，决不是一个模子。在金庸所写的英雄豪杰中，我最爱的是乔峰和令狐冲，其次当然还有郭靖、张无忌、文泰来、陈家洛等等。我觉得金庸笔下的乔峰，奇情苦志，真是写尽了英雄本色。我尤其爱他的豪情侠骨。他与段誉一起赌酒时的那种真情，他在杏子林中蒙冤受诬时的那种苦志，他在聚贤庄仗义救人，独闯虎穴，最后饮酒绝义，被迫开打，终而至于义愤填膺，狂性大发，血雨腥风，惊天地而泣鬼神。

乔峰的一生，始终夹在民族的恩仇和个人的恩怨中。他是契丹人而又为汉人所恩养，从汉人那里学得了最上乘的武功以及行侠仗义的江湖道义。但是他目睹了汉人对异族的掠夺和屠戮，同时也看到了契丹族对汉人的报复，对于普通的汉族人民和契丹族人民，不论怎样，都是被掠夺和屠杀的对象，他一身兼有两个民族的利和害，也兼有两个民族的种族观念和道德观念、国家观念，这些矛盾他无法统一，终于在历史的矛盾中自杀。乔峰的死，是一个英雄的死，是一个具有悲天悯人的浩然胸怀的烈士的死，乔峰的死，表达了一种朦胧的愿望，希望民族之间的和平，人民之间的和平。

令狐冲虽然带有放浪不羁和滑稽的性格，但这都是外部的表现，他最本质的品德是舍己救人和一往无前。尽管他口不择言，但心地却纯良无比。他与田伯光的对打令人拍案叫绝，也使令狐冲的美质得到了深刻的发掘。

无论是乔峰、令狐冲还是其他许多侠义的英雄人物，都是具有不凡的品格的；这种不凡当然需要消化而不是简单地模拟。

读《金庸笔下的一百零八将》

《笑傲江湖》中的刘正风和曲洋，也是非常值得一提的人物，我认为这两个人物着墨虽然不多，但其内涵决不在乔峰、令狐冲诸人之下。为着维护友情而竟然威武不屈以至于牺牲全家，刘正风确是一种崇高品德的象征。曲洋与刘正风是音乐上的知音，为了知音，曲洋也以身相殉，临终前他们合奏一曲《笑傲江湖》，琴箫合奏，妙合无间，而至于死而无憾。他们的精神境界实在是一种至高无上的境界，我每次读到这一段，总觉得思想境界被净化了一次，被升华了一次，我深深感到金庸思想和胸襟的高旷。这个故事，比历史上俞伯牙、钟子期高山流水的故事，内容和意境大大地提高了。

金庸小说的意境和场面是层出不穷的，有的幽美如江南山水，有的壮丽如北国风光，大漠孤烟，雪山冰天，幽壑鸣瀑，静潭泻影，或古洞藏谱，或萧寺隐侠，或明月洞箫，或花香剑影，种种情状，事随境迁，真不知作者胸中有多少丘壑。金庸笔下写到的不少地方，我是到过的，例如大西北的甘凉道、大戈壁、星星峡、天山、祁连山、华山、恒山、五台山、泰山、衡山、太湖、钱塘江六和塔、杭州灵隐寺、嵩山少林寺、恒山悬空寺等等，有的我还不止去过一次。我曾夜上华山，过玉女峰时已是明月满山，到南峰时松阴匝地，清景无穷，自谓人间佳境无过于此，苏东坡承天寺夜游，亦不足为比；但此情此景，一到金庸笔下，便又是一番境界。譬如星星峡，我去年冬天路过时，正值大雪奇寒，汽车被冻不能行走，因而趁机饱览了星星峡的奇景壮采，我曾惊叹此处为典型的中国西部。然而金庸笔下的星星峡，则更加崇高而奇险，使人惊心怵目，夸张而不失其真，这是金庸描写上的特点，因而祖国的壮丽山河，经他一描写，再副以种种剑客侠士的传奇情节，就更加引人遐想，诱人欲往。所以金庸小说里的奇山异水，也无异是对祖国山河的歌颂，寄托了作者的深厚感情。

金庸小说的语言，是很有特色的，它既有传统小说语言的优美、精练、准确、传神等等的优点，而又流畅易懂，文章如行云流水，行于所当行，止于所不可不止。他还杂用了各地的方言，借以刻画人物，如吴语的软绵，川语的佶屈，用来无不曲尽其妙。加之还不时杂以诗词韵语，这样从总体来说，就大大增加了他的小说的文学性。应该指出，金庸武侠小说的文学性是比较强的，比起有些单纯以故事情节取胜的武侠小说来，就不可同日而语了。

　　我可以说，金庸是当代第一流的大小说家，他的出现，是中国小说史上的奇峰突起，他的作品，将永远是我们民族的一份精神财富！曹正文兄的《金庸笔下的一百零八将》为研究金庸小说、也为研究中国武侠小说迈出了可喜的一步，愿这部卓有见解、实事求是的文学评论给我们的文坛带来新鲜的气息。

　　　　　　　　　　1991 年 8 月 14 日夜于京华瓜饭楼

后　记

　　收在这本集子里的文章，一部分是从《逝川集》里分出来的，一部分是后来写的，都是有关古典文学研究和评析的文章，也有几篇关于理论方面的文章。

　　还有几篇关于武侠小说的文章，也一并收在这里。

　　序言也是原《逝川集》的序，所以称《原序》。

　　以上这些文章，除错别字外，都未作改动。

冯 其 庸

2009 年 12 月 27 日